Y21

江戸時代から21世紀へ
日本経営史
［新版］

宮本又郎・阿部武司・宇田川勝
沢井　実・橘川武郎 ──著

有斐閣

新版刊行にあたって

　本書は1995年3月に刊行されて以来，幸いにして多くの読者を得て，第19刷まで版を重ねることができた。また，2001年には韓国語にも翻訳（丁振聲氏訳）され，韓国の全國經濟人聯合會の同年度優秀図書賞を受賞した。その間，1998年9月には増補版を刊行したが，当時はバブル崩壊後で，日本企業の構造にさまざまな変化が生じつつあったとはいえ，その変化について歴史的評価を行うには時期尚早と判断されたので，日本企業の現状と将来の方向についての基本的な問題点を指摘する「エピローグ」を加えるだけにとどめた。

　その後，21世紀に入り，日本企業も長い不況をようやく脱して，新しい局面に入り始めたと理解されるようになったので，「新版」の刊行を企画することとなった。新版の編集にあたっては，①オリジナル版のフレームワークを基本的に維持しつつ，②これまで教科書として使っていただいた諸大学の先生や，大学院生，学部学生，ビジネスパーソンから寄せられた多くの有益な批評やご意見を取り入れる，③経営史研究の近年の重要な成果を盛り込む，④各章に「コラム」と「設問」を加え，巻末の学習用文献一覧を更新し，教科書として使いやすくする，⑤「エピローグ」で，日本経済と日本企業が直面する問題を鋭角的に論じる，などを基本方針とした。今後も研究を重ね改善に努めたいと希望しているので，読者からの忌憚のないご意見をお願いしたい。なお，本書では，今日からすれば人権上問題がある用語を用いることがあるが，いずれも当時使われていた歴史的用語として使用した。

　また，本書の読者には関連文献として，宇田川勝・中村青志編『マテリアル日本経営史』（有斐閣，1999年），および経営史学会編『日本経営史の基礎知識』（有斐閣，2004年）の併読をお薦めしたい。前者は本書の内容と密接に関連する日本経営史資料集，後者は主要トピックスについて簡明に解説した日本経営史の教育・研究用ハンドブックである。

　末筆となったが，新版の編集，刊行にあたっては有斐閣書籍編集部の柴田守さんと得地道代さんに大変お世話になった。御礼申し上げる次第である。

　　　2007年7月

著　者　一　同

初版まえがき

　今日,日本の大多数の大学の経済学部・経営学部・商学部においては,「経営史」や「日本経営史」と題する授業科目が置かれるのが普通となっている。日本において,経営史学という学問分野が明確に意識され,その研究が定着するようになったのは1960年代からである。以来,経営史学は経済史学と密接な連携を保ちながら,さらに経営学,会計学,経済学,社会学などにおける諸理論や手法を摂取しつつ,個別企業経営の歴史的解明に大きな成果を挙げてきた。「経営史」や「日本経営史」の講義がこうした研究成果を踏まえて,提供されていることはいうまでもないが,他面,経営史学の命が個別企業分析にあるという事情も手伝って,講義はケース・スタディの紹介が中心になりがちであり,学生にとっては,日本の経営発展を長期的視野から展望するのは必ずしも容易ではないという状況が見受けられるように思われる。

　本書は,それぞれの大学で日本経営史の講義を担当する過程で,このような共通の認識を持つにいたった5名のものが,現時点での学界の研究成果を踏まえて,できるだけスタンダードな日本経営史のテキストを書こうとした試みである。

　編集にあたっては,本書の性格について共通のイメージをもって執筆にあたるために,構成案作りにかなりの時間を費やした。その結果まとまった編集・執筆の基本方針は次のとおりであった。

(1)　歴史の流れを読みとりやすくするために時代別構成とするか,組織・戦略,意思決定,財務,労務などの経営の諸側面に着目した問題別構成とするか,いずれも一長一短があるので,その双方を組み合わせる。

(2)　具体的には,江戸時代から1990年代までの約400年間を5つの時代に区分し,各時代について章をたてる。その上で,各章の構成をできるだけ統一する。すなわち,各章第1節には,各時代の社会経済史的背景,企業経営環境を叙述する。第2節以下では,経営組織や経営者の問題,経営管理(財務・労務・生産管理など)の問題,経済団体などの同業者組織には必

ず触れる。

(3) 構成は時間軸に沿うが，現代からの逆照射という視点を重視した叙述とする。すなわち，今日の日本の企業経営において重要となっている問題を強く意識しつつ，その歴史的形成過程を探るという視点を重視する。これは現代的経営現象の安易なルーツ探しをしようというものではない。現代的問題の解明にあたって，歴史的視点からの考察がすこぶる重要であると考えたからにほかならない。

(4) 経営史学界の最新の研究成果を取り入れ，具体的な代表的なケースをできるだけ多く紹介するとともに，一般化をめざす叙述とする。

以上の4点の基本方針のうち，第3点についていま少し敷衍すると，われわれ5名が関心をおいていたトピックスは例示的には次のようなものであった。いわく「日本において『企業』とは誰のものか，日本型企業の所有システムにはどのような特徴があるか」「日本企業は集団主義的であるとしばしばいわれるが，意思決定システムや経営者組織にはどのような特質があるか」「系列，長期相対取引，市場の内部化などの日本の経営現象はどのようにして形成され，どのような意義と問題点をもってきたか」「緊密な企業の協調関係と激しい競争関係には二律背反はなかったのか」「企業と政府との関係は，『日本株式会社』と呼ばれるような性格のものであったのか」「しばしば『会社主義』と呼ばれるような企業と従業員の関係はどのようにして生まれてきたのか」etc.。

これらは，いずれも日本型企業経営なるものが，「普遍的なものなのか」「異質なものなのか」という，昨今盛んに論じられている興味深い問題に密接につながるものである。そして，これらはすべて現代の問題ではあるが，長い短いの程度の差はあれ，日本の経営の歴史がつくり出してきたものと，われわれは考えている。すなわち，日本型経営の功罪やその将来についての実り豊かな議論を望むなら，時論風のもので事足れりとするのではなく，日本の企業組織や行動様式がどのような歴史過程を経て形成されてきたか，それらがどの程度歴史的に根深いものなのかを知る必要があると考えるものであり，本書がこうした考察への手がかりになれば，というのがわれわれの狙いである。

とはいえ，本書の各章のすべてにおいて，上に挙げたような問題が明示的に

テーマとして取り上げられているわけではない。これは，あまりに直接的な現代的問題設定は，一見したところの現代との類似性にのみ目を奪い，個別経営現象における各時代の固有性を見失わせてしまう危うさをもたらすのではないかと考えたからである。上に挙げたような問題関心は，本書を流れる通奏低音として設定されていることを了解いただければ幸いである。

　本書が成るにあたっては，企画から出版まで有斐閣編集部の伊東晋さんに多大のお骨折りを頂いた。執筆者が地理的に隔たる地に住んでいるため，伊東さんは連絡・調整のため文字通り，東奔西走され，事実上，編者のような役割を果たして下さった。長年おつきあい頂いている伊東さんとまた一緒に仕事をできたことを嬉しく思うと同時に，同氏のご協力に厚く御礼申し上げたい。

執筆者を代表して
宮 本　又 郎

著者紹介 (執筆順)

宮本　又郎　　　　　　第1章担当
関西学院大学大学院経営戦略研究科教授，大阪大学名誉教授
1943年福岡県に生まれる。
神戸大学経済学部を卒業し，同大学院経済学研究科に進む。
〈主要著作〉『近世日本の市場経済』(有斐閣, 1988年)；『日本経済史 1　経済社会の成立』(岩波書店, 1988年, 共編)；『日本経営史 2　経営革新と工業化』(岩波書店, 1995年, 共編)；『企業家たちの挑戦』(中央公論新社, 1999年)；『日本型資本主義』(有斐閣, 2003年, 共著)；『日本企業経営史研究』(有斐閣, 2010年)。

阿部　武司　　　　　　第2章担当
大阪大学大学院経済学研究科教授
1952年東京都に生まれる。
東京大学経済学部を卒業し，同大学院経済学研究科に進む。
〈主要著作〉『日本における産地綿織物業の展開』(東京大学出版会, 1989年)；『日本経済史 4　産業化の時代 上』(岩波書店, 1990年, 共編)；『日本経営史 2　経営革新と工業化』(岩波書店, 1995年, 共編)；*Region and Strategy in Britain and Japan* (Routledge, 2000, co-ed.)；『近代大阪経済史』(大阪大学出版会, 2006年)。

宇田川　勝　　　　　　第3章担当
法政大学経営学部教授
1944年千葉県に生まれる。
法政大学経営学部を卒業し，同大学院社会科学研究科に進む。
〈主要著作〉『新興財閥』(日本経済新聞社, 1984年)；*Foreign Business in Japan before World War II* (University of Tokyo Press, 1990, co-ed.)；『マテリアル日本経営史』(有斐閣, 1999年, 共編)；『日本の企業間競争』(有斐閣, 2000年, 共編)；『失敗と再生の経営史』(有斐閣, 2005年, 共編)。

沢井　実　　　　　　　第4章担当
大阪大学大学院経済学研究科教授
1953年和歌山県に生まれる。
国際基督教大学教養学部を卒業し，東京大学大学院経済学研究科に進む。
〈主要著作〉『近代日本における企業家の諸系譜』(大阪大学出版会, 1996年, 共編)；『日本鉄道車輌工業史』(日本経済評論社, 1998年)；*Small Firms, Large Concerns* (Oxford University Press, 1999, co-ed.)；フィリップ・スクラントン『エンドレス・ノヴェルティ』(有斐閣, 2004年, 共訳)。

橘川　武郎　　　　第5章, エピローグ担当
一橋大学大学院商学研究科教授
1951年和歌山県に生まれる。
東京大学経済学部を卒業し，同大学院経済学研究科に進む。
〈主要著作〉『日本電力業の発展と松永安左ェ門』(名古屋大学出版会, 1995年)；『日本の企業集団』(有斐閣, 1996年)；『日本電力業発展のダイナミズム』(名古屋大学出版会, 2004年)；『松永安左ェ門』(ミネルヴァ書房, 2004年)；『現代日本企業 全3巻』(有斐閣, 2005-06年, 共編)。

目　次

第1章　日本型企業経営の起源
――江戸時代の企業経営――

第1節　江戸時代の経済発展 ………………………………… 1

  1　アーリー・モダーンとしての江戸時代　1
    「プリ・モダーン」か「アーリー・モダーン」か (1)　近世社会の特質 (2)

  2　17世紀の経済発展　5
    大開墾と人口爆発 (5)　都市の成長 (5)　三都の発達 (7)

  3　享保〜文化期（1716〜1817年）　9
    江戸中期のマクロ経済 (9)　地方経済の成長 (11)　都市大店の確立 (12)

  4　文政期〜開港・明治維新へ（1818〜68年）　13
    幕末のインフレ的成長 (13)　経営主体の交替 (14)

第2節　江戸時代の商家経営 ………………………………… 16

  1　初期豪商の経営　16
    初期豪商とは (16)　初期豪商の没落 (17)

  2　都市大商家の成立　18
    問屋制の成立 (18)　鴻池善右衛門家 (21)　鴻池の大名貸 (23)　三井家 (28)　住友家 (31)

第3節　江戸期商家の経営システム ………………………… 34

  1　所有構造・企業形態・企業統治　34
    合本企業の初期形態 (34)　近江商人の共同企業 (35)　三井家の大元方 (36)　鴻池善右衛門家 (37)　小野家の場合 (38)

  2　管理組織　39
    三井家の場合 (39)　住友家の場合 (42)　下村家（大丸）の場合 (42)　冨山家（大黒屋）の場合 (44)　中井家の場

　　　　　　合（46）
　　3　同業組織　49
　　　　仲間・組合組織の展開（49）　　田沼期の株仲間公認（50）
　　　　株仲間停止令と再興令（53）　　株仲間の取引統治機能（55）
第4節　商家の経営管理システム ································ 56
　　1　所有と経営の分離　56
　　　　主人の地位（56）　　雇用経営者への経営委任（58）　　合議制
　　　　による意思決定（61）
　　2　帳合法と財務管理　62
　　　　商家帳合法の発展（62）　　鴻池の算用帳（63）　　三井の「大
　　　　元方勘定目録」（64）　　中井家の「店卸目録」（65）　　財務管
　　　　理（65）
　　3　商家の労務管理　66
　　　　奉公人制度（66）　　三井越後屋京本店のケース（69）　　別家
　　　　制度（72）　　内部請負制（73）
　　4　販売管理　74
　　　　取引仕法（74）　　商家の具体例（76）

第1章　設問　78
コラム1　日本最初のビジネススクール・懐徳堂　　70

第2章　近代経営の形成
―― 明治前期・中期の企業経営 ――

第1節　明治前・中期の日本経済 ································ 85
　　1　開港と維新（1859〜85年）　85
　　　　開港（85）　　維新変革（86）　　大隈財政と松方財政（87）
　　2　工業化の開始（1886〜1905年）　88
　　3　産業構造の変化と近代産業の定着　89
　　　　産業構造の変化（89）　　近代産業の定着（90）
第2節　近代的経営組織の形成 ································ 97

1 明治前期における企業家　97
企業家の変遷 (97)　明治前期の企業家の特質 (100)　企業勃興と地方名望家 (101)

2 会社制度の発展　102
会社制度の発展 (102)　会社企業の諸類型 (104)

3 政商から財閥へ　105
政商，財閥とは何か (105)　三井のケース (106)　三菱(岩崎)のケース (108)　政商から財閥へ (110)　初期の多角化 (111)　三井と三菱の経営組織 (114)

4 専門経営者の出現　117
専門経営者の出現 (117)　専門経営者の特徴 (119)　重役組織の形成 (120)　初期の会社企業における企業統治 (120)

5 在来経営の革新　123
織物業のケース (123)　商業のケース (124)

第3節 近代的経営管理の形成 …… 126

1 技術導入の担い手　126
幕末における新技術の導入 (126)　外国人技術者の役割 (127)　技術者の形成 (127)

2 初期の工場と労働　130
初期の工場 (130)　初期の労働 (132)

3 会計制度の形成　134
洋式複式簿記の採用 (134)　三菱における管理会計の展開 (135)　減価償却制度の展開 (135)

第4節 明治国家と企業 …… 136

1 殖産興業政策と官業払下げ　136
殖産興業政策 (136)　官業払下げ (139)　農商務省の活動 (140)

2 金融機関と企業　141

3 日清戦後の政府と企業　143
日清戦後経営 (143)　航海奨励法と造船奨励法 (144)　官営製鉄所の設置 (145)　台湾の糖業 (146)　地方における勧業政策 (146)

4　経済団体の形成　148
　　　　商業会議所（148）　　初期「財界」の指導者たち（150）　　初期の同業者団体（151）
　　5　貿易の展開と企業　152
　　　　外商の支配（152）　　「組織化された企業者活動」（153）　　連合生糸荷預所事件（153）　　棉花商社（154）　　総合商社（155）

第2章　設問　157
コラム2　会社企業における大株主兼任重役——松本重太郎のケース　122

第3章　近代経営の展開
―― 明治後期から昭和初年の企業経営 ――

第1節　日露戦後から昭和初年に至る日本経済 ……………… 169
　　1　企業者機会の拡大（1906〜29年）　169
　　　　日露戦後期（169）　　第一次大戦期（170）　　第一次大戦後の長期不況期（171）
　　2　産業構造の変化と大企業の盛衰　173
第2節　大企業時代の到来 ……………………………………… 178
　　1　企業の合併・集中運動とカルテル活動　178
　　　　企業集中の進展（178）　　カルテルの結成とその機能（179）
　　2　4大財閥の覇権確立　180
　　　　財閥の多角化活動（180）　　財閥間の優劣（183）　　財閥の組織化（185）
　　3　財界の形成　187
　　　　日本工業倶楽部，日本経済連盟会の設立（187）　　官民協力体制＝「日本株式会社」システムの形成（189）
第3節　新興産業の勃興と産業開拓活動 ………………………… 190
　　1　新興重化学工業の勃興　190
　　　　新興財閥創業者の産業開拓活動（190）　　国産技術の開発（193）

2　「都市型」産業の誕生　194
　　　　都市化の進展（194）　　電鉄経営の原型（195）　　先駆的マーケティング活動（196）

　　3　在来産業の発展　198
　　　　在来産業の位置（198）　　在来産業から近代産業へ（198）

第4節　企業活動の国際化 …………………………………………… 201
　　1　日本企業の国外進出　201
　　　　商社活動のグローバル化（201）　　在華紡の発展（203）　　植民地における国策会社（204）

　　2　外国企業の日本市場進出　206
　　　　外国企業の進出状況（206）　　成長産業分野における外国企業（206）　　外国企業のインパクト（209）

第5節　経営管理の進展 ……………………………………………… 210
　　1　現代企業の出現と専門経営者の成長　210
　　　　現代企業の出現（210）　　専門経営者の成長（211）

　　2　日本型人事労務管理の生成と経営家族主義　215
　　　　日本型人事労務管理の生成（215）　　経営家族主義（216）

　　3　経営合理化と「科学的管理法」の導入　217
　　　　経営合理化の推進（217）　　「科学的管理法」の導入（217）

第3章　設問　220
コラム3　鐘淵紡績と武藤山治　218

　　　　　　第4章　戦前から戦後へ
　　　　　　　──企業経営の変容──

第1節　戦前から戦後へ──経済政策の展開と経営環境の変化 ………… 227
　　1　1930年代（1930〜36年）　227
　　　　昭和恐慌（227）　　高橋財政の展開と景気回復（228）　　重化学工業化の進展と輸出産業の躍進（229）

　　2　戦時期（1937〜45年）　230

　　　　　戦時経済統制の展開（230）　　経済新体制（231）　　統制会・
　　　　　工業会・軍需会社法（232）

　　3　戦後復興期（Ⅰ）＝戦後復員期（1945〜49年）　　233
　　　　　戦後経済改革（233）　　経済復興（234）　　ドッジ・ライン
　　　　　（235）

　　4　戦後復興期（Ⅱ）＝高度成長への離陸期（1950〜55年）　　235
　　　　　朝鮮戦争ブーム（235）　　産業合理化政策の展開（236）　　基
　　　　　軸産業の展開（237）

第**2**節　大企業体制の変遷──財閥から企業集団へ　………………… 238

　　1　1930年代の大企業体制　　238
　　　　　カルテルと企業合同（238）　　財閥の展開と「新興コンツェル
　　　　　ン」の躍進（239）

　　2　財閥の拡大と再編　　243
　　　　　戦時下の財閥（243）　　財閥の金融構造と興銀・戦金の役割
　　　　　（246）　　財閥組織の変貌（248）

　　3　財　閥　解　体　　248
　　　　　財閥解体（248）　　独占禁止（251）

　　4　企業集団の形成と二重構造の再現　　252
　　　　　企業集団の形成（252）　　急成長企業の動向（253）　　二重構
　　　　　造の再現（254）

第**3**節　労使関係の変化 ……………………………………………………… 255

　　1　1930年代の労使関係　　255
　　　　　本工・臨時工・職員（255）　　工場委員会体制の変容と労働運
　　　　　動（257）

　　2　産報下の労使関係　　258
　　　　　戦時労働統制の展開（258）　　産報運動の展開（258）　　戦時
　　　　　下の労使関係（259）

　　3　戦後労働運動の高揚　　260
　　　　　労働運動の高揚（260）　　労働運動の後退と「経営権」の回復
　　　　　（262）

　　4　企業別組合の定着　　263
　　　　　労務管理の展開（263）　　企業別組合の定着（264）

第4節　技術開発の推進 ……………………………………………… 265
　1　1930年代の技術動向　265
　　　研究開発体制の整備（265）　　1930年代の先進技術（266）
　　　大量生産システムの立後れ（267）
　2　戦時下の技術政策と技術開発　268
　　　キャッチアップ政策の展開（268）　　戦時下の技術開発（269）
　3　軍需から民需への転換　271
　　　軍需から民需への転換（271）　　研究開発の動向（272）
　4　技術導入と研究開発　273
　　　技術導入（273）　　研究開発（275）

第5節　経営管理の展開 ……………………………………………… 276
　1　産業合理化運動の展開　276
　　　臨時産業合理局の活動（276）　　「科学的管理法」の普及（277）
　　　経営管理の進展（277）
　2　戦時下の経営管理　278
　　　生産管理の進展（278）　　下請管理の動向（279）　　原価計算
　　　の普及（280）
　3　戦後改革期の経営管理　281
　　　統計的品質管理の導入（281）　　企業会計制度の変化（282）
　4　アメリカ的経営管理の導入と定着　283
　　　トップ・マネジメントの強化と管理会計の導入（283）　　生
　　　産・下請管理の展開（284）

第4章　設問　286
コラム4　大河内正敏（1878～1952年）　245

第5章　経済成長と日本型企業経営
―― 高度成長から21世紀初頭までの企業経営 ――

第1節　高度成長とその後の日本経済の変転 ……………………… 297
　1　高度経済成長期（1956～73年）　297
　　　空前の高成長と「経済大国」化（297）　　国民生活と産業構造

　　　　の変容（299）

　2　安定成長期（1974〜90年）　300
　　　　石油危機とその後の安定成長（300）　　円高不況からバブル景気へ（302）

　3　長期不況期（1991〜2005年）　303
　　　　バブル崩壊と日本経済の長期低迷（303）　　「失われた10年」（305）

　4　代表的企業の変遷　306
　　　　1972年のランキング（306）　　1990年のランキング（306）
　　　　2001年のランキング（307）

第**2**節　成長を実現したメカニズム ……………………………………… 310

　1　中間組織の成長促進機能　310
　　　　企業間関係への注目（310）　　中間組織の諸類型（310）　　企業系列，融資系列，対等な長期相対取引（312）　　企業集団（313）　　業界団体と経営者団体（314）　　中間組織の成長促進機能の実態（315）

　2　産業政策の功罪　318
　　　　注目すべき2つの事実（318）　　政府の出番（319）　　産業政策の有効性（321）　　産業の脆弱性と政府の介入との下方スパイラル（323）　　規制改革の進行（326）

　3　日本的経営と協調的労使関係　327
　　　　日本企業のタイプ分けと日本的経営の部分性（327）　　日本的経営の定義（328）　　日本的経営の広がり（328）　　日本型労使関係の成立（329）　　「紛争的安定」から「協調的安定」へ（330）

　4　経営者企業の成長志向型意思決定　333
　　　　株主の封じ込めと企業成長（333）　　経営者企業の成長（335）

第**3**節　資本家企業や中小企業の役割と第3次産業の動向 ………… 336

　1　資本家企業の急成長　336
　　　　資本家企業の役割（336）　　資本家企業における革新的企業者活動（337）

　2　中小企業と産業集積　339

中小企業と二重構造問題（339）　「二重構造モデル」から「産業集積モデル」へ（341）　「産業空洞化」の実態（342）　開業率低下,「貸し渋り」とその克服策（345）

3　企業金融の変化と銀行　347
借入金依存型の企業金融とメインバンク（347）　エクイティ・ファイナンスの活発化と銀行再編（349）

4　流通業の革新　350
百貨店からスーパーマーケットへ（350）　コンビニエンス・ストアの登場と「1985年ショック」（353）

第4節　技術革新と技術開発 …………………………………… 355

1　技術革新と技術貿易　355
技術革新の時代（355）　ME化での先行とIT革命での出遅れ（356）　技術貿易の動向（357）

2　多品種少量生産体制の構築　358
導入技術の日本的受容（358）　「トヨタ生産方式」の登場（359）　セル生産方式の導入（361）

3　技術開発を促進するシステム　362
企業内システムと技術開発（362）　企業間システムと技術開発（363）

第5節　日本的経営の光と影 …………………………………… 363

1　経営管理技法の移入と日本化　363
管理技法の移入（363）　管理技法の日本的消化（365）

2　日本的経営の移出　367
日本企業の海外進出（367）　日本的経営の移出（368）

3　転換点に立つ日本型企業システム　369
日本経済の構造変化（369）　日本的経営の機能不全（370）　日本経済の再生と日本的経営（371）

第5章　設問　373
コラム5　御手洗冨士夫──キヤノン　372

エピローグ　日本経済と日本企業が直面する問題

1 「失われた10年」の深刻な意味　385
2 危機の本質と克服の処方箋　386
3 再生のシナリオ　388
4 投資抑制メカニズムからの脱却　391
5 日本的経営の再構築　392

学習用文献　395
事項索引　399
企業・組織名索引　405
人名索引　409

第1章 日本型企業経営の起源

江戸時代の企業経営

担当　宮本又郎

第1節　江戸時代の経済発展

1　アーリー・モダーンとしての江戸時代

▷「プリ・モダーン」か「アーリー・モダーン」か

　本書は江戸時代から叙述を始める。その理由は，社会経済史的にみて，江戸時代が日本の歴史上における1つの重要な歴史的転換点であったと考えるからである。

　日本歴史上における江戸時代といえば，「純粋封建制」の時代として，相当に暗いイメージをもって思い浮かべられる時代である。農民たちは「苛斂誅求」に苦しみ「生かさぬように殺さぬように」と生存水準ぎりぎりの生活を強いられ，間引きや人身売買の慣行が広く行きわたっていたと考えられている。また鎖国によって海外の文明との接触を断ち切り，経済発展や科学技術の進歩の面において世界の大勢から遅れをとってしまったとされている。都市の商業の発展があったとしても，それは一部の特権的豪商を潤すものでしかなかったとみなされてきた。こうして極端にいえば，江戸時代は「停滞社会」「ゼロ成

長の社会」と考えられた。江戸時代は通常，日本史上の「近世」と呼び慣らわされているが，そこには「近代」とは異なる社会，つまり「プリ・モダーン」（前近代）社会という含意があったのである。

しかし，今日ではかなりの数の歴史学者が日本の「近世」を「アーリー・モダーン」（初期近代）の時代と考えるようになった。そこには，日本の古代・中世社会と分かたれ，近代の萌芽ともいうべき多くの政治，社会，経済，文化上の諸要素を見出しうるからである。いまそのいくつかを列挙してみよう。

▷ 近世社会の特質

第1は朝廷・公家および寺社などのいわゆる古代勢力の後退が決定的となったことである。これは律令制，荘園制という古代・中世の政治体制の崩壊ばかりではなく，1571年の織田信長による比叡山焼打ちに象徴されるように宗教勢力の衰退を意味した。代わって世俗の経済的価値や法則が人々の行動様式に強い影響を与えるような社会が登場することとなった。

第2に，戦国時代を通じて，近世大名による領国一円支配が進み，分散割拠的な所領支配が崩れて，経済活動の広域化が実現したことである。中世は律令制，荘園制と並存して，武士たちが各地に割拠して限られたローカルな土地を支配するという在地領主制の時代で，中央都市に住む荘園領主たちは座を組織し，在地領主は各地の定期市を管理し，関所を設けるなどしてローカルな市場を支配していた。信長・秀吉ら戦国覇者たちは領国統一の過程で楽市楽座，関所の撤廃などにより，これらの古代勢力および在地領主の分散的流通支配を次々と打ち破り，市場の機能を城下町に吸収して，これを軸に領国市場の統一を図った。近世大名たちは，この各領国経済が1つの自立的再生産単位であることを理想としたが，現実には領国内で必要物資のすべてを満たしえず，領外との交易でこれを実現せざるをえなかったから，市場取引は領国間においても展開することになり，その結節点として大坂・江戸・京都などの中央経済都市が発達することとなった。領国市場の成立，領国間市場の成立，この二重の意味で経済活動は広域化し，「国民経済」の形成を促進することとなった。

第3に，人々の生活空間が大きく変貌したことを挙げなければならない。戦国期から江戸初期は日本歴史上未曾有の大開墾期であった。水田稲作地といえ

ば，われわれは大河川下流部に広がる平野をイメージしがちであるが，戦国時代以前の農地の風景は決してそうではなく，自然の湧き水や小渓流を利用する谷間あるいは山麓に位置する小規模な土地において農耕が営まれていた。この種の耕地での生産性は低く，不安定であったため，農民は浮浪化してしまう可能性が大きく，定住農業は十分には展開しなかった。ところが，戦国期から大名領主権の広域化，土木・灌漑技術の向上，および新稲作品種の導入によって，開発は河川の上流から下流へと進み，沖積平野部が稲作地帯となるに至った。稲作農業の安定性は増し，定住の稲作農家が広範に生まれることとなった。穀物供給の安定化は農地から離れて町場で定住して商工業を営む人々の存在を許容することとなり，都市の発達を支えたのである。

第4に，士農工商という身分制は分業関係の成立を意味した。在地性を否定され城下町に居住した武士は物的生産に関わらなくなったから，生活に必要な物資を農民・商工業者から購入する必要が生じた。また彼らの土地への支配力は弱まったから，彼らの性格は土地貴族よりも行政官僚的色彩の濃いものとなった。商工業者は食料品をはじめ農産物を生産しないから，これを購入する必要があった。農民は農業のかたわら手工業品を生産し，基本的には自給度が高かったが，塩・釜・鍬といった非自給財・生産用具は買わなければならなかったし，その必要度は時代が下るにつれ増した。こうして，江戸時代においては都市と農村との間の物財の流通が必然的に生じることになった。さらに地域間では，手工業製品については，地方領国は古代以来の手工業技術の集積が高い畿内諸都市に依存せざるをえず，この点から地方領国と畿内諸都市との経済取引が生じた。また参勤交替制は江戸や江戸へ通じる街道筋における大名・家臣団からの消費需要を創出することになり，それに応える供給の展開を促した。こうして商品貨幣経済は幕藩制を支える柱の1つとなった。

第5に，対外関係においても大きな変化があった。古代以来日本は程度の差はあれ，中国中心の「華夷秩序」体制と呼ばれる東アジア国際関係の中にあり，中国文明，経済の影響下にあったといってよい。ところが，16世紀中葉以来のヨーロッパ勢力のアジアへの進入は，明の衰退および非漢民族国家の清の勃興とあいまって，この対外秩序に重大な影響を与えた。ポルトガル人，スペイ

円山応挙「長崎港図」の一部　オランダ船の人荷は中央下の出島へ、唐船の人荷は左下の方形の島へ揚げられた（箭内 [1975] より）。

ン人の追放，1630年代における選択的外交関係の樹立（すなわち，オランダ，朝鮮，琉球とのみ正式の外交関係を持ち，中国とは通商関係のみを持つといういわゆる「鎖国」体制），「大君」称号での徳川将軍による外交権の一元的掌握などの一連の対外施策にみられるように，中国と西洋の影響を最小限にとどめて，国家の自立を図ろうとする意識が鮮明に現れてきたのである（この種の論調での鎖国論については，Toby [1984]，荒野 [1988] が参考になる）。

　第6に，第4，第5と密接に関連して，徳川幕府によって事実上はじめて国内通貨が統一されたことを指摘しなければならない。幕府は幕初に金銀貨を造り，さらに1636年からは庶民通貨としての寛永通宝を大量に鋳造した。中世から戦国末期にかけて使用されていた主要な貨幣は中国からの渡来銭であり，日本の政権は独自の貨幣鋳造権を確立しえなかった。しかし，明の衰退，中国貿易の停滞によって渡来銭は不足して，戦国末期には摩滅あるいは破損した渡来銭や模造銭が流通するようになり，円滑な貨幣取引は妨げられるようになっていた。徳川幕府による幣制の整備はこの状況を大きく改善し，貨幣経済の発展に重要な役割を果たしたのであった。

　これらに加えて，度量衡の統一や交通・運輸手段の発達などもみられ，江戸時代は前代よりはるかに経済活動の意義が増し，その制度的条件が整えられた時代であった。こうした環境条件の下で，さまざまな主体による経営活動が展

開することになる。

2　17世紀の経済発展

▷ 大開墾と人口爆発

　1603（慶長8）年，徳川家康は征夷大将軍に任ぜられ，江戸に幕府を開いた。政治史上の江戸時代のはじまりであるが，経済史的には戦国時代から続く成長局面の真っ只中にあった。全国人口は1600年から1720年にかけて，1200万人から3128万人へ増加したと推計されている。750年頃の全国人口が550万人，すなわち1600年までの8世紀半に2倍強しか増えなかったことと比較すれば，1600年から1720年までの人口成長のスピードがいかに急速なものであったか理解できよう（表1-1参照）。

　これだけ人口の増加があったことは，それを支える生産の増加があったことを意味する。戦国期から17世紀は日本史上空前の大開墾期であり，推計耕地面積は1600年頃の207万町歩から1720年頃には293万町歩へ増加した。そしてそれは単なる量的増加ではなく，大河川下流の安定した用水を確保できる肥沃な水田の増加であった。また当時導入された赤米という多収穫品種も生産増加に貢献した。二毛作の導入や，肥料の多投，備中鍬に代表されるような農具の革新もあった。さらに，従来複合家族経営下で隷属的地位に置かれていた農民たちが新しい耕地に移って，自立性を高め，それによって生産増進へのインセンティブが増したことも指摘できよう。

　このように17世紀は実物面ではっきりとした外延的な経済成長がみられた時代であった。他方，マネタリー面でみても，17世紀は前世紀から続く長期の物価上昇の時代であった。人口増加による需要増加がこの物価上昇を実物面から牽引したといえるが，もし幕府による幣制の統一と均質貨幣の大量発行がなければ，実物経済の円滑な展開は妨げられていたであろう。インフレ気味に貨幣供給がなされていたことが，17世紀の成長にとって重要な意味を持ったのである（以上の点に関しては，速水・宮本［1988］を参照）。

▷ 都市の成長

　農村における経済発展に支えられて，領国内での城下町形成が著しく進んだ。

第1節　江戸時代の経済発展　5

表 1-1 江戸時代の経済諸量の推移

時期	(1) 人口 N (万人)	(2) 耕地 R (千町)	(3) 実収石高 Y (千石)	(4) R/N (反／人)	(5) Y/N (石／人)	(6) Y/R (石／反)
1600 年	1,200	2,065	19,731	1.721	1.644	0.955
1650	1,718	2,354	23,133	1.370	1.346	0.983
1700	2,769	2,841	30,630	1.026	1.106	1.078
1720	3,128	2,927	32,034	0.936	1.024	1.094
1730	3,208	2,971	32,736	0.926	1.020	1.102
1750	3,110	2,991	34,140	0.962	1.098	1.141
1800	3,065	3,032	37,650	0.989	1.228	1.242
1850	3,228	3,170	41,160	0.982	1.275	1.298
1872	3,311	3,234	46,812	0.977	1.414	1.447

(出所) 速水・宮本［1988］44 頁。

　戦国末期から江戸初期においては地方における市場の機能は定期市によって担われていた。三斎市・六斎市・九斎市などが領国内のどこかで日を変えて開かれていた。しかし，これらの定期市の機能は武士や商工業者が城下町に集住するようになるにつれて，城下町の店舗商業の中に吸収されるようになった。たとえば，上田藩では初期に原之郷，海野郷，辰口，前山，保野，馬越に定期市があったが，17世紀後半までに，そこでの商・職人は上田城下に移住し，城下町商人となった（竹内［1969］）。

　城下町は計画的に建設された都市としての性格を持ったが，在来の港町や宿場町，門前町などが改造された場合も少なくなかった。18世紀初頭の岡山藩では，領内の庶民人口37万余人の1割弱である3万人余が城下町岡山の居住者で，岡山町人のうち諸商人が57％，職人が19％，その他交通業者，医師，髪結いなどのサービス業者が24％であった（谷口［1964］）。城下町の建設に際し，領主はさまざまな誘致策を講じた。屋敷地の無償交付，地子免除，楽市楽座による取引の自由の保証などがこれである。ただし，その見返りとして領主に物資を供給したり，運上の取立てに協力するなどの公用に服することが求められた。城下町には同業集居の傾向があり，鉄砲町，鍛冶町，瓦町，大工町，左官町，肴町，材木町，米町，呉服町，塩町，八百屋町などが多くの城下で共

通の町名として生まれた。これは同業統制と町方支配を重複させることによって統制の効率化を図るためであった。このように城下町に商工業者が集まり，商人は常設店舗を構え，問屋・仲買・小売へと分化するようになった。

▷ 三都の発達

　城下町を中心とした領国経済の形成に伴って，中央都市の展開がみられた。江戸前期にいち早く栄えたのは京都であった。京都には，古代以来の政権の中心地としての文化的伝統があり，諸技術・諸技能の蓄積と商業機能の集積があった。

　1638（寛永15）年，松江重頼という俳諧師であり，かつ大文字屋吉右衛門と称する京都の旅宿業者(たびやど)によって書かれた『毛吹草(けふきぐさ)』と題する俳諧方式書には，当時の全国の特産物が詳細に記されている。これによると，記載されている品種総数1807のうち，畿内産のものが706と39％を占め，中でも京都を含む山城産が437品目で群を抜いていた。とくに京都が生産上優位を占めていたのは衣料品・家庭用品・美術工芸品・武具などの分野であった（脇田[1963]）。繊維関係での京都の技術は他地域ではみられない水準のもので，金襴(きんらん)，緞子(どんす)，繻子(しゅす)，縮緬(ちりめん)などの高級絹織物は西陣でしか生産できなかった。鎖国制度が浸透し，中国からの高級絹織物の輸入が減少するようになった17世紀後半以降には京都の高級繊維製品に対する依存はより増大したが，とくに武士上層が居住する江戸からの需要が高まり，これに応えて越後屋，白木屋，柏屋などの京商人が江戸や大坂に出店を持つことが多くなった。いわゆる江戸店持京商人の登場であった。また，京商人たちは蓄積した富をもとに金融業に進出し，大名たちにも多額の金を貸し付けていた。

　しかし，17世紀後半になると，経済の中心は徐々に大坂に移ることとなった。大坂はその後背地および市中に手工業生産地帯を持っていた上，瀬戸内に接し京都よりも交通の便が良かったから，諸藩の年貢米が販売される全国市場として17世紀初期から台頭した。先に述べたように，江戸時代になると九州・四国・中国地方の主穀農産物が畿内に送られ，畿内の手工業製品と交換されるという遠隔地間の物資流通が盛んとなったが，遠隔地輸送，ことに米のようなバルキーな財貨輸送の場合，その主要運送手段としては水運が最も効率的

であった。1619(元和5)年に泉州堺の商人が紀州富田浦の廻船を借り受けて，大坂から木綿，油，酒，酢，醬油などを積んで江戸に廻したのを始まりとして発達を遂げた菱垣廻船，その後伊丹・灘の清酒の江戸送りとともに勃興し，菱垣廻船と激しい競争を繰り広げた樽廻船によって大坂―江戸間の定期貨物航路が成立したのに続いて，大坂―伊予間の南海路，大坂―長崎間の西海路などが発達，さらに1670年代初頭に河村瑞賢が出羽幕領の年貢米を日本海―瀬戸内を経由して直接，上方に海上輸送したのを契機にいわゆる西廻り海運が整備され，大坂は沿岸航路の結節点となった。

　こうした交通の発達に支えられて，大坂は九州・四国・中国地方および近畿地方のみならず，北陸・日本海側地域から，およびそれらへの物資集散地となった。また大坂は参勤交替により諸藩の大名・家臣団が集住する江戸に物財を供給する基地の機能も果たすようになった。こうして，17世紀後半には大坂は「天下の台所」の姿容を整えた。

　商工業にたずさわり，富を蓄積した大坂商人たちはやがて金融業に進出する。その多くは諸藩の年貢米販売機関である大坂の蔵屋敷で蔵元や掛屋(後述)に登用され，年貢米販売代金の出納，保管，送金業務から大名貸に関わるようになった。京都商人が行った大名貸が年貢米の販売業務と関係しない単なる消費貸借であったのに対し，蔵元・掛屋が行った大名貸は，年貢米販売代金を引当てとする一種の商業金融であり，それだけ基礎のしっかりしたものであった。鴻池善右衛門，加島屋久右衛門，天王寺屋五兵衛，辰巳屋久左衛門など，大名貸を盛んに行う専門的金融業者が登場することとなったが，鴻池善右衛門家の場合，1670(寛文10)年に町人貸が63%，大名貸が15%であったものが，1673(延宝元)年には町人貸7%，大名貸84%となり，大名貸への傾斜を深めた。17世紀末には，鴻池と取引のある大名は32藩に達するようになったのである(鴻池家の大名貸については，森[1964]を参照)。大坂の両替商は大名貸にのみ関係したのではなく，問屋金融を行ったほか，為替取組，手形振出業務を行い，商業発展に不可欠な金融疎通に大きな役割を果たした。こうして江戸中期以降，大坂は金融都市としての性格を強めていった。

　これに対し，江戸は将軍と各国大名・家臣団の居住する政治都市として成立

したが，後背地に有力な生産地を持たなかったため，江戸前期では大消費都市としての性格が強かった。江戸への物資の供給は諸地方から行われ，たとえば米については中部・東北・関東の諸藩から，一般商品については大坂を経由して西日本から供給されるものが多かった。武士たちに日常必需品を供給する商人や職人が多数集まり，江戸中期までには武士約 50 万人，町人約 50 万人，あわせて人口 100 万人の，当時の世界有数の都市となった。京都・近江・伊勢・大坂の商人たちが出店を持つことも多く，やがて彼らは江戸に定着して，江戸経済の発展を支えることになった。江戸後期になると，「江戸地廻り経済圏」と呼ばれるように生産地帯が関東地方に成長し，江戸は集散都市，生産都市としても有力な都市となった。

3 享保〜文化期（1716〜1817 年）

▷ 江戸中期のマクロ経済

17 世紀は大開墾と人口爆発の時代であったが，18 世紀に入るとこの状況は一変した。1721 年に 3128 万人であった全国人口は 1800 年頃には 3065 万人となりむしろ減少し，耕地面積もほとんど増加しなかった（速水・宮本 [1988]）。

しかし，このことは経済が停滞したことを必ずしも意味するものではなかった。農業面では，耕地改良工事が行われ，湿田から乾田への転換がなされ，菜種・綿・麦・稲の田畑輪作が容易となった。作物の多様化が進み，主穀のほか綿，菜種，藍，茶，桑，煙草，甘藷，楮，麻，紅花，蔬菜などの商品作物の栽培が盛んとなった。また適地適作が進み，作物の地域特化が進んだことも，全体の生産の増加をもたらした。

このように，江戸中期の農業はみかけよりも着実に発展の方向を示したといえようが，より大きな成長があったのは非農業部門であった。先に述べたように，17 世紀の経済発展は，マネタリー面では幕府による幣制統一と，幕府正貨の大量供給に支えられていたが，17 世紀末になると，長崎貿易や対馬貿易を通じての海外への大量の貨幣流出（とくに銀貨），金銀鉱山の枯渇等により，貨幣の追加供給は困難となりつつあった。他方，貨幣経済，市場経済の発展により貨幣需要は増加していたから，元禄期までには相対的に貨幣不足が生じ，

慶長小判	元禄小判	宝永小判
量目：約 17.9g	量目：約 17.9g	量目：約 9.4g
品位：約 84%	品位：約 57%	品位：約 84%

江戸期の小判 徳川幕府は金貨（小判）を単位（両）とする計数貨幣，銀貨の重さ（匁）で計る秤量貨幣（後に計数貨幣化した銀貨も発行），銅貨（銭）を単位（文）とする計数貨幣，の3貨を定めた。

経済は失速状態に陥るようになっていた。

　1695～1710年における元禄・宝永の一連の貨幣改鋳は，幕府財政の救済という意図もあったけれども，こうした当時の貨幣経済状況を背景とするものであった。貨幣の貶質は貨幣の大量発行，幕府支出の増大を可能とし，元禄はインフレの時代となり，都市経済は活況を呈した。しかし，相次ぐ貨幣改鋳によって実体経済の伸びを上回って貨幣増発がなされた結果，宝永期には悪性インフレが起こった。これを立て直すため新井白石を登用して，幕府は1714（正徳4）年に慶長古金銀に復する改鋳を行い，同時に緊縮財政を実施するなど，強力なディス・インフレ政策をとった。しかし，これらは明らかにオーバー・キル政策であった。徳川幕府開幕から1世紀以上も経過し，実体経済，貨幣経済の規模が大きく膨らんでいるにもかかわらず，1世紀以上も前の貨幣供給量の水準を理想とするのは，非現実的であったからである。結果として，物価は惨落，経済も萎縮した。享保時代はそのような時代であった（速水・宮本［1988］）。

　物価のうち米価の下落はとくに顕著であった。米価の下落は，年貢米販売代金を主たる貨幣所得源としている大名・武士層に大きな打撃を与えた。この事態に気づいた幕府はさまざまな手を打ったが，その最終手段は1736年の元文改鋳であった。元文改鋳はいわゆる悪鋳（貨幣の品位，量目のいずれか，もしくは

双方を貶す改鋳）であったが，その注目すべき点は新旧貨交換方式にあった。元禄・宝永の悪鋳では，良貨と悪貨の新貨が額面等価で交換される原則であったため，良貨と悪貨の金銀含有量の差は出目となって幕府や金銀座の利得となったが，元文改鋳では，良貨の旧貨と悪貨の新貨との交換において，増歩がつけられたから，幕府にはほとんど利得がなかった代わりに，民間の貨幣残高は一挙に増加した。元文改鋳前，金融梗塞状態で，拡大した潜在的供給余力の発現が抑えられていた経済に一挙にリフレ効果が与えられ，物価も上昇した（速水・宮本［1988］，および宮本又郎［1989］）。

　元文改鋳後の物価騰貴は一時的現象に終わり，その後1820年頃まで，物価は天明凶作期を除いて安定ないし低下傾向となった。しかし，この時期には田沼時代の1772年に南鐐二朱銀という計数銀貨が発行されたことも手伝って，貨幣発行量は緩やかに増加していた。また都市では両替商を中心とした金融制度の発展により手形などの金融手段が整備され，地方では藩札の発行が盛んとなっていた。このような状況でも，物価上昇がみられなかったのは，実体経済や貨幣経済，市場経済の発展によって，増加した貨幣的手段が吸収されたからである。農村における商品経済の発達，都市経済の確立がこの背景にあったといってよいだろう（速水・宮本［1988］）。

▷ **地方経済の成長**

　江戸中期における経済発展のエンジンの1つは地方にあった。農間余業の形態での農村工業，サービス業の発展であり，それらは技術的には手工業，生産組織としては家内生産であったという点で，近代工場制に先立つ産業形態，すなわちプロト・インダストリーであったが，徳川経済を農業経済から非農業経済へ変質させる起爆剤となるものであった。農民家計の婦女子による木綿生産，酒醸造，油絞り，紙・蠟・塩の生産に加えて，町場のサービス業への出稼ぎ，駄賃稼ぎなどの日雇い稼ぎがそれであった。主穀生産を軸とする小農民経営のあり方はこれらにより変化を余儀なくされた（以上の点に関しては，新保・斎藤［1989］）。

　こうした地方産業の勃興を促したものは，1つに江戸初期における先進経済地帯であった畿内から地方への手工業技術や，商工業経営ノウハウの移転であ

り，それを可能としたのは江戸初期よりの市場経済の展開を通じての地域と地域の接触であり，その中での人々の学習であった。近江商人などに典型的にみられるように，隔地間の接触を高めた商人の旺盛な活動が，江戸初期に存在していた地域格差を平準化させた大きな要因であった。斎藤修は，こうした江戸後期における地方経済の発展を，畿内先進農業地帯における農業生産性の高まりが，この地帯における雇用労働者賃金を上昇せしめ，このことが非農業産業立地を相対的に賃金の低い地方，貧しい地域へ移動させることになったという興味深い仮説を提示している（新保・斎藤［1989］）。

　こうした産業立地の変化は流通面における変化をも惹き起こした。江戸前期の全国的な流通構造は，手工業生産に優位を持つ畿内と，米を中心とする主穀生産に優位を持つ地方領国とが，大坂という中央都市を介して，それぞれ放射状に結ばれるコア（大坂）―サテライト（地方領国）構造をなしていた。ところが，江戸後期になると，生産の地域特化が起こった結果，地方領国間がより複雑に結ばれる流通のネットワークが生まれるに至った。また，従来，後進生産地帯であった関東農村が江戸地廻り経済圏と呼ばれるように成長し，これをバックに江戸が大坂と並ぶ大集散都市として成長するようになった。

　こうして赤間ケ関（下関）・兵庫・名古屋・酒田など，地方領国と地方領国を結ぶ流通（藩際交易といってもよい）を担う地域中核市場が成長した。一方で，大坂や京都などは人口を減少させるなど，相対的に地位を低下させたが，その都市機能は必ずしも絶対的には衰えたわけではなかった。地方領国間の交流は，もっぱら地方領国間でダイレクトに行われたわけではなく，大坂，京都，江戸などの既存の中央都市を介しても行われた。むしろ絶対的には藩際交易の発展は中央都市の市場規模，あるいは中央都市商人の商圏を拡大させた可能性が高い。既存の中央都市は，生産機能ではたしかに相対的に衰えたであろうが，その集積した商業・金融の機能には依然として厚みがあり，その面での優位は簡単には失われなかったのである。

▷ 都市大店の確立

　江戸後期において，大坂，京都，江戸などにおいて，三井・鴻池・大丸・白木屋，あるいは近江商人・伊勢商人の大店（おおだな）が成立し，さらにそれらは地方に支

店組織を持つことになったが，これは上記のような流通のネットワークの発展への商人的適応であった。本店―支店間の複雑な経営業務を集権と分権の組合せで管理するための，財務管理や商品管理，労務管理のシステムが組み立てられることになった。多数の奉公人を雇うことになったため，新規採用から昇進，配置，従業員福利，退職などに関するルールが必要とされた。財務面でも，規模が大きくなるにつれ当主の直接的な経営が難しくなり，番頭への委譲経営が行われたから，ルールに基づいた管理が必要となった。東北地方に進出した近江商人の場合などでは，現地資本との合弁事業もあったから，この点からも財務管理は重要な意味を持っていた。こうした経営管理組織は，大都市の大商家だけに成立したわけではなかった。たとえば，野田や銚子の醬油業や阿波の藍商人などのように，広く他地方へマーケティングを行った経営体も，こうした経営方式を導入していったのである。

このように大きな商圏を有する大商家では，経営機構や経営管理技術の発展がみられたが，前述のような激しい市場構造の変化は絶えずこうした経営体やその経営手法に挑戦する経営体を生み出した。とくに大坂では，旧来の大坂問屋商人の仲間の外にあったアウトサイダーが新しい流通ルートを作り出し，既存の流通秩序や経営手法に揺さぶりをかけた。1760年代，70年代のいわゆる田沼時代において，大坂において数多くの株仲間が公認されたのは，一部には旧来の商人の既得権を守ろうとするものであったが，新しく登場してきた商人たちをインサイダーに取り込み，流通秩序の再編をめざしたものであったともいえる。

4 文政期～開港・明治維新へ（1818～68年）

▷ **幕末のインフレ的成長**

18世紀から19世紀の変わり目頃から，徳川経済は新たな局面を迎えた。全国人口は，1世紀に近い停滞に底を打って，明瞭に増加に転じ，新田開発も再び活発になった。そしてこれが明治維新後につながるトレンドとなる。

このような経済成長の開始に重要な引き金を与えたのは，文政～天保期に相次いで行われた幕府の貨幣改鋳，それによる幕府財政支出の増加とマネー・サ

横浜海岸通之図　盛んに荷役の行われる埠頭と運上所（税関）の建物（3代広重画、「図説・横浜の歴史」編集委員会［1989］より）。

プライの増加であった。インフレを伴った経済成長，つまり新保博や梅村又次らの唱える「インフレ的成長」である（新保［1978］，梅村［1981］）。

　1859年の開港は，この傾向にいっそう拍車をかけた。開港後，日本の金銀比価を国際比価に合わせることを目的として断行された万延改鋳によって，マネー・サプライは一挙に3倍に増加し，軍事支出を中心として幕府財政も大きく膨らんだ。未曾有のインフレが勃発した。加えて，開港は貿易を通じて，従来閉鎖体系の下にあった日本国内の諸商品の相対価格構造に大きな影響を与えた。たとえば，国際比較で相対的に低かった生糸，絹織物，茶などの価格は大幅に上昇したが，相対的に高かった綿糸，木綿，砂糖などの価格はあまり上昇しなかった。こうした相対価格構造の変化は，生産構造に大きなインパクトを与えることになり，生糸，絹織物，茶などの生産地は海外からの需要で潤ったが，国際価格競争面で劣位となった産業は苦境に立たされ，再編成を余儀なくされることになったのである（開港以後のインフレとその影響については，新保［1978］，宮本又郎［1989］）。

▷ 経営主体の交替

　文政期以来のインフレは別の意味で，経済主体ごとに異なる影響を与えた。この長期のインフレの過程で，雇用労働者の貨幣賃金の上昇は遅れる傾向にあり，実質賃金は下落していた。したがって，賃金労働者を多く雇用していた事

業経営者は超過利潤，利潤インフレを享受し，この利益を再投資して事業を拡大するチャンスに恵まれた。梅村又次は，こうしたビジネス・チャンスをつかんだのは，商業や金融に特化しがちであった都市商人より，地方の生産事業者であったろうと推論している（梅村［1981］）。

また，大名貸等，資産を金融資産で所有することが多かった都市の大両替商はインフレによる貸付資産の実質的目減りという点でも，損失を被った。大坂の天王寺屋五兵衛など幕末維新期に多くの大両替商が倒産したのは，これが大きな原因となっていた。逆に彼らから資金を借りて事業を行っていた人々にはインフレの利益が生まれたのである。

このように，幕末のインフレは人々の間における所得や富の分配構造に大きな影響を与えた。これは，一部の人々に明治維新後の新しい資本家・経営者に成長する原資を与えることになったが，他方で伝統的富商の没落をもたらしたのであった。

幕末の開港は，流通構造にも大きな影響を与えた。全国市場や地域市場の結節点であった都市よりも，横浜や神戸といった開港場を中心とする流通ルートが登場し，それをめざす新しい商人の一群が登場することになった。こうしたビジネス・チャンスをうまくつかみうるかどうかが，この時代の商人の勝敗の大きな分かれ目となったのである。

商人たちの株仲間は，文政期以降の経済変動の過程でアナクロニズム化し，天保改革期には株仲間は停止となった。その後，嘉永期に株仲間は，アウトサイダーを広範に加えて再興されたが，開港による市場構造の変化という外的要因は仲間規制による流通秩序を圧倒し，事実上，無力に近い存在となった。

産業構造面では，非農業化がいっそう進展した。1840年代の長州の「国民経済計算」を行った西川俊作は，当時の長州においては，付加価値ベースで，生産の農業対非農業比は65対35であったと推計している（西川俊作［1985］）。思いのほか非農化が進んでいたのである。これらの多くはやはりプロト工業であり，近代産業に直接つながったわけではない。しかし，プロト工業が明治維新以後の在来産業の原型となったことや，プロト工業の登場によって生じた経済上の変化——たとえば労働市場の変化，農村への市場経済の浸透，事業経営

意識の芽生え――が本格的工業化への開始を促進する役割を果たしたことは無視されてはならない。

第2節　江戸時代の商家経営

1　初期豪商の経営

▷　初期豪商とは

　近世初期に活躍した商人には，中世以来の問，問丸，座商人，朱印船貿易家の系譜をひく商人が多かった。堺の今井宗久，平野の末吉孫左衛門，京都の茶屋四郎次郎，角倉了以，大坂の淀屋常安，博多の島井宗室，長崎の末次平蔵などがその例として挙げられる。彼らは歴史学界では，江戸中期以降の城下町商人や中央都市商人と区別する意味で，「初期豪商」「初期特権商人」と呼ばれることが多く，一般に次のような特徴を持っていたとされる。①輸送・商品取引，倉庫業，金貸，年貢請負などの包括的機能を一手に有していたこと，②半ば商人，半ば武士であるといった地方土豪的性格を持っていたこと，③大名領主のために軍需品調達や開発・土木事業を行う特権商人であったこと，④専門商品を恒常的に取り扱って手数料的利潤を得るというより，隔地間あるいは異時点間価格差に目をつけた冒険的・投機的利潤を求めるタイプであったことなどである。

　たとえば，近世初期の大坂で活躍した淀屋一族はこの典型的タイプであった。その一族常安は山城から大坂に出で，材木商，土木事業を営んだが，大坂の陣に際し，徳川方に与して陣屋を建設して献上，その功により苗字帯刀を許され，山城に300石の山林田地を与えられたほか，大坂で魚市と米市を建てることを認められた。2代目言当の頃には諸藩の年貢米を取り扱い，その屋敷門前に開かれた北浜米市（淀屋米市）は大坂随一の市場となった。こうして淀屋は致富を重ね，元禄頃までは大坂随一の門閥商人となり，今日に淀屋橋の名を残すほど豪奢な屋敷を構え，その財産は伝説的ではあるが，五代目辰五郎のとき有金12万両，有銀12万5千貫，大名貸付銀1億貫目に達していたと伝えられる（淀屋については，宮本又次［1957］）。

江戸での初期豪商といえば，紀伊国屋文左衛門や奈良屋茂左衛門であった。みかん船による紀文の致富は伝説的なものであるが，幕府御用商人として紀文が上野寛永寺根本中堂建設を請け負って得た利益は50万両と伝えられる。これはざっと計算すると，加賀百万石の1年分の収入に近い。また奈良茂の財産は4代目の死亡時には13万両に及んだ（宮本又次・小島・奈良本［1976］）。

▷ 初期豪商の没落

　しかし，17世紀後半，次第にこうした初期豪商の商権には衰えがみられるようになった。その原因としては，鎖国制度により海外貿易が縮小したことや，流通の発展により投機的な商業のビジネス・チャンスが減少したこと，士農工商の身分秩序の浸透とともに，半士半商的性格を持つ彼らへの領主階級からの規制が強まったことなどが挙げられる。1705（宝永2）年淀屋の5代目辰五郎は，その豪奢ぶりが町人の分限を過ぎたものとされ，幕府により闕所・所払いに処せられ，家は断絶となった。

　三井越後屋の創始者，三井高利の孫であった三井高房は1732（享保17）年，『町人考見録』（中村［1975］に収録されている）という本を書き，元禄前後に没落した町人50余軒のありさまを描いたが，ほとんどの場合，豪奢，投機，放漫が没落の原因であった。高房自身はこれを経営内部の問題ととらえたが，その背景には社会経済の変化という外部要因もあった。

　権力者相手のビジネスや，情報の不完全性によって生じる隔地間および時間的価格差を利したような投機的商いの余地は次第に狭まり，より堅実なビジネスが主流とならざるをえなかったのである。商品取引量が増えてくると，よろず屋的に多種の商品を扱い，また商業・金融・運送などを兼業する商人に代わって，商品ごとの専門問屋が現れるに至った。井原西鶴はこうした商人の交替劇が演じられつつあった元禄期前夜の状況を「むかしの長者絶れは，新長者の見えわたり。はんじやうは，次第まさりなり」（『日本永代蔵』）と描いたのである（井原〔東校訂〕［1956］184頁）。

2 都市大商家の成立

▷ 問屋制の成立

　商品流通の発展に伴って，各種の専業商人が生まれることになった。商取引の縦の流れでは，問屋—仲買—小売の分化が起こり，水平的には商品ごとに専門商人が登場することとなった（以下，江戸時代の問屋制については，宮本又次 [1951, 1954]，また簡単には藤田・宮本・長谷川 [1978]）。江戸時代においては，城下町においても中央都市においても大量取引を担当する中心となったものは問屋（江戸では「とんや」，大坂では「といや」と呼称）であった。問屋の起源は中世の問・問丸にあるが，江戸時代になって輸送，保管，商取引の機能を未分化のまま包括的に持っていた問丸の機能分化が起こり，積荷問屋，荷受問屋，廻船問屋，さらに米問屋，油問屋，炭問屋などの専業問屋が生まれた。また，問屋と小売，生産者・荷主と問屋の間に介在し，大量取引を行う仲買が分化し，登場した。

　大坂では17世紀前半にはまだ問屋と名のつく商品別の専業問屋は多くなかった。元和期に京口油問屋，江戸積油問屋，寛永期に三所綿市問屋があったほかは，せいぜい大坂および周辺の生産と消費に関係する青物，生魚，綿，木綿，菜種油，材木などに限られていた。この頃の問屋としては薩摩国問屋，土佐国問屋，肥前国問屋といった国名を冠した問屋（国問屋）が一般的で，特定の領国の多種の物資の販売を行うかたわら，倉庫業務，旅宿業務，金融業務などの包括的業務を果たす問屋であった。

　ところが，17世紀後半になると，国問屋に代わって，商品ごとに専業問屋が現れることとなった。1679（延宝7）年の『懐中難波すゞめ』という史料によると，大坂での問屋数は378に及び，その業種は58にのぼったが，さらに1697（元禄10）年刊の『国花万葉記難波丸』では問屋総数826，その業種は62となった。生魚，塩干魚，八百屋物，薪，鰹節，木綿，煙草，塩，茶，鉄，木蠟など日用必需物資の問屋が多かった。時代をもう少し下り，正徳年間（1711〜16年）になると，さらに問屋軒数は5626と著しく増加し，専業問屋の種類も多様化した。綿，糸，布などの繊維関係問屋に加えて，各種の農産加工品，

表 1-2 正徳年間（1711〜16 年）の諸問屋数

業種	問屋名	延宝年間	正徳年間	業種	問屋名	延宝年間	正徳年間
廻船	大坂菱垣廻船問屋	3	10	鉱工	丹座製法人		7
	江戸大廻樽船問屋	4	5		江戸積釘問屋		16
	堺・大坂・長崎廻船荷物積問屋		3		刀脇差小道具問屋		5
					秋田銅鉛問屋	7	6
両替	本両替	(10)	24		鉄はがね問屋	7	10
	両替総仲間		660		大工道具問屋		6
	南両替惣組合		100		小刀包丁問屋	(2)	24
	三郷総銭屋組合		300		砥石問屋	2	7
	米売買遣繰両替株		70		石灰問屋並に薬灰問屋	3	50
米	下米問屋組合		6		算盤問屋		?
	京積俵物買問屋		34		瀬戸物問屋	(6)	6
錦糸布	唐巻物反物問屋		5		備前焼物問屋	2	1
	毛綿問屋	8	18		江戸積塗物問屋		5
	木綿問屋	17	9		仏具屋		5
	江戸積毛綿問屋		3		丹波摺鉢問屋		1
	繰綿屋問屋		250		諸国石問屋		6
	北国布問屋	(11)	6		武具馬具屋		8
	紀州総（綛）問屋		3	材木	阿波材木問屋	2	6
油菜種	江戸積油問屋		6		日向 〃		4
	京積油問屋		3		北国 〃	2	4
	油粕問屋		25		秋田 〃		2
	菜種子問屋		306		尾張 〃	4	3
農産その加工	諸国蠟問屋	9	12		土佐 〃	6	5
	苧問屋		3		同酒桶類天井板		8
	江戸積蠟燭問屋		34		杉木問屋		
	丹波播磨畳問屋		3	薪炭竹	土佐薪問屋	} 27	5
	漆問屋		2		熊野薪問屋		6
	煎茶問屋	15	64		諸国 〃		6
	多葉粉問屋	11	32		諸国炭問屋	10	17
	紀州綱問屋		3		竹問屋	(1)	4
	備後畳表問屋	2	13	水産	北国干物問屋	4	8
	藍玉問屋	3	9		鯨油壱岐平戸呼子すじ油ひげ油問屋	1	8
	ぬか問屋	3	8		諸国塩問屋	7	
	鳥問屋	3	2		生魚問屋	16	28
	玉子問屋		8		塩魚干魚問屋	19	25
	青物屋仲間		100		熨斗問屋	3	4
	八百屋物問屋	20	43		鰹節問屋	4	7
	諸国藍問屋		18		川魚問屋		5
紙	諸紙問屋	24	25		干鰯問屋	2	?
	大和紙問屋		3		唐和薬種問屋		208
	紙問屋諸蔵				国問屋	6	1,851
	立会組頭		39		同船宿		329
酒	酒造類株		636		計		5,626以上
	江戸積酒屋の分	1	17				

（注） （ ）は, 同業種であって名称の一致しないもの。問屋以外のものを含む。
（出所） 大阪経済史料集成刊行委員会［1974］481 頁。

第 2 節 江戸時代の商家経営

鉱工業品の専業問屋数・種類が増加し，また両替屋や廻船問屋が増加したが，これは商品流通のいっそうの発展を背景に，商業から金融業，輸送業が分化したことを示すものであった（表1-2参照）。こうした状況は，江戸でも同様で，同地では1680年代までに70軒もの木綿問屋が成立し，仲間を結成するようになっていた。

　こうした17世紀後半に成立した問屋の大きな特徴は，初期豪商のように権力者を主要な顧客とした商売ではなく，大衆的需要に応える卸売業者であったことである。さらにこれらは単に大坂住民の需要にのみではなく，京都や江戸などの都市をはじめ全国の大衆需要に応える存在であり，問屋名に江戸廻し酒屋，京醬油屋，江戸買物問屋，西国下し醬油問屋など商品仕向先の名をつけているものも少なくなかった。

　これらの問屋の第2の特徴は，専門商品について大量仕入れ，大量販売を行い，薄い口銭を資本の回転で補うという商法に転じたことである。一攫千金を夢みるのではなく，堅実を旨とする商いであった。したがって第3に，こうした商家では，それぞれの商家ごとに明確な経営指針の制定がみられ，経営組織の整備が行われ，店則の制定など日常の経営管理にも進歩がみられるようになった。

　なお，以上では，商業・流通の発展に伴って問屋―仲買―小売からなる配給組織が次第に形成されたという説（宮本又次［1951］）や，行商から定期市，さらに常設店舗へと「商人」の定着が進み，町場が形成されたという説（豊田［1952］），さらに，問屋形態は近世初期の荷受問屋から中期以降の仕込問屋へという発展を遂げたという説（林［1967］）など，従来の商業史・流通史研究で広く受け容れられてきた通説に沿って説明してきた。これらの通説に対し，近年，都市社会史研究者たちによって異説が提出されている。たとえば塚田孝は，近世初期の，町屋敷を所有し，伝馬役等を負担する町人は流通・商業上の機能面では，その所有する土地・家屋において市を開き，そこでの売買を「媒介」した問屋（「荷受問屋」）であったのに対し，この町人から「店」を借りて，商品の売買を自ら行った仲買が本来の商人であったととらえ，問屋（町人系列）と仲買（商人系列）は歴史的系譜も性格もまったく異なるものとしている（塚田

[1994]。同様の理解に立つと思われる近世都市社会史研究者の研究としては，桜井[1990]，吉田[1985, 2000] などがある)。この見解は，商業仲介的機能を果たす主体と，自らの計算で売買行為をなす主体とのあいだに類型的差異が存在することに着目するものであるが，この2つが歴史的系譜を異にしたり，発展段階的な差異を示すものなのかどうかについては，なお実証の余地があると思われる。

▷ **鴻池善右衛門家**

前項では江戸中期に都市大商家経営が確立したとしたが，その成立過程を具体的事例に則してみてみよう。

まず，鴻池善右衛門家は家伝では，戦国時代の中国地方の武将山中鹿之介幸盛の長男山中新六を始祖とするとされる（以下，鴻池善右衛門家については，宮本又次 [1957, 1968, 1969b, 1970c, 1970d]，安岡 [1970]，作道 [1971]，宮本又郎 [1978] などを参照）。摂津国伊丹在鴻池村において新六は1600（慶長5）年ごろ清酒造りを始め，ほどなくその江戸送りを行い成功した。1619（元和5）年に大坂内久宝寺町に出て，清酒造り・販売を行った。当時江戸は開けてまもなく，後背地に有力な生産地帯を持たなかったにもかかわらず人口は急増したから，あらゆる消費財は他の地方から供給されねばならなかった。ことに清酒のような高級消費財は不足していた。ここに目をつけ，遠路，上方から清酒送りの事業に乗り出した新六の果敢な企業者精神は，紀伊国屋文左衛門のみかん船伝説に相通じるものがある。この意味で，鴻池家もまた創業時代には，初期豪商タイプの商人であったわけである。

清酒の江戸送りは当初，馬背で陸送していたとされるが，非効率的であったため，海上輸送に着目し，1625（寛永2）年，九条島で廻漕業を始めた。当時すでに参勤交代も始まり，江戸と西国筋との物資往来は激しくなっていた。鴻池は手船100余艘をもって，自醸の酒を運ぶとともに，大名や一般の貨物の輸送も引き受けた。廻漕業を契機に年貢米を中心に大名蔵物販売や一般商品取扱い業務に乗り出し，さらにこれらの業務を通じてつながりの生まれた大名や商人に貸付を行った。このように，初期の鴻池は酒造に始まり，廻漕業・商業・金融業に次々手を拡げ，いわば「よろず屋」的商法を展開していた。先に述べ

鴻池家の本邸 鴻池は天下の台所，大坂の今橋に本拠を構え，近世の金融業をリードした（写真は明治末のもの。サンケイ新聞社［1987］より）。

たように，17世紀前半の大商人の一般的な姿に近かったのである。

　新六は1650（慶安3）年，81歳で没した。彼には8男2女があったが，鴻池村の本家は長男が継ぎ，大坂表の2つの分家は次男・三男に任され，新六の大坂本店は八男正成が相続，これが初代鴻池善右衛門となった。江戸時代の豪商，鴻池家というとき通常，この鴻池善右衛門家を指す。正成は新六が廻漕業を始めたとき，主としてこれに当たった人である。

　1656（明暦2）年，善右衛門正成は両替店を開業，本格的に金融業に進出した。開業にあたり，息子を大坂の両替業の先駆者であった今橋一丁目の天王寺屋五兵衛家に見習い奉公に送り，万事，天王寺屋を模範として両替業を始めたといわれる。金融業としては，大坂―江戸間の為替取組を盛んに行った。鴻池の為替取組はもともと，江戸での酒の販売代金を大坂に送る必要性から生じたものであった。他方，多くの藩は，大坂に設置した蔵屋敷において年貢米（蔵米）を販売し，この代金を江戸藩邸に送る必要があった。この江戸→大坂間の送金と大坂→江戸間の送金，2つの貨幣の流れを現送によらず，為替によって相殺しようというのが鴻池両替店の大きな業務であった（これは大名御屋敷に関係した為替であったから，御屋敷為替と呼ばれる）。したがって，鴻池の為替取組業務は，もともと酒販売から発した派生的業務で，専門的金融業者の行うそれとは異なっていた。しかし，為替業務が発展してくると，鴻池家は次第に，一般

商人の江戸→大坂への送金についても為替取組を引き受けるようになり、自店の他の業務とは独立した専門的金融業務としてこれを展開することになった。それは、三井越後屋がもともと江戸での呉服販売代金を京本店に送金するのと、幕府が大坂から江戸へ公金を送金するのを組み合わせて開始した為替（御金蔵為替と呼ばれる）取組業務が、後に一般商人の江戸→大坂間の送金引受けに発展し、三井両替店の誕生をもたらしたのと同様のプロセスであった。

　鴻池両替店のもう1つの重要な業務は貸付であった。現存する大名貸に関係する最古の鴻池文書は、1675（延宝3）年の姫路藩に対するものであるが、おそらくもっと以前から大名貸は開始されていたものと思われる。鴻池の貸付は酒造販売や、物資輸送、蔵物販売、為替取組で関係の生まれた大名に臨時的に金銀を貸し付けることから始まったが、次第に特定の大名に関係し、蔵屋敷の蔵元や掛屋として登用されて、恒常的に関係するように、特定藩のいわばメインバンクとして、大名財政に深く関わり、恒常的に大名貸を行うようになり、これが金融業務の主要部分を占めるようになった。

　鴻池両替店は、大坂がいわゆる「天下の台所」として確立しつつあり、同地への日本全国からの財貨の集散、それに対応する金融業へのニーズの拡大という追い風を受けて、急速に発展した。1662（寛文2）年幕府は大坂において両替屋を公認し、さらに1670（寛文10）年、大坂において最も信用力のある両替十店を選び、これに「十人両替」の呼称を与え、これを通じて金融統制の実をあげようとしたが、その際、鴻池店は先輩の天王寺屋五兵衛、泉屋平兵衛、鍵屋六兵衛らとともに、これに任命されている。ここに鴻池両替店が開業日浅くして、大坂第一級の両替店に成長したことが物語られている。さらに鴻池家は1674（延宝2）年、内久宝寺町から今橋二丁目に店を移し、同地に両替店を開いた。今橋界隈は天王寺屋をはじめ、当時有力両替店が集住する金融センターとして発展しつつあった。ここに鴻池家は金融業を営業の中心に据える経営戦略を明確にしたのであった。家督は2代目之宗に譲られていたが、初代正成は健在であり、この意思決定が正成によってなされたことは疑いない。

▷ **鴻池の大名貸**

　両替業専業体制が確立したのは3代目宗利（1695〔元禄8〕年、家督相続）の

時代であった。同家の「算用帳」によると，同家の貨幣資産（貸付銀と有銀の合計）のうち大名貸の占める比率は，1670年では19％にすぎなかったが，1680年には70.8％，1690年には77.1％となり，以後，幕末まで70％以上となった。1770年代以降は，大坂町奉行ほか幕府などへの貸付も増加したので，90％以上が武士層への貸付となった。2代目之宗の死去直後には酒造業から撤退した。商品取扱業はしばらく続けられていたが，1723（享保8）年に宗利は家憲において大名貸専業の方針を打ち出し，両替業，ことに大名相手のそれが名実ともに同家のメイン・ビジネスとなった（鴻池の大名貸については，森［1964，1970］，作道［1971］などを参照）。

鴻池が最初に掛屋となった藩は岡山藩で，その後久留米藩，広島藩，高知藩，徳島藩，福岡藩などの掛屋・蔵元に登用された。元禄期（1688～1703年）末には，鴻池と取引のある藩はすでに32藩に及んでいたといわれる。また1670～1870年を記帳期間とする同家の「算用帳」の中で，一度でも大名貸の事実が記載されている藩は実に111藩に達している。俗に「300諸侯」といわれるから，約3分の1の大名は鴻池から融資を受けていたことになる。地域別には，九州28藩，四国11藩，中国18藩，近畿15藩，北陸11藩，東海8藩，関東14藩，東北6藩となっている。貸銀比率では，山陽・四国・九州の大名への融資が多かった。中でも，鴻池と最も関わりの深かったのは岡山藩で，同藩への貸付は鴻池の大名貸の全体の20～40％を占め，18世紀末以降は60％を超えた。次いで，広島，徳島，高知などへの貸付が大きく，これら4藩に対する貸付は1720年代までは50～60％，それ以降は80％以上にのぼった。鴻池はこれらの藩のまさにメインバンクであったわけである。

ところで，鴻池の大名貸はどのようにして行われたのだろうか。大名貸はしばしば窮乏化しつつある大名が富裕な商人に消費貸借を要求したものと考えられることが多い。また，大名貸は焦げ付きや，踏み倒しが多かったといわれる。もし，大名貸がそのようなものであるなら，鴻池のような大両替商がこれを専業とするような経営戦略をなぜとったのであろうか。

江戸時代の大坂は「天下の台所」と呼ばれ，物産が集散したが，中でも諸藩が登せる年貢米は最大の財貨であった。元禄期には少なくとも年間120万石以

上の大坂登米があり，最盛期の文化・文政期には200万石以上に達した。諸藩は年貢米の販売のため，大坂に蔵屋敷を置いた。その数は100以上に及んだ。蔵屋敷では，年貢米の蔵入れ・蔵出し，保管，販売業務に当たる商人として蔵元，販売代金の出納，保管，送金業務に当たる商人として掛屋など，町人を登用していた。蔵元・掛屋は，年貢米販売量や販売時期の決定，送金などに当たることから，商業・金融業務に精通したものでなければならず，加えて当時としては大規模なビジネスであったから，大商人でなければ勤まらなかった。

　とくに掛屋は，年貢米販売代金の保管だけでなく，大名の国元や江戸藩邸への送金が重要な業務であった。この送金は本来，年貢米売却代金を受け取った後なされるものであった。しかし，年貢米の大坂廻着時期が毎年秋から冬であるのに，大名の貨幣支出は年中恒常的であり，また廻着量は作柄によって左右されたが，支出はあまり変わらなかった。このように大名の収入と支出は，季節的にまた年ごとに，ずれがあったから，掛屋は年貢米売却代金を受け取った後それを送金するというのではなく，まず大名の求めに応じて送金を行い，年貢米が売却された後に送金分とその利子分を受け取るという方法をとることとなった。したがって，これはあくまで当座貸であり，凶作あるいは米価下落などによって，年貢米売却代金が予定額に達せず，清算の結果，翌年への貸越となっても，翌年の年貢米売却代金で穴埋めできるものであった。このような契機で起こったのが，本来の大名貸であった。

　つまり，大名たちが当時における至上の富の源泉である土地を支配し，かつ最大の消費物資である米を，米納年貢制によって掌握し，これを恒常的に大坂に送り続け，それが円滑に売却できる限り，そしてそのことを蔵元・掛屋となってモニタリングできれば，大名貸は決してリスキーなビジネスではなかったのである。いいかえれば，鴻池が行ったような大名貸は，米という近世最大の商品の流通を担当する大坂蔵屋敷に対する商業金融（前貸金融）の性格を持っていたのである。これがゆえに，大名の大坂登米が増加しつつあった寛文〜元禄期に鴻池の大名貸の増加，専業化が起こったのである。

　商人が大名に貸し付けるという意味での大名貸ならば，それは近世初頭から，京都・長崎・堺などの商人によっても行われていた。しかし，それらは大名の

表 1-3 貸有銀に対する利子収入の比

時　期	貸有銀に対する利入りの比	時　期	貸有銀に対する利入りの比
1670～74 年	14.4 %	1773～77 年	6.0 %
1680～84	13.8	1783～87	4.6
1690～94	8.6	1793～97	3.6
1700～04	8.9	1803～07	2.2
1710～14	6.1	1813～17	2.2
1720～24	5.6	1836～40	4.1
1730～34	7.5	1846～50	3.2
1740～44	6.6		

(注)　貸有銀＝貸付銀高＋保有銀高
(出所)　安岡 [1970] より作成。

不時の用を満たす消費貸借的なもので，蔵物流通と結びついたものではなかった。このような大名貸は無担保の貸付に等しく，リスキーなものであった。1730 年代に三井高房が著した『町人考見録』は，先に述べたように，京都の町人 50 余軒のありさまを描いたが，破綻の原因の多くは大名貸であった。これに対し，鴻池の場合は，貸付を蔵物流通に結びつけていた点で，革新性があったのである。

したがって，鴻池の大名貸の収益性はかなり高かった。大名貸を専業化しつつあった寛文～延宝期においては，大名貸の契約上の利子率は年 14% ほどで，その後 18 世紀前半まではだいたい年 12% 程度であった。その後，18 世紀後半において年 6% 程度となった。その上に，蔵元・掛屋には，扶持米や合力米などが与えられるのが普通であった。鴻池の場合，1704（宝永元）年と 1709 年に広島藩の掛屋・蔵元となった際，新銀 50 枚と合力米 300 俵を支給されている。このような付加収入も考慮すれば，大名貸はかなり収益が見込めるビジネスであった。海保青陵という学者が，その著『稽古談』において，大名貸について，「皆十年を待たずして元金はかへりてしまふなり，新規に出す金などは六年程にて元金がかへりてしまふ」と述べたのも，あながち見当違いではなかったのである。

もっとも，契約上の利子率は上述したようなものであったが，大名貸にはしばしば借金の棒引きや，利息の削減，踏み倒しがあったから，実際の利子率は

図 1-1　鴻池家の純資産の推移

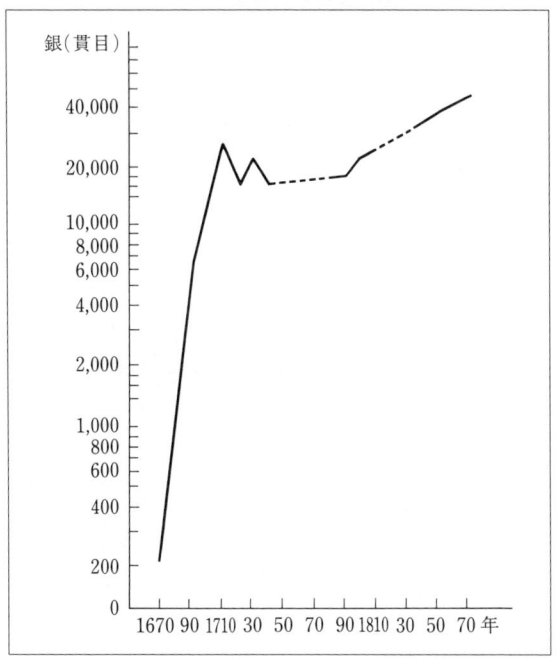

(出所)　安岡［1970］より作成。

これより低かった。いま，鴻池の場合について，このような損失を控除した収益，すなわち貸付銀に対する実際の利息収入の割合をみると，表 1-3 の通りとなる。これによると，17 世紀末では貸有銀に対する利入りの比率は，ほぼ契約上の利子率に一致しており，利息が安全に回収されていたことがわかる。18 世紀に入ると，契約利子率と収入利子率との乖離が生じ始めるが，その程度はまだ大したものではなかった。しかし，18 世紀後半からは収入利子率は顕著に低下し，19 世紀には破局的状態となった。同家の「算用帳」からうかがえる鴻池家の純資産の推移は，図 1-1 に示した通り，この状況を反映するものであった。すなわち，同家の純資産は，18 世紀中期頃までは急成長をとげたが，以後は停滞状況となった。こうした大名貸経営の悪化は，取りも直さず，近世経済が米の循環を中心とした経済から，多種の商品が流通する経済へと変化を

第 2 節　江戸時代の商家経営

遂げていく中で，依然として米納年貢の換金収入に基礎を置いて組み立てられていた大名財政が破綻に向かっていたこと，そしてその状況に鴻池家がうまく対応できなかったことを示すものであった。

　もっとも，鴻池家は，大名貸を中心とする両替業に専業化した後も，他のビジネスにまったく手を染めなかったわけではない。3代宗利の代の頃には，同家の蓄積資産は相当な額に達していた。この蓄積資産の新たな投資先として宗利によって着目されたのは，鴻池新田の開発であった。同新田は，1704（宝永元）年に大和川付け替え工事が行われた際，旧流域の川床や池・沼を干拓して，造成されたものであった。鴻池家はこの新田開発に，開発費用，周辺耕地買収費用，幕府への上納金など，あわせて銀約3000貫目を投じた。それは同家の当時の資産の約12％にあたっていた。同新田は砂畑で，採草地がなかったこともあって米作には適さず，金肥多投の綿作が中心となり，河内綿作地帯の一角を形成した。しかし，総開発費用に対する収益の比は，初期には年貢が免除されていたこともあって高かったが，18世紀半ば以降は2～4％となり，大名貸の実収利率を下回るほどであったといわれる。巨額の資金を投じたにもかかわらず，同新田は鴻池家のドル箱とはならなかったのである。

▷ 三　井　家

　越後屋の創始者三井八郎兵衛高利は1622（元和8）年伊勢国松坂で生まれた（三井家については，安岡［1970，1982］，中田［1959］，三井文庫［1980］，賀川［1985］などを参照）。同家はもと佐々木氏に仕えた地方豪族であったが，高利の祖父高安のとき，1573（天正元）年佐々木氏が織田信長によって滅ぼされた後，伊勢に逃れ，高利の父高俊の頃には，松坂で質屋，酒・味噌商を営んでいた。高利は，父高俊・母殊法のあいだに生まれた4男4女の末子で，早くから江戸に出ていた長兄俊次が死去した後1673（延宝元）年，江戸に出た。時に高利52歳の夏であった。

　高利は，江戸に下ると，そのときまでに，俊次の江戸店での奉公のため江戸に来ていた息子たちと力を合わせ，江戸本町一丁目に越後屋を屋号とする呉服店を開業した。間口9尺，使用人10人足らずの小規模な店であった。しかしながら，越後屋は老舗呉服商を尻目に，瞬く間に急成長をとげた。それは，越

越後屋の店舗（錦絵）
「現銀掛値なし」をはじめ、旧来の商慣習を破った新機軸で成功した越後屋は、開業後10年余で、三都にまたがる大商人となった（広重画）。

後屋の商法が革新に満ちたものであったことによる。

革新の第1は、「現銀掛値なし」の店前商法にあった。当時の江戸の呉服屋は、大名・旗本・それらの家臣・上層町人を顧客とするもので、反物を持参して、武家屋敷を廻るか、あるいは注文をとって好みの品を後ほど持参するといった商法が普通であった。掛売りが通例であり、現金取引は稀であった。これに対して、越後屋は、店頭にやってくる客に対して正札で現金取引を行うことを主とした。また、「諸国商人売り」といって、諸国の商人に対して卸売業を行った。店前での現金小売りといい諸国商人売りといい、いずれも薄利多売ながら、流動資本コストを低くして、資本の回転率を重視する商いであった。

また、第2の革新として、反物の切売り、仕立てを行い、さらに「一人一色の役目」といって、商品ごとに取り扱う手代を専任にするなどのアイディアを打ち出した。すべて当時の江戸呉服商の商慣習を破るものであった。

当時、江戸は消費都市として発展途上にあり、町人人口は急増して、将軍お膝元、武士の町から、大衆都市へ変貌しつつあった。これによって起こりつつあった消費市場の変化に、越後屋の新商法は見事にマッチしたのである。

このような越後屋の新商法は、当然にそれまでの呉服商から、商秩序を乱すものとして反発を受けた。この反発は、越後屋が後発でありながら、越前松平家の御用達に取り立てられるに及んで大きなものとなった。この過程で、仲間

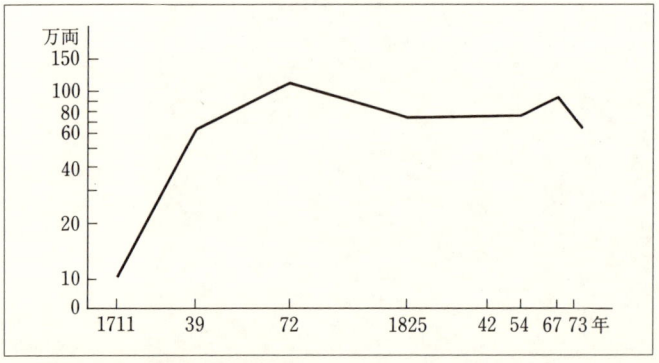

図 1-2 三井大元方の営業財産の推移

(出所) 栂井 [1961] より作成。

間の取引を停止され,無頼の徒に石矢で脅かされたり,訴訟を受けたりしたた め,老舗が建ち並ぶ江戸本町から,1683 (天和3) 年に駿河町に店を移転する ことを余儀なくされるなど,越後屋は逸脱者,革新者に与えられる辛酸をなめ た。しかし,やがてそれまでの反対者までもが,越後屋の新商法を模倣するよ うになり,それは江戸時代の呉服商の一般的な商法となった。

　呉服商として成功し,資本を蓄積した三井は1686 (貞享3) 年までに江戸・ 京都に両替店を開き,京都に本拠を置いて,元禄初年までには幕府呉服御用達, 金銀御為替御用達に任じられ,大坂にも出店を持って三都にまたがる大商人と して確固たる地位を築き上げるに至った。

　両替商としては,上方―江戸間の幕府公金の送金業務を請け負ったことが大 きな意味を持った。三井は江戸で販売する呉服,反物を上方から仕入れていた から,江戸から上方へ仕入代金を送金しなければならなかった。他方,幕府は 西日本の天領から上納される公金を大坂御金蔵に収めていたが,これを江戸御 金蔵に送金する必要があった。これに目をつけた三井は,越後屋江戸店での販 売代金を江戸御金蔵に納め,代わりに大坂で大坂御金蔵からお金を受け取り, 上方での呉服仕入代金にあてる仕組みを願い出,これが許可されたのである。 この仕組みは御金蔵為替と呼ばれるものであるが,これにより三井は2カ月な いし5カ月にわたって,多額の公金を無利子で運用できることになった。後に

は，江戸から上方への送金を希望する一般商人の為替も引き受けることとなり，三井の両替業は呉服商付属のものから，独立のビジネスとなり，明治維新以後における三井の中核事業，三井銀行の基礎となった。

　高利の死後は，後述するように，高利の子供によって大元方（おおもとかた）という三井の営業財産管理機構が設置され，一族による経営となる。大元方の営業財産の推移は図 1-2 の通りで，18 世紀後半頃までは飛躍的に増加したが，それ以降は横ばいとなり，幕末においては，呉服業は不振で，両替屋の利益によってかろうじて三井家が維持されていたといわれる。

▷ 住　友　家

　住友家は戦国武将柴田勝家に仕えた越前丸岡城主住友若狭守政俊の子，政行の次男，住友政友を家祖とし，政友の姉婿蘇我理右衛門を業祖としている（住友家については，作道 [1982]，畠山 [1988] などを参照）。住友政友は，1596（慶長元）年から京都で富士屋嘉休と称して薬屋と書籍商を営んだ。一方蘇我理右衛門は早くから銅吹きと銅細工の技術を修得し，京都に銅吹き所を構え，1591（天正 19）年には，堺で白水という外国商人から「南蛮吹き」なる銀銅吹き分けの秘法を伝授され，これをもって巨利を博したと伝えられる（1591 年に南蛮吹きの技法を白水という外国人から学んだというのは伝承の域を出ない。理右衛門が修得したのは後年の慶長年間であったとも推定される）。

　住友政友に一男一女があったが，一女には蘇我理右衛門の長男理兵衛友以を婿養子として迎えた。しかるにこの政友の一男一女は結婚後相次いで死去したため，これらの配偶者理兵衛友以と亀女が政友の計らいで再婚し，友以は新たに泉屋という住友の分家となり，蘇我理右衛門の事業を継承した。後，住友・蘇我両家はこの泉屋理兵衛友以の家に合併・吸収され，これが近代まで続く住友家の母体となった。

　友以は 1623（元和 9）年頃大坂に移った。その主目的は銅貿易にあった。大坂はかねて理右衛門が南蛮吹きの秘法を同業者に伝授していたこともあって，住友の進出には好意的であり，住友は南蛮吹きの宗家として指導的地位を占めるに至った。友以は淡路町に本店，内淡路町に銅吹き所を設けたが，後には銅吹き所を他所にも増設，京都にも出店と吹き所を設置した。

銅吹き屋・銅貿易商としての住友の発展は幕府の貿易政策と密接な関係があった。寛文期 (1661～72年) には銅は輸出総額のうち約7割を占めるほど重要輸出品となったから，幕府はその品質維持に気を配り，南蛮吹きで処理した抜銀銅だけを輸出することとし，その精練と集荷を大坂に限定，銅屋株と銅貿易株を設定したから，大坂は17世紀末には約1万人の銅吹き職人が存在するようになったといわれるほど，銅精練業の中心地となり，中でも住友は複数の銅屋株と銅貿易株を所有して，特別の地位を占めた。

泉屋は，理右衛門の時代から銅山経営にも関わることがあったが，それが本格化したのは友以の子，友信の代になってからであった (1662〔寛文2〕年，家督相続)。友信は，後の住友家の当主の通り名となる住友吉左衛門を名乗った人である。

友信の代の鉱山経営は，阿仁・尾去沢・幸生などの東北地方の鉱山から始められたが，最も重要なのは別子銅山発見のきっかけを与えることになった備中吉岡銅山の稼行であった。吉岡銅山は平安期から採掘されていた老山であったが，友信とその息子4代目友芳は，巨額の資金と8年の歳月を費やして，同山の大疏水道開削工事を断行，見事にこの銅山を再生させた。これにより住友は銅山経営者としても同業者中，首位を占めるようになった。

この吉岡銅山の工事中，吉岡に渡来していた「切り上がり長兵衛」という熟練坑夫が伊予別子に有望な露頭があることを，泉屋の吉岡支配人田向十右衛門に伝えた。田向は早速手代を伴って伊予に渡り，別子銅山の有望なることを確認し，幕府にこの請負願いを提出した。許可が下りたのは1691 (元禄4) 年のことであった。

一般に，江戸時代の主要鉱山は天領として幕府の直轄支配下にあり，その経営は鉱山業者に委任されることが多かったが，住友の別子経営には，他の鉱山にはみられない注目すべき点があった。その1つは，請負にあたって他の鉱山では出銅高にかかわらず，定額運上が要求されることが多かったのに対し，別子の場合，出銅高に比例して運上を納める方法が適用されたことである。この方法は，出銅不振時には経営にメリットをもたらすものであった。第2は，当初5カ年の請負期間であったにもかかわらず，住友が長期の稼行を想定して巨

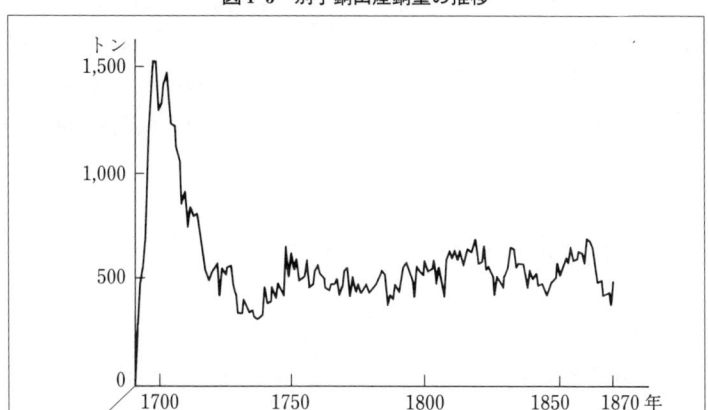

図1-3 別子銅山産銅量の推移

(出所) 畠山 [1978] 114頁。

額の投資を行い，結果として1702（元禄15）年，永代請負稼行権を獲得したことである。江戸時代の鉱山は優良鉱山でも，長期の稼行を想定した経営がみられず，いきおい短期の濫掘，荒廃が常であったが，別子は永代稼行権の取得により，長期の視点に立った経営を行いえた。住友は別子について長期採掘計画を立て，幕府からの補助金，買請米を確保するなど，他の鉱山にはみられない合理的経営を行い，以後250年に及ぶ住友のドル箱を造りあげたのである。

図1-3は別子の採掘量の推移を示したものであるが，最高期（元禄期）には年間250万斤を超えた。他の銅山は，秋田阿仁銅山が年間150〜160万斤であったことを除けば，おおむね100万斤以下であった。別子は江戸時代の銅山の中で，群を抜いて優良鉱山だったのである。

それでも，別子の採掘高は江戸後期には減少した。江戸後期には，当時の鉱山技術の限界，銅貿易の行き詰まりなどによって，別子経営も困難に直面したが，明治以降，支配人広瀬宰平の努力によって再生し，同家の財閥としての成長のテコとなった。

なお，住友は銅業中心とみられがちであるが，1662（寛文2）年に大坂で両

替店を開業し，一時中断後，1743（寛保3）年に再開し，文化期に江戸で両替店を開き，札差となって田安・清水・一橋家の蔵元となったこと，文政期の貨幣改鋳の際，金銀引換所となって特別の地位を持つ両替屋として認められていたことなど，金融業務も相当に行っていた。近代における住友の財閥化，多角化との関連で見逃されてはならない点である。

第3節　江戸期商家の経営システム

1　所有構造・企業形態・企業統治

▷ 合本企業の初期形態

　江戸時代の商家はほとんど個人企業の形態で，合本結社（joint-stock company）の形態は一般的にさほど成立しなかったといわれる。とはいえ，共同企業がまったくなかったわけではなく，原初的形態のそれはさまざまの形で展開した。

　近世初頭の鎖国以前における貿易商人のあいだでは抛銀(なげかね)証文をもってする冒険貸借あるいはコンメンダ（commenda，機能資本家に対する無機能にして有限責任的出資の先駆的形態と定義される）に類する仕組みも行われていた（抛銀については，柴［1933］を参照）。その方法は，朱印船主が外航におもむく際，投資家から資金を借り受けた貿易業者が一定の銀を船主に提供し，貿易を行い，無事帰国し利潤をあげたときには，船主，貿易業者，投資家に利潤を分配するが，もし海上遭難などによって損失が出た場合には，元利の返済のないことをあらかじめ約したものである。抛銀の貸借期間は約半年で，借用金銀は5〜6貫目，利率は海上輸送のリスクが大きかったため30〜50％以上と高率であった。博多の島井宗室などはこの投資家で，同家の致富の基盤をなしたという。

　抛銀の形態による資本結合は，鎖国後消滅したが，これに類似の仕法は廻船経営においてもみられた。ここでは船主と船問屋が出資者から出資を受け，買積船形式によって海上商業を行い，利益・損失を出資に応じて分配することが「廻船加入証文」によって取り決められた。また，大坂の両替商の間では，ある両替商の行う貸付に他の両替商が出資するという「加入貸」という形態の資

本結合がみられた（廻船加入に関しては，柚木［1961］，上村［1994］などを参照）。
　以上のような形態の資本結合では，たしかに機能資本家（実際に経営にあたる資本家）に対する無機能にして有限責任の持分出資がみられ，これにより多額の資本調達と危険分散が果たされた。しかし，これらは永続的なものではなく，当座的なもので，継続的事業体として成立したものではなかった。

▷ **近江商人の共同企業**

　近江商人のあいだでは，かなり長期のパートナーシップが成立していた（以下の事例については，菅野［1931］，江頭［1966］，由井［1963］，安岡［1987］などを参照）。1741（寛保元）年から16年間にわたって，松前藩のイリコの長崎移出を一任された西川伝治は表面上は個人事業としてそれにあたったが，21人の近江商人から出資を受けていた。総株数は40で，西川は無限責任の機能資本家であったが，他の出資者は損益の分配にあずかるにすぎない無機能資本家であった。また1838（天保9）年，北海道エトロフの場所請負（松前藩の藩士は藩より知行地を与えられ，その他のアイヌと交易を行う権利を得ていたが，次第にその交易を近江商人などに委ね，その請負料をとるようになった。これを場所請負という）を引き受けた近江の藤野喜兵衛・西川准兵衛・岡田半兵衛の3名はパートナーシップによってこの事業にあたることにした。3人は持分出資して，「近江屋惣兵衛」（屋号「丸三」）という事業体をつくり，その経営には支配人をあたらせ，出資者は損益にあずかった。この店は6年間ほど存続した。大坂の呉服問屋稲西商店の場合も同様で，近江の稲本利右衛門と西村重郎兵衛の2人が1813（文化10）年に同額の出資で興した共同企業であった。このパートナーシップは「稲西勝太郎」あるいは「稲西庄兵衛」と称したが，いずれも「稲本」と「西村」の姓を1字ずつとってつけられた店名であった。「近江屋惣兵衛」と「稲西庄兵衛」の2例においては，出資割合に応じた損益処分の約束があること，持分資本家と経営者（支配人）の分離があること，出資者の人格と独立した屋号を有する企業体（法人的事業体）が成立していたことが注目される。

　近江日野の中井源左衛門家の場合には，営業活動の広域化とともに，各地に出店や枝店が20店以上も設置されるようになり，それらを日野の本家が統括するシステムをとっていた。これらの出店・枝店はそれぞれ個別の資本を有し，

本家が単独で出資することもあったが,「望性金(もうしょうきん)」と呼ばれる本家出資金とそれぞれの土地の現地資本との共同出資で賄われる場合もあり,後者の場合は各店の支配人の労務出資も認められていた。各店舗はおのおの固有の店名前(屋号)を持ち,本家から派遣された支配人や別家あるいは現地の出資者が経営を担当した。各店の決算は毎期末に本家に報告され,本家はそれを連結した本支店合併決算を行い全体として中井家の事業の統轄を図っていた。

　以上の諸例について,これらは有限責任の無機能資本家を含む資本結合ではなく,出資と支配人の両面において無限責任の機能資本家間の当座的形態であって,「一種の組合企業」ないし「合名会社の実体的な先駆ないし萌芽をなす資本結合の諸形態」にすぎないとする説(由井常彦)と,コンメンダ的出資に類する一種の匿名組合で,日本の株式会社企業の先駆をなすものと評価する説(菅野和太郎,江頭恒治,安岡重明)とがあるが,本章では後者の説に従っておきたい。

▷ **三井家の大元方**

　江戸時代の共同企業でより一般的にみられたのは同族的結合であった。その典型は三井家において発達した。三井家の場合,先に述べたように,創業者の八郎兵衛高利は伊勢松坂から江戸に出て呉服店を開業し財をなしたが,1694(元禄7)年に没するときまでには,江戸・京都・大坂の三都に呉服店,両替店を持ち,多店舗経営を行うようになっていた。高利は没する3カ月前に遺言状を書き,財産の相続方法を取り決めた。これによれば「惣有物」(総資産)は70に割り,総数6人の息子および娘と孫娘の婿(三井家の養子)3人,計9人に割合の軽重をつけて分与されることになっていた。しかし,高利の死後相続が行われると,相続人たちは長男高平に一札を差し入れ,遺贈された元手金を分割しないで,「身上一致」して運用すること,つまり相続人の共同財産として運用することを誓約したのである。

　こうして三井の事業は三井家同苗9家の共同事業となったが,それをより制度化したのが,1710(宝永7)年における大元方の設置であった(三井大元方については,安岡 [1970, 1982],中田 [1959],三井文庫 [1980],賀川 [1985] のほか,日本型コーポレート・ガバナンスの歴史という視角から論じた宮本又郎 [1998] 参照)。

大元方は三井9家の全財産を資本として一括所有し，9家がこの大元方の持分権利を持つという仕組みのもので，各家は持分比率は異なるが，平等の発言権を有し，大元方の評議に参加するとともに，それぞれ三井の営業店の経営を担当し（機能資本家），大元方に無限責任を負っていた。この意味で，大元方は合名会社的資本結合であった。大元方はその資本を「建」として，両替店・呉服店の各営業店に出資した形式をとり，それを資本として営まれる各営業店は毎期一定率の「功納」金を大元方に納めることになっていた。

　高利の相続人たちが2代目高平に差し入れた誓約書は一代限りのものであったが，高平は1722（享保7）年に遺書を書き（「宗竺遺書」と呼ばれる），「元手金」を220割にするとともに，永代にわたって持分権利者の分割請求を認めない，すなわち元手金の大元方による一括管理を家法として制定した。これ以降，大元方の持分権は三井9家（のち2家増加して11家となる）にのみ所有されるものとなり，かつ所有権の分割請求，処分は認められなかったし，さらに各家の相続は単独相続を原則としていたから，所有はまったく封鎖的かつ永続的なものとなった。[1] このような三井大元方の所有のあり方について，安岡重明はローマ法的な「共有」（Miteigentum）という概念よりも，ゲルマンの村落共同体の所有形態である「総有」（Gesamteigentum）という概念によって説明するほうがより適合的であると主張している（安岡［1982］）。つまり，「総有」においては，所有の客体の管理権能は共同所有者の団体に帰属し，共同所有者個々の権利は所有物件からの収益を受け取る権利のみであり，三井同族の大元方に対する立場はそのようなものであったとするのである。

　このように，「宗竺遺書」で完成した大元方制度は，①三井の全事業を統括するという経営管理機構として，②三井同族資本を集中しその永続を図る所有機構として，さらに③三井同族の個人所有権の自由な行使を封殺する企業統治システムとして成立したのである。

▷ 鴻池善右衛門家

　鴻池善右衛門家の場合（鴻池善右衛門家に関しては，宮本又次［1957, 1968, 1969b, 1970c, 1970d］，安岡［1970］，作道［1971］，宮本又郎［1978］を参照のこと），享保期以前においては家業が成長していたこともあって，蓄積資本は子弟や奉公人

に分与され，多くの分家・別家が創設され，それらは独立して事業を営んでいた。ところが享保期以降，同家の主要事業であった大名貸の貸付利率が低下し，家産の伸びが鈍化するようになると，分・別家の創出には次第に強い制限が加えられるようになり，既存の分・別家の事業にも本家との連携が重視されるようになった。分・別家の側でも，貸付利率の低下やリスクの増大によって，独立営業が困難になるものがあった。このため，弱小の分・別家では自分家業を抑え，本家や有力分・別家が行う貸付に，既述のような「加入」の形態で参加し，貸付先や条件の決定は本家や有力分・別家に委ね，自らは単なる持分資本家となるものも出てくるようになった。この場合，機能資本家となった本家や有力分・別家は，弱小分・別家が差し出した加入銀を借入銀としてではなく，出資銀とみなしていたから，この加入貸は鴻池同族による合本事業とみなしうる。鴻池のような事業形態は，無限責任の機能資本家（本家や有力分・別家）と有限責任の持分資本家の結合であるから合資会社的資本結合ということができよう。

▷ 小野家の場合

　17世紀後半に近江大溝から盛岡に出て，後に京・江戸・大坂にも出店を持った豪商小野一族の場合もまた，同族間での共同企業を持っていた（小野組については，宮本又次［1970a, 1970b］を参照）。小野一族には京都に本家の小野善助家（善印井筒屋）・助次郎家・又次郎家・鍵屋権右衛門家，盛岡には村井権兵衛・同甚助家・小野清助家（紺印井筒屋）・善十郎家・鍵屋支店（郡印井筒屋）などの諸家があった。京都における井筒屋小野本店は，このうち本家の小野善助家と助次郎家・又次郎家の3家により構成され，江戸出店はこの3家の組合結合であった。また，別に京都に「野村庄次郎」，大坂には「中屋甚兵衛」なる組合店があった。前者は小野と村井の1字ずつをとって名づけられたもので，後者は盛岡の小野一族が村井と小野の「中をとりもつ」との意味で名づけられたものである。いずれも架空名義の組合企業であった。このように小野一族でも同族間の店がかなり展開していた。

　以上の諸例にみるように，江戸期商家においても共同企業の仕組みは生まれていた。もちろん江戸時代では，出資者全員が有限責任となる株式会社はつい

に現れなかったし，企業資本の証券化は発達せず，出資が自由に第三者に譲渡されることは認められなかった。また共同出資は概して当座的な1回のビジネス限りで行われることが多く，永続性のあるゴーイング・コンサーンとしての共同企業は地縁的ないしは血縁的紐帯を基礎とするものがほとんどであった。さらに，共同企業を組織化する目的は，同族企業の場合に顕著なように，必ずしも大規模な資本を新たに調達するという積極的なものではなく，集積された家産の分散を防止するというやや消極的なものであった。しかし，このような限界があるとはいえ，こうした共同企業を運営した経験は，明治維新以降の会社制度の普及において，無視できない役割を果たしたというべきであろう。

2 管理組織

▷ 三井家の場合

　営業規模の拡大，商圏の地理的拡張，多業種化などが進行するにつれ，大商家では，管理組織が整えられるようになった。

　三井家の場合，初代高利の時代には，すでに呉服店と両替店があったものの，全業務が高利によって掌握されていた。京都の両替店が経営本部で，呉服店は半年ごとに決算を行い，運転資金だけを残して，他の利益分はすべて両替店に納めるという仕組みで，いわば呉服店は両替店に従属し，どんぶり勘定で運営されていた。高利の死後，三井家の事業は子供たちによって共同経営されることになったが，実際には，同族各家の主人の店務負担を軽減するため，各店の支配人が名代役として主人に代わって店務を執行するようになった。そのようになると，複数の店を統括，管理する仕組みが必要となる。そのため，1705（宝永2）年に，京・江戸の呉服店を統合する本店一巻が置かれ，これが両替部門から独立して，呉服店を統合することになった。また，1719（享保4）年には，京都・江戸・大坂の3両替店が1つになって両替店一巻が成立した。この後，大坂呉服店・京上之店（西陣の仕入店）・松坂屋（江戸小野田店）・綿店・御用所などが本店一巻に，また生糸問屋2店が両替店一巻に加わった（安岡 [1982]）。1710（宝永7）年に創設された大元方は，先に述べたように三井同族の資本所有組織であったが，同時に，この本店一巻と両替店一巻を管理するへ

図1-4　三井家の営業店組織

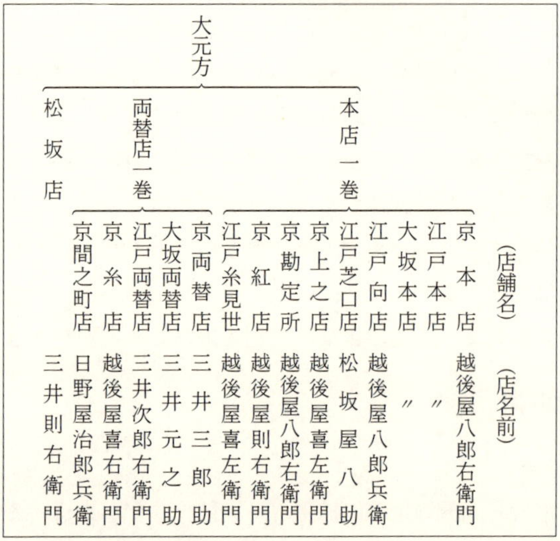

		大元方		
松坂店	両替店一巻		本店一巻	
（店舗名）	京間之町店 / 京糸店 / 江戸両替店 / 大坂両替店 / 京両替店	江戸糸見世店 / 京紅店 / 京勘定所 / 京上之店 / 江戸芝口店 / 江戸向店 / 大坂本店 / 江戸本店 / 京本店	（店名前） 越後屋八郎右衛門 〃 越後屋八郎兵衛 越後屋喜左衛門 越後屋喜左衛門 越後屋則右衛門 越後屋喜左衛門 松坂屋八助 越後屋八郎右衛門
三井則右衛門	日野屋治郎兵衛 / 越後屋喜右衛門 / 三井次郎右衛門 / 三井三郎助 / 三井元之助		

（注）　1730年代以降のもの。
（出所）　中井［1966］。

ッドクォーターの意味も持っていた。こうして1730年代の三井の組織は，図1-4のようなものとなっていた。

　大元方は三井同族の事業全体を統括する機関で，同族の主人たちによる「寄合」という会議によって運営され，資本の運用，各店の人事など一切の評議が行われた。各営業店は毎期ごとに決算を行い，大元方から出資された資本に対して一定額の功納金を大元方に納めた。さらに各営業店は3年ごとに大決算を行って，それまで各営業店で留保されていた功納金以上の利益金を大元方へ納め，その1割を賞与として受け取り，店員に分配することになっていた。大元方は上納された利益を積み立てて資本に加え，一部は同族各家に分配した。このように，三井においては各営業店の独立性は強くなく，大元方が強い支配権を持つと同時に，無限責任を負っていた。

　各営業店ではその店の営業内容に即して経営組織が作り上げられた。たとえば，本店一巻，すなわち呉服業系統に属する京本店の1733（享保18）年頃の状況をみると，①仕入部門，②加工部門，③管理部門に分かれていた。さらに，

仕入部門は，唐物方・絹加賀方・西陣方など仕入先別に，加工部門は染物方・縫方・裁物方など工程別に，管理部門は帳合場・金銀払方・下シ場・小遣方などに分かれていた。仕入部門と加工部門に重点を置いた京本店に対し，販売が主たる営業活動を占めた江戸本店では，1690（元禄3）年に81人の奉公人がいたが，それらの大部分は店先で販売にあたる「売場」と，大名屋敷などへの販売員たる「屋敷出」に配属されていた。売場は手代と子供（丁稚）1人ずつがペアを組んでいたが，12組が組まれていた。屋敷出は5人の手代が担当していた。そのほか，加工部門や管理部門があったが，配属された奉公人数は販売部門より少なかった。江戸綿店の場合（1691〔元禄4〕年）は，甲州・八王子・越後・上州・福島・信濃方面への仕入れ・買出しに従事する部門と，綿屋などへの販売に従事する販売部門が主で，小規模の管理部門が置かれていた（三井文庫［1980］）。

これらの呉服店系統の店では，1733（享保18）年に，江戸本店に223人，京本店に142人，大坂本店に108人，江戸向店に113人，一丁目店に73人，上之店に24人いたように，概して多数の奉公人が雇用されていた。これに対して，両替店では1730（享保15）年に，京都店が22人，大坂店が17人，江戸店が12人であったように，店員数は少なかった（三井文庫［1980］）。これは，預金業務はほとんどなく金銀貨鑑定と両替，限られた顧客相手の貸付と為替取組を主要業務としていた両替業に比べ，呉服営業の場合，仕入れから加工・染め・縫製・仕上げ，販売までと多種の業務を含み，その上，扱う品種が多様であり，接客にも人手を要したからであろう。

したがって，職制もまた呉服店と両替店では異なっていた。呉服業の江戸本店では，1731（享保16）年の場合，子供―平役―上座―連役―役頭―組頭―支配人並―支配人格―同准役―店支配人―宿持支配人―後見役―名代―元方掛名代―元〆―大元〆など，多数の職階があった。これに対して江戸両替店の場合（1737年）では，子供―平役―組頭格―組頭―支配人格―支配人―通勤支配人―名代役―元方掛名代―加判名代―元〆役となっており，呉服店に比べ簡素な組織となっていた（三井文庫［1980］）。

しかしながら，呉服店にせよ両替店にせよ，三井家では18世紀ともなると，

役割と責任が明確化された職制が確立していたのであり，組織による経営が常態となっていたのである。

▷ **住友家の場合**

住友家では，金融・貸家・小作経営を営む大坂の本家（本店）のほか，銅製錬業を営む本家吹所，別子銅山，輸出銅の管理を行う長崎出店，両替営業の江戸中橋店，札差店の浅草店，河内で小作経営を行う山本新田などが主要事業所で，その他豊後町店，毛綿店，酒店さらに各地の鉱山があった。また京都にも手代が置かれていた（畠山 [1988]）。

このうち，最も大きな事業所は，大坂本店と別子銅山であった。1770（明和7）年の大坂本店では，本店支配役の下に吟味役，大払方，小払方，台所役，買物役，御側役，書翰方，家賃方，不振方，家質方，田地方，吹所詰，新田支配役などが置かれていた。奉公人数は手代 23 人，子供 13 人であったが，管理部門に比重を置いた配置となっていた（今井 [1981]）。他方，別子銅山においては，1769（明和 6）年当時では，管理部門である勘場詰（銅山支配人・元締・勘定役・銀役・荷物方・頭役・帳面方・入目方・銅蔵役）の下に，5 つの現業部門が置かれた。すなわち採鉱部門，製錬部門，製炭部門，中継部門，船積部門であった。奉公人規模は山稼人約 3000 人を除くと，手代 40 人，子供 7 人，合計 47 人であったが，管理部門へは 14 人ほどが配置され，ほかは現業部門に置かれていた（住友修史室 [1967]）。

▷ **下村家（大丸）の場合**

1717（享保 2）年伏見京町に開業した下村（大丸）呉服店は，その後 1726（享保 11）年に大坂の心斎橋に，1728 年に名古屋，1729 年に京都柳馬場姉小路にと次々出店を設け，1770 年頃までに 10 店，京都・大坂・江戸の三都に幕末までに 13 店を設置するに至った（以下，下村家については，大丸 [1967] によるところが大きい）。業祖である彦右衛門正啓は 1743（寛保 3）年江戸店開業を契機に引退したが，その後の多店舗経営を組織的に行うために翌年，三井家の大元方と類似の元方制度を設けた。下村家ではこの頃までに，烏丸の本家のほか，伏見家，長者町家，柳馬場家の 3 分家が独立するようになっており，本家は京都の総本店のほか大坂店・江戸店・尾州店・西陣上之店・大坂両替店・向両替店

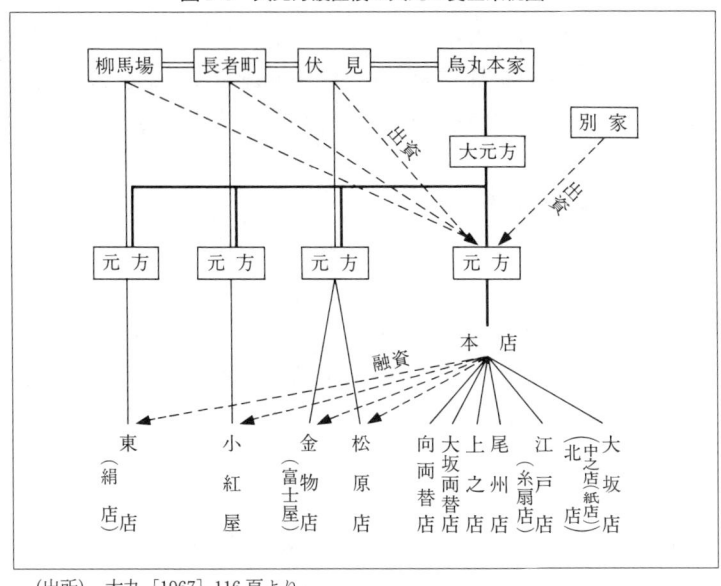

図 1-5 大元方設置後の大丸の資金系統図

(出所) 大丸 [1967] 116 頁より。

を支配し，伏見家は松原店と金物店，長者町家は小紅屋，柳馬場家は東店（絹店）を支配していた。元方制度は，この各家が支配する店の元方に資金を与え，各店の頭分が月 1 回の元方寄合を開いて全般の経営方針を協議し，各店の監査を行うとするものであった。たとえば，総本店元方の場合は，下村本家から資金を預かり，これを営業資本として，その支配下の総本店，大坂店などに出資し，毎期決算後に，各店から月 1 歩（1 割）の利息と延銀（利益）を上納させた。この上納金のうち，利息の 80％ は元方資本に組み入れられ，残りの 20％ と延銀は本家に納められた。

　元方制度は，下村同族の各家の資本所有ならびに事業統括組織であったが，1771（明和 8）年には，下村家の全事業を統括する機構として，元方の上に大元方が設置された。大元方設置後の大丸の資金系統図を示せば，図 1-5 の通りとなる。ただし，大元方設置後も，下村家では，本家のほか，3 分家は各店を分有するなど独立性が強く，大元方の統括力は三井家のそれほど強くなかった

といわれる。

なお，職制については，大丸でも主人の下に，元老―老分―総鎮―元鎮―支配頭―上勤番―支配―下勤番・人足廻しなどの幹部職員の職階と，支配・当役―継支配―副支配・役中―列頭―若衆―子供頭―頭下―丁稚という下位の階梯があった。

▷ 冨山家（大黒屋）の場合

伊勢国射和村(いざわ)出身の商人冨山家は，16世紀末に相模小田原に，次いで江戸に出て呉服商を営み，本拠射和村では，紀州藩への貸付，射和羽書の発行など金融業者として大をなした（冨山家については，吉永 [1962]，河原 [1977] によるところが大きい）。元和～寛文期（1615～72年）においては，出羽酒田を中心に，伊勢茶や松坂木綿の遠隔地取引を行っていたが，その後，営業の中心は京都での仕入れと江戸での販売に移り，1663（寛文3）年に江戸店，翌年に京都呉服店，1683（天和3）年には，伊勢店が設置された。1687（貞享4）年には，江戸店の経営規模が拡大したため，貸付部門と不動産部門とが分離され，「江戸金方(かねかた)」が設置された。江戸店は，本町一丁目の本店と同二丁目の新店の2店からなっていたが，両店とも京都店からの下り呉服物を江戸で販売していた。江戸金方は，1725（享保10）年に御為替十人組の株を譲り受け，幕府公金為替の取扱いも開始した。

京都店は，1734（享保19）年には営業部門が37にも分かれ，手代・番頭20名を擁していた。取扱商品は多種多様であったが，その大半が西陣の呉服物で，西陣の問屋を介して仕入れられていた。三井越後屋が西陣に直買店を持っていたのに対し，間接的な仕入法であった。元禄初年には上州藤岡に上州仕入店が新設され，1689（元禄2）年には大坂呉服店が，次いで1704（元禄17）年に両替店が併設され，さらに1725（享保10）年には同店から大坂両替店が独立した。設立当初の上州店は，質屋営業が主であったが，藤岡地方が絹関係品の特産物生産地帯として発達するにつれて，次第に絹関係の商いに特化し，江戸店で販売される呉服物の主要仕入店となった。

支店の増設が行われていった結果，冨山家は享保期頃までに，伊勢に本拠を置いて，三都に商権を持つ有力呉服兼両替商となった。元禄期には越後屋，伊

豆蔵，岩城と並んで，大黒屋は江戸の四大呉服商と称された。享保期の奉公人数は，江戸本町一丁目店75人，江戸本町二丁目店85人，京店35人，京柳馬場10人，大坂呉服店45人，大坂両替店10人，上州店15人，伊勢本家30人，同次男家20人，同三男家15人，総計340人であり，相当な大商家であった。

このように冨山家の事業は，地域的にも業種的にも拡大していったが，享保期になると早くも経営不振に陥ることになった。同家の純資産は，1676（延宝4）年に5956両であったが，それ以降18世紀にかけて著しく増大し，史料上判明する限りの最盛期の1715（正徳5）年には，25倍強の15万3289両となった。ところが，その14年後の1729（享保14）年には7万6482両と半減し，その後も減少の一途をたどって，宝暦期（1751～63年）には2万両前後に落ち込んでしまったのである。この純資産減少の直接的な原因となったのは，京都店における負債増加と，江戸店の放漫な廉売方針であったといわれる。

しかし，同家の経営不振の遠因には，同家の同族資本結合システム上の問題があったように思われる。

冨山家では，1658（明暦4）年，8代目定恒（浄信）の後，「本代割」と称する財産相続法が定められ，長男長左衛門に200，次男喜左衛門に100，三男市郎左衛門に100ずつ分割されるべき資本が，「三軒家身上一所ニ和合之相続」として，現実に分割されず，3家の共同財産として運用することが取り決められた。3兄弟家は，各家の持分を持ち，利益はこの持分に応じて分配することとされた。先にみた高利死後の三井家におけるそれと類似の相続法，家産運用方針であった。

ところが，三井家の場合，先述のように，初代高利の息子たち9人に持分所有されることになった全財産は大元方という組織によって一括管理され，持分所有者の数，持分比率は長期間にわたって変わらず，しかも持分所有者は個人としてはその持分の処分権を事実上持たなかった，その意味で「総有」的同族資本の結合体制が長らく維持されたのであったが，冨山家の場合はそうではなかった。本代割のルールがしばしば変更されたのである。

まず，1701（元禄14）年，長男家（本家）20，次男家20，三男の10と，次男家の持分が長男家のそれと同等となり，さらに次男家の息子2人にそれぞれ

10の持分が与えられ，別途30が女性を含む一族に相続金として与えられた。また，一族のうちで分家独立を希望する者は本代割の半分を共有財産から引き出してもよいことになった。次いで，1722（享保7）年には，長男家40，次男家25，三男家15，次男家の2分家のそれぞれに10ずつと変更された。1728（享保13）年にも再び変更があり，長男家，次男家，三男家の持分は変わらなかったが，次男家の2分家の持分は5ずつに減額され，代わりに仲間金10が新設され，御用金応募の際などの備金とされた。

　このように，同族資本の結集を意図して定められた本代割制度が，三井の大元方のように円滑に運用されなかったのは，同族間の確執が激しかったからであろう。そのため，1735（享保20）年には新しく「元方役制度（もとかたやく）」が導入されることになった。すなわち，京都店の有能な番頭3人を元方役に任命して，主人と同等の権限・地位を与え，定期的に各店を巡回させ，奉公人の任免，各店々の勘定目録の調査，主人の監督など，経営責任者の掌にあたらせるという制度であった。さらにその後も，冨山家では，持分比率に応じて各家に配当される賄（まかないだか）高を数度にわたって，減額するなどの措置をとった。

　しかしながら，こうした経営改革をもってしても，同家の経営は好転せず，1773（安永2）年に至り，本代割制度は廃止され，その後は長男家が江戸二丁目店と江戸横山丁店，次男家が江戸一丁目店と京都宝町店，三男店が大坂高麗橋店と上州藤岡店をそれぞれ相続し，独立経営となり，家産の一括管理の原則は放棄された。そして，最終的には1808（文化5）年，同家は借財多額にのぼり，再建不能となって「分散」整理の対象となり，廃業のやむなきに至った。

　以上にみたように，冨山家の事例は，家産維持のための同族資本組合組織が事業拡大戦略と調和せず，潰え去ったという点で，同じく伊勢出身で類似のシステムを造り上げた三井家の事例と好対照をなすものであったといえよう。

▷ **中井家の場合**

　近江国蒲生郡日野町の中井源左衛門家は，初代光武が1734（享保19）年，19歳のとき，合薬行商を志して関東に下ったことを起こりとし，その後行商から店舗商業に移り，業種も商業ばかりではなく，金融業，酒・酢・醬油の醸造業から油絞業，鋳物業まで拡げ，商権も東北から九州までに拡大した（以下，中

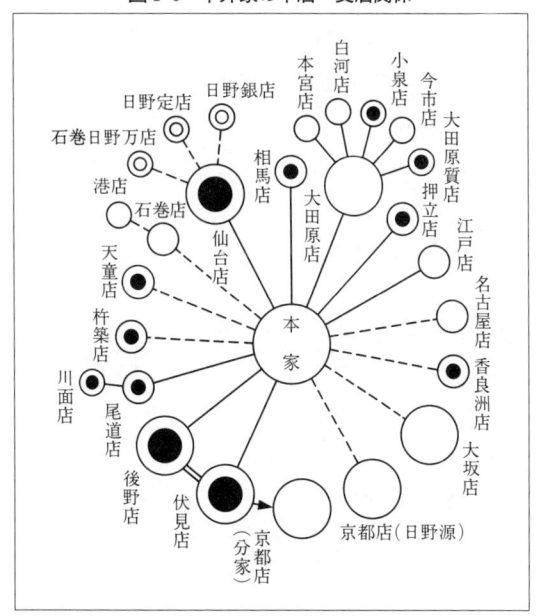

図1-6 中井家の本店・支店関係

（注） ―― は初代によって開設された出店を示す。ただし、その中には初代在世中に閉鎖されたものもある。---は二代以後に増設された出店。●印は共同企業を表す。ただし、支配人に労務出資を認めただけのものは省いた。◎印は別家で仲間関係に入ったものを示す。
（出所） 江頭［1965a］。

井家については，江頭［1965a］によるところが大きい）。光武が行商を開始した頃には，使用資本金は20両で，うち自己資本はわずか2両という零細商人であったが，その後着々と資産を増加させ，1745（延享2）年には400両，1765（明和2）年には約5000両，1775（安永4）年には2万両，1796（寛政8）年には8万7000両となっていた。

行商時代には，日野の本家が唯一の店舗であったが，商勢の発展に伴い，図1-6にみるように，全国各地に出店が開設されるようになった。これらの店舗には，中井家が単独で開設したもののほか，現地資本と共同企業の形態をとったものが多かった。共同企業形態をとった契機としては，中井家からの債務が

返済不能となり，中井家に経営の実権が移ったもの，現地商人が経営拡大のため，中井家の出資を求めたもの，奉公人を別家として取り上げる際，中井本家あるいは出店が奉公人との共同出資とし，枝店として開店したものなどがあった。

これらの出店，枝店はおのおの独立会計を有し，業績責任を負わされた別個の企業体であったから，無限責任の現地経営者と，有限責任の中井家との間の合資会社的形態といえるが，総体としては中井家の大資本の下で1つに結合されていた。出店の営業活動が展開するとともに，本家の店舗としての機能は次第に後退し，そこでは現業活動はまったく行われなくなり，本家奉公人は支配人以下，少人数の手代・子供に限られることになったが，企画や人事・財務などの管理の最高機能は，本家に掌握されていた。

仙台店の従業員は最盛期には60人（1857〜59年）にのぼり，大坂店も12人（1855年）を数え，京都店も13人（1868年）に達した。仙台店と大田原店はその周辺に多くの枝店を有し，出店群を形成し，それらの出店からはそれぞれ仙台本店・大田原本店と呼ばれた。本店は枝店に対しては，管理機能を持っていた。

職場組織は大坂店では元方・質方・見世方（小売方）の3方に分かれ，仙台本店では元方・見世方・糸方・質方・木綿方の5方に分かれていた。元方は，財務部門・管理部門であり，人事・財務両面の管理と，古手・繰綿の卸売業務を行う古手方と繰綿方の2つの業務部門を担当し，各枝店の統制にも当たった。見世方以下は業務部門であり，見世方は小売部で，古着・太物・油・蚊帳その他を小売りした。質方は質屋の業務を，木綿方は木綿織物類の卸売を，糸方は生糸の仕入をそれぞれ担当した。このうち質方と木綿方とは別店舗をなしていたので，質店・木綿店とも称した。元方には支配役と同次役がおり，見世方以下の各業務部門には当人と同次役が配置され，その主任並びに補佐役とした。

末端の枝店などにおいては，管理部門と業務部門とは未分化で，その店の支配人が，両機能を兼帯していた。これらの店は本店の管理を受け，本店は本家の統制下にあるという仕組みであった。経営の大綱は，本家において必要に応じて企画されて，各主力店に通達され，ここでさらに具体化されて業務部門へ

移され，執行される仕組みになっていた。

3 同業組織

▷ **仲間・組合組織の展開**

　江戸時代，とくに中期以降における商人は株仲間を結成し，それが作り出したさまざまな取引慣行やルールから便益を享受するとともに，諸規制を受けつつ，経済活動を展開した（株仲間については，宮本又次［1938］，林［1967］などが参考になる。田沼期の株仲間政策については，中井［1971］を参照。また，宮本又郎［1987，1990］は，田沼期と天保期の大坂株仲間に関する筆者の見解を著したものである。また，株仲間に関する近年の研究動向については，宮本又郎［2002］を参照）。

　江戸初期においては，徳川幕府は信長・秀吉以来の楽市楽座政策を受け継ぎ，商人や職人が仲間を結成するのを原則として認めていなかった。仲間組織結成を認められたのは，白糸割符株や質屋・古手屋など，貿易統制や警察的取締りの必要から作られた仲間に限られていた。しかし，17世紀後半，寛文・延宝期（1661〜80年）になると，幕府はむしろ都市の問屋商人の組織とそれが作った商慣習を利用して，商業秩序の維持を図るようになった。仲間組織により，公安維持・不良品取締り・価格統制・御触の伝達などが容易になると期待したのである。こうして，大坂では寛文・延宝期に，三所綿市問屋・綿屋仲間・綿買次問屋・京口江戸口油問屋・廻船問屋・十人両替・材木屋などの仲間が認可された。大坂で先鞭をつけられた仲間公認政策はその後江戸に及び，1726（享保11）年に15品の問屋について，仲間組合を結成させた。これは当時みられた「米価下直・諸色高直」，すなわち，米価に比して諸商品の価格が高騰している事態に対する物価の引下げ策の一環であり，幕府は仲間を通じて，商品流通ルートの調査・統制を図ろうとしたのであった。

　大坂ではこのような上からの仲間結成令は享保期には出されなかった。この時期大坂でとくに株仲間結成命令が出されなかったのは，大坂ではそれより以前から内分組合・内仲間・講などが自然発生的に商人間で生まれ，幕府はその組織を追認ないし黙認し，それに乗っかって，商品流通機構の調整を図ることで十分と考えていたからであった。つまり，この時代では大坂の仲間商人の市

場支配力は強固であったし，商人仲間の存在の弊害も現れていなかったから，幕府がこれを積極的に保護したり，逆にこれに干渉を加える必要はなかったのである。

▷ **田沼期の株仲間公認**

このような株仲間政策は18世紀後半，田沼時代になって大きく変更を加えられることになった。田沼期においてきわめて多数の職種について株仲間の結成が認められるようになったが，それは大坂においてとくに顕著で，ここでは，製造業関係で17種，商業・金融関係で81種，サービス業などで31種，計129種の業種において株仲間が公認された（田沼期に公認された大坂の株仲間については，宮本又郎［1987］を参照）。

田沼時代に幕府が多数の株仲間を公認した理由としては，①従来非課税であった農村や都市での商工業に，株仲間の公認の見返りとしての冥加金を課し，担税基盤の強化を図ったこと，②享保期以来の年貢米増徴，年貢米販売高の増加による「米価下直・諸色高直」に対して，株仲間組織の仲間調整能力・統制力によって，諸物価の統制を行おうとしたこと，③この物価政策に実効性を持たせるためには，動揺をみせはじめていた大坂の商人仲間の市場支配力を維持・強化ないし回復させねばならず，かつ株仲間の統制が及ぶ業種および地理的範囲を拡張しなければならなかったこと，などが通常指摘される。

しかし，以上に加えて指摘しなければならないことは，商品流通の展開とともに，新たな流通・商業秩序が必要となり，その構築が株仲間に期待されたことである。田沼期の株仲間政策はしばしば，独占保護政策，特権商人擁護政策とみなされがちである。たしかに株仲間政策は特定の仲間構成員だけに権益を保証するものであったから，その限りでは権力の付与であったといえる。しかしながら，当時の「株仲間名前帳前書」によると，株数を固定的なものとした株仲間規約はほとんどなく，むしろ「今後加入望之もの御座候はゝ其段願上，早速差加」とか，「尤株御免被下候迚(とても)，当時之人数ニ限り候事ニは無御座候，望之者御座候節は加入為仕」と明示しているものが多い。つまり，少なくとも幕府の意図としては，特定の同業者の権益を排他的に擁護することを主眼としていなかったように思われる。

それでは幕府の意図はどこにあったか。それは株仲間の調整機能によって取引ルールの定律化を図ろうとするところにあったものと考えられる。民間経済で生起する事象や紛争に対しては、「下にて事済み」、すなわち民間で解決すべきで、幕府が直接介入しないというのが幕府の伝統的態度であった。江戸時代に制定商法が生まれなかったこともその現れの1つである。こうした状況の下では商工業者たちが経済取引を円滑に行い、紛争を未然に防止しようとすれば、自治的に商取引の基準や商慣習を取り決めておかなければならない。取引上の協定とは、商品検査、度量衡・市立・値組方法の統一、建物物件・格付け・符丁・包装の協定、歩引き・歩戻しの申し合わせ、掛売り期間・代金取立て法・手形授受の方法の協定、運送上のルールなどであり、同業者が結成した仲間組織で取り決められるのが普通であった。こうした取引上の協定は仲間内においてのみ効力を持つものであったが、仲間に有力な同業者の多くが加入していれば、それは事実上、同業者全体を律する原則となりえた。その意味で、仲間の協定は商品経済の発展を促進する要素を有していたのである。

　しかしながら、商品経済がよりいっそう発展し、仲間に加入しない同業者が増加してくると、旧来の同業者によって定められた協定は効力を減じざるをえなくなる。その状況下では、新しい仲間の組織化とそれによる新しい協定が必要となってくるのである。田沼期の株仲間が民間の商工業者の願い出によって免許されていることが多いのは、18世紀中葉における経済発展の結果、経済界が新しい取引ルールの定律化を必要としつつあったことを示しているのである。

　一般に、市場経済とは、価格をシグナルとして、人々が自己の経済的利益を最大化するように行動し、その行動の集計によって社会の資源配分が決定される仕組みのことを指している。ここでは、経済主体の独立にして自由な行動が前提となっている。この意味では、株仲間などの組織は、個々の経済主体の行動に規制を加え、営業の自由の原則を制約するもので、市場経済の働きにブレーキをかけるものとみなされやすい。

　しかしながら、人々の市場経済行動がなされるためには、一定のシステム、ルール、制度、慣行の成立が必要である。これらの中には、私的所有権の成立、

統一的貨幣制度，輸送手段の整備，情報伝達手段の発達などのほか，上に記したような経済取引に関するもろもろの法・制度・慣行などが含まれる。市場経済における均衡はインヴィジブル・ハンドによってもたらされるといわれるが，それは決して無政府状態の中で，成立するものではない。その背後には，その社会が構築したこのような制度が存在しているのである。たとえば，江戸時代の大坂では，延売買，手形取引，為替取引などが盛んに行われた。このような信用取引は，一定のルールの下に取引当事者が行動し，ルールに違背すれば罰則を受けるとの了解が，当事者間で成立していなければ成り立たない。手形ひとつをとってみても，手形面に記されている文言の意味について，当事者間で共通の理解がなければ，手形の円滑な授受は行われないであろう。

　江戸時代の株仲間の大きな機能は，実にこの点にあった。幕府や藩などの政治権力が経済取引の履行について最終的な裁判権を有していたとしても，日常的な商取引に関するルール，慣行は商人社会が自ら準備しなければならなかったのであり，株仲間はその機能を果たす機構であったのである。

　以上は，株仲間の市場経済の発展を促進する機能に着目した議論であるが，株仲間が市場経済の発展を抑止する機能，競争制限的機能を持っていることもまた事実である。株仲間において定律化されたルール，諸慣行はもともと仲間内にのみ通用するものである。幕府の公認が形式的には株仲間の協定に，アウトサイダーへの対抗力を付与しているかにみえるが，規制力の及ぶ範囲やその強度がどの程度のものになるかは，現実の問題である。

　こうして，市場経済の発展が起こり，株仲間アウトサイダー商人の数が増してくると，旧来の市場規模の下で結ばれている株仲間の諸規定は，相対的に有効力を減じてしまうことになる。その場合，株仲間の対応は，1つにはさまざまな方法を使って，アウトサイダーの既存市場への参入を阻止することであり，他の1つには公権力のより強いバックアップを得ることである。いずれにしても，これは株仲間の市場秩序維持能力の弱体化を原因としているものであるから，現実の市場秩序はかつてほど安定的なものではない。ここに至って，株仲間組織は市場経済の発展にブレーキをかけるものとして，機能することになる。

▷ 株仲間停止令と再興令

　1841（天保12）年，天保改革の一環として発令された株仲間停止令は，幕府が株仲間の現状をこのように認識していたため，行われたものであった（以下，天保期の株仲間停止から嘉永期の問屋仲間再興令に関しては，宮本又郎［1990］参照）。天保改革において幕府が最も腐心したのは，物価高騰の解決であった。従来，幕府は，江戸や大坂での物価騰貴は，都市への物資の供給が減少していることに原因があるとみて，株仲間を中心とする旧来の流通機構を経由して物資が流れるよう強制することを主要な物価対策としていた。しかし，この方法では実効があがらなかったため，天保改革では一転して，株仲間が特権に依存して独占機能の発揮に専心し，商品価格をつり上げ，商品流通に阻害をもたらしているとみて，株仲間に見切りをつけ，それを解体して，物資を自由に都市に流入させようと図ったのである。

　株仲間商人が掌握している中央都市を中心とする商品流通の相対的重要性が低下し，地方領国間の商品流通や，農村での商品生産・流通が発達し，株仲間アウトサイダー商人や藩専売制によって担われる商品流通のウェイトが増し，それだけに中央都市の株仲間商人だけに頼って，市場統制を行うことがアナクロニズム化したという幕府の認識は正しいものであった。しかしながら，株仲間停止令は，その目的であった物価引下げという点では，さほど大きな効果を持たなかった。

　なぜなら，当時進行していた物価の高騰は先に述べたように，文政・天保期に度重なって行われた貨幣改鋳とそれに伴う幕府の財政支出の増大を主因とするものであり，流通機構の問題が根本ではなかったからである。幕府は，株仲間停止令だけではなく，物価二割引下令や，物資の自由な流通を妨げているとみた藩専売制の禁止令を発令したが，その効果は限定的であった。インフレを絶つには，通貨と財政の膨張を断つ以外には効果的な方策はなかったのである。

　株仲間停止令は，弱化していたとはいえ，株仲間の配給機能，市場秩序維持機能にさらに打撃を与え，流通機構が混乱して，かえって都市への物資の供給が減じ，物価が高騰するという幕府が予期しなかった結果を引き起こしたのである。

それゆえ，天保改革を推し進めた老中水野忠邦が1845（弘化2）年に失脚すると，ただちに江戸町奉行遠山景元らを中心に，幕閣で株仲間停止令の再検討が行われることになった。遠山らは，株仲間の停止によって古来からの商法が乱れ，商品流通が不融通になっていること，株を担保とする金融が途絶し，商人の金融難が増していること，物価は通貨との関係で自然に決まるもので，株仲間・問屋組合の存在如何によるものではないこと，むしろ株仲間・問屋組合の復興により，商取引が円滑に行われ，そのルール内で秩序ある競争が行われることが公正価格の形成に役立つことなどを挙げて，株仲間・問屋組合の再興を主張した。

　再三にわたって行われた同様の趣旨の建言が取り入れられ，株仲間・問屋組合再興令が出されたのは1851（嘉永4）年のことであった。これによって，若干の業種を除いて，株仲間・問屋組合の再興が認められたが，これは必ずしも停止令以前の株仲間の状態に復帰することを意図したものではなかった。再興にあたって，幕府は誰でも自由に仲間に加入できるものとした。また，仲間に株札は交付されず，冥加金も賦課されなかった。つまり，再興令は，現実に活動しているすべての商人を仲間組織に組み込んで，旧来の株仲間商人の排他的特権を否認するとともに，仲間・組合が統御できる範囲を拡大し，もって市場統制の実をあげようとしたのである。その点で，再興令は，旧来の限られた商人にもはや依存できないという点で，停止令と同じ認識に立っていた。違いは，停止令が株仲間組織なしに幕府の直接的経済統制が可能と考えていたのに対し，再興令は仲間組織の同業者調整機能に依存するほうがより現実的との判断に立っていたことにあった。

　ところで，再興令において在方などの新興商人を仲間組織に参加させようとする幕府のねらいは，停止令以前からの業者を本組ないし古組に，停止令以後の業者を仮組に，それぞれ組織化するという方法で実現された。そして，仕入高が相当以上に達する仮組の業者については，本組に組み入れ，漸次，組織を一本化することを幕府はねらっていた。しかし，現実には，本組と仮組との間には不融和，対立が生じた。幕府が期待していた調整機能を仲間・組合が果たすためには，同業者組織としての統合性，求心性が必要であったが，これが実

現できなかったのである。

　再興令の不備をみてとった幕府は，1857（安政4）年大坂において，仲間・組合に冥加金の上納を命じ，かつ本組と仮組を合併させ，それに株札を交付するという新しい布達を出した。仲間・組合の人員の増減を勝手次第とする点では再興令の趣旨を引き継いでいたが，制度的には天保以前の株仲間の制度に近いものになった。しかし，現実には，本組と仮組の融和は困難で，また加入・脱退が頻繁であれば，組に課される冥加金の賦課方法が定まりがたいなどの問題が生じ，仲間・組合の結合力は弱化せざるをえなかった。こうして，株仲間は制度的には旧に復するところがあったけれども，実質的には昔日の勢いを取り戻すことができなかった。

▷ 株仲間の取引統治機能

　なお，以上に述べた株仲間組織の市場経済の発展に対する積極的な役割を，岡崎哲二はより客観的な手法で分析している（岡崎［1999, 2001］）。岡崎は，江戸時代においては商事契約の執行のための法的，公的な仕組みは十分に用意されなかったが，それを補完する制度として株仲間に注目し，その取引統治機能を，歴史制度分析の視点から検討した。岡崎によれば，株仲間の多くは仲間外の取引相手が仲間の1人に対して不正を働いた場合，その相手に対して仲間全員が取引を停止するという規約を有していたが，これは中世地中海世界におけるマグリビ商人たちが採用した「多角的懲罰戦略」に比定されるものである。岡崎は，この戦略を採用した株仲間が，取引相手の不正を防止することを通じて，通常の財の取引を支えただけではなく，問屋制による生産の組織や雇用関係の拡大にも寄与したという仮説を提示する。そして，この仮説を，天保改革時における株仲間停止期間とその前後の期間の経済パフォーマンスを記述資料ならびに統計データから比較検討することによって，検証した。その結果，①いくつかの記述資料は株仲間停止期間に流通機構が混乱し，粗製濫造が発生したことを伝えているし，②株仲間停止期間に，直前と比べて実質貨幣残高成長率（実質経済成長率の代理指標）が有意に低下した，③株仲間停止期間に，物価変動の地域間相関が直前の期間に比べて低下（市場の価格裁定機能の低下を示唆）したことが観察された。これらはいずれも株仲間の禁止が市場経済のパフォー

マンスを低下させるという仮説を支持するものである，と岡崎は結論している。

第4節　商家の経営管理システム

1 所有と経営の分離

▷ 主人の地位

　前節で取り上げたような江戸中期以降の大商家の多くにおいては，所有と経営の分離がみられた。それは一面では，企業規模の拡大，商権の地理的拡大や多店舗化，多業種化，多角化などによって，事業が主人のスパン・オブ・コントロールを超えたからであったが，それだけが理由ではなかった。それは，鴻池・三井などの各家の事例からうかがえるように，何よりも，商家が当主個人の人格から独立した法人的性格を持つに至っていたからであろう。

　1723（享保8）年に制定された鴻池家の家訓「家定記録覚」は「本家相続人ハ家督譲リ請，又嫡子へ譲渡候迄輪番之心持ニ而諸事家法大切ニ相守リ」「家督之儀ハ先祖ヨリ之預リ物ト心得」と規定していた（鴻池の家訓については，宮本又次［1969a］，宮本又郎［1980］を参照）。家督・家産は当主個人のものではなく，先祖からの「預リ物」で，子孫に譲り渡していくもの，つまり「イエ」という異世代同族集団の総有するものと観念されていたのである。また当主の役割は「輪番」，すなわち次の人に渡すまでの当番にすぎないものと規定されている。

　したがって，当主の経営上における権限が制限されるのは当然のことであった。1716（正徳6）年の鴻池家の「先祖之規範 并(ならびに) 家務」は「万一不行跡之身持在之候者，（中略）外聞実儀気之毒ニハ存候共差免置候而ハ子孫之相続繁昌無之候間，無遠慮相談之上追込，外ニ相続人相改メ可被申候」（宮本又次［1969a］60頁）とし，欠格者の当主ならば，廃嫡とし，他に相続人を求めるべしとしたが，直系実子に代わって同族子弟や奉公人が家督を継ぐ場合には，当主個人の財産処分権はいっそう弱いものにならざるをえなかった。このように享保期以降の鴻池家では，当主個人の財産処分権や経営裁量権に厳しい枠をはめ，当主はゴーイング・コンサーン（継続的事業体）たるイエ・ビジネスの一機関

と位置づけられたのである。

　三井においては，前節で述べたように，同族財産は大元方で「身上一致」して運用されるべきものと合意されていた。形式的には，大元方の持分権を持っていた同苗9家が所有者であったが，所有権の行使には強い制約が課されていたのである。資本結合の基礎は，血縁的紐帯に置かれているものの，それは，「先祖を同じくするもの」程度の擬制的血縁関係であった。所有者は不在であったといえば，いいすぎになるが，目にみえない，観念的に意識されていた「イエ」という異世代間集団が三井を「総有」していたのである。

　明治初期，三井の家政改革にあたって，それを主宰した大元方総轄・三野村利左衛門は，大元方を次のようにとらえている。

　　「夫大元方ハ三井一家の大基礎にして，先祖より譲られたる身代を預り，之を保護する重大之役場にして，素より同苗自己の所有ニあらす，（中略）故に大元方より申渡す所の規則ハ，すなわち先祖現世之直命と心得，主従とも聊違犯すべからす，（中略）譬ハ大元方ハ地頭，同苗ハ役人，各店々ハ田畑，総手代ハ農民なり，（中略）其地頭たる同苗ハ，一家を保治し富栄永続を願ハヽ，其農民たる総手代を我子孫之如く厚く育ひ，厚く恵ミ，仁恩以て能懐くるを其専務とす可シ」（三井文庫［1977］360頁）

　すなわち，「三井の大元方の財産というものは先祖代々譲り受けられてきたもので，いまや三井同族（三井同苗）だけのものではない，従業員も含めて三井全体のものであり，同族，番頭，力をあわせてこれを永遠に保持していかなければならない」ということであり，三井は三井家の家族企業ではなく，法人体であるというのである。

　京都の商家でも同様の家訓がみられる。「それ家を起すも崩すも，皆子孫の心得なり，亭主たるもの，其家の名跡，財産，自身の物と思ふべからず，先祖より支配役を預り居ると存じ，名跡をけがさぬやふに子孫に教え」（京都西村彦兵衛家，足立［1974］41頁），「家督ワズカトイエドモ我ガ物ニテハナシ，コトゴトク皆先祖ノ物ヲ，吾レ守営ノ身ナレバ油断ナク家業大切ニ怠ラズ，励ムベシ，勤ムベキニアリ」（京都向井家，足立［1974］41頁）などである。

　こうした江戸期商家の当主の地位は駅伝のランナーに，家産はタスキになぞ

らえることができる。駅伝の目的はタスキをいかに次々受け継いでゴールに達するかであり，各ランナーはあくまで受け持ち区間を走る存在にすぎない。ランナーが一生懸命走って区間記録を出すのは良いとしても，決められた区間以外の道を走るのは許されないのである。江戸期商家においても，タスキである家産の継承が第一目的であり，当主が個人記録を作ることは第一義的には期待されていなかったのである。

商家の当主は代々，鴻池は「善右衛門」，三井は「八郎右衛門」，住友は「吉左衛門」を名乗った。これらは個人名ではなく，屋号・法人名であった。当主は，幼名と隠居名は持つが，当主の期間は法人名だったのである。それだけ，当主は没個性的存在であり，顔のみえないオーナーであった。

このような所有システムの下では，所有に基づく支配，経営は行いがたいであろう。まして，「イエ」が当主家族ばかりでなく，同族はもちろん，奉公人までも含んだものとして観念されていれば，形式上の所有者である当主の経営上の権限は弱いものにならざるをえなかった。こうして，家産の運用，経営の意思決定は支配人や番頭に委譲されることになった。

近江商人であり，かつ国学者であった伴蒿蹊は「店々支配は殊に主人の代りにて店を預かりて治る役儀なれば甚だ重し」（『主従心得草』1793年，宮本又次［1977］228頁）と書き，明治初期に江戸期の大坂の商家の慣習を調査した『大坂商業習慣録』は，「支配人は則(すなわち)元老にして，子僧，丁稚其他全店のもの，或は主人と雖も憚色ある位のものなり。若し其店に関する一大事あれば，主人迄も押込む勢ひを有するものなり」（黒羽［1934］329頁）と記している。

株式会社においては，所有の分散が進むほど，企業を支配できるほどの大株主がいなくなり，所有と経営の分離が進むと説いたのはバーリとミーンズ（バーリー＝ミーンズ［1958］［Berle and Means［1932］］）であったが，江戸期大商家では，所有の閉鎖性が維持されたまま，所有と経営の分離が行われたのである。

▷ 雇用経営者への経営委任

以下では，江戸期商家における雇用経営者への経営委任のあり方を具体的事例に即して，みることにしよう。

鴻池家においては，1670（寛文10）年以降，明治初年に至るまで，毎年の決

算帳簿として,「算用帳」が記帳された。算用帳の記載にあたる番頭たちは連名で,算用帳の預り状を毎年当主に提出し,決算後の年度末にこれを当主および一族の出資者に報告することになっていた。したがって,算用帳は,現代の株式会社になぞらえれば,経営者が株主に業績ならびに企業財産の状況を報告する営業報告書,有価証券報告書にあたるものであったといえる。また,算用帳では,同族の家計費は「小遣」科目で,費用として計上されており,みだりに営業資金と家計費が混同使用されないよう工夫されていた。さらに,先に述べたように,1723（享保8）年の家憲制定以後は,当主の地位,権限に大きな制約が課された。

三井家の場合は,大元方の所有者である9家はそれぞれ,各店の経営を担当したが,各店と9家との関係は固定的なものではなく,あくまで各店は大元方が所有するもので,9家は店を預かっているにすぎなかった。しかも,各店の経営実務は支配人に委ねられていた。しかし,支配人に各店の経営を任せきりにしておくと,支配人の専断が生じる恐れもあったので,これを統轄するものとして,大元方には元締が置かれた。元締は雇用経営者の最高位に置かれ,利益金の分配においても有利な取扱いを受けていた。すなわち,三井家においては,利益金の剰余分は10分の1が奉公人に分配されていたが,たとえば本店の1711～13（正徳元～3）年においては,奉公人に分配される純利益の30％は3人の元締に配当された。なお,三井の場合においても,大元方の決算帳簿である「大元方勘定目録」は手代によって記帳され,三井同族に報告するという形式となっていた。

元禄期（1688～1703年）から,江戸において紙・京名産・木綿・漆器などを販売する店を開いた京都商人の柏原家は,江戸には木綿・紙・漆器について屋号を異にする3店を有していたが,本店は初代以来,京都問屋町にあり,当主は京都に住み,江戸へは年に1～2度しか行かず,すべて江戸店の経営は番頭に任せていた。江戸店持京商人に多くみられた慣行であった（柏原家については,足立［1956］を参照）。

また,伊勢松坂出身で,1674（延宝2）年に江戸に木綿問屋を開業した長谷川次郎兵衛家や,1782（天明2）年江戸に,砂糖問屋を開業した紀州商人河内

屋孫左衛門家でも，主人は江戸におらず，本拠地に住まい，江戸店は「店預かり人」と呼ばれる支配人が経営していた（北島［1962］）。「店預かり」は，主人の代理人という意味であろう。

　伊勢商人の冨山家では，前述したように，1735（享保20）年に，経営不振を挽回し，経営の紊乱を正すことを目的として，元方役制度が導入された。元方役は主人と同等の地位を持ち，主人や一族に代わって奉公人の任免，各店における経営状態を統轄，さらに主人を監督する経営権限を持った。元方役のリーダーシップの下で，1736（享保21）年以降には，一族へ配当される「賄い」が削減されるなど，家政改革が実施された（吉永［1962］）。

　全国にわたって多店舗展開した近江商人中井家の支店管理は，店により一様ではなかったが，仙台元方は本家から大幅に権限を委譲されており，出店・枝店もまた，元方より権限を委譲されていた。仙台元方の決算は自らの営業成績だけでなく，その下部にあたる出店・質店・枝店の決算を含めたものとなっており，その上で元方・出店・枝店は年度末決算によって本家で集中管理されていた。そして，権限が委譲された出店・枝店には，定期的に主人の店廻りが行われたが，主人が出店に到着すると必ず店卸帳以下諸帳簿の検閲を行い，店員を集めて「掟目」等の家法書を読み上げて，経営の基本方針を説き，改革の必要ある場合には，条項を定めて遵守を誓わせたという（中井家の支店管理，財務管理については，小倉［1966］，江頭［1965a］を参照）。中井家の場合は，現地支配人への経営委譲が行われていたけれども，三井・鴻池よりも創業以来日が浅く，当主は実質的権限を持っていたといえるかもしれない。

　このように，江戸期の大商家では，支配人・番頭など上級の雇用経営者に経営委任を行う慣行が広くみられた。しかしながら，支配人・番頭が委任されたのは，おおむね日常的管理業務であり，戦略的意思決定までは含まれていなかったというべきであろう。また，支配人・番頭たちに経営委任が行われる場合，多くの商家では同時に，「店掟」や「店制」などが制定され，家産維持・運用，相続法，帳合の方法，奉公人の労務管理，取扱商品などについて，ルールが定められた。雇用経営者は，これらのあらかじめ定められたルールに基づいて，日常的管理業務を遂行したのであり，裁量権には制限があった。

また，江戸時代の雇用経営者たちは，ほとんどの場合，幼少の頃から当該商家でトレーニングを受け，主家に対して忠誠心を示し，準家族成員と認められてはじめてその地位に就くことができた存在であったから，意識の上でも，それぞれの商家の伝統的経営方針から自由であることは難しかったであろう。

　さらに，雇用経営者に対するモニタリングもあった。先に示したいくつかの事例でも分かるように，最終的な人事権を持つ主人は店廻りや帳簿の監査を通じて，支配人の行為を監視していた。また信州松代の城下町商人八田家の「掟」における「重役頭取等不当之取計，又者依怙贔屓有之候者，以封書手元江差出可申事」（八田家については，吉永［1972］192頁）や，京都の呉服商千切屋吉右衛門家の「家定」における「家業躰其外何事によら津存知儀有之候ハバ子者（丁稚）ニ至迄其趣書付相認メ，出シ置候箱へ可納置候 会日ニ打寄披見之上致評議善悪を正し可申候勿論支配人の事たりとも遺恨有間敷事」（足立［1957］79頁）のように，内部告発制度さえあったのである。

▷ **合議制による意思決定**

　主人や支配人・番頭の独断を排するため，合議制による意思決定を重視した商家が多かった。三井や鴻池では，家訓において，毎月の寄合の日を決め，重要事を合議で決めるという条項があり，またこの寄合の際には，家訓や店則が一同の前で読み上げられたという。また住友の長崎店の家法書では，取扱商品の価格が合議で決定されるべきものとされていた。

　京都の呉服商千切屋吉右衛門家の「家定」では，「毎月十五日別家手代 并両見世手代打寄家業躰之評議可いたす事」とあり，経営方針は別家手代及び同族の店の手代が集って合議して決定すべきものとされた。また，「新規之義者相談之上可取計事」とか「諸事老分手代并当役支配人相談之上相定候義支配人より申出候義主人始家内不残違背有間敷事」「万事商売筋之儀者支配人手代中打寄相談之上可相計候」とあり，新規事業については，老分と当役支配人の合議で決定し，そこでの合議事項は，当主はもちろん家族のものも従わねばならぬとされていた（足立［1957］79-81頁）。先に紹介した同家の投書制度も，告発制度という意味のほかに，店内から経営政策について意見を聴取するという意味も持っていたのであろう。

近江商人の市田清兵衛家でも類似の慣行があり，1775（安永4）年の「高崎店定目下書」によれば，「店前々より仕来り候商売之外新規之儀ハ，店中熟談之上国元へも及其沙汰相始可申候，尚又買置物思入心附有之節は得と相談申合一統同心其上にて可致候」とあり，新規事項については店中での合議の上で，本家の最終的な判断を仰ぐことを求めている。また，同年の「店定書ノ下書」によれば「月并十六日夜店中一統致惣寄，商事諸色高下掛ケ方之善悪或ハ銘々思寄之売買事金銀廻し方質物貸附之支法相互ニ無腹蔵申談，尚又自分ゝに心得違も無之ハ相糺候上，其宜敷ニ随ヒ店中一統同心熟談之惣寄合相勤可申候」とあり，店中寄合が毎月定期的に開かれ，営業についての意見交換や店員間の意思疎通を図る工夫がなされている（上村［1988］第21号，95-97頁）。

近江商人の中井家においては，前述したように家業運営の大綱は本家において決定されていたが，支店における企画や経営執行に当たっては，幹部店員による「衆議」制がとられていた。1823（文政6）年の大坂店の店則では「宗而店用諸相談事，大小となく頭立之者共打寄，無隔意衆評之上，決断執斗可申候事」とあり，分家京都店の家法書にも「当主にも毎日朝四ツ時より八ツ時迄表方へ罷出，衆評可致決断，但，雖為主人一己之取斗致す間敷事」とあり，衆知を集めることが奨励されていた（江頭［1965a］813頁）。

名古屋商人の水口屋の場合も，「各々心つく事あらハ直に其過を申へし勘考の上にて小僧共より申聞候とも道理明らかならハ其言葉を用ひ悪事は早速改むべし」と，従業員からの発案が奨励されていたが，実際，同家の経営が不振となった文化期には販売商品のあり方について，従業員から種々意見が出されたという（安藤［1985］166頁）。

2 帳合法と財務管理

▷ 商家帳合法の発展

商業帳簿はもともと日々の取引についての備忘録的なものであったが，商家経営の発達とともに原始記録と整理記録との分化が生じた。売買に関する帳簿として，買帳・売帳・金銀出入帳・判取帳・荷物渡帳があり，全体を総括する帳簿である大福帳などが作成され，顧客との取引状況が把握された。商家の帳

簿は各店によってその形式を異にし，独自の符丁による記帳を行う場合も少なくなかった。

　江戸期商家の帳簿は，一般には，日々の取引・貸借の一部を記録することが主で，多数の帳簿を備えていてもそれらは，個々分立し，期間内の取引をまとめ，資産・負債・損失・利益を一目瞭然する帳簿は欠けており，単式簿記の段階にとどまっているものと考えられがちであった。しかし，商家帳合法(ちょうあい)の研究が進むにつれ，大商家では複式構造を持つ帳合法がかなり展開していたことが明らかになった。

　江戸時代会計史研究で多くの業績を残した小倉栄一郎は，近世商家の帳合法の発展過程について，次のように整理している（小倉 [1967, 1978]）。

(1) 前駆第1段階——備忘録的な帳簿で，債権・債務の記帳を行い，損益計算は若干行われているが，財産計算は体系化されていない。

(2) 前駆第2段階——正味財産の計算が行われ，資本概念の形成がみられるが，損益計算は重視されていない。時代的には元禄期前後の帳簿で，企業財務的意識の萌芽がみられる。

(3) 第1段階——資本計算的成果計算（貸借対照表の系統）と損益計算的成果計算（損益計算書の系統）の整備・充実がみられるが，前者に重点が置かれ，後者は決算報告書から除外される場合が多い。

(4) 第2段階——資本計算的成果計算と損益計算的成果計算とが結合し，複式決算構造の完成がみられる。

以下では，この小倉のいう，第2段階の商家帳簿の事例を取り上げることにしよう。

▷ 鴻池の算用帳

　1670（寛文10）年に始まる鴻池家の毎年の決算帳簿である「算用帳」は，形式上は，次の3つの部分からなっていた（鴻池の帳合法に関しては，安岡 [1970]，作道 [1971] などを参照）。

　第1部は「預ケ銀・有銀覚」で，大名・商人などへの貸付銀の期末残高，商品売掛金および期末現金銀残高が記され，最後に以上の合計，すなわち期末資産 (a) が計算される。第2の部分は「内負方」で，これは意味的には前半と

後半の2つの部分からなる。前半の部分では，まず本家への一族からの貸付金（もしくは一族出資金）および商人・武士・蔵屋敷などからの預け銀が記され，続いて，以上の諸科目の合計，つまり負債 (b) が計算され，さらに (a) から (b) を差し引いた額，「有銀」(c) が求められる。この (c) は期末正味身代であり，簿記上の資本概念といってよい。簿記上の意味では，以上で第1段階が終わり，やや変形であるが貸借対照表の形をなしている。

第2部「内負方」の後半は，まず期首正味身代の記帳から始まり，次いで期間収益 (d) を記し，この2科目の合計科目がある。

第3部「内払方」は期間損失・費用 (e) で，最後に，(a)＋(d) から (e) を差し引いた額 (f) が求められる。この (f) も有銀で，(c) と同額，期末正味身代である。以上を式で示すと，次の通りとなる。

(1)　期末資産 (a) －期末負債 (b) ＝期末正味身代（有銀）(c)
(2)　期首正味身代 (a) ＋当期収益 (d) －当期費用 (e)
　　　＝期末正味身代（有銀）(f)

つまり，(1), (2)両面において，「有銀」という期末純資産をめぐる複式決算が行われていたのである。算用帳が成立した1670年は同家が十人両替の一員となり，商品取引から大名貸を中心とする金融業へ経営の重心を移しつつある時期であった。体系的帳合法の成立は，このような経営上の大きな変化と密接な関係を持っていたものと推測される。算用帳では，貸借関係，資本の回転状況に記帳の重点が置かれ，期間損益計算が明示的には行われていないこと，固定資本の記帳を欠いていることなどが特徴的となっているが，これらにも自己資本を中心とする金融業者としての同家の特質が現れているといえよう。

▷ 三井の「大元方勘定目録」

1710（宝永7）年に成立した三井家の「大元方勘定目録」は鴻池の算用帳より格段の進化をとげていた（三井大元方の帳合法に関しては，西川登［1993, 2004］，安岡［1970］，賀川［1985］などを参照）。この「勘定目録」の中心部分は，「金銀預り方」「金銀貸し方」という貸借対照表部分と，「入方覚」「払方覚」という損益計算書部分からなり，当期損益に関する二重計算がなされていた。大元方の決算であったから，これは三井の全本支店の合併計算となっているが，各店

もそれぞれ単独計算を行い，損益のみを合併するという方法をとっていたらしい。「勘定目録」は，期間損益概念が明瞭であること，固定資産の記帳も，別途の期末正味身代の計算の際にはなされていることなどの点において，かなり進んでいた。こうした特質は，9家の所有者によって構成される合名会社的組織＝大元方が設置された年に，この帳合法が成立したという事情を反映したものであったろう。

▷ 中井家の「店卸目録」

　近江日野の中井源左衛門の帳合法は，18世紀半ば頃に成立した（中井家の帳合法に関しては，小倉［1962］を参照）。ここでは各種の勘定別の帳簿とその総勘定元帳としての大幅帳があり，さらにそれから貸借対照表部分と損益計算書部分からなる「店卸目録」と称する決算報告書が作成されていた。同家の帳合法を克明に研究した小倉栄一郎は，同家の帳合法は多帳簿制複式決算簿記というべきもので，その特徴的な点として，「望性金」という，簿記上の資本概念がきわめて明確なこと，棚卸計算法や期間収益・費用の会計基準が高度なこと，取引複記方式であること，支店管理のための管理基準や業績責任制を取り入れた本支店連結決算となっていたことなどを挙げている。同家で帳合法が確立した時期は，同家の多店舗展開が本格化していく時期であり，この帳合法はこのような出店・枝店を管理統轄する財務上の手段として導入されたものと考えられている。

　以上のほかにも，下村家，長谷川家，小野家，出雲の田部家などにも複式構造を持つ帳合法が生まれていた。これらは，一般には西洋式複式簿記に比べれば技術的に欠陥ないし未整備なところがあるが，原理的には複式簿記としてかなり進んでいたといえる。もちろん，これが近代簿記に直線的につながったわけではないが，その普及のための一般的土壌を醸成したものとして注目すべきであろう。

▷ 財務管理

　三井家の場合は，大元方が出資する資本で各営業店は事業を営み，各店は半年ごとに「功納」金を納めた。このほか運転資金が貸し付けられ，これに対し各店は利息を半期ごとに大元方へ支払うこととなっていた。各店は大元方へ納

第4節　商家の経営管理システム　65

めた残りの利益金を積み立て，3年ごとに決算して大元方へ納めた。この積立金の1割は褒美（ほうび）として店員に配当され，三井同族は，大元方へ出資額に応じて一定額の賄料を大元方から支給される仕組みになっていた。

中井源左衛門家においては，本家は各店に「望性金」という名称の出資金を提供していた。各店は，正味身代を計算した上で（したがって，望性金だけではなく各店で蓄積されていた資本も含んで），それに対する定率の配当（初代の頃は年8％，後6％）を本家に行うべきものとされた。これは各店の経営者に負わされた標準利益というべきもので，これを超えて各店において利益が計上された場合，これを「徳用」（純利益）と称し，はじめて現地出資者や従業員に分配された。また，各店で欠損が出て，本家に定率配当が行えない場合，過去の徳用の積立から補填することは許されず，次期以降に繰り越して，支払うべきものとされた。また，支店間の資金・商品の融通についても，提供を受けた支店が送り出した支店に対して一定率の金利を支払うものとされた。このように，中井家においては，内部の金融取引についても，金利コスト意識が明確であり，厳格な財務管理が行われていた。それだけ，資本蓄積への強烈な執着があったといえるであろう。

なお，江戸期の商家の特徴的な利益処分法として，伊勢商人の長谷川家，近江商人の西川甚五郎家，小林吟右衛門家，伊藤忠兵衛家，大坂の山口吉郎兵衛家などでは，「三ツ割」制度が存在していた（「三ツ割」制度については，高橋[1975]）。これは，毎期の利益を本家取り分・積立金・店員配当に分割（必ずしも均等割ではなかったが）するもので，もって内部留保を高め，資本蓄積を非裁量的に行う一方，従業員を事業のパートナーとして遇し，勤労意欲・経営帰属意識を高めようとしたものであった。この三ツ割法は，明治期の通商・為替会社，山口銀行，鴻池銀行，住友銀行などにも受け継がれていった。

3　商家の労務管理

▷ 奉公人制度

江戸期商家の基幹的労働力は丁稚（でっち）奉公から勤め上げる子飼奉公人であり，手代―支配人を経て別家となる者はほとんどの場合，幼年時代から奉公し，元服

以後に雇われた者（「中年者」と呼ばれる）は多くの場合，重要事務を担当できなかった。江戸時代の奉公人制度が一般に丁稚制度と呼ばれるゆえんである。

一般的にいえば，奉公人が丁稚として奉公を始める年齢はほぼ10代前半で，丁稚奉公に出る際には，通常，親などの人主と証人が連名で，奉公先主人に，奉公人請状を提出した。請状には，出身，身分，雇用条件，年季（奉公期間）などが記載され，奉公人に不都合があれば，人主・証人が弁償する旨が述べられた。10年以上の長年季が幕令で禁じられていたため，一般には年季奉公の形がとられたが，それは更新されて，長年季となることが稀ではなかった。

奉公人の出身地は店によっては限られており，江戸店を持つ伊勢商人の長谷川家の場合，文政期頃の奉公人114人のうち94％が伊勢出身者であったように（北島[1962]），近江商人や伊勢商人では同郷の者を採用することが多かった。三井の場合，京都店では京都およびその周辺15里以内の出身者を採用せず，また江戸店では京都およびその周辺3里以内の出身者をあてるという規定があった（三井文庫[1980]）。これは勤務店と出身地を遠ざけることによって，丁稚の郷離れ，商人としての成長を期待するところがあったからであろう。しかし，この規定は幕末になると空文化し，1864（元治元）年頃では，京本店の店表の仕事を担当する手代・子供に関しては，76％ほどが京都市中（洛中）の商工業者の子弟であった。他方，台所仕事などに従事する「下男」は日本海地域の農民の子弟が多かった（西坂[2006]）。

縁故採用が多かったが，口入屋を通しての採用もあった。店によっては，長男は奉公中に退いて家を継ぐ可能性のあるところから，排除され，親戚・縁者以外からの採用も営業の機密保持の観点から，避けられることがあった。三井や鴻池などの有力商家では，信用できる分別家の子弟を雇うことが多く，これらは譜代奉公人と呼ばれた。

商家では，営業関係に関わる奉公人はほとんどの場合，もっぱら男子で，女子は雇用されることはまずなかった。奥の用向きや賄いなどについては女子が雇用されたが，伊勢商人の江戸店などでは，賄いまでも男子が行っていたといわれる。三井では「店表」と呼ばれて，営業部門を担当する「子供・手代」と，「台所」と呼ばれて，生活維持部門を担当する「下男」という2つの奉公人集

団とのあいだには，明確な区別があった（西坂 [2006]）。

　奉公人の職階は，一般に丁稚・手代・番頭の呼称で呼ばれたが，そのおのおのが年功序列主義を原則とし，業績主義を加味して細かく分けられていた。三井や下村の職階については，前節で紹介した通りである。職階は店内における身分を表し，名前や服装などもそれに対応して決められていた。

　丁稚は，一般に子供・小僧・坊主などと呼ばれ，店および家内の雑役全般を引き受け，同時に読み書き，算盤の教育を受けた。盆と暮に支給される仕着施（しきせ）と呼ばれる衣服や若干の小遣いを除いて，無給であった。ただし，日常の衣食住および健康管理は原則的に雇家が負担した。三井・鴻池などでは雇い入れ年齢は12〜14歳であった。

　17〜18歳で元服して手代となると，徐々に実務を担当するようになり，自己の見込みで商売をすることを許され，給金も定まり，名前や服装も変わって，ようやく一人前の店員として扱われるようになる。店により違いはあるが，丁稚・手代の期間は，だいたい15〜20年で，このあいだに業務全般の修練を受けた。

　子供・平手代の前半期である最初の10年ほどは，半年もしくは1年ごとにいろいろな部署を勤め，1カ所に固定することなく，さまざまなOJT（オン・ザ・ジョブ・トレーニング）教育を受け，業務全般に通じさせられた。その後，平手代の後半期には特定の部署に専門に勤めるようになり，中核的な業務担当者となる。上座以上になると，3種以上の役職を兼務し，支配役になると管理・統轄の仕事のみになったという。

　このようにジョブ・ローテーションを通じて，各人の適性・能力が長期的に判定され，年功と能力によって，上記の職階を上っていく，あるいは淘汰されるというのが多くの商家の慣行であった。手代の年季奉公を終えると番頭となる。番頭や支配人となると，商売・家政について大きな権限を与えられた。給金以外にも報償金を与えられることがあり，長谷川家の場合では幹部に元手金，加増金などが貸し渡され，それは店元金の中に積み立てられ，永暇（ながいとま）となるときに渡されることになっていた。

　近江商人や伊勢商人の場合，「登り」という行事があった（「登り」の事例につ

いては，北島［1962］，三井文庫［1980］などを参照）。これは入店後の年数に応じて一定期間休暇を与えて帰郷を許すもので，入店後7～8年後の「初登り」のほか，数年おきに「二度登り」「三度登り」があり，それらを通過することが店内での格付け，昇進の機会となった。また「登り」の際には，ひとまず退勤の形となり，働きの悪いものは再勤を認められなかったから，ここには年功序列だけではなく，いくらか業績主義も組み込まれていたといえる。

▷ 三井越後屋京本店のケース

　以上はやや一般的にみたが，西坂靖の詳細な研究がある三井越後屋京本店のケースについてみてみよう（以下，西坂［2006］による）。三井の京本店では1719（享保4）年から1866（慶応2）年までの148年間に「店表」の奉公人として，1792人が採用された。1年平均では12人程度の新採用があったことになる。入店者の約6割は京都出身であった。入店年齢は13歳が最も多く42.6％，次いで12歳が25.1％，14歳が20.5％で，平均13.4歳であった。入店した子供のうち元服して手代になる者の比率は58.1％，上座昇進者は23.6％，役頭に進む者は17.2％，組頭に進む者は14.7％，支配に進む者は10.0％，別宅手代になる者は3.6％であった。子供が元服して手代になる平均年齢は16.8歳，上座へは平均年齢27.2歳，組頭は32.7歳，支配は35.5歳，別宅手代は39.4歳であった。

　元服までに多くの奉公人がやめていっていることは注目すべきであろう。奉公の厳しさが偲ばれるとともに，雇用側としては，奉公人の定着も重要な課題であったと考えられる。元服して手代となった者のその後の減少率は割合なだらかとなっている。

　手代の報酬については（以下，西坂［2006］），奉公期間中に支払われる「仕着施」「小遣い」「役料」「年褒美」「割銀」などと，退職時に元手銀として渡される「合力銀」「望性銀」とがあった。仕着施は勤務後2年以内の，小遣いは3年以上勤務の手代に支給される生活必要経費である。支給される銀額は職階に応じて定まっており，職階が上がるに従い銀額が増加する。とくに組頭・支配となると，名称が「役料」に変わると同時に，銀額も格段に増加する。能力給というより年功給に近い。年褒美は年1回，割銀は3年に1回支給されるもの

コラム 1　日本最初のビジネススクール・懐徳堂

　大商家における奉公人の教育は，主にオン・ザ・ジョブ・トレーニング（OJT）で行われた。商家での教育の第1は商人としての作法，倫理を学ぶことであり，第2は読み書き，算盤，帳簿つけ，貨幣の鑑定，手形の書き方などの基礎的商業技術，第3は商家ごとに固有の商品知識，取引の方法など商売のやり方を習得することであった。これらを，各商家における経験，ノウハウを教材とし，ジョブ・ローテーションや，先輩従業員を通じて，後輩従業員に教えることが，OJT教育である。江戸時代の商家がこのOJTを従業員教育の基本としていたことは疑いない。

　逆にいえば，江戸時代には商家奉公人を対象とする商業教育機関はなかった。しかし，江戸時代の商家をみると，役職や帳簿，書類など名称は異なっても，類似の制度が普及していた。労務管理の慣行，家訓，相続法，家産管理方法なども内容的には似通ったものが多い。こうした商業社会の通有的な知識，技術がどのように形成され，伝播・普及したのだろうか。この点に関して，江戸中期以降，商家子弟を対象として開設された各種の塾が少なからざる役割を果たしたかもしれない。その例の1つとして1724（享保9）年，大坂に開設された懐徳堂をみておこう。

　懐徳堂は，五同志と呼ばれた三星屋武右衛門，道明寺屋吉左衛門，舟橋屋四郎右衛門，備前屋吉兵衛，鴻池又四郎という5人の大坂の上層町人が拠金し，講師の給料や，学校の建設・維持経費を負担した儒学塾であった。五同志たちは拠出金を基本財産とし，これを同志の1人である鴻池又四郎両替店で運用し，その利子でもって懐徳堂の運営費用を賄った。懐徳堂は幕府公許の学問所となったが，幕府が建設費や運営費を出したという意味ではなく，経営的には私塾であった。

　五同志たちはどのような町人であったか。道明寺屋吉左衛門は，醬油屋や漬物屋を業とした商人で，有名な学者富永仲基の父にあたる。富永仲基自身も後に懐徳堂で学んだ。学舎の用地は道明寺屋が隠居宅地を提供したものであった。三星屋武右衛門（中村良斎）は貸家業を営んでいたが，その師三宅石庵が「われ三都の士に交わること多し。いまだ才徳兼備良斎のごときを見ず」と評価したほどの見識人であった。鴻池又四郎は大坂の最大の豪商鴻池善右衛門家の分家であった。

　後には，住友家五代友昌の弟で，住友家訓を定めるなど住友家政改革に辣腕をふるった住友理兵衛友俊（入江友俊）も懐徳堂の熱心な学徒で，この関係で住友家も懐徳堂に資金的援助を行った。また富永仲基に並ぶ懐徳堂出身の英才として山片蟠桃がいたが，蟠桃が番頭をしていた升屋両替店も多額の資金を懐徳堂に出している。

　懐徳堂は町人の子弟が学びやすいよう，配慮していた。学生は年5回，銀1匁ないし2匁の謝金を納めることになっていたが，絶対の義務ではなく，貧しければ紙一折り，筆一対でもよいことになっていた。教官への給料は基本的には基金から支払われることになっていたからである。町人が通塾者の中心であったから，「家事日用之間」すなわち時間が空いたときに来ればよい，中途退席してもよい，テキストを持参しなくてもよいなど学則は穏やかであった。士農工商医家，学生のそれぞ

れの家業に応じて、学者や医者の子には読書を第一とし、農工商の子には手習い算術を主として教え、商家の主人となるべき者には四書小学までを学習させたという。

懐徳堂には、初代学主の三宅石庵をはじめ、五井蘭洲、中井竹山、中井履軒といった当代一級の儒学者が教授陣に名を連ねた。学風は、朱子学・陽明学、その他の折衷で、諸説相並行して享受され、諸説の異同に寛容であったといわれる。それゆえに、懐徳堂の学問はときに、「ヌエ」学問（ヌエとは頭はサル、胴はタヌキ、手足はトラ、尾はヘビ、声はトラツグミに似た伝説上の怪物）とのそしりを受けた。しかし、懐徳堂では、教師たちが諸説の異同を無視していたわけではない。町人の子弟に諸説の異同を説き、おのれの主張を唱えても空理空論である。1つの学派にとらわれず、世に諸説が並び存在していることを教えることのほうが実践的との判断があったのである。

こうした学問塾は懐徳堂に限られていたわけではなかった。懐徳堂より早く1717（享保2）年、平野郷に成立した含翠堂は、同地の土橋友直家ら地主七家が発起人となって生まれたものである。三輪執斎・五井蘭洲・伊藤東涯など京坂の学者文人が多く招かれ、経書講読を中心として、算学・天文学・医学などが講じられた。懐徳堂と同じように財団方式で運営され、明治期まで続いた有名な塾であった。

商家内でのOJTはその商家での過去の経験やノウハウに基づくものであり、求められる知識、技能が緩やかに変化する場合に適した教育法である。しかし、社会経済や企業経営内部に大きな変化が生じたときには、過去の経験やノウハウの多くは役に立たなくなってしまう。そうしたパラダイム転換のときには、OJT以外の教育法、外部からの知識、学問の導入が必要となる。いわゆるOff-JTである。

OJTを主要な人材育成法としてきた現代日本の企業でも、技術や知識の変化が激しく、すぐさま陳腐化してしまう昨今においては、OJTだけに頼ることはできなくなってしまった。また、長期雇用の見直しが進み、労働の流動化が増しつつある今日では、企業は従業員にOJTや社内研修などに時間や費用を割くことを得策と思わなくなったし、従業員も企業特殊的なスキルや知識を超えて、他の企業でも通用するいわばポータブルなスキルや知識を学ぼうとするようになった。21世紀に入り、日本の大学でビジネススクールが数多く設立され、そこで学ぼうとするビジネスパーソンが多くなっているのは、そのような事情を示すものであろう。

懐徳堂が設立された享保期は、繁栄の元禄期の後の、デフレ時代、不況の時代であった。三井高房が『町人考見録』で描いたように、数多くの商人が倒産の憂き目にあった。「商人」は「商家」としゴーイング・コンサーン（継続的事業体）として、変革を求められていた。商人に要求される知識や情報の質や量も変化したであろう。職種を越え、身分を越えて、知のネットワークを拡げ、外部に知識を求める必要に迫られたのである。江戸中期以降の私塾の盛行という現象は、この脈絡の中で、とらえる必要があろうし、その意味で懐徳堂は日本最初のビジネススクールといってよいであろう。

で小遣いなどより少額であるが、やはり職階に応じてその額が決まっている。

元手銀のほうも職階とともに増加するが、増加率は逓増する。とくに組頭・支配となる20代末から30代にかけての手代については、名称が合力銀から望性銀に変わるとともに、銀額も格段に増加する。元手銀制度は、商家の奉公人の最大の目標であった独立して自分家業をするための資金を供給することにあったが、越後屋のような大商家の場合、有能な奉公人はできるだけ引き留めたく、年功とともに、元手銀や小遣いが急カーブで増加する報酬体系を設定していたのである。また、江戸後期になれば、勤務期間中に支払われる小遣いでは生活維持費に不足するとして、元手銀を前借する奉公人も増加し、店側もこれを認めていたが、これも奉公人引留め策の一環だったといえる。

また越後屋では地位に応じた金額内で、本人の責任において仕入れを行う権限が付与され、それによる損失は退職金に加減算された。このように上級職には年功序列と並んで、業績主義も取り入れられていたのである。

▷ 別家制度

一定年限の丁稚・手代奉公を勤め上げると、住込みをやめ、所帯を持つことが許されて、宿持となる。これが別家制度である。ここで、住込み奉公人としての勤務は無事終了となるのであるが、丁稚から勤め上げた子飼奉公人のどのくらいがそこまで到達したのであろうか。

三井越後屋京本店の場合、先にみたように、江戸後期に採用された奉公人1792人のうち、別宅手代にまで到達したのはわずか3.6%であった。途中でやめていった者としては、死亡や病気のほか、解雇や脱落者と並んで、独立するためやめていった者も多かった（西坂［2006］、中井［1966］）。鴻池でもほぼ同様で、1719（享保4）年から1741（寛保元）年での中途退職者は51人に達し、死亡8人、養子3人のほか、暇願・暇出が32人で、そのうち27人が解雇であった。同家の場合、28～29歳で支配判形役、32～33歳で結婚して別家することが許され、さらに精勤の者には42～43歳で自分家業を認められることになっていたが、享保期以降では別家に取り立てられる者は、雇用者の10%を越えない状態となった（安岡［1970］）。建て前としては、終身雇用制であったとしても、現実には、丁稚から別家への階梯を上り詰めることは、難しかったの

である。

　別家となると，退職金，元手金・所帯道具などが主家から与えられる。三井では，永年勤務し，とくに功績の大であった使用人に対しては，「越後屋」の屋号を付与した。いわゆる「暖簾分け」である。もっとも，与えられる暖簾印には，奉公人によって違いがあり，「越」の字を○で囲った暖簾，「井桁」に「三」の数字が入った暖簾，「井桁」に，「三」の字が入り，それを○で囲った本家と同じ暖簾などがあった（中井［1966］）。

　退職金・元手金の準備として，奉公人積立制度があった。鴻池家の催合銀制度，長谷川家の元手金割付制度などである。鴻池家の制度では，手代になると給金が年に銀300匁程度与えられ，支配人見習い以上になると，年間銀300～400匁から2貫目ぐらいが標準となった（作道ほか［1978］）。そのほか，定められた年齢以降になると，催合銀や名付銀という給銀が与えられ，これは本家で積み立てられ，利息をつけて，退職の際に給付されることになっていた。

　別家となった者も，本家への勤務を続けることが多く，また自分店持別家となった者も，本家から営業種目や地域の制限を受けたのみならず，三井の場合には，相続も別家の裁量によることは許されず，本家の奉公人を相続人として受け入れなければならないこともあった。別家の創出は単に奉公人に独立の機会を与えるだけを目的としたものではなく，非血縁関係者を別家という同族集団に組み込み，その活力・協力を期待して，本家の維持・繁栄を図ろうとするものであったから，一般的には別家を多く出すことが商家の家格を表すものと考えられていたが，経営が停滞すれば，鴻池家のように別家創設が行われなくなった。

　なお，以上にみたことは，子飼奉公人が長い修養期間を経て，店の経営の中枢に参加し，ついには独立するに至るという江戸期大商家でのモデル的な奉公人制度についてであったが，零細な商家では家族成員が基幹労働力であり，奉公人は定期的に雇用されたわけではなかった。

▷ **内部請負制**

　以上のように，いわばホワイトカラー的業務が多い大商家では雇主が奉公人を直雇いし，企業内部労働市場で，従業員を養成ないし淘汰していったが，醸

造業や鉱山業のような生産現業部門の比重が大きい事業所では，内部請負制による雇用がみられた。

すなわち，酒造業では，作業場・原料・諸道具を戸主から提供されて，杜氏が生産の全工程を指揮・管理していた。蔵人の選定，雇用も杜氏の裁量であり，杜氏は自分の出身地から季節労働者を連れてくるのが普通であった。酒造業の場合には，杜氏は仕事の代金をまとめて受け取り，それを自分が雇用した者に分配するという意味での内部請負制ではなかったが，生産においては杜氏に任された部分が大きく，蔵人の技能修得，労務管理も杜氏の責任の範囲内にあった。この意味で，間接雇用に近いものであった。

鉱山業では内部請負制が広く行われていた。江戸時代の鉱山は幕府の直轄支配下にあり，採掘業にあたるには，幕府からの稼行権認可を必要とした。稼行請負にあたっては，1人の山師が，幕府に納める1カ年の運上高を契約によって定める請山と，山奉行の支配下で，数人の山師が坑道ごとに運上高を契約して稼行する直山とがあった。稼行を請け負った者は親方・元締などと呼ばれ，対外的には鉱山経営者であったが，現場での採掘・選鉱・運搬などの仕事は，金子，金掘りなどと呼ばれる者に下請された。金子，金掘りは，掘場ごとに請け負って，作業代金をまとめて受け取り，現場労働者を自らの責任で募集し，作業現場ではその管理を行った。住友の別子銅山では，商家奉公人に類する職員層もいたが，作業現場では，当初の作業員の採掘量に応じて代銀を支払う斤目掘りの制度から，後には請負制度が一般化したといわれる。

4　販売管理

▷ 取引仕法

江戸期の問屋では，相対売買と競争売買の2種があった（以下，宮本又次［1951，1954，1971］，藤田・宮本・長谷川［1978］などを参照）。前者が商取引の主流をなすもので，売り手と買い手が1対1で取引することをいい，売り手と買い手が立会いの上，価格・数量などを決め，「手打ち」をもって契約の成立とした。取引約定を記した売判書・買判書が交わされたり，手付金が支払われたりすることはもちろんあったが，必ずしも一般的ではなかった。商人間の取引

が仲間内の信用と慣行の基礎の上に行われることが多かったため,書式を整える必要は必ずしもなかったのである。せり売・せり買も行われ,とくに現品を提示して売買する必要のある生鮮品,材木などについて行われた。大坂の雑喉場魚市・江戸の日本橋魚市,大坂の立売堀材木市などがこの例であった。

　売買は歴史的には,現物売買から始まったが次第に見本取引・標準物取引・銘柄取引・格付取引も行われるようになり,これによって未着品の先売買も可能となった。大坂堂島での米市場は(堂島米市場での取引仕法については,宮本又郎［1988］参照),大坂に置かれた諸藩蔵屋敷が発行する米切手を売買する市場であったが,1枚の米切手はそれを発行する藩の年貢米,すなわち特定銘柄の米10石を引き替えることを約定した証書であった。米切手という売買対象手段が考案されたことにより,現物を実見せずして,大量の米取引が可能となったのである。堂島では各藩の米の格付けも決められていたから,代物受渡しを行うこともできた。また,江戸中期以降では,問屋が産地に仕入金・原材料などを前貸しして,生産を支配することが多くなり,問屋間では,先売り・先買いが盛んとなったが,このような取引も商品の標準化が前提となって行われたものであった。

　商品の仕入方法としては,「送り込み」と「買い出し」の2方法があった。前者は商品を見計らいによって(送り荷),または問屋の注文を待って(仕入荷),荷主から問屋に送る方法であり,後者は問屋自らが産地に出張して,もしくは仲継人に依頼して仕入れる方法である。送り込みの方法をとるものは納屋米・油・青物・藍・畳・木材・紙・漆・肥物などで,買い出しの方法によるものは比較的少なかった。これは生産者に対する中央都市問屋の力が相対的に強かったことを一因としていた。しかし,幕末になると,都市問屋に対するアウトサイダー商人が登場し,これらは産地に出買い・直売買することが多くなった。

　送り込みには,先述のように送り荷と仕入荷があった。前者は荷主・船持・船頭が見計らいで商品を送るもので,問屋は販売を委託される形となった。その仕切(代金決済)法には問屋への着荷のときの相場をもって決済する着売り,荷主側の希望の値段で販売を委託する指し値,問屋の見込みに任せる任せ売買とがあった。仕入荷とは,問屋が市場の動向をみて産地荷主に注文を発するも

のであるが，必ずしも問屋が自らの責任と計算で仕入れる仕込商品ではなかった。荷主からの委託商品となっている場合が多く，問屋はこれを仲買・小売に売却する場合には，荷主またはその代理人に引合いをなすべきものであった。もっとも，実際には問屋の裁量で販売されることが多かった。これを端売りと称した。

一般的には，荷主・問屋間の仕切りは着売り・指し値売りから，任せ売りへ，引合いから端売りへ，現物売りから先売りへと変わる傾向にあった。つまり，問屋は単なる委託販売を行う荷受問屋的なものから，自己の計算で商行為をなす仕込問屋へ移るようになったのである。

販売方法は，歴史的には行商・立売りから，座売りに進み，さらに店舗販売に変わったが，江戸期においては座売り，店舗販売が主流となった。

代金決済においては1取引ごとに仕切るものもあったが，多くの場合，問屋取引は顧客取引であったから，一定期間をおいてその間の総取引について決算を行い，勘定した。このような信用取引は江戸時代には，大いに普及したが，形態としては次の4種があり，いずれも広義には，延売買と呼ばれた。

第1は，現在存在しない商品について，商品・代価の授受日を将来の特定期日に定めて，売買契約をするもの，第2は第1の種類の売買契約において，買い手が商品受渡し前に，手付け金を支払っておくもの，第3は現在売り手が所有している商品について，将来の一定期日までに商品・代価の授受を約束するもの，第4は商品は直ちに引き渡すが，代金支払いを将来の一定期日まで猶予するもので，いわゆる掛売りである。掛売りの決済期間は商業部門により差があり，3日延，10日延，30日延，節季払い，2季払いなどがあったが，江戸時代では一般に長期で2カ月以上，半季，1年に及ぶものも少なくなかった。仕切りにおいては，手形が使用されることが多く，素人手形（約束手形）のほか，両替商が介在する振手形，預り手形，為替手形が用いられた。

▷ **商家の具体例**

以上は一般的な説明であったので，以下では若干の具体例を紹介しておこう。

京都商人の柏原家では，販売・仕入れ・代金支払など取引に関する細かな店則を定めていた（以下，柏原家については，足立 [1956]）。1736（享保21）年の

「家内定法帳」では，現金販売を原則とし，掛売りを禁止している。もしやむをえず掛売りする場合は相談の上と定め，相手方より印形をとることとしている。商品の発送販売や買い手に直接手渡す地売販売も行っていたが，それについては帳づけの手続きなどを具体的に定めていた。1755（宝暦5）年の「条目」においては，前貸しによる仕入れを原則禁止している。このように店則では，掛売り・前貸しを原則的に禁止していたが，現実においては，掛売り・前貸しが頻繁に行われていたであろうし，それだからこそ，このような店則が制定されたのであろう。

　江戸へ進出した砂糖問屋の紀州商人河内屋孫左衛門店は，現金取引の見世商内（みせあきない）と掛売りを行っていた（以下，河内屋については，新井［1961］）。小売り・卸売り双方を行っていたが，小売りは補助的で現金売り，卸売りでは掛売りが多かった。掛売りには，江戸の砂糖卸商・小売商・菓子商に対する江戸掛と，仙台・常陸・下総・上総・安房などの他地方に対する田舎掛があった。江戸掛の場合は，客方が店へ出向く場合と，手代が見本箱を携えて得意先を廻り注文をとる場合とがあった。掛取りは，月の14日・晦日の2度，「掛方廻り役」が押切帳面を持参して得意先を訪れ，仕切りをして押切印形をとった。田舎掛の取引先には，陸送あるいは船積で送られたが，運賃は売方持である。掛売りの場合には，掛損金等による危険が多かったという。砂糖の仕入れは，大坂の堺筋から行い，代金決済は対大坂取引では為替取組によった。また，仕入前貸金が渡されていた。

　大丸においても，同様に織元や問屋筋から「御注文代銀の内へ前金御願申上御渡被下候上は，しろもの出来次第早々差出し御勘定可仕候」とあり，前貸しの求めがあり，前貸しによる仕入れが行われていた（大丸［1967］）。

　1712（正徳2）年，名古屋で呉服商を開業した水口屋の場合には，掛売販売を原則としていたが，1739（元文4）年に，「現金掛値なし」「正札販売」を掲げる大丸屋と松前屋が名古屋に進出するに至り，その対策に直面することとなった。水口屋のほか代々の名古屋の呉服商も，正札，現金売りに追随しようとしたが，従来からの顧客との関係で，容易に実現できなかった。しかし，水口屋においても幕末期には，現金売りが取り入れられるようになった（安藤

[1985])。なお,「現銀掛値なし」商法の創始者といわれる越後屋においては,逆に売上規模の増加に伴い,掛売り形態が増加したといわれる。

木曾の木櫛関係商人深沢家における仕入れ・販売・送金方法は,次のようであった(深沢家については,高村 [1983])。弘化期(1844~47年)頃には,仕入地は木曾谷沿いの地元地域が中心で,仕入れは2~3月と9月に主に行われ,代金は約半額が商品引渡しの2カ月程度前に,残りは商品引渡し後約半月後に支払われていた。上方での販売先は,大坂が主で京がこれに次いだ。大坂へは荷物を送り,代金回収には上坂していた。

近江商人の丁字屋吟右衛門家では,行商段階では,掛売りのほかに商品を顧客宅に預けておく委託販売形式をとっていたようである。文政期には,取引の範囲は関東一円に拡大したが,取引形態は現金売りではなく,掛売りが主であった。したがって,丁吟の行商は,単に天秤棒を担いで掛売りするばかりではなく,行商の先々で土地の小売商を訪れ,それらに商品を卸す問屋・仲買的機能をも果たすものであったといえる。行商は,商品の委託販売の機会であると同時に,代金回収の旅程でもあった(丁字屋吟右衛門家については,末永 [1977] を参照)。

第1章 設問

1. 江戸時代という社会は,それ以前および近現代と対比してどのような歴史的特質を持つ時代だったか,論じなさい。
2. 江戸時代にはどのような共同企業形態が発達したか述べ,近代の株式会社制度とのつながりについて論じなさい。
3. 三井家の「大元方」とはどのような機構であったか,「総有」という概念と関係づけて説明しなさい。
4. 江戸期の都市大商家ではどのような労務管理が行われていたか,述べなさい。
5. 江戸時代の商家経営は近代の企業経営にどのような遺産(正負両面において)を残したと考えられるか,論じなさい。

第1章　注

1) なお，三井でも1774（安永3）年に持ち分け一件という事件が起こり，同族財産を身上一致して大元方が管理する原則が崩れ，本店グループは北家・新町家・長井家・家原家が，両替店グループは伊皿子家・室町家・南家・小石川家が，松坂店は小野田家・松坂南家・松坂北家が持ち分けすることになった。しかし，種々の曲折の後，1797（寛政9）年，再び身上一致の原則が確認され，財産の大元方管理が復活した。この件に関しては，三井文庫［1980］参照。

第1章　参考文献

Toby, Ronald P. [1984] *State and Diplomacy in Early Modern Japan: Asia in the Development of the Tokugawa Bakufu*, Princeton: Princeton University Press.
足立政男［1956］「近世京都商人の商業経営について——柏原家の店則より見た江戸店の経営方針及び商人意識について」『立命館経済学』第5巻第5号，170-185頁。
足立政男［1957］「近世京都室町における商業経営——法衣装束千切吉右衛門商店における場合」『立命館大学人文科学研究所紀要』第5号（家業——京都室町織物問屋の研究），65-198頁。
足立政男［1974］『老舗と家訓——現代商法を問い直す』東洋文化社。
新井敦子［1961］「江戸の砂糖問屋——河内屋孫左衛門の場合」『史論』（東京女子大学）第9集，645-659頁。
荒野泰典［1988］『近世日本と東アジア』東京大学出版会。
安藤精一［1985］『近世都市史の研究』清文堂出版。
井原西鶴（東明雅校訂）［1956］『日本永代蔵』岩波書店。
今井典子［1981］「宝暦・天明期の住友の店員について」『住友修史室報』第6号，27-45頁。
上村雅洋［1988］「近江商人市田清兵衛家の経営」『滋賀大学経済学部附属史料館研究紀要』第21号，83-117頁，第22号，67-98頁。
上村雅洋［1994］『近世日本海運史の研究』吉川弘文館。
梅村又次［1981］「幕末の経済発展」近代日本研究会編『年報・近代日本研究 3　幕末・維新の日本』山川出版社。
江頭恒治［1965a］『近江商人中井家の研究』雄山閣。
江頭恒治［1965b］『江州商人』至文堂。
江頭恒治［1966］「共同企業源流考——日本の場合について」『産業経済論叢』第1号，1-17頁，第2号，1-20頁。
大阪経済史料集成刊行委員会編［1974］『大阪経済史料集成　第5巻』大阪商工会議所。
岡崎哲二［1999］『江戸の市場経済——歴史制度分析からみた株仲間』講談社。

岡崎哲二［2001］「近世日本の経済発展と株仲間」岡崎哲二編『取引制度の経済史』東京大学出版会．
小倉栄一郎［1962］『江州中井家帖合の法』ミネルヴァ書房．
小倉栄一郎［1966］「経営管理と中井家帳合法」『社会経済史学』第31巻第6号，56-72頁．
小倉栄一郎［1967］「わが国固有の会計報告の類型」『會計』第91巻第5号，32-51頁．
小倉栄一郎［1978］「和式帳合法発達段階の実証」『滋賀大学経済学部附属史料館研究紀要』第11号，1-26頁．
賀川隆行［1985］『近世三井経営史の研究』吉川弘文館．
河原一夫［1977］『江戸時代の帳合法』ぎょうせい．
菅野和太郎［1931］『日本会社企業発生史の研究』岩波書店．
北島正元編著［1962］『江戸商業と伊勢店――木綿問屋長谷川家の経営を中心として』吉川弘文館．
黒羽兵治郎編［1934］『大阪商業資料集成 第1輯』大阪商科大学経済研究所．
作道洋太郎［1971］『近世封建社会の貨幣金融構造』塙書房．
作道洋太郎編［1982］『住友財閥』日本経済新聞社．
作道洋太郎・宮本又郎・畠山秀樹・瀬岡誠・水原正亨［1978］『江戸期商人の革新的行動――日本的経営のルーツ』有斐閣．
桜井英治［1990］「中世商人の近世化と都市」高橋康夫・吉田伸之編『日本都市史入門 3 人』東京大学出版会．
サンケイ新聞社［1987］『写真集 おおさか100年』サンケイ新聞社．
柴謙太郎［1933］「投銀とは何，海上貸付か，コンメンダ投資か」『経済史研究』（日本経済史研究所）第45号，1-18頁；第46号，14-37頁；第47号，1-23頁．
新保博［1978］『近世の物価と経済発展――前工業化社会への数量的接近』東洋経済新報社．
新保博・斎藤修［1989］「概説 19世紀へ」新保博・斎藤修編『日本経済史 2 近代成長の胎動』岩波書店．
末永國紀［1977］「行商段階における商人資本展開の一様相――近江商人小林吟右ヱ門家の場合」『経済経営論叢』第12巻第2号，114-140頁．
「図説・横浜の歴史」編集委員会編［1989］『図説・横浜の歴史』横浜市市民局市民情報室広報センター．
住友修史室編［1967］『泉屋叢考 第13輯 別子銅山の発見と開発』住友金属鉱山大阪支社．
大丸二百五十年史編集委員会編［1967］『大丸二百五拾年史』大丸．
高橋久一［1975］「『三ツ割』制度の史的考察」宮本又次編『上方の研究 第3巻』清文堂出版．

高村直助［1983］「江戸後期における木曾商人――贄川加納屋・藪原蔦屋の上方・北国商業」『日本歴史』第 425 号, 51-64 頁。

竹内誠［1969］「近世前期の商業」豊田武・児玉幸多編『体系日本史叢書 13 流通史 1』山川出版社。

谷口澄夫［1964］『岡山藩』吉川弘文館。

塚田孝［1994］「身分制の構造」朝尾直弘ほか編『岩波講座日本通史 第 12 巻 近世 2』岩波書店。

栂井義雄［1961］「三井大元方の資本蓄積」『専修大学論集』第 27 号, 80-88 頁。

豊田武［1952］『日本の封建都市』岩波書店。

中井信彦［1966］「三井家の経営――使用人制度とその運営」『社会経済史学』第 31 巻第 6 号, 88-101 頁。

中井信彦［1971］『転換期幕藩制の研究――宝暦・天明期の経済政策と商品流通』塙書房。

中田易直［1959］『三井高利』吉川弘文館。

中村幸彦校注［1975］『日本思想大系 59 近世町人思想』岩波書店。

西川俊作［1985］『日本経済の成長史』東洋経済新報社。

西川登［1993］『三井家勘定管見――江戸時代の三井家における内部会計報告制度および会計処理技法の研究』白桃書房。

西川登編集・翻刻・解題［2004］『三井家勘定管見 資料篇』白桃書房。

西坂靖［2006］『三井越後屋奉公人の研究』東京大学出版会。

畠山秀樹［1978］「住友吉左衛門――多角的事業経営の展開」作道洋太郎・宮本又郎・畠山秀樹・瀬岡誠・水原正亨『江戸期商人の革新的行動――日本的経営のルーツ』有斐閣。

畠山秀樹［1988］『住友財閥成立史の研究』同文舘出版。

林玲子［1967］『江戸問屋仲間の研究――幕藩体制下の都市商業資本』御茶の水書房。

速水融・宮本又郎［1988］「概説 17-18 世紀」速水融・宮本又郎編『日本経済史 1 経済社会の成立――17-18 世紀』岩波書店。

バーリー, A. A. ＝ G. C. ミーンズ（北島忠男訳）［1958］『近代株式会社と私有財産』文雅堂書店。(Berle, Adolf A. and Gardiner C. Means [1932] *The Modern Corporation and Private Property*, New York : Macmillan.)

藤田貞一郎・宮本又郎・長谷川彰［1978］『日本商業史』有斐閣。

三井文庫編［1977］『三井事業史 資料篇 2』三井文庫。

三井文庫編［1980］『三井事業史 本篇 第 1 巻』三井文庫。

宮本又郎［1978］「鴻池善右衛門――『天下の台所』を支えた両替商」作道洋太郎・宮本又郎・畠山秀樹・瀬岡誠・水原正亨『江戸期商人の革新的行動――日本的経営のルーツ』有斐閣。

宮本又郎［1980］「鴻池の経営理念」『季刊日本思想史』第 14 号, 33-50 頁。

宮本又郎［1987］「田沼期の商業と金融」大阪府史編集専門委員会編『大阪府史 第6巻 近世編 2』大阪府。
宮本又郎［1988］『近世日本の市場経済——大坂米市場分析』有斐閣。
宮本又郎［1989］「物価とマクロ経済の変動」新保博・斎藤修編『日本経済史 2 近代成長の胎動』岩波書店。
宮本又郎［1990］「商工業」新修大阪市史編纂委員会編『新修大阪市史 第4巻』大阪市。
宮本又郎［1998］「総有システムと所有者主権の制限——三井の大元方」伊丹敬之・加護野忠男・宮本又郎・米倉誠一郎編『ケースブック日本企業の経営行動 1 日本的経営の生成と発展』有斐閣。
宮本又郎［2002］「日本近世の市場を支えた秩序」社会経済史学会編『社会経済史学の課題と展望』有斐閣。
宮本又次［1938］『株仲間の研究』有斐閣。
宮本又次［1951］『日本近世問屋制の研究——近世問屋制の形成』刀江書院。
宮本又次［1954］『続 日本近世問屋制の研究——近世問屋制の転形』三和書房。
宮本又次［1957］『大阪町人』弘文堂。
宮本又次［1958］『鴻池善右衛門』吉川弘文館。
宮本又次編［1968］『大阪の研究 第2巻 近世大阪の経済史的研究』清文堂出版。
宮本又次［1969a］「鴻池家の家訓と店則」宮本又次編『大阪の研究 第3巻 近世大阪の商業史・経営史的研究』清文堂出版。
宮本又次編［1969b］『大阪の研究 第3巻 近世大阪の商業史・経営史的研究』清文堂出版。
宮本又次［1970a］『小野組の研究 第1巻 前期的資本の展開過程 上』大原新生社。
宮本又次［1970b］『小野組の研究 第2巻 前期的資本の展開過程 下』大原新生社。
宮本又次編［1970c］『大阪の研究 第4巻 蔵屋敷の研究・鴻池家の研究』清文堂出版。
宮本又次編［1970d］『大阪の研究 第5巻 風俗史の研究・鴻池家の研究』清文堂出版。
宮本又次［1971］『概説日本商業史』大原新生社。
宮本又次［1977］『宮本又次著作集 第2巻 近世商人意識の研究』講談社。
宮本又次［1982］『町人社会の学芸と懐徳堂』文献出版。
宮本又次・小島直記・奈良本辰也選［1976］『別冊太陽 豪商百人』平凡社。
森泰博［1964］「鴻池家の大名貸」『上智経済論集』第11巻第1号，46-54頁。
森泰博［1970］『大名金融史論』大原新生社。
安岡重明［1970］『財閥形成史の研究』ミネルヴァ書房。
安岡重明編［1982］『三井財閥』日本経済新聞社。

安岡重明［1987］「日本会社制度前史の展望」『国民経済雑誌』第156巻第3号，1-24頁。
箭内健次［1975］『図説日本の歴史 11 江戸の開幕』集英社。
由井常彦［1963］「わが国会社企業の先駆的諸形態——江戸時代における共同企業の諸形態の研究」『経営論集』（明治大学経営学研究所）第10巻第4号，109-142頁。
柚木学［1961］「近世廻船業の発展とその経営」『経済学論究』第14巻第4号，127-168頁。
吉田伸之［1985］「町人と町」歴史学研究会・日本史研究会編『講座日本歴史 5 近世1』東京大学出版会。
吉田伸之［2000］『巨大城下町江戸の分節構造』山川出版社。
吉永昭［1962］「伊勢商人の研究——近世前期における『富山家』の発展と構造」『史学雑誌』第71編第3号，49-85頁。
吉永昭［1972］「商家奉公人の研究——信州松代八田家の場合」『信濃（第3次）』第24巻第3号，1-199頁。
脇田修［1963］『近世封建社会の経済構造』御茶の水書房。

第2章

近代経営の形成

明治前期・中期の企業経営

担当 阿部武司

第1節 明治前・中期の日本経済

1 開港と維新（1859～85年）

▷ 開 港

　1853年におけるアメリカ海軍提督ペリー（M. C. Perry）の開国要求と翌年の日米和親条約締結，それに続くイギリス，ロシア，オランダとの和親条約の締結により，徳川幕府は祖法鎖国の放棄（開国）を余儀なくされた。続いて貿易の開始（開港）等を定めた日米修好通商条約が58年に締結され，同様の条約がオランダ，ロシア，イギリス，フランスともまもなく結ばれた。それらは片務的な最恵国条款，領事裁判権（治外法権），関税自主権の喪失など日本側に不利な内容を含む，いわゆる不平等条約であり，その是正は明治政府の悲願となった。さらにこの「条約改正」問題は，列強のアジアに対する侵略，およびそれを背景とする日清・日露両戦争の勝利とともに，国民一般に強烈なナショナリズムを喚起し，企業経営にも大きな影響を与えた。

　開港によって日本経済は大きく変貌した。貿易が始まった1859年半ば以降，

貿易額は横浜を中心に急増した。輸出総額中，生糸が圧倒的に多く，輸入品では織物が重要な地位を占めた。貿易の開始は，各地で展開していた産業に変革を迫った。生糸輸出の伸びは，現在の長野県など東山地方における養蚕・製糸業の発展を促進したが，反面，京都の西陣をはじめとする旧来の絹織物産地では原料の生糸の価格が暴騰して，織物生産は一時困難になった。また綿織物や砂糖の産地には安価な輸入品の流入のため不振に陥った地域が，しばしば見出される。もっともこれらの産業が貿易の影響で壊滅してしまったとするのは早計である。たとえば綿織物業の場合，輸入品との品質・用途の違いのために，それと競合せずに済んだ地域も存在したし，外国の綿布の圧迫を受けても，原料を従来の国産手紡糸から輸入機械製紡績糸に切り換えて，コスト・ダウンや品質の改善を図り，以後目覚ましく発展した地域が相当数見受けられるからである。

　開港は商品の流通機構をも変革した。貿易の開始に伴い外国人と商取引を行う商人が登場し，彼らの中には企業者精神に富み，後にビジネスの世界で成功する人々も少なくなかった。ただし株仲間の規制下にあった旧来の商品の流通経路を無視して外商と直接取引する商人の台頭は，都市の特権的商人には打撃を与えた。この事態に対して，1860年に幕府は重要商品である雑穀・呉服・生糸・水油・蠟を横浜に搬出する際，必ず江戸の問屋を通すことを命じたりしたものの，効果はあがらなかった。また，開港後には猛烈なインフレーションが生じ，各地の農村に農民一揆，都市に打ちこわしが生じたが，この物価騰貴も反面では新興の企業家の成長を促進した。

▷ **維 新 変 革**

　開港は尊皇攘夷運動の起爆剤となり，徳川幕府を倒壊に導いた。新たに成立した明治政府は斬新な施策を次々に打ち出していったが，ここでは幕府と明治政府の維新前後の行動・施策のうち，企業経営に大きな影響を及ぼしたと思われるものを列挙するにとどめよう。

　まず都市の大商人からの資金借入が挙げられる。幕府はその末期まで都市の大商人や金融業者に多額の御用金を課していたが，財政的基盤が脆弱であった明治新政府も当初は彼らの資金に依存せざるをえず，1868年には戊辰戦争の

費用を負担させたほか会計基立金(もとだてきん)300万両を募集している。こうした負担が旧来の特権的な商人や金融業者に大打撃を与えたことは想像に難くない。また，68年における銀目の廃止は銀手形の所有者による取付けを惹き起こし，上方の両替商の多くを窮地に追い込んだ。さらに73年に大蔵大輔井上馨が断行した，旧藩債の8割にのぼるといわれる切捨ては不況を招いたのみならず，旧来の特権的な商人や金融業者の凋落に拍車をかけた。他方では，新興企業家に有利な施策も出された。とくに商法大意の布告（1868年）以降各地で進められた株仲間をはじめとする同業仲間の解散は，商道徳の混乱を招いたものの，江戸時代には原則として認められていなかった営業の自由をもたらした点では画期的であった。

▷ **大隈財政と松方財政**

明治前期の景気の動向については不明な点が多いが，前出の井上馨が大蔵大輔であった1871〜73年は，緊縮財政が堅持されたため景況も良くなかったようである。しかし73年10月に大隈重信(おおくま)が大蔵卿として大蔵省のリーダーシップをとるようになった後，通貨増発政策が功を奏してインフレーションが続き，諸産業は活気を呈した。とくに西南戦争（77年）終了後の数年間は非常な好況が続いたが，その中で物価の高騰，産業界における粗製濫造，貿易収支の悪化などが問題視されるようになった。政府自身も支出が増加する反面，地租改正によって毎年納められることになった主な財源の地租が定額金納であったため，インフレの昂進の下で収入が実質的に減少して，財政破綻に直面することになった。

財政危機に対しては，外債導入によって不換紙幣銷却を一挙に行うという大隈の5000万円外債案，政府収入の一部を米納に戻すという五代友厚(ごだいともあつ)発案の米納論などが提起されたけれども，いずれも実現しなかった。結局1880年9月以降，増税および経費節減による財政余剰の捻出と，それを基礎とした不換紙幣銷却とが実施されることになったが，財政再建が本格化したのは明治14（1881）年の政変で大隈が失脚し，松方正義が大蔵卿に就任した後のことであった。

松方はまず，超均衡財政を実施して財政余剰を捻出し，大隈時代から開始さ

れてはいたものの不十分であった不換紙幣銷却を、それをもとに徹底的に実施した。次に荷為替取組制度を利用し対外支払準備として正貨の蓄積を図った。さらに1882年、中央銀行である日本銀行を設立し、84年発券権を同行に集中して銀貨兌換すなわち銀本位制を定め、85年には銀貨兌換の銀行券の発行を、86年には政府紙幣の銀貨兌換を開始した。松方は財政と金融を分離し、近代的な通貨・信用制度を樹立したのである。大隈財政末期以来景気が後退局面に入っていた上、82年に世界恐慌の影響も加わる中で、松方が不退転の決意をもってデフレーション政策を断行したため、松方デフレと呼ばれる深刻な不況が生じ、競争力のない泡沫的な企業は姿を消していった。

2 工業化の開始（1886〜1905年）

　松方デフレに呻吟していた日本経済は、1886年の輸出拡大を引き金として翌年頃から活況を呈するようになり、以後89年まで保険、鉄道、紡績など近代産業の分野で多数の株主からなる会社の設立が相次いだ。それまで政策的に育成が図られながら容易に定着しなかった近代産業はようやく開花し、企業勃興が生じたのである。1890年恐慌と呼ばれる景気後退の後、企業新設の勢いはやや落ちたが、日清戦争（94〜95年）直後には、いわゆる戦後経営による財政支出の増加と清国からの約2億3000万両（約3億6000万円）の賠償金の獲得とを背景に、再び企業勃興が生じた。上記の業種で現存する大企業にはこの間に創業した企業が多数見受けられ、経営史的視点からは日本の工業化が86年以降始まったとしても誤りはない。

　しかしながら、近代産業の発展は日清戦後に一時阻害された。1897〜98年と1900〜01年には景気が後退し、とくに金融恐慌を伴った後者の際には打撃を受けた企業が続出したのである。不況の影響を強く受けたのは紡績業、鉄道業、石炭業等であった。

　この景況の悪化は1897年に日本が金本位制を採用したことによるところが大きい。松方財政末期には銀本位制が確立したが、当時世界的に金銀比価が低下し続けていたため、日本は80年代半ばから金本位制国向けに生糸をはじめ花筵（むしろ）・陶磁器・扇子（せんす）・団扇（うちわ）等の在来産業製品、および銅と石炭を中心とする

輸出を順調に伸ばすことができるようになった。すでにみた企業勃興もこうした在来産業の発展に近代産業が牽引されて生じたと考えられる。ところが「脱亜入欧」をめざす松方正義らは，日清戦後に上記の経済的利益の喪失を承知の上で政治的判断から金本位制の採用を断行した。この選択は在来産業の輸出の伸びを妨げ，それがさらに生成後まもない近代産業に不況というハード・トレーニングを課すことになったのである。

3 産業構造の変化と近代産業の定着

▷ 産業構造の変化

　日本では後にみるように，幕末以来，政策的に近代産業の育成が図られたが，その成果は容易に現れず，松方デフレ末期の1885年における非農林業従事者563万7000人（全有業者の25%）中，近代産業従事者が41万8000人にすぎなかった事実が示唆するように，明治前期の第2次および第3次産業は，ほぼ在来産業のみから成り立っていたとしても過言ではない。当時の在来産業を構成する業種は多数挙げられるが，74年における各種生産物の金額を示す表2-1によれば，製造業では酒・味噌・醬油を生産する醸造業，綿と絹を中心とする織物業，製糸業，製油業，製紙業などが主なものであった[2]。

　在来産業は江戸時代以来の伝統を持つ旧在来産業と，明治以後外来の素材や技術を取り入れた新在来産業に大別され，この時期はまだ前者が圧倒的に多かったが，それはともあれ在来産業の海の中に近代産業が目立って増えていくのは松方デフレ後の企業勃興期以降のことである。日清戦後の企業勃興期にあたる1896年上期の総資産順位上位企業を示した表2-2によれば，鉱工業では綿紡績を中心とした繊維企業が圧倒的に多く，その他としては製紙（順位番号11, 15, 28。以下同様），化学（9, 42），鉱業（26, 50。ただし，この表には財閥系の巨大鉱山が含まれていない），ビール製造（37, 43），セメント製造（44, 48），造船（38）が挙げられるにすぎない。なお上位企業の総資産額が鉱工業よりもはるかに大きい運輸・電気・ガスの欄では，日本鉄道をはじめとする鉄道会社がきわめて多かったが，日本郵船と大阪商船も抜群の規模であった。総じて日本の工業化初期の大企業は金融業関連を除けば運輸業，および紡績業を中心とし

表 2-1 1874 (明治 7) 年における各種生産物の位置

(単位:1,000円, %)

生産物	生産額	構成比
農産物	227,287	61.0
工産物	111,892	30.0
醸造品	31,081	8.3
織物	17,159	4.6
綿	10,856	2.9
絹	4,581	1.2
生糸	6,165	1.7
油	5,443	1.5
紙	5,167	1.4
林産物	14,565	3.9
畜産物	7,478	2.0
水産物	7,276	2.0
鉱産物	3,809	1.0
計	372,307	100.0

(注) 醸造品は酒, 醬油, 味噌の合計値。
(出所) 阿部 [1983]。

た軽工業に属するものが多かったのである。

▷ 近代産業の定着

　日本の近代産業は金融業, 運輸業 (鉄道と海運), 製造業の順に展開していった (中村隆英 [1971])。金融業に属する銀行業, 運輸業中の海運業については後に触れるため省略し, ここでは金融業中の保険業, 運輸業中の鉄道業, 代表的な製造業であった紡績業と製糸業の発展過程を通じて近代産業の定着の様相をみよう。

(1) 保険業

　保険に関する知識は幕末に福沢諭吉が日本に伝えたのであるが, 彼自身と門下生の荘田平五郎・阿部泰蔵らの尽力によって 1881 年に明治生命保険会社 (現, 明治安田生命) が開業した (以下, この項に関しては, 由井 [1968a], 日本経営史研究所 [1979] 参照。生命保険会社のケースについては宮本又郎 [1993] を参照)。損害保険会社の設立に関して福沢は慎重であったといわれるけれども, 渋沢栄一がその必要性を認識し, まず自己が経営する第一国立銀行で 77 年から損害

表 2-2 鉱工業上位 50 社（1896 年上期）

(単位：1,000 円)

順位	会社名	総資産
1	鐘淵紡績	3,284
2	大阪紡績	2,413
3	三重紡績	2,245
4	北海道製麻	1,506
5	摂津紡績	1,436
6	岡山紡績	1,397
7	東京紡績	1,358
8	金巾製織	1,333
9	大阪アルカリ	1,309
10	尼崎紡績	1,264
11	王子製紙	1,230
12	浪華紡績	1,204
13	平野紡績	1,190
14	日本紡績	1,151
15	富士製紙	1,111
16	三池紡績	1,019
17	尾張紡績	908
18	第一絹糸紡績	786
19	天満紡績	749
20	泉州紡績	735
21	小名木川綿布	726
22	玉島紡績	704
23	倉敷紡績	703
24	朝日紡績	673
25	福島紡績	670
26	細倉鉱山	655
27	札幌製糖	643
28	千寿製紙	642
29	京都織物	639
30	東京製絨	627
	上位 30 社合計	34,310 / 60.2%
31	下野製麻	614
32	名古屋紡績	610
33	久留米紡績	599
34	明治紡績	587

順位	会社名	総資産
35	岸和田紡績	547
36	大阪毛糸	539
37	大阪麦酒	511
38	東京石川島造船所	510
39	大阪製銅	494
40	郡山紡績	492
41	福山紡績	460
42	大阪硫曹	457
43	日本麦酒	440
44	大阪セメント	438
45	笠岡紡績	437
46	和歌山織布	426
47	熟皮	426
48	北海道セメント	407
49	堺紡績	406
50	磐城炭礦	401
	上位 50 社合計	44,111 / 77.4%
	上位 100 社合計	56,986 / 100.0%

〈参考〉運輸・電気・ガス上位 10 社

(単位：1,000 円)

順位	会社名	総資産
1	日本鉄道	32,867
2	日本郵船	18,330
3	北海道炭礦鉄道	12,896
4	山陽鉄道	10,698
5	九州鉄道	10,481
6	関西鉄道	7,053
7	筑豊鉄道	4,175
8	大阪商船	3,865
9	大阪鉄道	3,236
10	豊州鉄道	2,559

(出所) 産業政策史研究所［1976］。

保険を試行した後，79年に設立が認可された東京海上保険会社（現，東京海上日動）がそれに専念するようになった。明治生命，東京海上の両社は外国の保険料率を日本にも適用するという素朴な経営で出発したが，表面的には好成績が続き，企業勃興期には生命保険では帝国生命（現，朝日生命。創立は88年。以下同様），日本生命（89年），共済生命（現，明治安田生命。94年），海上保険では日本海陸保険（1901年解散。93年），帝国海上（現，損保ジャパン。93年），日本海上（現，日本興亜損害保険。96年），火災保険では東京火災（現，損保ジャパン。87年），明治火災（現，東京海上日動。91年），日本火災（現，日本興亜損害保険。92年）等が創業した。

　明治中期までの保険業では保険制度自体に対する理解が一般に不十分であった事情もあり，杜撰な経営がしばしばみられた。東京海上の場合，前記のように国内に有力な競争相手が現れたことに加えて，1890年に設置したイギリス代理店，とくにリヴァプールとロンドンの代理店で過去の引受契約に対する保険金の支払いが激増し，日清戦争の頃から経営危機が生じた。その中で各務鎌吉が渡英して問題の処理にあたり，彼の進言に基づいて東京海上は99年以降，経理を現計計算（単に年度内の収入と支出によって利益を計算する方式）から年度別計算（未経過期間に対する責任準備金を積み立てる方式）に切り替えたほか，減資や政府からの27万円の資金借入等を実施して経営を再建した。なお1900年には保険業法が公布・施行され，保険制度の整備が進んだ。

　(2)　鉄　道　業

　明治初期の鉄道はすべて官設であったが，華・士族は私設鉄道の認可をめざす運動を続けていた（以下，この項に関しては，中西健一［1963］，星野［1970-72］，野田［1980］，老川［1992］，中村尚史［1998］参照）。前記の財政緊縮方針により1880年，東京―前橋間の官設鉄道敷設計画が取り消されたのを契機に，翌年私設鉄道として日本鉄道会社が設立された。株式会社制度や株式の長期分割払込みが採用され，また開業後10～15年間に及ぶ8％の配当保証，有利な条件での用地の払下げなどの特権的保護にもかかわらず，資本金2000万円が当時としては多額であったため，募集開始より約1年後でも額面約600万円の株式が引き受けられたにすぎなかった。しかし83年上野―熊谷間の開業後，営業

成績はあがり、政府補助金も加えれば8%を上回る配当が可能となって、以後株式募集は容易になった。

　日本鉄道の業績好転が引き金となり1886～89年には第1次鉄道熱が生じ、85～92年には50もの鉄道会社の設立が出願された。そのうち実現したのは阪堺、水戸、両毛、山陽、伊予、甲武、関西、大阪、讃岐、九州、北海道炭礦など14社にとどまるが、87年私鉄の営業マイル数1320マイルは官設鉄道の550マイルの2倍余りに達した。

　その後、1892年末から日清戦争期の中断を含み97年まで第2次鉄道熱が生じた。比較的長距離の幹線鉄道を中心とした第1次鉄道熱とは対照的に、このブームでは短距離の地方鉄道の建設が目立った。その後の不況期には紡績業の場合と同様、赤字に苦しむ私鉄が続出し、それらの大株主たちは、商業会議所を通じて鉄道国有化を積極的に要求したが、私鉄17社の国有化が実現したのは日露戦後の1906年のことであった。

(3) 紡　績　業

　近代的紡績業の起源は幕末に操業を開始した薩摩藩営鹿児島紡績所に求められるが、本格的展開は、綿製品の輸入防遏（ぼうあつ）の観点から紡績業の振興を図る内務省の支援によって紡機2千錘規模工場の建設が進められた明治10年代に始まる（以下、この項に関しては、高村［1971］、阿部［1990］、岡本［1993］参照）。だが、官営愛知紡績所の設立をはじめ、10企業（十基紡）に対する期限10年間・無利息での2千錘紡機10基の払下げや、3企業に対する輸入機械代金の一時立替払い等の保護育成政策にもかかわらず、2千錘紡績の業績は概して悪かった。その原因として、①出資者が地方の一部の富豪に限定されていたこと、②設備規模が過小であったこと、③動力として水車が使われたため、河川の渇水期に工場の操業維持が困難であったこと、④水力利用や、国産棉花を原料とする方針によって工場立地が限定されたため、労働力調達や製品販売の面でしばしば支障が生じたこと、⑤技術者が不足していたこと、などが指摘されている。

　しかし、1882年に設立され翌年操業を始めて松方デフレ下で好成績をあげていた大阪紡績会社は、早期から2千錘紡績の欠点をすべて克服していた。すなわち、①株式会社制度を採用し、財界の有力者渋沢栄一や大阪の商人松本重

大阪紡績会社の偉容
1万500錘の大規模工場を擁し、好業績をあげ、日本の紡績業の隆盛の糸口をつけた（東洋紡績株式会社[1953]より）。

太郎らの呼掛けに応じて旧大名、大阪・東京の有力な実業家や商人など都市の富豪多数の出資を受け、しかも渋沢が頭取であった第一国立銀行から運転資金を得られた。②資金調達力の向上により、1万500錘という大規模な設備が採用された。③蒸気機関が導入されたため工場の安定的な操業が可能であった。④大都市大阪市の近郊に工場が設置されたため、労働力調達や製品販売が容易であった。⑤イギリスで紡績技術に関する研鑽を積んだ山辺丈夫を迎えた。これらに加えて、操業開始後ほどなく昼夜業を導入し、資本が労働に比べ稀少である状況に適合的な生産体制を構築したことや、85年頃、価格が国産棉花の約4分の3であった中国棉花を使用するようになり原棉コストを下げたこと等も大阪紡の成長を促進した。

1886年以降、大阪紡の好成績に刺激され、三重紡、鐘紡、摂津紡、尼崎紡等各地に1万錘規模の紡績工場が続々と設立され、87年に19であった紡績工場数は90年には39に増加した。以後、紡績業はめざましい発展を遂げ、機械制綿糸の生産量は90年に輸入量を越え、97年には輸出量が輸入量を上回るようになった。

しかし日清戦後の不況は紡績業に深刻な影響を及ぼし、競争力のない企業は大阪紡、三重紡、鐘紡、尼崎紡、摂津紡等に合併または買収されていき、全国の会社数は1899年の78社から1904年には49社へと激減したが、大阪紡と鐘

紡が1900年前後に数期赤字を出した事実が示唆するように，大企業といえども当時の業績は芳しくなかった。それらは輸出向け上質太番手糸（鐘紡，摂津紡），国内向け中・高番手糸（尼崎紡），綿布（大阪紡，三重紡）とそれぞれ特徴のある製品のシェアを増やし，また合理化を進めて，次第に競争力をつけていったのである。

(4) 製糸業

続いて，開港以後の貿易の展開という新しい環境に積極的に対応していった製造業である製糸業の事例を紹介しよう。江戸時代には索緒（さくちょ）（ほぐした繭から糸を引き出す），集緒（数本の繭糸を集めて生糸にする），撚掛（よりか）け（繰糸で，生糸の抱合と脱水を図るため走行中の糸条を他の部分の糸条と撚り合わせる），綾振り（生糸が繰り枠の一箇所に固着しないようにする），接緒・糸つなぎ（生糸が繰り終わったり切れたりしたとき，糸をつなぐ）といった一連の繰糸工程を両手を用いて行う手挽法が一般的であった。幕末にはそれに対して歯車とベルトを導入して伝導機構を改善し，また綾振りを自動化し，さらに撚掛けを犠牲にして繰糸中に接緒を行う座繰法も採用されるようになった。それは生糸の量産を可能にしたけれども，製品の品質の低下を伴っていたから，普及には限界があった。ところが開港以降海外からの需要が激増し，当時主な輸出先であったフランスなどでは蚕病が流行していたため低い質の生糸でもよく売れたので，座繰法は急速に普及した。しかし蚕病の流行が終わった明治初年には海外から日本製生糸の品質の悪さが非難されるようになった。

その中で官営富岡製糸場ではフランス式の，前橋藩や小野組ではイタリア式の製糸技術の導入が進められ，とくに富岡製糸場は技術普及の基地として大きな役割を果たした。それらの資本設備はきわめて高価であり，そのままでは普及は不可能であったが，長野県では設備の軽便化，すなわち鉄の部分を極力木に置き換え，釜やパイプを陶器とし，蒸気力も水力や人力に代える試みがなされ，その結果富岡製糸場の場合300釜で19万円であった設備費が，1875年開業の諏訪地方の中山社では100釜1900円と大幅に低下した。以後，長野県のほか山梨・岐阜等の諸県を中心に各地に10～30人繰り程度の規模のいわゆる器械製糸工場が簇生（そうせい）していった。器械製糸業は80年代に主にアメリカ合衆国

富岡製糸場　当時最新式のフランス式技術による工場として建設され1872年に開業した官営模範工場。煉瓦建の西洋建築であった（上州富岡製糸場の図）。

向け輸出産業として急速に発展したが，80年代後半以降，長野県を中心に，共同の揚返しや出荷を行う器械製糸結社がその中で重要な地位を占めた。

　他方，群馬・埼玉等の諸県では，零細な業者が仕上げ・荷造り工程を集中し出荷を共同で行う改良座繰が，多くの場合，結社の形で展開し，1880年代以降，荷口の均一・大量化を武器に器械製糸と平行してアメリカ向け輸出を伸ばすことができた。

　製糸業は，まず需要の激増に対して座繰法という在来的量産技術の採用を進め，その結果生じた製品の質の低下にはヨーロッパの技術の導入で対処した。その際，資本が稀少で労働が豊富な当時の要素賦存の状況に見合った改良が伴っていた点が重要であるが，設備を軽便化した大工などの技術水準の高さや仕上げ・荷造り・出荷の共同事業化も注目されよう（以上については，和田［1907-13］，石井［1972c］，上山［1982］，根岸［1987］，平野綏［1990］，井川［1992］，清川［1995］を参照）。

　こうした展開を遂げた製糸業は従来，総じて在来産業として議論されてきたが，中林真幸の最近の研究（中林［2003］。器械製糸工女の労働につき，東條［1990］も参照）によれば，座繰製糸は在来産業といいうるものの，器械製糸は近代産業とみたほうがよい。この点は生糸の輸出先がフランスからアメリカへと転換していく1880年代半ば以降，とくに長野県諏訪地方で明確になってい

くのであるが，論拠は以下の通りである。①生糸の価格・品質・光沢・繊度の均一性を求めるアメリカ市場は商標を通じてそれを評価していたが，まず改良座繰製糸結社が，次いで大規模器械製糸家が商標の確立を実現した。②高品質の製品を作るために器械製糸家は，80年代後半に普及した，工女間の競争を刺激する相対賃金制を活用し，さらに，労働者の雇用契約不履行に対して行っていた損害賠償請求が非効率的であったため，それに代えて諏訪製糸同盟（1900年設立）の工女の登録制度を採用した。この制度は，従来主張されてきたように労働者の移動を制御するためのものではなく，製糸家間における労働者の使用権の取引に伴う費用の削減を目的としていた。③製糸家は原料の繭の出盛り期に必要となる巨額の資金を横浜の売込問屋からの無担保融資に仰いだが，売込問屋は，商標を確立した製糸家と長期継続取引を行い高品質の製品を確保し，品質管理を厳しく実施した。そして売込問屋は，横浜正金銀行や横浜の市中銀行を介した日本銀行から供給される低利資金に支えられていた。以上3点はすべて近世の伝統からは程遠い，明治期以降形成された制度であり，しかも器械製糸業が最も顕著に展開していた諏訪地方の製糸家の経営規模は，在来産業というにはあまりにも巨大になっていった。

第2節　近代的経営組織の形成

1　明治前期における企業家

▷ **企業家の変遷**

　表2-3には明治期半ば頃における大都市の高額所得者が示されているが，彼らは全国有数の富豪とみて誤りない。そこにはまず，岩崎（三菱），三井，住友，安田，大倉，古河と，後に財閥を形成する企業家が挙げられている。とくに大財閥の関係者は最上位近くにあった。なお表では割愛したが，第36位浅野総一郎，第37位森村市左衛門，第49位山口吉郎兵衛も財閥に含められることが多い。次に，旧藩主ないし公卿（岩倉を除くすべて前者）が30人中13人を占めている。彼らは企業経営に直接関わっていたといいがたいが，近代産業への資金供給の面では大きく貢献した。残る11人には後述の渋沢栄一のほかさ

表 2-3　東京・大阪・横浜の高額所得者

(単位：円)

順位	氏　　名	1887 年	1895 年	1898 年
1	岩　崎　久　弥*	947,260	1,084,437	1,213,935
2	三井八郎右衛門*	…	528,651	657,038
③	前　田　利　嗣	145,543	181,018	266,442
4	住友吉左衛門	77,351	156,406	220,758
⑤	島　津　忠　重	111,116	…	217,504
6	安　田　善次郎*	40,220	93,527	185,756
⑦	毛　利　元　昭	173,164	217,948	185,069△
8	大　倉　喜八郎*	35,235	64,727	143,152
⑨	徳　川　茂　承	74,842	145,813	132,043
⑩	松　平　頼　聰	57,153	87,470	125,856
⑪	浅　野　長　勲	57,240	135,038	120,072
12	雨　宮　敬次郎	…	68,320	110,196
13	松　本　重太郎	…	63,258	110,076
⑭	鍋　島　直　大	50,591	90,266	109,093
⑮	細　川　護　成	98,354	139,845	104,712
⑯	山　内　豊　景	53,920	74,788	99,804
17	渋　沢　栄　一	97,316	86,756	93,460
18	阿部彦太郎	…	51,774	90,453
19	原　善　三　郎	51,211	63,818	87,538
⑳	黒　田　長　成	51,233	78,920	87,215
21	古　河　市兵衛	30,134	61,698	83,291
22	茂　木　惣兵衛*	53,022	84,553	76,493
㉓	尚　　　　　泰	27,482	39,904	76,042
24	鴻池善右衛門	60,354	59,575	75,537
25	渡　辺　福三郎	41,180	55,151	71,214
㉖	岩　倉　具　定	42,026	115,368	69,904
27	原　亮　三　郎	22,699	…	69,259
28	平　沼　専　蔵	61,670	52,500	67,471
㉙	有　馬　頼　萬	39,009	50,100	66,638
30	原　　六　　郎	117,062	42,942	65,958

(注)　人名はすべて 1898 年のものに統一した。順位も 98 年のもの。
　　*は一族分の合計値。第 1 位は岩崎弥之助（87 年 25 万 664 円，95 年 15 万 7486 円，98 年 6 万 7254 円）を含む。第 2 位は三井 11 家の合計。番号に○を付したのは旧藩主ないし公卿。…は不明。右肩に△を付したのは 1897 年の数値。
(出所)　石井［1972a］。

まざまな事業に関係した雨宮敬次郎・松本重太郎・阿部彦太郎・平沼専蔵，生糸売込商の原善三郎・茂木惣兵衛らが含まれている。

　しかし，この表以前の時期における企業家ないし資産家の全国的地位は意外に知られていない。それを把握するための資料としてはいくつかの長者番付が挙げられるが，そのうち1875年の「明治八大日本持丸長者委細調大新板」と88年の「大日本長者鑑」でその間の企業家の変遷を検討すれば，次のような事実が判明する（阿部［1992a］。上記2つの資料は渋谷［1984］所収）。[3]

(1)　江戸時代の三都で著名であった商人や金融業者が明治初年にもしばしば有力な資産家とされていた。三井八郎右衛門らの三井一族，住友吉左衛門をはじめ，商人では白木屋彦太郎，下村庄右衛門，小津清左衛門，田端屋治郎左衛門，須原屋茂兵衛，杉村甚兵衛らの主に呉服太物商，金融業者では鴻池善右衛門らの鴻池一族，天王寺屋五兵衛，島田八郎左衛門，小野善助らの小野一族，鐐屋六兵衛，吉村甚平，山本伊右衛門，三谷三九郎，和田久左衛門，油屋彦三郎，平野屋五兵衛，加島屋久右衛門，近江屋休兵衛，助松屋忠兵衛などである。

(2)　しかし彼らのうち，明治期中葉にも登場する者はきわめて少なく，その間に多くの人々は大阪の天王寺屋，京都を本拠とした小野，東京の三谷のように没落したものとみられる。

(3)　ただし，旧都市特権商人のごく一部であるが，鴻池善右衛門，三井八郎右衛門らの三井一族，住友吉左衛門は，明治中期には卓越した資産を誇るようになっていた。

(4)　新興の資産家では，1875年頃にも大倉喜八郎，早矢仕有的，西村勝三などの名がみられるが，当時こうした人々はまださほど登場しておらず，とくに岩崎弥太郎や安田善次郎の名も見当たらない点から判断して，原資料は成長途上にあった人々を十分に把握していないものと思われる。

(5)　明治期中葉になると，東京などの大都市において新興の近代産業の分野で急激な成長を遂げていった企業家が相当数見出される。岩崎弥之助，大倉喜八郎，堀越角次郎，磯野小右衛門，芝川又右衛門，山口吉郎兵衛，安田善次郎，藤田伝三郎，岡橋治助，木原忠兵衛，小林吟右衛門などがこの

タイプに属し，彼らの資産額順位は概して高かった。

(6) 明治中期における新興資産家には，阿波藍の問屋として著名な久次米兵次郎(くじめひょうじろう)と三木与吉郎，倉敷紡績の経営者大原孝四郎，大規模製塩業者の野崎武吉郎，堺の織物問屋河盛仁兵衛など地方在住の人々が相当数見受けられる。

以上の検討によって，明治前期に新旧の富豪の交替が全国的にドラスティックに進んだこと，旧来の大都市における特権的な商人や金融業者の大部分が停滞または衰退していった反面，鴻池，三井，住友などごく一部の者のみが全国有数の資産家の地位を維持したこと，岩崎，大倉をはじめ東京等の大都市を活動基盤とする新興企業家の台頭がめざましかったこと等が明らかである。

▷ 明治前期の企業家の特質

上記のように日本の工業化前夜の激動期には，江戸時代以来の富豪の多くが没落する反面，新たに登場した進取の気性に富む精力的な企業家たちがめざましい発展を遂げ，後述の専門経営者の活動が本格化するまで，彼らは第一線で活躍を続けたが，そうした新興企業家を中心として，明治前期に活躍した企業家の出自をめぐる論争があり，いまだに決着はついていない。それは，企業家が士族であったのか，商人等その他の階層出身であったのかを問うことを軸に，企業家の供給源や社会的属性等の解明をめざす論争であり，通説的見解は，教養があり向上心を持つ士族が主流であったとする（土屋喬雄，石川健次郎など）が，商人が中心であったとする見方（萬成博）や，特定の階層ではなく複数の階層にまたがる限界領域の出身者の重要性を説く見解（J. ヒルシュマイヤー）もある（この論争の概要は石川［1985］を参照。浅野［1991］も参照）。それらの研究では多くの場合，伝記類を活用して比較的著名な企業家に関する情報を多数積み重ねる手法によって論議が展開されているが，こうした手法では主に大都市の企業家しか捕捉できず，さらにいえば，企業家をどの程度の範囲まで取り上げるかによって結論が変わってくるように思われる。

大阪府泉南郡の事例より，この点につき若干のコメントを加えておこう。そこでは江戸時代から綿織物業をはじめとする産業の発展が顕著であったが，明治期にはそうした（旧）在来産業のほか第五十一国立銀行（1878年創立。以下同

様），第一煉化製造会社（87年），岸和田紡績会社（92年）等，近代産業分野の企業が相当数設立され，さらに問屋制家内工業として営まれてきた綿織物業が，日露戦後には多くの綿織物産地に先駆けて，木鉄混製の力織機を備えた工場制工業に変貌していく（新在来産業化）という興味深い展開が見出される。明治期全体を対象にして企業家の出自を検討すれば，泉南では一般に商人と地主が産業発展の担い手として重要であり，紡績業等の近代産業では士族・有力商人・大地主，力織機工場化した綿織物業等の新在来産業では商人・地主，力織機工場化以前の綿織物業のような旧在来産業では商人，という地域内における企業家群の重層性が認められる（天野・阿部［1989］，中村尚史［2003］）。企業家群の頂点に立つ，都市の近代産業の中心的担い手は士族であったのかもしれないが，地方における在来性が強い産業まで降りてみれば商人や地主，とりわけ商人が資金供給と企業経営の両面で重要な役割を果たしていたものと思われる。

▷ **企業勃興と地方名望家**

明治中期における企業勃興は大都市に限らず全国各地をおおった。その中で地方には以下のようなタイプの投資家が見出せる。①地方企業家的資産家（事業出資のリスクを負う程度はさまざまであるが，企業経営への関与が大きい者），②地方名望家的資産家（経営への関与の程度は多様であるが，出資のリスクを負う者），③レントナー的資産家（出資リスクを負う程度も経営への関与も小さい者）。これらのうち①には，多くの石油企業に関係した新潟県の中野家，倉敷紡績で有名な岡山県の大原家のように事業出資のリスクを負う者もあれば，そうとはいいがたい地方財閥や兼任重役も含まれる。③の典型は，有価証券投資によるインカム・ゲインやキャピタル・ゲインを追求する新潟県の市島家のような，いわゆる寄生地主であるが，注目されるのは地元企業にリスク・テーキングな出資を行っていた②である。たとえば，江戸時代に富裕な廻船問屋であった新潟県の内藤家は，幕末から家業が傾いていたが，明治中期に県会議員・漁業組合長・衆議院議員を歴任した当主久寛は，近隣の石油油田の開発を推進し，1888年に日本石油を設立してその経営を担うようになり，石油機械の修理・製作等を目的とする新潟鉄工所の創立（1895年）にも尽力した。上記3類型の資産家はいずれも新興企業に資金を提供した点で企業勃興を支えたといいうるが，②は

リスキーな企業投資を敢行し，さらに政治的社会的活動を通じて，後続の企業家が出現するための条件を作り出した点で重要である。そうした活動の例を示せば，和歌山県の浜口家の当主 7 代浜口儀兵衛（梧陵）は，幕末に現，千葉県銚子で家業の醬油醸造（後のヤマサ醬油）を続けつつ，本家のある紀州広村で多額の出資を伴う防潮堤の工事を主宰し，紀州の藩政改革も担い，明治期には自由民権運動にも関与した。防潮堤建設は，銚子の醬油業経営を担う支配人の反対を押し切って敢行・継続された。地方名望家の関心は何よりも地域社会の発展にあった。前記の内藤は日本石油の経営への専念のため衆議院議員を辞任するが，そうした企業経営への深い関与は，地方名望家の特徴とはいいがたく，内藤は②から①へ転身していったとみるべきである。企業勃興期における名望家による地方企業の設立運動は，当該企業の発展の契機を作り出した点で重要なのであり，当該企業のその後の発展は別の経営者が他の企業の吸収合併を通じて実現する場合が多かった（谷本・阿部［1995］）。

2 会社制度の発展

▷ **会社制度の発展**

前章でみた三井 9 家の結合や近江商人中井家を中心とする複数資本の結びつきのように，江戸時代にも会社企業の先駆とみられるものがなかったわけではない（以下，この項は断りのない限り，菅野［1931］，新保［1967］，由井［1968b］，正木［1976］，宮本又郎［1990］，宮本又郎・阿部［1995］，高村［1996］による）。しかし，会社制度[4]は明治年代には一般に新奇なものであり，福沢諭吉や渋沢栄一など海外渡航の経験者，そして何よりも政府によって熱心にその移植が図られた。大蔵省がともに 1871 年に刊行した『会社弁』と『立会略則』は会社制度の普及に貢献したといわれる。

政府が 1869 年に大都市の巨商に命じて作らせた外国貿易を目的とする通商会社，およびそれへの資金供給のための為替会社は初期の株式会社育成の試みであるが，そこには資本金，無機能出資，有限責任制度等に関する理解がなく，両社の運営がほどなく失敗に終わったのもやむをえなかった。72 年制定の国立銀行条例は有限責任制を明記し，株式の売買譲渡を認め，取締役会・株主総

会の規定を設けるなど，株式会社制度の形式を備えていた。ただし，こうした条例のほか特別法・命令書などで有限責任制を定められた企業は，西南戦後のインフレーション下で設立が相次いだ会社のうちでは少数にすぎず，多数の泡沫的な会社は松方デフレ期に没落していった。

しかし，すでに触れた東京海上，日本鉄道，大阪紡など株式会社の実態を備えたいくつかの企業の成功は会社制度の威信を高め，松方デフレ後の企業勃興期には本格的な会社企業の設立が相次ぎ，1883年から89年の間に会社総数は1793社から2389社へ，払込資本金は1億632万円から1億9460万円へと増加した。87年，政府は株式会社に相当する「資本金ヲ株式ニ分割シタルモノ」と合名会社にあたる「組合会社」とを公認したが，89年には前者が会社総数の54％に達し，このころ株式会社制度がいちおう定着したといいうる。

株式会社制度には，①社会的遊休資金の集中，②全出資社員の有限責任制，③出資持分の譲渡自由な証券化，④持分資本家と機能資本家（重役）の分離，などの特徴があるが，三重紡績会社の事例は，そのうち少なくとも①の威力を示す好例である（村上［1970］，桜谷［1988］）。

前述の2千錘紡績の1つとして1882年に三重県の醸造業者伊藤伝七を中心として開業された三重紡績所は，その後経営不振に悩まされ，渋沢栄一の勧めにより伊藤は1万錘規模工場の新設を決意した。2千錘紡績時代の失敗をみてきた地元の人々は当初伊藤の出資の呼掛けには容易に応じなかったというが，渋沢の支援を知って出資する者も現れるようになった。86年，四日市に有限責任三重紡績会社（93年，三重紡績株式会社と改称）が設立されたが，発起人総会の折，地元だけでは創業資金を調達するのは困難とみた渋沢の発議で，資本金22万円のうち12万円は発起人が負担し，残額は渋沢に委託して東京，大阪等で募集することになった。その後三重紡は隆々たる発展を遂げ，1905年度上期末には精紡機9万余錘，力織機約2000台を所有するに至った。

ところで，政府は1875年にすでに会社法の構想を出し，その後いくつかの草案が作成されたものの，会社に関する法規の制定は90年3月の商法公布まで待たなければならなかった。このいわゆる旧商法では，会社企業が独立の財産を所有し，独立の権利・義務を有し，訴訟の原告・被告となりうる主体と認

められ，会社企業は合名会社・合資会社・株式会社に分類された。公布時に94年施行とされていた旧商法は，その後施行延期となったが，立法が急がれていた会社・手形・破産の各篇は93年7月から実施された。旧商法は99年に新商法に代えられ，そこでは会社の法人格がいっそう明確に規定され，旧商法の設立免許主義に代わる準則主義が採られた。また株式譲渡の自由が明記され，無記名株式や優先株の発行が認められ，会社形態では，旧商法の分類に株式合資会社が加えられた。新商法は1908年に改正され，発起人・取締役の責任の明確化，会社解散規定の厳密化などが図られた。

　旧商法制定後にも会社制度の発展は続いたといいうるが，後の時期に比べて明治年間には消滅していった会社企業が多かった。また会社総数に占める株式会社の比率は，1896年の56％から1900年の41％へと低下傾向をたどったが，それは99年の税制改正により相当規模を有する非法人企業の所有者が，自己の企業を法人化した方が税制面で有利となると知り，ディスクロージャーが不要で，出資者数の制限がない合名・合資の会社に改組する企業が増加したことによるものである。後にみる財閥系企業の会社組織の採用はその好例である（宮本又郎［1985］）。

▷ 会社企業の諸類型

　伊牟田敏充によれば，1889年末における会社企業は以下の4類型に分けられる（伊牟田［1967］）。

(1) 大口株主広範囲集中型（多数出資者大資本）。鉄道・紡績・電灯・保険など，松方デフレ後の企業勃興期に定着した近代産業が含まれ，それは血縁・地縁を越えて広い範囲から資金を調達する株式会社である。

(2) パートナーシップ型あるいは大口株主縁故結合型大（中）企業（少数出資者大資本）。鉱業・造船・用達・外国貿易など，主に近代産業が含まれるが，パートナーシップまたは血縁関係に基づく株式会社が多い。

(3) パートナーシップ型あるいは縁故結合型零細（小）企業（少数出資者小資本）。扇子・屏風・度量衡・煙草・味噌および醬油など，在来産業分野の家族企業からなる。

(4) 零細株主広（または小）範囲集中型零細（または小）企業（多数出資者小資

本)。養蚕・耕作・織物・生糸・竹細工・古着・貸金など,在来産業分野の結社からなる。

　この類型からうかがわれるように,日本の工業化の初期には近代産業の分野でも,広範囲の株主から資金を調達する株式会社のほかにも家族ないし同族企業がしばしば見出される。ちなみに1933～40年頃になっても会社総数の約75%,株式会社の約35%が同族会社であった。そして,上記の類型(2)にしばしばみられた財閥系企業は代表的な同族企業であった。

3 政商から財閥へ

▷ 政商,財閥とは何か

　「政商」という語はジャーナリストの山路愛山が著書『現代金権史』(1908年)ではじめて用いたといわれるが,ここでは政商とは「政治権力に癒着し,その御用に応じたビジネスに従事することによって,少ないコストで多くの収益を獲得する」(森川［1978］24頁)者と規定しておこう。

　「財閥」という語も1900年前後に使われ始めた造語で,当初は同郷の富豪を指したようだが,明治末期には同郷に限らず一般に富豪の一族を意味するようになった。今日の学界においては,

　　「財閥とは,家族または同族によって出資された親会社(持株会社)が中核となり,それが支配している諸企業(子会社)に多種の産業を経営させている企業集団であって,大規模な子会社はそれぞれの産業部門において寡占的地位を占める」(安岡重明。安岡［1976］14頁)[5]

または,

　　「中心的産業の複数部門における寡占企業を傘下に有する,家族を頂点とした多角的事業形態」(山崎広明。森川・湯沢［1980］122頁)

という規定が通説的であるけれども,両者に共通する寡占企業や前者に含まれるコンツェルン等のポイントを意識的に除外し,

　　「富豪の家族ないし同族の閉鎖的な所有・支配の下に成り立つ多角的事業経営体」(森川英正。森川［1980］4頁)

を財閥とする説もある。ここでは通説に従うことにしよう。

第2節　近代的経営組織の形成

次章が対象とする明治後期から第一次大戦前後に，三井を先頭に三菱（岩崎），安田，住友，古河，藤田，大倉，浅野などが財閥の形態を整えるが，明治前・中期は，程度の差はあれ政商的であった彼らが財閥に転じていく過渡期であった。以下では三井と三菱の事例を紹介しよう。前者は住友と同じく江戸時代以来の富豪が没落の危機に瀕した後に蘇生した好例であり，後者は精力的な新興企業家の典型である。

▷ **三井のケース**

三井家では 18 世紀末から幕末まで，主力事業の呉服販売と両替が不振をきわめた。横浜糸見世の公金 塞り貸しを背景に，1864 年以降 3 年間に徳川幕府が課した 266 万両の御用金は同家を窮地に追い込んだが，江戸両替店に出入りしていた小両替商紀伊国屋利八（後に姓を三野村とする）はすぐれた交渉力によってその大部分を免除にした。この功績によって彼は 66 年三井家に正式に採用され，それを機に利左衛門と改名した。

鳥羽伏見の戦い以後，三井は維新政府支持の方針を定め，1868 年 2 月，小野・島田両家とともに政府の会計事務局為替方となり，東征軍の戦費調達，会計基立金 300 万両の募債，太政官札の発行などに積極的に協力して，各省庁の官金を取り扱うようになった。71 年には小野・島田両家をおいて単独で新貨幣御用為替方に任命され，地金の受取りと新貨幣の支払いを行う為替座三井組を創設した。大蔵大輔井上馨などは将来それを中央銀行にする予定であったが，伊藤博文の反対によってこの計画は阻止され，国立銀行構想が具体化していった。中央銀行化構想の挫折の代償として三井は，井上から大蔵省兌換証券と開拓使兌換証券の発行，各々の発行高の 2 割の自己融通という特権を得た。

1872 年三井は官金出納の統一を図る政府によってライバル小野組との共同出資で三井小野組合銀行の設立を強制され，小野組とともに大蔵省の出納事務を同行に委譲させられて（同行は 73 年に第一国立銀行に吸収），為替方も廃止された。この状況の下で三井は小野とともに，廃藩置県後の 72 年に，為替方 3 家に認められていた府県為替方業務の拡大に力を注いだ。

1874 年 5 月に三井は悲願であった銀行設立の見通しを得て，御用所を三井組為換バンクと改称したが，同年 10 月，為替方 3 家に対して，政府は官金取

扱高の3分の1であった抵当を全額差し出すよう突如命じた。小野・島田がこれに対処できず閉店を余儀なくされたのに対し，三井は官金預り高が比較的少なかった上，三野村が井上から情報をいち早く得ていたためにこの危機を切り抜けることができたといわれる。その際，三井はイギリスのオリエンタル・バンクから100万円もの多額の緊急融資を受けた（石井［1999］）。それは，76年設立の三井銀行の初期の活動を，不良貸出の防止と自己資金の充実とを旨とする慎重なものにした一因となったが，ともあれ三野村はここでも主家の存亡を決する役割を演じた。

　江戸時代以来の老舗三井家は，決して順調に発展し続けたわけではなかった。とくに幕末・維新期にはたびたび倒産の危機に瀕し，その結果，営業に関わる純資産をほぼ喪失し，旧大元方所有の地所と家屋を持ち越したにすぎなかった（粕谷［2002］）。同家が危機を切り抜けられたのは，三野村個人の力量に負うところが大きかったのである。

　三野村が1877年に病没した当時，呉服店は72〜73年に直営事業から分離され，三井物産も76年に分家の事業として設立されたため，三井家の正規の事業は三井銀行のみであった。同行は松方デフレ期まで貸出緊縮方針を守った。しかし，日本銀行設立によって85年に官金取扱いの停止と預り金の還納を命じられ，86年以降官金預り高が減少した反面，企業勃興による民間資金需要の急増を背景に不良貸付が累積した。そこで井上馨によって三井家の改革が実施されることになり，彼が三井銀行に送り込んだ人材が，慶応義塾出身で福沢諭吉の甥にあたる前・山陽鉄道会社社長，中上川彦次郎であった。

　中上川は1891年以後約10年間，三井銀行をはじめ三井家関連の事業全般に強力なリーダーシップを発揮した。まず，累積した不良貸付を思い切って整理し，おおむね成功を収めたといわれる。ただし，いくつかのケースでは彼の入行以前に，担保品を流し込ます，あるいは貸付先を管理する等の対応が意外に進んでいた。また，中上川は旧来の番頭出身者に代えて慶応義塾出身者を多数採用したが，この点は後にみる。

　そして中上川は，三井家事業の「工業化」を図った。三井家は後述の機構改革の一環として1894年三井元方（旧，三井組）の管理下に，三井傘下の工場の

リーダーたち
上段左から：渋沢栄一，三野村利左衛門，中上川彦次郎。
下段左から：岩崎弥太郎，益田孝，五代友厚。

うち，当該企業の基本的事業ではないものを統括する組織である三井工業部を設置し，三井銀行から芝浦製作所（旧，田中製作所）・前橋紡績所・大嶹製糸所（ともに第三十三国立銀行の抵当流れ）・富岡製糸場（官業払下げ），三井呉服店から新町紡績所（官業払下げ）がそこに引き継がれた。工業部にはさらに三重・名古屋の両製糸所が新設された。中上川は株式取得を通じて鐘淵紡績，王子製紙，北海道炭礦汽船を三井銀行の下に置くこともめざした。基幹産業である繊維産業を中心として製造業に本格的に取り組もうとする彼のなみなみならぬ意欲がうかがわれる。中上川による「工業化」の実施は20世紀初頭の不況期に及んだため，ただちには成果があがらず，98年工業部は廃止され，芝浦製作所は三井鉱山に，製糸所，および前橋と新町の絹糸紡績所は三井呉服店に移された。製糸場・絹糸紡績所はさらに営業不振の理由で1902年にすべて処分された。しかしその後，三井家との関係はやや稀薄になるものの，鐘紡，芝浦製作所，王子製紙などが日本有数の大企業となっていった事実を考えれば，中上川の「工業化」戦略は決して誤りではなかったと評価されよう。

▷ 三菱（岩崎）のケース

三菱の創始者岩崎弥太郎は1834年に土佐（現，高知県）の地下浪人と呼ばれる武士とも農民とも特定化できない家に生まれ，59年にはじめて藩職に就き，66年には新設の藩営商社開成館に勤務することになった。翌年，その長崎出

張所（長崎商会）へ出張を命じられ，土佐から積み出す樟脳を引当てに武器や軍艦を外国の商社から買い入れる仕事に従事し，外国人との取引の経験を積んだ。長崎商会は68年に閉鎖されたが，岩崎は67年設置の開成館大阪出張所（大阪商会）に69年に移った。

さて明治政府は1869年に藩営の商会所や蔵屋敷商法を禁じたため，大阪商会は藩から分離され，翌年10月，九十九商会の名で発足した。事実上土佐藩営の商社であった同商会は，廃藩置県後の72年三川商会と改称し，翌年さらに三菱商会と名を改めたが，九十九商会時代から所有権を確立していたといわれる岩崎は，土佐藩から4万両で払い下げられたという2隻の汽船をもとに，海運業に本格的に進出していった。

当時日本政府は内憂外患の状態にあったが，岩崎はそれを経営発展のバネにした。まず佐賀の乱（1874年2月）で三菱商会は政府の命を受けて2隻の船で輸送にあたり，ここに明治政府との関係が成立した。本社が大阪から東京へ移された74年4月に始まった「征台の役」の際，政府が国策会社郵便蒸気船会社（72年設立）に軍事輸送を依頼したところ，同社が消極的であったのに対して，三菱商会は協力を求める大久保利通や大隈重信の呼掛けに積極的に応じた。このとき政府は13隻の官有船を三菱に委託し使用させた。政府は，出兵終了後の75年5月に三菱（同月，三菱汽船会社，9月にさらに郵便汽船三菱会社と改称）への補助を通じて海運業を発展させる方針を正式に決定し，9月には第一命令書によって，三菱が受託中の13隻の官有船を無償で下付し，さらに年25万円の補助金を給付する運びとなった。なお補助金は76年の第二命令書によって14年間給付されることとなった。こうした政府の手厚い助成に支えられて，三菱はライバルの郵便蒸気船会社を75年6月に解散に追い込んだ。同社所有の船舶17隻（原価62万円）は政府に買い上げられ，後に三菱に無償で払い下げられた。

1875年の対朝鮮軍事発動（江華島事件），76年に生じた2つの士族反乱（熊本神風連の乱，萩の乱），そして最後の士族反乱である77年の西南戦争においても三菱は陸海軍の兵員や軍需品の輸送に従事し，とりわけ西南戦争期には莫大な利潤を得た。この1877年度に三菱は汽船61隻を所有していたが，それらの合

第2節　近代的経営組織の形成

計3万5462トンの対全国シェアは73%であり，数年のうちに岩崎弥太郎が海運業界の覇者にのしあがった事実が確認される。

　その間，三菱は幕末以来日本周辺の航路を支配していた外国の汽船会社にも激しい競争を挑み勝利を収めた。1875年1月政府は外国の汽船会社を駆逐するために横浜—上海間の定期航路の開設を三菱に命じた。三菱はこれに応えて，同航路で優勢を占めていたアメリカのパシフィック・メイル社に運賃の大幅な引下げをもって対抗し，10月に同社所有の汽船4隻とその他の施設を政府から借りた洋銀81万ドル（年利2%，15年賦）で買収した。翌年2月にはイギリスのP&O社が新たに横浜—上海—香港間の航路を開き，東京—大阪間の航路にも進出した。同社に対して三菱は，大幅な運賃引下げのほか荷為替金融を開始し，荷主の獲得に努めた。汽船の運行速度において三菱が優位に立っていた事情もあり，8月にはP&O社は上海航路から撤退を余儀なくされた。

　以上のように三菱は幕末・維新の動乱期における藩権力の弱体化，廃藩置県，士族反乱，東アジアをめぐる国際緊張の高まりなど，さまざまな改革や事件を経営発展のスプリング・ボードにしていたのである。

　庇護者大久保利通が1878年に暗殺された後も三菱の繁栄は続いたが，政府の手厚い保護に支えられたその海運独占は社会的反発を招いた。加えて明治14年の政変が起こり，三菱の支えであった大隈重信が失脚し，彼の支持者と目されていた岩崎弥太郎は厳しい立場に追い込まれた。82年7月井上馨・品川弥二郎らは三井・渋沢・大倉などの資産家と地方海運業者に出資を募り，資本金600万円，43%政府出資の共同運輸会社を設立し，三菱に挑戦したのである。折からの不況下で両社は激しい運賃引下げ競争を行い，三菱は巨額の赤字を出した。85年2月に弥太郎が病没した頃には両社共倒れの可能性が強まったため，同年9月両社は合併し資本金1100万円の日本郵船会社が設立された。岩崎家は同社に500万円を出資する大株主となったものの，海運業の直営からは手を引き，弥太郎の実弟岩崎弥之助の指揮下で後にみる「上陸作戦」を展開していくのである。

▷ **政商から財閥へ**

　明治後期以降，財閥を形成する三井や三菱が，明治前・中期には政商であっ

たというかつての通説があるが，近年それに対する批判として明治前・中期における企業家の力量を評価し，権力との関係を重視しない見解が有力になってきている。たしかに当時成功した企業家の多くは，活力に富み創意に満ちていたが，彼らは政府とのつながりを求める側面も備えていた。三井の三野村（幕府との交渉力，井上馨等との人脈，官金取扱いの実現）や三菱の岩崎弥太郎（大久保利通・大隈重信に支持された海運独占）らの活動が，程度の差こそあれ政商的であったことは否定できない。企業家と政府との濃密な関係は，通常財閥化しなかったといわれている企業家の場合にもしばしば見受けられる。近代産業分野の市場が一般にまだ大きくなかった明治前期に官公庁の需要は，新興の近代産業の分野での成長を志向する企業家たちにとって魅力的な市場の1つであった。政府が先進資本主義国の制度と技術を積極的に導入し，多数の官営工場を経営していたその当時に，彼らが政府の関係者と人脈を作り，それを活用したことは決して非合理的ではあるまい。ただし，政府との関係が濃厚であったか否かが事業発展の成否のすべてを決めたわけではない。小野・島田の倒産や大隈失脚後の三菱などはその好例である

明治中期は，以上のような政府と企業家との関係を，企業家側がかなり意識的に稀薄化していった時期として位置づけられるであろう。岩崎弥太郎は西南戦争の際に得た利益で，それまでに政府から無償で下付された船舶30隻の代金120万円を無利息50年賦の冥加金として返済を進めていたが，彼の没後に弥之助が残金の返済を第三命令書（1882年交付。政府はこれにより三菱に経営の見直しを迫った）が出される直後までに一挙に済ませたことや，三井の中上川が政府高官関連の不良貸付の回収を断行し，官金出納業務への依存を減らす努力を続けたことなどは，企業家が政府との濃密な関係を解消していったことを示すものであろう。次章でみる財閥はその上で新たに形成された経営組織であった。

▷ **初期の多角化**

財閥が多角化を行う事業体であることは，多くの論者が共通して指摘している。そこで，三井と三菱の明治前・中期における多角化の動向を概観しておこう。

明治前期の三井家の事業は当初，形式的には三井銀行のみであり，1890年代に三越呉服店，三井物産，三井鉱山，および工業部所属の諸企業が三井元方の傘下に入るのであるが，そのうち呉服店と物産は明治前期から実質的には三井家の事業であった。

　三井銀行は設立後，松方デフレ期まで，慎重な営業方針を守った。工業部設立以前に同行はいくつかの抵当流れの工場を保持していたが，それらも積極的に入手したものではなかった。江戸時代に両替店と並ぶ三井家事業の柱であった呉服店の事業は明治前・中期には概して不振であったようである。

　三井物産は，井上馨が1874年に創立した先収会社を母体として76年7月に発足した商社であり，同年11月，三井組が諸国物産の取扱いを目的として74年に設立した三井組国産方を吸収合併した。三井物産に対して三井家は同族の2名を分籍の上，社主としたが，出資は行わなかった。そして三井元方直轄の合名会社となる93年までは益田孝の請負経営であった。益田の指揮下で三井物産はめざましい発展を遂げ，取り扱う商品を短期間に多様化していった。

　明治中期ともなれば三井物産は，御用商売への依存度を相当落とし，多種多様な商品につき内地売買のほか輸出入も盛んに行う総合商社としての形を整えつつあった。そして1888年の官業払下げによる三池炭鉱の獲得は御用商売からの脱却を大きく進めた。管轄官庁の大蔵省が示した最低の払下げ価格400万円は，それまでに投じられた興業費総額80万7000余円，1887年末の財産評価額約57万円に比べて決して安くはなかったが，益田は三井銀行を説得して即納金100万円を借り入れ，佐々木八郎名儀455万5000円で同炭鉱を落札した。ちなみに三菱の代理者とみられる二番札とはわずか2300円の差であった。三池炭鉱の払下げ当初の業績は芳しくなかったけれども，団琢磨を中心とする技術陣の尽力がやがて功を奏して，同炭鉱は三井のドル箱となるのである。そのほか，中上川の三井入りの後，いくつかの事業が工業部に組織されるなど「工業化」が推進されたことも三井の多角化史上重要であるが，すでにみたので省略する。

　三井の多角化に関してはまず三井物産が当初から取扱商品の多様化を進めていた点が注目される。しかし，それは三井家というよりは益田の戦略であった。

高島炭鉱 江戸末期には佐賀藩が経営。明治初年にはグラバーを通じて洋式採炭技術がいち早く導入された。1888年にその過酷な労働条件が報道され社会問題となった。1970年頃の高島の航空写真（三菱鉱業セメント株式会社［1976］より）。

次に工業部や三井銀行の下に置かれた諸事業が挙げられるが，それらの多くは，三井銀行保有の抵当流れ工場に，卓越した経営者中上川が生命を吹き込んだものであった。明治前・中期の三井は，銀行や呉服店にみられるように総じて多角化には消極的であった。

それに対して三菱は明治前・中期にはさまざまな事業に進出した。1885年の日本郵船設立以前は海運業，その後は造船業関連の多角化を進めた点が大きな特徴であり，75～79年に権利を獲得した船舶修理工場横浜造船機械所（三菱製鉄所）と，荷為替取引のほか倉庫業・金融業も営む三菱為替店（80年開業）とは海運業関連といいうる。ただしこれらは明治中期以降直接には継承されなかった。

さらに明治前期には場当たり的な多角化も目立つように思われる。九十九商会以来の炭鉱業，岩崎弥太郎が土佐藩から受け継いだ樟脳や生糸その他の製造業，弥太郎個人の事業である千川水道（1880年設立）等であり，ほぼすべて明治前期のうちに廃止されている。また P&O 社との戦いが繰り広げられていたとき，吉岡銅山からあがった収益が三菱を支えたというが，この銅山は住友の広瀬宰平から鉱山経営が有利であることを学んだ川田小一郎の強い意思によって73年に購入されたといわれる。さらに高島炭鉱は幕末から外国資本が侵入していたが，明治政府の外資排除方針によって，結局74年に後藤象二郎の所

有となった。ところが，彼は払下げ代金や経営資金約100万円をイギリスの商社ジャーディン・マセソン商会より借り入れ，炭鉱経営を破綻させた。岩崎弥太郎は福沢諭吉経由で後藤から救済を求められた。弥太郎は高島炭鉱の買収には消極的であったが，後藤が旧土佐藩末期に上級官吏である少参事にまで彼を引き立てた恩人であり弟弥之助の岳父でもあること，三菱内部でこの炭鉱の入手に関する積極論があったこと等によって81年に後藤の各方面への債務総額にほぼ等しい金額で同炭鉱を購入した。以上2つの例からうかがわれるように，明治前期における三菱の新事業は後に三菱を支えるようになったものでも，明確な戦略があって着手されたわけではなかった。

ところが日本郵船会社の成立後，海運業以外の事業活動をほぼすべて禁じた政府の命令書に縛られなくなった三菱は，岩崎弥之助の強いリーダーシップの下で1887年官業払下げによって入手した長崎造船所を軸とする造船業，85年に三菱に移管された第百十九国立銀行を母体とする銀行業，旧三菱為替店の設備を継承した倉庫業，さらに不動産業，鉱山業（九州筑豊の炭鉱や佐渡・生野の金銀山），鉄道業（日露戦後に国有化される日本・山陽・九州・関西の各鉄道会社などの大株主となる）などに積極的に進出していき，これらのすべてに成功を収めたのである。

▷ **三井と三菱の経営組織**

最後に三井を中心に明治前・中期における経営組織の変遷をみておこう。

三井は幕末・維新期に過去の蓄積の大部分を失って再出発を余儀なくされたが，江戸時代に築いた伝統をまったく受け継がなかったわけではない。しばしば指摘される「番頭政治」は三野村利左衛門の改革を可能にし，その後の専門経営者の活動も容易にしたが，財産の継承の仕方も注目される。前章でみたように江戸時代に大元方に集中された三井の財産は同族団を存続させる目的から，分割を認める「共有」ではなく，分割を請求できない「総有」（または「合有」）に基づき，同苗と重役の合議によって運用されていた。

それは明治年代に入っても，大きな変動をたびたび経つつ基本的に維持された。井上馨らの支援の下に1873年に三井の家政改革の全権を掌握した三野村は，三井家の財産を同族団の総有から切り離し，同家とは別個に存在した三井

組の所有に移すことを図り，その結果たとえば，創立時の三井銀行は株金（資本金）200万円中，100万円が三井組大元方，50万円が三井家同苗，50万円が三井組手代たちの出資という形で発足した。

　三井家資産の総有制に抜本的な変更を迫る三野村の改革は，しかしながら彼の死によって終わった。銀行・大元方・三井組の関係を規定した「盟約書」（1876年締結）は改革の到達点を示すものであったが，三井同族は三野村没後の78年にそれを改訂し，三井組大元方の財産が同族の総有であることを明記した。また三井同族は85年に三井銀行に対する大元方の出資を100万円から50万円にし，他方で同苗の出資を50万円から100万円に変更して自己名義の持株を増やした。さらに93年の商法施行に伴う組織改革に際して，三井同族は三井銀行における従業員の持株をプレミアム付で買い上げ，彼らの出資者化を阻止した。

　ところで，大元方は1885年まで三井銀行に対する負債を抱えていた事情もあり，三井銀行を支配する事業本部ではなく，むしろそれに従属する資産保全のための機関であった。しかし井上馨，渋沢栄一，益田孝，三野村利助らによって進められた90〜91年の家政改革以来，三井では，①強力な事業本部の設立，②直轄事業の増加，③家憲の制定，が推進された。

　そのうち①は下記の通りである。

　　1891年12月　重役主導で三井家事業の整備・統合の改革方針を立案審議するために三井家仮評議会を設置。
　　　93年10月　三井家仮評議会を解散。
　　　　　11月　三井家同族会が発足。三井家大元方寄合と三井家仮評議会を統合したもので，同族以外の重役も参加し，三井家家政のほか三井家直轄の事業を統轄。三井組を三井元方と改称し，同族会に付属する事務機構として，共有財産を管理運用。
　　　96年9月　三井商店理事会（同族と重役が三井家直轄の事業につき評議するもの）を設置。
　　1900年7月　三井家憲施行。三井元方を三井家同族会事務局，三井商店理事会を三井営業店重役会と改称。

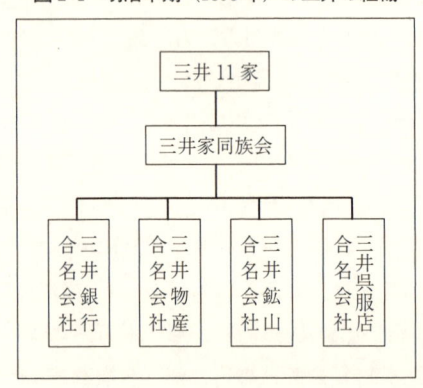

図 2-1　明治中期（1893 年）の三井の組織

```
           ┌──────────┐
           │ 三井 11 家 │
           └─────┬────┘
           ┌─────┴──────┐
           │ 三井家同族会 │
           └─────┬──────┘
     ┌──────┬───┴──┬──────┐
  ┌──┴─┐ ┌─┴──┐ ┌─┴──┐ ┌─┴──┐
  │合名│ │合名│ │合名│ │合名│
  │会社│ │会社│ │会社│ │会社
  │三井│ │三井│ │三井│ │三井│
  │銀行│ │物産│ │鉱山│ │呉服店│
  └────┘ └────┘ └────┘ └────┘
```

　②については，従来三井家の事業は三井銀行のみであったが，1892 年には三井物産と三越呉服店が同家事業として回収され，また，大元方に属していた三池炭鉱と岐阜県神岡鉱山，および三井物産が経営していた北海道と山口県の鉱山を統合した三井鉱山合資会社が三井家事業として設立された。

　さて 1893 年の商法の一部施行の際，三井はその枠内で以前と同様に，ⓐ祖先から継承した財産を分割せずに総有し，ⓑ三井家の活動内容を公開せずに，支配する企業を有限責任的に所有するための努力を続けた。そのうちⓐは三井家同族会によって守られたのであるが，ⓑに関して注目されるのは，93 年に銀行，物産，鉱山，呉服店がすべて合名会社に改組された事実である（図 2-1 を参照）。三井は同苗 11 家をグループに分けて，各グループを 1 社の出資社員としたが，ある直轄事業が破綻しても，この措置によってそれが他の事業に影響しないように図り，②の実質的実現を図ったのである。さらに合名会社であることで資本金額の登記公告は不要となり，形式上全社員が無限責任であったことも社会的信用を高めた模様である。ただし 98 年には，所有の実態に合わせて 11 家全体が 4 社の出資社員となり，1909 年における直営企業の株式会社化まで全家が無限責任を負う形に改められた。この時期には前記の目的ⓑの重みがそれ以前よりも低下したのであろう。

　総じて明治前・中期の三井家では，同族が発言権をある程度保ちつつ，外部

の人々の意見も入れて，近代的法体系が整備されていく中で江戸時代以来の財産の総有制を守っていったといいうる。

　岩崎家は弥之助社長時代に1886年に設立した三菱社の下で財産の総有制を独自に作り上げた。同家はもともと弥太郎，弥之助の両家のほか弥之助の姉の婚家（吉村家，藤岡家），弥之助の従兄豊川良平家等を含んでいたが，1891年から家政改革を進めた。まず創業時における弥太郎のパートナー川田小一郎を退職させ，次いで弥太郎の長男久弥が本家，弥之助が分家，吉村・藤岡・豊川が別家を構成することになり，それぞれ独立した。そして商法施行に伴い93年末に，従来岩崎家が経営してきた事業の大部分を統括する三菱合資会社を本家と分家が各々250万円ずつ出資して設立した。このとき施行された会社法では，企業の名称に個人名を用いない場合，合資会社の社員は全員有限責任でありえたこともあり，三井の商法への対応で示した2つの目的は岩崎のケースでもすべてクリアされていた。

4 専門経営者の出現

▷ 専門経営者の出現

　明治前期に活躍した冒険的な企業家の行動は工業化の進展につれて，より慎重なものに変化していったが，彼らの多くは複数の企業のいわゆる兼任重役で，賞与や配当の多寡に主な関心を持ち，近代的マネジメントには素人であるというケースが少なくなかった。さらに不況期には利益の出ない会社が彼らによって簡単に廃業されてしまうことも多かった。

　しかし20世紀初頭には大企業で専門経営者（salaried managers），すなわち企業の所有者（資本家）に雇われて，企業の経営にあたる人々が頭角を現すようになり，時が経つにつれて彼らの活躍は顕著になっていった。そして専門経営者を多数採用し，彼らの活動に寛容であった企業がめざましい発展を遂げていくのである。

　専門経営者の登用に早くから熱心であったのは，岩崎弥太郎社長時代の郵便汽船三菱会社で，慶応義塾出身の荘田平五郎（三菱合資本社支配人。以下（　）内はその後の主な役職等），吉川泰二郎（日本郵船社長），豊川良平（三菱合資会社銀

行部長)，朝吹英二（三井財閥へ移籍。王子製紙会長），山本達雄（日銀総裁），東京大学出身の近藤廉平（日本郵船社長），末延道成（東京海上会長），加藤高明（首相），磯野計（明治屋を創立），海外留学を経験した採鉱冶金技術者の長谷川芳之助（官営製鉄所設立委員）と南部球吾（三菱合資会社鉱山部長）らを採用した。

三井家の直営事業となる以前の三井物産でも，益田孝によって学卒者が積極的に採用された。彼は福原栄太郎のような慶応義塾出身者のほか，妻の兄矢野二郎が商法講習所の校長を勤めていた関係から，同所およびその後身の（東京）高等商業学校（現，一橋大学）の出身者（間島与喜，小室三吉，福井菊三郎，藤瀬政次郎ら）も盛んに入社させた。益田が官営三池炭鉱の払下げの際，アメリカのマサチューセッツ工科大学を卒業し三池炭鉱に勤務していた団琢磨を事務長として迎えたことも特筆されよう。

三井の「工業化」の推進者中上川彦次郎も多数の慶応義塾出身者を三井家に招いた。著名な例は朝吹英二（前出），藤山雷太（王子製紙専務→大日本製糖社長），武藤山治（鐘紡社長），和田豊治（鐘紡東京本店支配人→富士瓦斯紡績社長），池田成彬（三井銀行・合名常務→日銀総裁→蔵相），日比翁助（三越会長），藤原銀次郎（王子製紙社長），小林一三（阪急会長）などである。

以上のような財閥系企業にやや遅れて，非財閥系の紡績会社等でも学卒者の採用が次第に行われるようになった。たとえば三重紡では大阪造幣局に勤務していた工部大学校の卒業生斉藤恒三を1886年に招聘し，同じく大阪造幣局に勤めていた工部大学校卒の技術者菊池恭三が，海外留学を条件として87年平野紡に入社した。菊池は帰国後，尼崎・摂津両紡績会社にも勤務し，3社の技師長を兼ねるようになった。以上の2人はまず技術者として入社したのであるが，斎藤は91年に三重紡の，菊池は93年に尼崎紡の取締役にそれぞれ就任してトップ・マネジメントを担当するようになった（以上は主に，森川［1981］による）。

もっとも明治中期には力量のある専門経営者を持つ企業は例外的であった。たとえば江戸時代に三井と並ぶ富豪であった大阪の鴻池では，1884年に裁判官出身の土居通夫が顧問となって同家の89年と98年における家憲制定に携わり，鴻池銀行が発足した97年以降には外交官出身の島村久と第七十四国立銀

行元頭取の原田二郎がともに井上馨の斡旋で経営に携わるようになる。大阪財界の重鎮であった土居も含めて以上の人々は鴻池の事業の多角化を抑え，事業の中心であった銀行経営においても預金吸収に消極的な自己資本中心主義を採用し，総じて近代的企業への転化を妨げた（宮本又郎［1978］）。

▷ **専門経営者の特徴**

明治期の専門経営者170人の履歴を調査した森川英正によれば，専門経営者の特徴は次の通りである。

(1) 財閥系企業に属する専門経営者が78人にのぼる。

(2) 専門経営者の進出経路は以下の3コースであった。①新人社員が社内の昇進経路を経て取締役に就任する昇進型，②他所から移籍した社員が昇進して取締役に就任する移籍昇進型，③いきなり取締役として他所から移籍する重役移籍型。そのうち①は48人であり，残り約70％の人々が他所から移籍していた。しかし時が経つにつれて③のウェイトは減少し，①が増加していった。

(3) 移籍元としては，日銀を含む官庁が57人と多かった。非財閥系の場合，他社からの移籍も少なくなかった。他社からの移籍は一般に明治後期に増加するが，財閥系企業から非財閥系企業の重役への移籍と鉄道会社からの移籍がとくに目立つ。

(4) 時期が遅くなるほど専門経営者の進出は顕著となった。

(5) 専門経営者が取締役もしくはそれに当たる役職に就任した際の年齢は全体的に非常に若く，財閥系，非財閥系とも約半数のメンバーが40歳代であった。

(6) メンバーの学歴は概して高く，帝国大学出身者のみで30％，慶応義塾出身者を加えれば45％に及ぶ。明治20年代半ばまでの専門経営者は両校の出身者に限定されていたが，後には高等商業学校も専門経営者の供給源として重要になった。理科系出身者の比率は財閥系では高等教育機関出身者53人中18％にすぎなかったのに対して非財閥系では61人中43％と高かった。財閥系の場合は官僚制機構とそれに適した文科系学卒の管理者群とが，非財閥系の場合は技術者が，強く求められていたのである。

(7) 士族出身者は明治20年代半ばまでは意外に少なかったが,その後平民出身者とともに増加した（森川［1973, 1974］）。[6]

▷ **重役組織の形成**

国立銀行創立時の1873年から商法公布の前年の89年までに最も普及した重役組織は「社長（ないし頭取）―取締役」（一部では「社長―理事」）であったが,彼らの実質的な権限と責任は不明瞭であり,事実上のトップ・マネジメントは支配人ないし技師長によってしばしば代行されていた。商法公布後,とりわけその会社篇施行後は「社長（頭取）―1人の専務取締役―取締役」という組織が急速に発達し,彼らが専門経営者として腕を振るうようになった。明治末期からはさらに「社長―（副社長）―専務取締役―常務取締役―取締役」という今日みられる縦のハイアラーキー的身分が制度化され,また社外・非常勤取締役の比重と役割の低下が決定的となった（由井［1979］）。

▷ **初期の会社企業における企業統治**

近年,日本の企業統治（corporate governance）への関心が高まっている。その特徴は,①内部昇進を遂げた専門経営者が,経営政策を決める取締役会を構成するのみならず政策の執行をも担当し,②企業間の株式相互持合いと株主安定化工作によって,株式市場から相対的に独立した企業経営が行われ,③従業員も企業の意思決定に一定の影響力を持ち,④企業の資金調達において間接金融の比重が高く,銀行とりわけメインバンクが企業経営のモニタリングの機能を果たしていることとされている。岡崎哲二や宮島英昭の近年の研究（岡崎［1993, 1995］,宮島［2004］）によれば,そうした統治の出現時期は,1937年以降の戦時期または第二次大戦後とされ,戦時期とする論者は「戦前日本におけるコーポレート・ガバナンスは古典的な株主主権に近い性格をもっていた」（岡崎［1995］452頁）と述べている。

この論議を意識して宮本又郎・阿部武司が試みた初期の株式会社（大阪紡と日本生命保険）の事例研究（宮本又郎・阿部［2005］）からは,以下の結果が得られた。

第1に,両社とも初期には大株主が取締役として就任し,株主は総じて強力な発言権を有していた。当時の資本市場が未発達であった中で設立された両社

は，複数の投資家集団の寄合所帯的な共同事業として出発し，少数のリーダーが各集団を組織していた。各集団にはほぼ均等の株式が割り当てられ，リーダーたちは，集団間の勢力均衡を維持するため重役に就任していた。彼らは，両社のほかにも多くの会社に出資していたため，多数の会社の非常勤兼任重役であることが多かったが，概して企業経営に関する専門的技術的知識を持たなかったため，経営の実権を専門経営者も含む管理職社員に広く委譲することとなった。しかし，株主の関心の的である投資に対する収益が不況などにより脅かされていると感じられたときには，彼らは管理職社員たちを糾弾してやまなかった。

第2に，こうした状況の中でも主任技師，工場担当の支配人，営業関連の支配人などの管理職社員は，両社の経営発展を当初から推進し，19世紀末から20世紀初頭に名実ともにトップ経営者となった。日本生命では片岡直温が，大阪紡に比べ中核資本家が存在しなかった株式所有構造を背景に，大阪紡で山辺丈夫（94頁参照。工務支配人から1895年取締役，98年社長に昇任）を株主の攻撃から守った渋沢栄一のような後ろ盾に頼らず，当初から副社長として強力なリーダーシップを発揮し，1903年社長に就任した。片岡は，近代的教育を受けた専門経営者ではなかったが，生命保険経営の特質を理解し，近代保険理論を導入して，保険業に関する専門家を内部で育成するのにも尽力し，成功を収めた。

第3に，専門経営者層が中心となり20世紀初頭から第一次大戦期にかけて一種の株主安定化工作が進められ，専門経営者にとって好都合な株式所有構造が創出された。大阪紡では，かつての大株主たちが持株を手放していく反面，株主総数が増加傾向をたどる中で，渋沢と並んで山辺自身，そして棉花取引で関係が深かった内外綿会社や1906年に合併した金市製織の大株主が安定株主となった。日本生命では，大阪紡とは異なって株主総数が1890年以降，減少していったものの，1900年頃から株式を買い集めた弘世系，片岡系，山口系は卓越した大株主となって，彼らが役員の座を占めることになり，ここでも専門経営者の支配に適合的な株式所有構造が意識的に創出された。

第4に，近年の論者たちは，戦前期日本の大規模な会社企業におけるアング

コラム2　会社企業における大株主兼任重役——松本重太郎のケース

　明治中期には紡績や鉄道など新興の近代産業の分野で会社企業の出現が相次いだが，新興の富豪たちはそれらの企業に盛んに出資していた。その際，収益があがるとみた多数の会社に分散的に投資していた大株主たちは，それらの企業の重役となったものの，関連する産業や近代企業経営に関する知識がなく，しかも多数の企業の役員を兼ねていたがゆえに，経営は専門経営者に委ねられることになった。不況などにより企業の業績が悪化して配当の減額や株価の低落が生じると，そうした大株主兼任重役たちは専門経営者を糾弾し，さらには会社企業の没落も気に留めなかった。ここでそうした人物の代表例として松本重太郎（1844-1913年）を紹介しよう。

　松本は丹波国（現，京都府）竹野郡の農家出身。幼名，松岡亀蔵。10歳より京都の呉服商に奉公し，1856年に大坂天満の太物商の下で働いた。24歳で独立した当初，木綿の行商を営んでいたが，70年，800両の借金をして大阪心斎橋に洋反物と雑貨を扱う商店（丹重）を開き，松本姓を名乗った。幕末の開港から西南戦争後のインフレ期までの間，めざましく成長した洋反物商が多かったが，松本も西南戦争期に毛織物のラシャの買占めによって巨利をあげたといわれ，松方デフレ後の企業勃興期以降，藤田伝三郎と並ぶ大阪財界の有力者となった。松本は，頭取であった第百三十国立銀行（旧，宮津，福知山両藩の士族を糾合して79年大阪東区高麗橋に開業。98年，普通銀行に転換し百三十銀行と改称）の豊富な資金を背景に大阪紡績・堂島紡績・日本紡織や阪堺鉄道・南海鉄道・山陽鉄道など新興の会社企業の社長などを兼ねる典型的な大株主兼任重役となった。97年1月時点で松本が役員を勤めた会社は29社，うち12社で彼は頭取ないし社長の地位にあった。当時，東京を中心に活躍していた渋沢栄一は23社の役員であり，うち12社で頭取または取締役会長であったから，松本が日清戦争直後に「大阪の渋沢」と称されたのも当然である。国立銀行時代から大阪をはじめ京都府，滋賀県長浜，福井県福井などに支店・出張所を展開して，普通銀行への転換後には多数の銀行を合併し隆盛を誇っていた百三十銀行が1904年に破綻した。同行は松本の関連事業に盛んに融資していた典型的な機関銀行であり，松本商店や京都の生糸・絹織物関係者などに放漫な貸付を行っていたが，とくに日本紡織（1905年，内外綿会社に売却）への融資の焦げ付きが命取りとなった。百三十銀行は，政府・日本銀行および安田善次郎から救済融資を受け，安田財閥の関西金融市場への橋頭堡となり，松本は以後経済界から引退した。なお，舶来品を扱う松本商店は同行の融資に支えられて，同行が破綻するまで営業を続け，洋反物のほか棉花など多様な商品を輸入していた。

　松本のような大株主兼任重役が，明治中・後期における会社企業には多数存在した。今日の英米で典型的にみられる強い株主であった彼らは，しかしながら，第一次大戦前後に次第に力を弱めてゆき，高学歴の専門経営者が力量を発揮する時代が到来する。

　参考文献：石井［1999］。

ロサクソン型の所有者支配の存在を暗黙の前提にしているように思われる。たしかに初期の会社では株主の発言力が大きく，その意味で，当時の日本の企業統治はアングロサクソン型に近かったが，それは短期間で終わり，専門経営者の支配権が第一次大戦前後には確立した。その強力なテコとなったのが，近年の論議では戦時期または第二次大戦後に一般化したと想定されている株主安定化工作であった。したがって，戦前日本の大規模会社企業にアングロサクソン型のコーポレート・ガバナンスが見出されると簡単に片づけてしまうのは早計である。

5　在来経営の革新

▷ **織物業のケース**

　財閥の形成や専門経営者の台頭は主に近代産業の分野で生じた変化であったが，明治前・中期には在来産業の世界でもさまざまな経営革新がみられた。ここでは戦国時代以来の歴史を持つ代表的な在来産業，綿織物業の事例を紹介しよう（阿部［1983, 1990］，谷本［1998］参照）。

　綿織物の原料は，関東地方以南で農家が米と並んで栽培していた棉花であった。棉作農民は，初期には棉花から紡いだ綿糸と手織機を用いて自給用に綿布を織っていたが，次第に綿布を近隣の商人に販売するようになり，多数の農民が綿布を商品として盛んに生産する綿織物産地が，江戸時代とりわけ18世紀半ば以降に形成されていった。幕末の開港以来，イギリスから金巾などの綿布，さらにイギリスやインドの機械製紡績糸が輸入されるようになり，明治中期には，産業革命がすでに終わっていたイギリスの技術が日本に移転され，前記のように大阪紡などの機械製大紡績工場が定着し，綿織物産地では輸入された，もしくは国産の機械製紡績糸が使われるようになった。その反面，農家の手紡糸生産の継続は不可能となり，さらに紡績企業が，国産棉花からインドなどからの輸入棉花へと急速に原料を転換したため，国内の棉作も凋落していき，農家が生産するのは綿布のみとなった。

　こうした環境の激変の中で綿織物産地は，まず明治前期に大きな変貌を遂げた。輸入綿布や国内の他産地の製品との競争に敗れたこと，廃藩置県で旧来の

藩の保護がなくなったこと，機械製綿糸や新式の織機の採用を怠ったこと，粗製濫造に陥ったことなどが複合的に作用し，急速に衰退していった産地（富山県新川，栃木県真岡など）があった一方で，一時衰退しかけたものの，機械製綿糸や新式の織機を採用して危機を乗り越えた産地（大阪府泉南など）や，大都市東京や東北地方などの拡大する綿布市場に進出し，概して生産を伸ばしていったとみられる産地（埼玉県入間，静岡県遠州など）も少なくなかった。

　産地綿織物業においては，松方デフレないしその後の企業勃興という市場規模の急激な変化の中で，産地問屋が農家に手織機や綿糸を貸与し，それらによって綿布を織らせて期日に集荷し，引換えに工賃を支払う問屋制家内工業が短期間に拡大していった。日露戦後期にはさらに農村家内工業が解体し，力織機を備えた中小規模の工場の展開が大阪府泉南，静岡県遠州，愛知県知多，兵庫県播州など一部の産地で始まり，第一次大戦後の長期不況期にこの力織機工場化は全国的現象となる。

　第一次大戦後まで問屋制家内工業を維持した埼玉県入間地方の綿織物業史につき幕末から明治期まで詳細に研究した谷本雅之によれば，産地の組織者であった問屋は，取引先の農家が分散しているため管理が一般に困難であった綿布の集荷を巧みに行い，品質管理や納期の短縮にもかなりの成果をあげていたが，さらに注目されるのは各農家が，家族労働の配分が季節により変動するという農業の特質を考慮して綿布生産を農家経営に組み込んで，年間を通して全家族が無駄なく働き続けるシステムを構築していた点であった。農繁期には家族の大部分が農業に専念し，農閑期には出稼ぎ等とともに綿布生産がなされるという合理的な家計維持行動が問屋制家内工業下の産地綿織物業では展開されていたのである。

▷ **商業のケース**

　次に在来的商家が新しい経営環境に柔軟かつ積極的に対応していった近江商人丁吟（小林吟右衛門家）の事例を紹介しよう（近江商人郷土館丁吟史研究会［1984］による）[7]。

　近江国（現，滋賀県）愛知郡在住の初代吟右衛門が店卸記録を開始したのは，都市問屋の勢力が衰えつつあった1796（寛政8）年のことであった。以後，初

代および 2 代目吟右衛門は麻布・生絹・紅花などの行商を続け，東海道筋から関東地方への売上げをとくに伸ばした。文政（1818～29）年間には丁字屋の屋号を用いるようになった。1831（天保 2）年呉服・木綿を商う江戸店が設置され，40 年には近江の本店と江戸店に銀行に類似した業務を行う金方が設けられた。42 年には呉服・太物・生糸・生絹・紅花・染物悉皆を業務とする京店が置かれた。株仲間が再興された 51（嘉永 4）年以降は問屋仲間に加わり，新興の織物問屋丁吟の資産は幕末期にめざましく増加した。

　幕末以降の動乱期には，彦根藩や明治新政府に関連する貸金を余儀なくされたものの，開港後，生糸の売上げを伸ばしたほか，茶に関わる為替業務でも利益をあげ，さらに開港に伴う金貨流出と 1860（万延元）年の貨幣改鋳に際し金銀貨の売買を行って巨利を得た。

　明治期に丁吟の織物販売はいっそう進展し，明治中期には関東を中心とする各地から仕入れた木綿や呉服の東北地方への販売の重要性が増した。日清戦後には朝鮮向け綿布輸出も開始した。

　他方，金方の資産中，明治初年には貸付金の比率がとくに高かったようであるが，1874～79 年頃，秩禄公債などの公債が増加した。74 年以降には古金銀貨と洋銀の売買も盛んになされたが，洋銀の売買は多額の損失を招き 80 年代には下火になった。丁吟は 75 年に東京店に生糸方を新設し，産地ないし横浜で生糸を仕入れて京都や横浜で販売する活動を本格的に始め，81 年には生糸の直輸出に踏み切ったけれども，この試みは失敗に終わった。企業勃興期以降，金方の主な資金運用は株式投資となった。1900 年時点の主な投資先は日本銀行，東京銀行，三重紡，小名木川綿布，富士紡，近江鉄道，富士製紙であり，東京銀行，小名木川綿布，近江鉄道などの場合は小林家が創立・経営に積極的に関わっていた。

第3節　近代的経営管理の形成

1　技術導入の担い手

▷ 幕末における新技術の導入

　幕末の開国以降，先進工業国からさまざまな新技術が日本に流入してきたが，日本企業はそれらを巧みに消化・吸収した。ここでは近代産業への新技術の導入がどのような人々によってなされたのかを考えたい（本項の記述は断りのない限り，内田［1990］による）。

　まず幕末にすでにいくつかの重要な技術が摂取されていた。たとえば後述の幕府・諸藩による反射炉は大部分が失敗に終わったものの，いずれもオランダのヒューゲニン（U. Huguenin）が著した1冊の書物の記述のみを頼りに建設された。また幕藩営の軍事工場では鉄砲鍛冶たちが在来的和銃製造技術を基礎に洋式銃を生産するようになり，彼らの多くは明治期にさまざまな機械の製造に転じた（鈴木［1996］）。さらにロシア使節プチャーチン（E. V. Putyatin）の乗っていた船が沈没した1854年，幕府はその代艦を伊豆の戸田村で建設することを認めた。そしてロシアの海軍士官が木造帆船を設計し，ロシアの船大工の指示に従って船大工などの日本人が働いたが，そのうち数名は後に海軍工廠や民間造船所におけるパイオニア的熟練工となった（山本［1994］）。

　これらの技術習得は，江戸時代に相当高度な教育の普及や産業の展開があったために，ほとんど自力でなされた。幕末には各地に鉄砲鍛冶，機大工，船大工など在来的技術を高度に体現した人材が多数蓄積されていた。明治期に先進国から移植された近代的産業技術が円滑に移転された一因は，彼らの存在であった。旧幕藩営工場・官営工場・外国人経営工場・合弁事業を通じて近代的技術を習得した熟練工のほか，在来的技術に習熟した鍛冶・鋳造工や鉄工業者が明治前・中期には九州筑豊の中小炭鉱に排水・運搬に関わる機械類を，輸入品や工部省の製品を模倣して低廉な価格で供給し，長野・山梨・岐阜を中心に急速な発展を遂げていた器械製糸業に不可欠な加熱用動力用機罐の大部分も，江戸期以来近隣に存在していた鋳物師や銅壺屋によって生産されていた。日露戦

後に中小規模工場による機械製造はめざましい発展を遂げるが，それ以前にすでに在来的技術を基盤とする機械製造業者の展開が認められる点は注目に値する（鈴木淳［1996］）。

▷ **外国人技術者の役割**

しかしながら，明治期にもなれば政府や企業は外国人から近代的な技術を直接学ぶようになり，多数の外国人が高給をもって迎えられた。そのうち著名な人々の経歴は表2-4に取りまとめられているが，イギリスやフランスでは1850〜60年代の植民地経営の展開の中で技師や熟練工の海外滞在が常態化していたため，それらの国の人々を招聘するのは容易であった。外国人が雇用された業種は多岐にわたるけれども，造幣・電信・鉄道・造船などインフラストラクチュア関連の事業にはとくに多数の外国人が，彼らの本国と同一の技術の移植を図った。梅溪昇によれば，1872〜98年における外国人技術者は官傭で延べ1947人，私傭で延べ4946人であったが，そのうち官傭は1870年代の1294人が圧倒的に多く，80年代には513人，90年代には140人と激減していった。他方70年代に916人であった私傭は，80年代に2100人にも達したが，90年代にはやや減少して1930人となった（梅溪［1968］）。これらのデータからうかがわれるように，官営事業では1875年頃から外国人の解雇が始まり，それは以後急速に進められたのであるが，その背後には外国人に破格の俸給が支払われていた事情があり，たとえば74年における工部省所属外国人技師への俸給支出総額は同省通常経費の34％に及んだ。ともあれ明治中期までに日本では，外国人の指導を必要としない熟練工や技術者がかなりの程度供給されるようになっていたのである。

▷ **技術者の形成**

さて日本人技術者はどのように形成されたのであろうか。まず初期における下記のいくつかのルートが注目される。

(1) 幕末の洋学者が独学で技術書を学び，幕府・諸藩さらに明治政府の技術者となった者。最初の高炉を築いた大島高任（たかとう）らがその典型だが，事例は少ない。

(2) お雇い外国人が主導する事業に設けられた長崎海軍伝習所，横須賀造船

表 2-4 明治前・中期の技術

氏　名	出身国	生没年	最終学歴	日本到着以前の職業
ガワール (Erasmus M. Gower)	英	1830–1903	?	ジャーディン・マセソン商会
ウェルニー (François L. Verny)	仏	1837–1908	エコール・ポリテクニク卒	海軍技師
モレル (Edmund Morel)	英	1841–71	ロンドン大卒	鉄道技師
ハラタマ (Koenraad W. Gratama)	蘭	1831–88	ユトレヒト大卒	オランダ陸軍軍医
ネットー (Curt Netto)	独	1847–1909	フライベルク鉱山アカデミー卒	?
コワニー (François Coignet)	仏	1835–1902	サン・テチエンヌ鉱山学校卒	鉱山技師
ゴットフレイ (J. G. H. Godfrey)	英	1841–80	フライベルク鉱山学校卒	キューバで製銅技術者
ブリューナ (Paul Brunat)	仏	1840–1908	?	絹糸問屋勤務
ミューレル (Caspar Müller)	瑞	1835–?	?	製糸技師
ガウランド (William Gowland)	英	1842–1922	王立鉱山学校卒	製銅技術者
フィンチ (Roland Finch)	英	?	?	硫酸製造技師
ワグネル (Gottfried Wagner)	独	1831–92	ゲッチンゲン大卒	工場経営
アンチセル (Thomas Antisell)	米	1823?–?	?（医学の学位を持つ）	米国農務省化学技師
ダイエル (Henry Dyer)	英	1848–1918	グラスゴー大卒	
エアトン (William E. Ayrton)	英	1847–1908	ユニバーシティ・カレッジ卒	電信架設
ウェスト (Charles D. West)	英	1847–1908	ダブリン大卒	造船技師
ユーイング (James A. Ewing)	英	1855–1935	エジンバラ大卒	大西洋海底電線敷設
ハンター (Edward H. Hunter)	英	1843–1917	?	?

(注)　出身国の英，仏，蘭，独，瑞，米は，順にイギリス，フランス，オランダ，ドイツ，スイ
(出所)　吉田 [1968]，山田直匡 [1968]，高村 [2004]，上條 [1986]，加藤幸三郎 [1986]，北

導入に貢献した著名な外国人

	日本での主な業績 [雇入年―解雇年]
	1866年箱館奉行に雇われ北海道茅沼炭鉱を開発。翌年から明治初年にかけて佐渡金山等の近代化を指導。80年離日。
	幕営横須賀製鉄所首長として同所を建設，その後身官営横須賀造船所に至るまで指導 [1865―76]
	工部省鉄道寮初代鉄道兼電信建築師長 [1870―71]
	1866年から徳川幕府の精得館分析究理所で理化学を教授。のち，明治政府が大阪に設置した舎密局教頭 [1868―70]
	秋田県小坂鉱山の近代化 [1873―77]。東京大学で採鉱・冶金学を教授 [77―85]
	1867年薩摩藩の鉱山開発。明治期には技師（長）として官営生野銀山を近代化 [68―78]
	工部省鉱山師長として日本坑法の制定に関与。1873年に政府が集中的に実現する鉱山官収の基礎となった多数の鉱山の視察調査を実施 [71―77]
	官営富岡製糸場の創立と初期経営 [1870―75]
	1870年に前橋藩の，次いで小野組の製糸場の開業指導
	大蔵省大阪造幣寮（局）の化学・冶金技師 [1872―88]
	大阪造幣寮の硫酸製造技師 [1872―74]
	佐賀藩の陶磁器改良 [1870―71]。政府（一時京都府）のお雇い外国人として化学教育，博覧会関連の指導 [70―92]
	北海道開拓使仮学校教師 [遅くとも 1872―74]。大蔵省紙幣寮でインクの研究 [74―76]
	工部大学校（当初，工学寮）の初代都検（教頭）として工業教育の基礎作り [1873―82]
	工部大学校で電気工学を教授 [1873―78]
	工部大学校・（東京）帝国大学で造船学等を教授 [1882―1908]
	東京大学で機械工学を教授。海軍省も兼務。地震や磁気感応の研究でも有名 [1878―83]
	1873年ハンター商会創立。81年大阪鉄工所創立。

ス，アメリカ合衆国の略号。
[1984]，鎌谷 [1989]，新潮社辞典編集部 [1991]，朝日新聞社 [1994]。

所輦舎(こうしゃ)、電信修技学校などの修了者。彼らは初期の軍隊・鉄道・電信・造船などの職長または下級技術者として活躍した。
(3) 海外留学経験者。1880年代までの留学経験者の数は判明する限り約80名に及ぶ。彼らは欧米の一流の技術者と同等の教育を受けており、後に官庁・民間の上級技術者として重要な役割を果たした。

　海外留学経験者に続く上級技術者が工部大学校（1871年設置。当初は工部省工学寮）および東京大学（77年設置）理学部の工科の卒業生である。両部局が母体となって86年に帝国大学工科大学（後の東京大学工学部）が創立されたが、いずれも明治期を通じて、研究機関というよりは西欧の工学知識を伝達する教育機関であった。なお81年に現場の職長を養成する目的から東京職工学校（現、東京工業大学）が設立され、実際には技師の養成が行われた。1901年には大阪工業学校（1896年設立。後の大阪大学工学部）とともに専門学校令による高等工業学校となったが、それらは中級技術者の供給機関として重要であった。こうした教育機関から供給されるようになった技術者は、独創的な技術開発を競い合いつつ、輸入防遏を通じて明治国家の目標であった「富国」に貢献しようとする強烈なナショナリズムを持っていた。そしてマネジメントの才能も発揮して経営のトップに昇りつめた者も少なくなかった（森川［1975］）。

2　初期の工場と労働

▷ 初期の工場

　工場（集中作業場）は幕末にも幕府・諸藩・民間人によって経営されることがあったものの、その本格的展開は明治期にみられた。しかし工場でさまざまな管理が軌道に乗るようになるまでには相当の試行錯誤が必要であった。初期の工場の実態を示唆するエピソードを1、2紹介しよう。

　1つは鐘淵紡績会社の事例である。1887年に東京の繰綿問屋たちによって設立された同社は赤字続きで、92年に三井の手に渡り再建されることになった。以前から存在した東京工場の責任者は東京本店支配人和田豊治、96年に操業を開始した兵庫工場の責任者は兵庫支店支配人武藤山治であったが、兵庫工場の好成績に対して東京工場の改善は進まず、そこで朝吹英二専務取締役は

1900年，和田に代えて藤正純にこの仕事を命じた。先輩の和田や武藤と同じく，慶応義塾で学び三井銀行を経て鐘紡に入社した藤は当初，販売を担当していたが，1899年同社住道工場の工場長となった。旧，河州紡から引き継いだこの工場は設備の整備が悪く，500人収容できる寄宿舎には女工が28人しかおらず，休止に近い状態であった。藤は住道工場に連日18時間以上つめて機械の据付け替えや修繕を指揮する一方，職工500余人を募集して，3カ月で工場の全運転を実現させた。この実績によって彼は重職である東京工場長に抜擢されたのである。藤は中上川彦次郎会長の支持の下に，老朽化した工場設備の修繕をはじめ資本設備の抜本的な改善を進めて製品の品質を向上させ，また4000余人であった従業員を1620人に減らす思い切った人員整理を実施した。藤が東京に転じて3年目のある日，彼は朝吹から，当期の決算において旧機械4万5千錘の東京工場の利益が新機械6万錘の兵庫工場のそれを上回ったとの知らせを受けた。東京工場の再建は成功したのである（藤・大内［1930］）。

　いま1つの事例は芝浦製作所である。著名な発明家田中久重によって1875年に開業された田中製造所では，彼の没後の82年に工部省の技術者を辞した2代目久重が東京芝浦に大工場を建設し，海軍向け水雷，非常報知機，電信関係品などを製作するようになった。同工場は設立当初従業員200人程度であったが，1890年には683人に及び，民間の機械工場としては最大級であった。

　ところが横須賀海軍工廠が水雷の製造を始め，海軍からの注文が激減したため，田中製造所は経営危機に陥り従業員も約100人に激減し，ついに三井銀行の抵当流れ工場となった。93年に田中製造所は芝浦製作所と改称したが，その後も業績不振が続いた。芝浦製作所の売却や閉鎖が噂される中で，三池炭鉱の機械化の経験から電気機械工業の将来性を認識していた三井物産の益田孝は，高等商業学校の卒業生で同社三池支店支配人の大田黒重五郎に芝浦製作所の経営を担当させた。大田黒は1899年の着任後，帳簿を点検して予想以上の赤字の連続に驚いたが，工場視察を通じて業績不振の原因は事業の面にではなく人の面にあるという結論を得て，改革案を練り始めた。翌年大田黒は帝国大学工科大学出身の岸敬二郎と機械工出身の小林作太郎の2人の技術者に支えられて人事を刷新し，たとえば「職工の世話役等が部下の工事に対し，工賃の歩合を

収むる」親方内部請負制の廃止を他の重工業大経営に先駆けて断行した。そして,

　「当所の職工は累年不況の下に,緊張を欠きたる上役を戴いて自然に無統制に放置され,放縦懶惰(ほうしょうらんだ)の風に染まってゐたから,これを矯正するに努力した。即ち精勤賞,貯金制度,傷病救護規定の制定,遅刻科料徴収の廃止,残業,夜業の緩和を実施して,安んじて職務に従事せしむると同時に勤勉を奨励し,職員は職工と苦楽を共にして,指導監督する風を助長したから,多年培はれた悪習弊風も忽ち地を払つて,工場を挙げて忠実恪勤(かくきん),熱誠を以て業に従ひ,その品性は著しく改善せられ,その効果は工程能率の増進,経費節約となつて現はれ,工場内の面目は漸く一変するに至つた」(東京芝浦電機株式会社［1940］38-39頁)

大田黒の改革は営業・生産面でも進められ,造船の廃止,注文品種の削減,電気機械製造の重点化等が実施され,1900年度下期から業績は黒字に転じ,芝浦製作所の経営の地固めはようやく終了した(東京芝浦電機株式会社［1940］,今津［1992］)。

▷ **初期の労働**

以上の事例からうかがわれるように,明治前・中期には工場内の規律が容易に確立されなかったが,それは当時の労働者が職場に簡単に定着しなかったことと深く関わっていた。紡績業の場合,1880年代末頃には工場近隣の都市の貧民や都市近郊の没落農民の子女が昼夜業に従事するようになっていたが,就労形態は通勤であった。リング精紡機の普及を背景に女子・幼少年労働力への依存が高まった90年代には地元のみで労働力を調達するのが困難になり,女工の遠隔地募集と寄宿舎制度が一般的になった。ここで注目されるのが女工の頻繁な移動である。1900年の鐘紡兵庫工場とみられる例では前年末在籍の女工4524人,年間雇入女工4762人に対して年間退社女工が5824人にのぼり,その理由の83%が逃亡除名,12%が解雇,5%が病気・死亡であった。こうした事態に対して紡績業者は1883年の紡績連合会の規約で労働者の引抜きを禁じたことをはじめ,女工争奪の防止に関するさまざまな施策を講じたが,十分な成果はあがらず,女工の定着度があがるのは鐘紡等の先進的な企業におい

紡績工場の様子 1890年頃の鐘淵紡績会社の工場内部（日本近代史研究会[1979]より）。

て福利厚生施設の拡充が進められ，いわゆる経営家族主義の形成がみられるようになる日露戦後のことであった（この項の記述は断りのない限り，間[1964]による。ただし，紡績に関する記述は，高村[1971]による。桑原[1993]も参照）。

　個々の労働者を企業がともかくも直轄していた紡績業に対して，明治中期の民間重工業大経営では親方内部請負制が普及していた。企業は親方のみならず職工・徒弟とも直接雇用契約を結んだが，親方は職工・徒弟の募集にあたり，徒弟には技能訓練を施した。親方は職工から工賃の歩合もとったが，彼らに仕事を適当に与える点で生活管理的役割を果たした。親方はさらに作業請負に従事した。親方内部請負制は経営刷新を断行した前記の芝浦製作所のような企業をパイオニアとして，機械化に伴う手工的熟練の崩壊などによりその基盤を次第に掘り崩され，とくに日露戦後以降，企業の労働者に対する直轄が進むが，明治中期には親方職工を介さずに労働者を動かすのは困難であった。重工業の場合にも，当時とりわけ日清戦争以降，労働者の企業への定着度は低く，高い賃金を求め，しばしば小経営主としての独立をもめざす「渡り職工」が企業間を頻繁に移動していた（重工業に関しては兵藤[1971]を参照）。

　鉱業の場合，炭坑では納屋制度，金属鉱山では飯場制度が存在し，それぞれ納屋頭，飯場頭が鉱夫の募集・採用，衣食住に関する生活管理，作業の請負・監督等の作業管理を担当していた。そのうち作業管理は濫掘防止のために

1900年代には廃止されていったが,企業と鉱夫とは納屋頭,飯場頭を介した間接雇用契約で結ばれ,企業は労働者の管理が重工業の場合以上に困難であった。鉱夫の移動も激しく,各地で鉱夫争奪がみられたというが,金属鉱山の場合,鉱山を渡り歩く鉱夫の相互扶助組織「友子同盟」が形成されていた(鉱業に関する近年の研究として,田中［1984］,武田［1987］,荻野［1993］を参照)。

総じて明治中期の近代的企業では労働者の勤続良化や労働運動対策などをめざす今日的意味での労務管理がほとんど形成されていなかった。

3 会計制度の形成

▷ 洋式複式簿記の採用

前章では18世紀半ばまでに三井などの都市の大商家が試行錯誤の中から自力で複式簿記のシステムを形成したことをみたが,明治政府成立前後から横須賀製鉄所や大蔵省造幣寮などで洋式簿記が使用されるようになった。また福沢諭吉は1873〜74年に日本初の簿記の解説書『帳合之法』(71年にアメリカで刊行された書物の翻訳)を刊行した。さらに大蔵省は,お雇い外国人シャンド(A. A. Shand)に執筆させた原稿を翻訳・編集した『銀行簿記精法』を73年に刊行し,彼の勧めにより銀行学局で翌年から研究教育を通じて国立銀行への洋式複式簿記の普及に力を注いだ。学制制定の頃から簿記の重要性を認識していた文部省も75年にアメリカの書物の訳書を刊行した。同年森有礼が設立した商法講習所を運営していたホイットニー(W. C. Whitney)も洋式簿記の普及に務めた。

以上のような啓蒙活動は次第に効果をあげた。まず上記の『銀行簿記精法』の説くところは第一国立銀行で試行された。また大蔵省銀行学局で学び,その後同省および高等商業学校(商法講習所の後身)で簿記教育を担当した藤尾録郎は1899年に住友本店監査課主任に転じ本支店の一切の会計組織を改良して,帳簿を複式簿記に改めた(以上は,西川孝治郎［1971］,黒沢［1990］,第一銀行［1957］による)。比較的研究が進んでいる三菱の場合,最初期の文書「郵便汽船三菱会社簿記法」(1877年制定)は福沢諭吉『帳合之法』が基礎になっていたという(久野［1970］,豊島［1983］)。

地方の比較的大きな商家などでも，和式簿記から洋式複式簿記への切替えがスムーズに進んだことが，愛知県知多地方の綿織買次問屋竹之内商店の事例からうかがわれる。そこではもともと損益計算と財産計算とを多くの帳簿から集計してまとめる伝統的な多帳簿制複式計算が用いられていたが，1882年の店組織の改正以降店卸帳の改良が進められ，1900年度からは近代的簿記概念である資産と負債が導入された。これは若い店主竹之内源助が名古屋市立商業学校で近代的簿記を学んだためと推察される（浦長瀬［1987］）。

▷ 三菱における管理会計の展開

　すでにみたように，三菱は明治14年の政変以降，共同運輸会社との競争を強いられ厳しい立場に追い込まれるが，その事態に対して1882年から日本郵船が成立する85年まで，管理会計である予算システムが採用されていた。現存する85年予算書は，本社および各オペレーティング・ユニット（各支社，各船）の収入・支出を科目別に計上し，それらを段階的に集約して最終的な予算書を作成するという，膨大な労力を要する積上げ方式によるものであり，日本のみならず世界的にも海運企業の予算としては最古に属するという。日本郵船の成立以後，事業の多角化と規模の拡大とが進められる中で三菱は，本社によるオペレーティング・ユニットの集権的管理システムから，日常的な会計処理をオペレーティング・ユニット（個々の支店，炭坑，鉱山，造船所）に委ね，月次ベースで部門業績評価に関する詳細な情報をそれらから本社に報告させるシステムへと移行した（田中隆雄［1987，1989］，山口不二夫［1998］）。

▷ 減価償却制度の展開

　工業化に伴って工場設備を中心とする固定資本が増加すれば，減価償却制度が必要となる。減価償却会計は日本では政府によってまず1875年以降国立銀行に導入され，やがて他の金融機関にも伝播していった。また三菱は77年に「郵便汽船三菱会社簿記法」で減価償却の実施を定め実行した。工業会社の減価償却会計の採用は，減価償却が一種の利益金処分と考えられていた上に，株主が一般に高配当を要求していた事情などによって容易に進まなかったが，99年を画期に紡績会社などで進捗が顕著となった。その背景としては，不況下での増資の必要度の低下によって高配当を行う必然性が減ったこと，減価償却の

重要性を認識した専門経営者が台頭してきたこと，98年に日本勧業銀行が工業会社に対して救済融資を行うにあたり減価償却の実施を条件としたことなどのほか，99年改正所得税法の施行の中で定額償却の損金算入が認められるようになり減価償却の実施による節税が可能になった事情が決定的に重要である（高寺［1974，1976］）。

このように日本における減価償却制度の定着の過程は単純ではなかったけれども，最初の工業国家イギリスでそれが長い年月にわたる試行錯誤を経て形成された（大河内［1978］を参照）のに比べれば，比較的円滑に進んだといえよう。

第4節　明治国家と企業

1　殖産興業政策と官業払下げ

▷ 殖産興業政策

明治前・中期の経営発展は，これまでみてきたように民間企業の活力によって実現したが，政府や経済団体の活動もその過程で無視できない役割を演じた。またアメリカ経営史研究などでは比較的軽く取り扱われてきた金融機関や商社の活動も，日本の経営発展には大きく貢献した。本節では，これらのトピックスをまとめて示したい（本項は石塚［1973］，内田［1990］，石井［1991］による）。

政府の殖産興業政策（先進工業国に追い付くことをめざして実施された勧業政策）から始めよう。1880年代に使われ始めたといわれるこの語は，今日では明治前期における工部省，内務省および農商務省の諸施策の代名詞にされているが，幕末と明治中期に打ち出されたさまざまな産業育成政策も，近代的企業の形成に関わる産業技術の移転，資金の供給，企業家および労働者の形成などの点で無視できない意義を持っている。ここでは，幕末から日清戦後までを視野に入れて，政策を担当した官庁組織の変遷を基準に殖産興業政策の展開を概観する。

欧米船の日本近海への出没に関連して徳川幕府が1842年に外国船に薪水食糧の給与を許した頃より，幕府と諸藩は防衛上の観点から先進工業国の技術を導入した作業場の建設を下記のように進めた。

(1) 反射炉――銑鉄等金属の溶解用装置であり，鋳鉄砲や弾丸の製造のため

に必要であった。1850年代に佐賀・水戸・薩摩等の諸藩や伊豆韮山代官江川太郎左衛門が設置したが，それらは前掲のヒューゲニンの著書を頼りになされた実質的に独自の技術開発であった。

(2) 洋船建造──大型船の建造は江戸時代初期から禁じられていたが，ペリー来港後幕府はそれを解禁し，幕末には薩摩・佐賀の両藩および幕府によって木製蒸気船が建造された。

(3) その他の工場の建設──幕府が船舶並びに機関の修理のためオランダの全面的援助を得て1861年に完成した長崎製鉄所（71年長崎造船所となり，以後しばしば改称）は，輸入工作機械を備えた日本初の洋式工場であった。幕府は続いて64年，船舶修理用の横浜製鉄所を起工し，67年には横須賀製鉄所を稼働させている。いくつかの藩でも工場を建設しており，たとえば薩摩藩は57年頃，集成館と総称される，反射炉，溶鉱炉，ガラス精練釜，陶磁器用釜，紙・油・刀剣・農機具などの製造所を持ち，1200名の職工を擁していた。

明治政府の成立後，幕藩営の諸工場は官収されて，主に軍工廠に集約された。陸軍の場合，幕営関口大砲製作場を基礎として小銃製造中心の東京砲兵工廠（1879年成立）が，また70年に大阪城に移された長崎製鉄所の機械と職工を母体として火砲の製造・修理を主目的とする大阪砲兵工廠（79年成立）がそれぞれ整備された。海軍の場合，上記の横須賀製鉄所の後身横須賀造船所を母体に海軍造船所（1903年以降，海軍工廠）が設けられた。

1870年閏10月には拡充する官業の統轄を1つの目的として工部省が設立された。85年に廃止されるまでのその支出合計約4256万円の内訳は，鉄道33％，通常費30％，鉱山22％，電信建築通信費9％，工作（製鉄寮，兵庫造船局，赤羽工作分局，長崎造船所建設費，深川工作分局，品川硝子製造所）6％であり，中心的事業は鉄道と鉱山であった。政府は鉄道建設には早くから力を入れ，72年の新橋─桜木町間の開通以来，74年大阪─神戸間，77年大阪─京都間が開通した。鉱山では佐渡金山，生野銀山（ともに旧幕営），三池・高島両炭鉱，銅その他を産出する阿仁・院内・小坂（以上，旧諸藩営）などが主なものであった。

鉱山関連で注目される施策は1872年の鉱山心得書の制定と73年の日本坑法

開業頃の大阪造幣寮
1871年2月15日に創業。貨幣を造るだけではなく近代的な化学工業のパイオニア的存在となった（サンケイ新聞社［1987］より）。

の施行である。鉱山王有制と本国人主義を打ち出したそれらは、鉱産物を土地所有から分離して政府の専有となし、日本人に限り採掘を認めたものであったが、主眼は後に述べる外資の侵入への対処にあった。

1871年には大阪に大蔵省造幣寮（77年造幣局と改称）が開業した。初期の造幣局は貨幣のほか硫酸・晒粉・ソーダ等も製造し、近代的化学工業の発展をリードした。

ところで、岩倉遣外使節団に加わって欧米諸国を視察し殖産興業政策の必要性を痛感していた大久保利通は、明治6（1873）年の政変で権力を掌握するとただちに内務省を新設し、同省はその後次々と斬新な勧業政策を打ち出した。まず内藤新宿試験場、三田育種場、駒場農学校、下総牧羊場の設立等によって「泰西農法」の移植を図った。また農産物の加工関連で新町紡績所（絹糸紡績）、千住製絨所（毛織物）、愛知・広島の両紡績所（綿紡績）を新設したほか大蔵省から富岡製糸場と堺紡績所を受け継いだ。富岡製糸場は1872年にフランス人ブリューナ（P. Brunat）の指導によって創業された、蒸気を原動力とするフランス式の機械制製糸場であり、堺紡績所はもともと薩摩藩が70年に完成させた綿紡績工場であった。大久保政権下では他方で工部省事業の予算が鉄道を中心に削減されたが、官収当初貨幣の素材である金銀が重視されていた鉱山関連では74年の釜石鉄山の操業開始や三池炭鉱での採炭の本格化にみられるよう

に，鉄と石炭の重要性が増した点が注目される。前述の工部省の工作関連諸事業も内務省設立後に活性化する。この時期には以上のほか近代的海運業（具体的には三菱の事業）や2千錘紡績に対する保護，博覧会・共進会の開催等を通じて民間企業の育成が図られていた事実も注目されよう。

▷ 官業払下げ

　上記の官営事業の多くは，しかしながら，1870年代末頃には赤字続きであり，同じ頃政府財政が破綻状態に陥った事情もあって，政策転換が不可避となった。そこで大隈財政末期には行政改革の一環として，まず80年に工場払下概則が制定され，翌年には内務省の勧業部門と工部・大蔵両省の勧工・勧商部門の大部分とを引き継いで農商務省が設立された。

　主な官業払下げは表2-5にまとめられているが，そのうち，「概則」以前の払下げである後藤に対する高島炭鉱（前述），および広島紡績所の事例を除けば，払下げが進むのは「概則」制定3年後の1884年以降である。「概則」制定当時赤字企業の処分を急いでいた政府は，払下げ条件を営業資本即時上納，多額の興業費年賦金の支払いという，民間企業家にとって大変厳しいものにしてしまったところ，払下げを受ける希望者はきわめて少なく，結局，財政事情が緩和された松方デフレ末期の84年に政府が「概則」を廃止し，資金回収を諦め，多くの場合無利息・長期年賦という著しく寛大な条件で払い下げるようになってはじめて払下げが進んだのであった。政府は最終的には軍事関連事業・鉄道・電信を除くすべての鉱山や工場を民間に払い下げた。

　ところで官業払下げによって政府は，多額の税を注ぎ込んだ官業をただ同然で政商に売り渡し，彼らを財閥に育て上げたという見解がかつては支配的であった。すでにみたように1888年に三井が獲得した三池炭鉱は決して低廉ではなかったが，それ以前の払下げ価格はたしかに概して安価であった。ただし，この時期に企業経営の担い手がすでに存在し，政府が彼らの能力を観察・評価した上で事業を任せていた事実は重要であろう。たとえば川崎正蔵が87年の払下げ予定価格55万余円であった兵庫造船所を，多額の負債があったといわれるにもかかわらず約19万円（即納金約6万円）・50年賦で払い下げてもらえたのは，彼が単に薩摩藩出身であったためではなく，造船業に約10年もの実

表 2-5　主な官業払下げの状況

年　月	物　件	払受人	譲渡先（年次）
1874年11月	高島炭鉱	後藤象二郎	三　菱（1881年）
82年 6月	広島紡績所	広　島　紡	
84年 1月	油戸炭鉱	白勢成熙	三　菱（1896年）
84年 7月	中小坂鉱山	坂本弥八ほか	
〃	深川セメント	浅野総一郎	
〃	深川白煉瓦	西村勝三	
84年 8月	小坂銀山	久原庄三郎	
84年12月	院内銀山	古河市兵衛	
85年 3月	阿仁銅山	古河市兵衛	
85年 5月	品川硝子	西村勝三ほか	
85年 6月	大葛金山	阿部潜	三　菱（1888年）
86年11月	愛知紡績所	篠田直方	
86年12月	札幌醸造所	大倉喜八郎	札幌麦酒（1887年）
87年 5月	新町紡績所	三　井	
87年 6月	長崎造船所	三　菱	
87年 7月	兵庫造船所	川崎正蔵	
87年12月	釜石鉄山	田中長兵衛	
88年 8月	三池炭鉱	佐々木八郎	三　井（1890年）
89年11月	幌内炭鉱	北海道炭礦鉄道	三　井（1899年）
93年 9月	富岡製糸場	三　井	原合名（1902年）
96年 9月	佐渡金山	三　菱	
〃	生野銀山	三　菱	

（注）　払下げ年月は許可時点。
（出所）　石井［1991］。原典は小林［1977］。

地の経験を積んでいたからであった。官業払下げを受けた岩崎, 浅野, 古河, 三井等が旧官営工場を基盤に多角化を進めて財閥に成長していったのは事実である。しかし彼らが官業払下げ以前に企業経営の能力を身につけていたことも見逃せない。払い下げられた事業のすべてが必ずしも成功せず, 払下げを受けた全員が財閥を築いたわけではない事実も考慮すれば, かつての通説的見解は一面的といわざるをえない（小林［1977］）。

▷ 農商務省の活動

　農商務省の設立以後, 殖産興業政策は大きく後退したといわれる。工部省の支出規模が1881年度約212万円, 82年度約179万円であったのに対して, 同

じ年度の農商務省の数値がそれぞれ約111万円,約76万円にすぎないことなどは,このイメージを補強するものであろう。内務省に比べて,華々しい模範的・勧奨的な事業が影を潜めたのも事実である。しかし農商務省が,必ずしも多額の財政資金を必要としないものの,近代的企業の発展を促進するさまざまな施策を講じていたことは重要である。同省は,その設置以前から開催されていた内外の博覧会への助成を続け,技術伝播に大きく貢献した。また高橋是清を中心に商標条例(84年公布)・専売特許条例(85年公布)・意匠条例(88年公布)を制定し,工業所有権制度を整備した。さらに,従来各府県に設立と取締りを任せていた商工業者の同業組合を,84年制定の同業組合準則により管轄下に収めた。初期の農商務省の活動は民間活力の発揮を支える制度的枠組みを構築した点で注目される。

次の発明家のエピソードは,上記の施策の重要性を示すものであろう。臥雲辰致は1873年に綿紡績用のガラ紡を発明し,以後改良を重ねて77年に東京上野で開かれた第1回内国勧業博覧会で最高の栄誉である鳳紋賞牌を獲得し,博覧会顧問のお雇い外国人ワグネル(G. Wagner)から「本会第一の好発明」という賛辞を受けたが,ガラ紡の構造が簡単であったことに加えて,特許権が未確立であったため,模造品が続出した。臥雲は後にガラ紡の特許を得るものの,時すでに遅く,彼は生涯経済的には恵まれなかった(村瀬［1965］)。日清戦後における農商務省の施策については後にみることにしよう。

2 金融機関と企業

1869年,明治政府は貿易事務一切を管掌する通商司を新設し,その下に三都の大富豪を動員して,諸国物産を集荷・販売し海外貿易を独占する通商会社と,それに前貸資金を供給するとともに正貨を貯蓄する為替会社とを置いた。それぞれ江戸時代の問屋と両替商の組織化を図ったこれらの「会社」のうち,為替会社は政府の重要な財源であった太政官札(金札)の貸付を担当したものの,この試みは失敗に終わった。

その後1872年に,政府は地方分権的なアメリカのナショナル・バンク制度とイギリス流の兌換銀行制度とを折衷した国立銀行条例を制定し,経済発展に[10]

第一国立銀行の錦絵
現在のみずほ銀行につながる第一国立銀行は銀行紙幣を発行する国立銀行の先駆けとなった。

不可欠な通貨供給を行いつつ，正貨（この場合，金貨）の裏付けを持つ銀行紙幣を各銀行に発行させることとしたが，この条例によって実際に設立されたのは東京の第一，横浜の第二，新潟の第四，大阪の第五の４行にすぎず，しかも折からの金銀比価の内外差を背景として，各行は発行した銀行紙幣に対する兌換請求に苦しめられることになった。

しかし1876年に国立銀行条例は改正されて，兌換制度の樹立が放棄され，国立銀行は資本金の８割を公債証書で大蔵省に供託すれば同額の紙幣を発行できるようになり，残る２割も政府発行通貨で準備すればよいことになったため，設立がきわめて容易になり，とくに西南戦争後のインフレーション期には各地に国立銀行が乱立した。79年に京都の第百五十三国立銀行の設立が許可されたところで，国立銀行全体の資本金が政府の予定していた4000万円を越えたために，設立許可は打切りとなった。殖産興業政策を推進していた大隈重信の主導下で実施された国立銀行条例の改正が諸産業に成長通貨を供給するのに貢献したことは確実であるが，すでに触れたようにそれは近代的な会社組織の普及の面でも重要であった。なお国立銀行条例の改正とほぼ同時に，紙幣発行権を持たない金融企業が私立銀行として銀行の名称を認められるようになり，三井銀行がそのパイオニアとなった。

さて1880年代前半に松方大蔵卿によって近代的な通貨・信用制度が樹立さ

れたことはすでにみたが，その際，銀貨の裏付けを持つ兌換銀行券の発行が新設の日本銀行に集中された反面で，83年に国立銀行は以後の営業許可年限20年間のうちに紙幣発行権を持たない普通銀行に転換することとされた（以上，加藤俊彦［1957］，朝倉［1961］，靏見［1991］等を参照）。

　企業勃興期以後の19世紀末の10数年間，銀行は産業発展を支援した。たとえば製糸業では巨額の購繭資金が地方銀行，および生糸輸出を担当する横浜の売込問屋から長野県諏訪地方等の製糸家に前貸しされるようになったが，そうした信用は最終的には日本銀行から供与されていた。紡績業でも阪神の諸銀行は紡績会社が原棉購入の際に振り出した約束手形を盛んに割り引き，それらの多くを日銀大阪支店が再割引していた。19世紀末に日銀はそのほか，鉱山業や鉄道業にも，戦略的に融資をしていたといわれる。かつて多額の財政資金が投じられた官営工場の多くは松方デフレ下で民間に払い下げられ，企業勃興期以後，勧業政策は後退したかにみえるが，政府は金融政策を通じて産業発展を促進していたのである[11]（石井［1972b］，山口和雄［1966, 1970］，中林［2003］）。ただし諸銀行の日銀への依存度は1901年の金融恐慌以降顕著に低下していった（詳しくは，粕谷［1991］を参照）。

3　日清戦後の政府と企業

▷ **日清戦後経営**

　日清戦争に勝利した後，日本政府はナショナリズムの高揚と賠償金の獲得とを背景に，多方面に財政資金を散布した。いわゆる日清戦後経営であるが，それには企業経営に関連する支出も多く含まれていた。まず陸海軍備の拡充には軍工廠の拡充も含まれていた（明治後期の軍工廠に関する最近の研究として，沢井［1990］，三宅［1993］，佐藤昌一郎［1999］を参照）。また日本勧業銀行（1897年開業。以下同様），府県農工銀行（1898～1900年），北海道拓殖銀行（1900年），日本興業銀行（1902年），および台湾銀行（1899年）といった特殊銀行の設立は，諸産業への資金供給を補強した。電信と電話，とりわけ後者の拡充は軍事力の強化もさることながら，各地の産業発展を促進し（藤井［1998］），鉄道改良も同様の機能を果たした。教育施設の増設は技術者や専門経営者の育成，労働者の知

的水準の向上に貢献した。

▷ 航海奨励法と造船奨励法

　こうしたインフラストラクチュアの整備に加えて民間企業に対する直接的補助や官営企業の創設もみられた。前者の代表例は航海奨励法と造船奨励法による海運業および造船業の保護育成政策である（この項については，井上 [1990]，平本 [1979]，室山 [1984]，沢井 [1990] を参照）。1885年の日本郵船設立については前述したが，その前年には住友家などが中心となり大阪商船も開業した。両社は定期航路の運営等に対して開業後ほどなく政府から補助を受けるようになった。たとえば日本郵船に対して政府は開業から15年間，資本金の8％相当の利子を補給金交付を通じて保証することとし，86年の長崎―天津間定期航路の新設につき翌年から年1万5000円の補助金も支給することになった。こうした保護に加えて96年には航海奨励法が公布・施行された。その骨子は，外国航路に就航する海運会社の持つ船のうち，総トン数1000トン以上，最強速力10ノット以上で造船規定に合格した船齢15年以内の鉄・鋼製汽船（外国製品は購入時に船齢5年を越えないもの。命令航路就航船は除く）に対し，総トン数または速力に応じて奨励金を交付するというものである。この法律は上記の社船2社のみならず不定期船主の社外船にも適用され，それに含まれる三井物産船舶部などの発展も促進された。ただし外国船と国内建造船が無差別に扱われていたため，海運企業は，少なくとも99年の法改正で外国船への奨励金額が国内建造船の半額にされるまで外国船の購入に依存し続けたのであり，国内造船業の育成に関する航海奨励法の効果は過大評価できない。

　造船業は明治期の代表的な民間機械工業であり，三菱長崎造船所と川崎造船所が抜群の規模を誇り，大阪鉄工所と浦賀船渠（ドック）などがそれらに続いたが，19世紀にはいずれも船舶の修理が業務の中心で，船舶建造は振るわなかった。その中で航海奨励法とともに公布・施行された造船奨励法の骨子は，造船所で原則として国産原材料のみで作られた，総トン数700トン以上で造船規定に合格した鋼・鉄船を対象に，1000トン未満の船舶は1トン当たり12円，1000トン以上は1トン当たり20円，機関をあわせて製造した場合1実馬力当たり5円を増給するというものであった。造船奨励法は材料の運賃と輸入税を補填する

程度の効果をあげたにすぎないとしばしば指摘されてきたが，日清・日露戦後における国内民需用船舶建造は同法による奨励金に支えられてはじめて可能であった（沢井［1990］）。

▷ **官営製鉄所の設置**

いま1つ重要なのは官営製鉄所の設置である（この項については，飯田［1979］，中岡［1986］，長野［2003］，佐藤昌一郎［2003］，東條［2005］を参照）。1880年代初頭にすでに工部省によって釜石（岩手県）と中小坂（群馬県）で近代的鉄鋼業の育成が図られたが，日本の地勢を無視してヨーロッパで開発された技術を直訳的に導入したこの試みはほどなく失敗した。しかし釜石鉱山は80年代中葉にその払下げを受けた商人田中長兵衛により近代的な釜石鉱山田中製鉄所（87年創立）として蘇生し，とくに大高炉が設置された94年以降，同製鉄所の銑鉄生産量は中国地方の在来的な鑪（たたら）銑の数値を凌ぐようになった。その他，製鋼の研究と生産も陸海軍の工廠で進められたが，増大する国内の鉄鋼需要，とりわけ軍需はそれらをもってしても満たされなかったため，91年頃から官営製鉄所の設立運動が展開され，96年製鉄所官制が公布された。所管は農商務省となり，翌年製鉄所を福岡県遠賀郡八幡村（おんが）に設置することが告示された。同地が選ばれたのは石炭の供給上有利と考えられたからである。製鉄所の初期の構想は田中製鉄所に対する助言者でもあった帝国大学教授兼農商務技師野呂景義（のろかげよし）を中心に，まず製鋼部門を確立し，民間である程度発展していた製銑部門は追って強化するという慎重なものであったが，野呂の辞任の後，技監大島道太郎に主導権が集中した。大島は野呂の漸進主義を退けて一挙に銑鋼一貫生産を樹立する方針を採り，またドイツの技術に全面的に依存することとした。鉄鉱石も当初は主に国内で調達する予定であったが，1902年に清国湖南省の大冶鉄（たいや）鉱石に大きく依存する方針に転じた。八幡製鉄所は01年に操業を開始したものの，以後数年間，技術的な困難と失敗が続き，作業が軌道に乗ったのは野にあった野呂らの指導を得て技術の改善がなされた04年以後のことであった。八幡製鉄所の出発は必ずしも順調ではなかったわけであるが，それでも始業の2年後に同所の鋼材生産量は全国「鉄類」生産量（中国地方の鉄類の総生産量と釜石鉱山などの製鉄所の生産量の総計値）を凌駕するようになった。なお官営八幡

製鉄所の設立以後，鋼鉄を製造する民間企業が続出した。たとえば住友家は01年に日本鋳鋼場を買収して住友鋳鋼場を設立し，03年には田中製鉄所が銑鋼一貫作業を開始している。

▷ **台湾の糖業**

日清戦争の勝利による植民地台湾の取得も民間企業家のビジネス・チャンスとなった。同地の糖業の展開はその好例である（この項については，糖業協会 [1962]，中島 [1967]，久保 [1997]，植村 [1999] を参照）。江戸時代にすでに，薩摩藩の支配下にあった奄美大島三島の黒糖，讃岐（現，香川県）・阿波（現，徳島県）・泉州（現，大阪府）の白糖等，いくつかの地域で在来技術によって砂糖きびを加工する糖業が発展していたが，幕末の開港以後，香港やドイツの安価な砂糖が大量に輸入され，在来糖業は白糖を中心に大打撃を受けた。明治政府は砂糖きびの品種改良や肥料の普及を図り，また共進会等を開いて民間業者の交流を支援したりして在来糖業を保護したものの，大勢は変えられなかった。なお内務省が1880年に北海道に設立した紋鼈(もんべつ)製糖所ではビート糖の製造が試みられたが，結局失敗に終わった。

近代的糖業の本格的展開は日清戦後に始まる。1895年には製糖の経験がある鈴木藤三郎の事業を母体とする日本精製糖株式会社が東京で，翌年渋沢栄一らの計画によりヨーロッパの技術を移植した日本精糖株式会社が大阪でそれぞれ発足したが，注目されるのは砂糖きび生産に適した台湾で，台湾総督府の強い求めに応じて1900年に創立された台湾製糖株式会社である。同社は三井物産と三井家が出資の中核となったけれども，華族なども株主に含み，利子補給を含むさまざまな特権を総督府から与えられて初年度から利益をあげた。

▷ **地方における勧業政策**

日清戦後には地方産業の発展を助成する政策が引き続き推進されたことも重要である。まず農商務省の主導で1897年に重要輸出品同業組合法が制定され，従来不十分であった同業組合の検査機能が強化された。1900年には内地向品にまで対象を拡大した重要物産同業組合法が制定された。これらの法律の下で同業組合は各地の商工業者を強制加入させ，製品検査のほか職工の争奪防止，取引の整備・取締り，実用新案・特許の保護，情報活動等多彩な事業を行った。

ただし同業組合には原材料の共同購入，製品の共同加工や共同販売，預金や貸付等の共同事業が認められなかった。それは第一次大戦後に工業組合や商業組合の1事業として公認されるが，遠州・播州等の綿織物産地では同業組合の幹部が，農商務省の主導で1900年に制定された産業組合法による産業組合を設立して，それをいわば別働体にして日露戦後頃から共同事業を実施するようになった（山崎 [1969]，阿部 [1989]）。1900年には工業試験場官制も公布され，翌年には農商務省令の府県郡市工業試験場規程が定められて，各地に工業試験場が設立されていった（今津 [1989]）。

　こうした施策に支えられて発展した地方の産業の一例を挙げておこう。江戸時代から綿織物産地として著名であった広島県備後地方（県東部）では1890年頃から輸入塩基性染料が使用されていたというが，1903年大阪で開催された第5回内国勧業博覧会に出品されていた大和絣の中に，藍染ではない色目のすぐれた織物を見出した福山町の糸商松岡重助が，帰途，大阪の山田絵具店でその秘密であった硫化染料を入手して備後に持ち帰った。備後織物同業組合は硫化染料を用いた薬品染を厳禁したものの，一部の業者は同組合の管轄区域外に移転してそれを実施し，とくに沼隈郡水呑村では硫化染料が，松岡にそれを宣伝するよう勧められた糸商延岡吉松の尽力によって1905年以降，盛んに用いられるようになった。県立工業試験場が，開場早々の1908年度以来，硫化染色の当否を検討し，最終的にそれを推奨したことが大いにあずかって硫化染料は全国的にみても多量に備後地方で使われるようになり，第一次大戦期以降には同地は日本の化学染料の大生産地にもなった（阿部 [2003]）。

　日清戦後に農商務省は，海外実業練習生を外国に派遣し，また海外に商品の見本を試送したり内外に商品陳列所を設立する等の活動も行った。農商務省とともに注目されるのは外務省の活動であり，明治期の海外の経済情報はもっぱら領事報告によって日本に伝えられていたといっても過言ではない。その場合，情報は民間人に広く，しかも詳細に公開されていた（角山 [1986]）。

4 経済団体の形成

▷ **商業会議所**

「財界」という日本語は多義的で不明確であるが，ここでは「ビジネスマンの共通の利害を代表し，あるいはその間の利害の対立を調整し，国の経済政策や対外政策等に意見を開陳する経済界のリーダーの集団」(宮本又郎 [1980] 29頁。森川 [1967]，原 [1977] も参照) と理解しておこう。財界活動の本格的展開は日本工業倶楽部等が設立される第一次大戦期以降のことであろうが，明治中期にもすでにその萌芽ともいうべき動きが認められる。

それは各地に設立された商業会議所の活動である。その前身の商法会議所は1878年に東京・大阪・兵庫 (神戸) での設立に始まり，82年までに主に東京以西の36カ所に設立された。83年に東京などいくつかの商法会議所が，農商務省の通達を受けて地元協議費の援助を得られる商工会に改組したが，90年には日本の商工団体に法的性格をはじめて与えた商業会議所条例が公布され，以後商法会議所または商工会を改組し，あるいは新たに，商業会議所が全国各地に設立された。1902年には前記の条例を整備した商業会議所法が公布された (永田 [1967]，西川・阿部 [1990] を参照)。

最も早く設立された東京商法 (業) 会議所の事例を紹介しよう (この事例は，東京商工会議所 [1979]，平野隆 [1990] による)。同会議所は，1791 (寛政3) 年に「七分積金」(江戸町費の剰余による囲籾・救恤用の基金) の管理・運営のため設置された江戸町会所に由来し道路修理・窮民救済等を推進した，東京会議所 (1872年設立，77年解散) に関係していた渋沢栄一のリーダーシップの下で，益田孝，三野村利助，大倉喜八郎ら8人の発起によって設立された。その背後には工部卿伊藤博文と大蔵卿大隈重信の勧誘があったが，彼らは殖産興業なかんずく輸出振興をめざしたのみならず，条約改正の前提として世論を結集する代表機関の設立を求める外国の要請に応えることをも目的としていたという。会員制任意団体である英米とりわけイギリスの Chamber of Commerce をモデルとして設立された東京商法会議所は，渋沢会頭の下で商況・物価統計・商事慣習に関する調査報告書の作成，貸借関連の法律改正・商標条例制定の促進・

東京商法会議所創立当時の建物 東京商業会議所の前身であり、渋沢栄一らをリーダーとして活発な活動を展開した（東京商工会議所［1961］より）。

米商人会所の廃置・同業組合制度等に関わる建議，後述の横浜における連合生糸荷預所をめぐる紛議の調停等を行い，開港以降台頭した新興企業家の意向を強く反映していた。

1883年に東京商法会議所は東京商工会に改組し，会員数は増加した。会頭は引き続き渋沢であった。東京商工会の活動は主に官庁を対象とした意見活動であり，商工業の景況・変遷，商工業関連の法規・慣習，東京市区改正，東京湾築港，税制および金融，条例改正，電信・郵便関連の条約改訂，貿易振興・海外取引促進等に関する答申や建議がその主なものであったが，すでに述べた三菱と共同運輸会社の激烈な競争の調停や博覧会・共進会に対する協力も行った。

さて1890年に従来の英米モデルに代わって会議所を議員制の法的団体とするドイツ・フランスに範をとった商業会議所条例が公布され，これに基づいて翌91年東京商工会は東京商業会議所に改組された。当初会員は50人とされ，渋沢が1905年まで会頭を勤めた。日清戦後までの会議所の活動は意見活動，調査活動，業務活動等のうち前2者とりわけ意見活動が中心であり，主なものは以下の通りである。①輸出税・輸入税の廃止に関する建議・請願（1891～92年），②特別輸出港制度の整備改善に関する建議（92年），③日本製品の販路拡張に関する諮問への復申（93年），④商法の修正に関する建議（91～92年），⑤

鉱業条例の修正に関する建議 (92年)，⑥私設鉄道の買収と鉄道国有化に関する建議 (1891, 98, 1901年)，⑦「東学党の乱」に関する照会への復申 (1895年)，⑧日清戦後経営に関する建議 (1896～1901年)，⑨営業税の廃止に関する建議・請願 (1896～98年)。こうした意見のすべてが政策に影響を与えたわけではないにせよ，傘下諸企業の利害を政府に伝達する上で会議所が大きな役割を果たしていたことは否定できないであろう。

東京商業会議所がその前身も含め総じて比較的大規模な新興企業家を中核メンバーとしていたのに対して，大阪や京都などでは会員の資格制限が相違していた事情もあって，数の上で圧倒的に多かった中小規模の伝統的な商工業者が会議所の構成員に組み入れられており，その際同業組合が会議所議員の選出母体となっていた[14] (石井 [1979]，上川 [1991]。伊東 [1955] も参照)。

1914年末における全国の商業会議所数は66に達した。すでに触れた大都市以外の地方都市でも会議所の設立は進み，各地の事情を反映しつつ，例示した東京の会議所と類似の活動を展開していた (西川俊作・阿部 [1990])。なお1892年には各地商業会議所の意見を集約するために全国商業会議所連合会が発足している。

▷ 初期「財界」の指導者たち

商業 (法) 会議所の指導者たちは強いリーダーシップを発揮して民間企業を結集したのみならず，しばしば企業の設立にも関わった。たびたび登場した渋沢栄一は武蔵国 (現，埼玉県) の豪農の息子であり，家業の藍生産に従事した後，江戸に出て尊王攘夷運動に参加したが，一転して御三卿の1つである一橋家に仕え，1867年将軍慶喜の弟に随行してフランスに渡りヨーロッパの経済制度や産業の実態に直接ふれた。翌年帰国した後，69～73年の大蔵省勤務を経て第一国立銀行頭取となったが，本章に登場する王子製紙，大阪紡，東京海上，三重紡，共同運輸 (その後身の日本郵船) の設立等，約500もの実業・経済関係事業に以後，携ったといわれる (土屋 [1955]。渋沢に関する近年の研究成果として，島田 [2007] が挙げられる)。

大阪商法会議所設立の中心人物五代友厚は，薩摩国 (現，鹿児島県) の上級武士の出身。長崎海軍伝習所で学んだ後，1865 (慶応元) 年自ら藩に建言して

渡欧し，紡績機械・武器・弾薬を購入して帰国した。維新後は外国官権判事，大阪府判事等を歴任し，大阪の復興に尽力した。69年下野して大阪に金銀分析所を設立し巨利を得たといわれる。次いで多数の鉱山を統轄する弘成館，製藍業を営む朝陽館を設立・経営し，東京馬車鉄道，神戸桟橋，共同運輸，大阪商船，阪堺鉄道，大阪製銅，関西貿易等多くの会社に関係した。彼は同郷の大久保利通等を介して明治14年の政変以前の政府に対する強い発言権も持っていた（宮本又次［1981］）。

そのほか例えば名古屋では奥田正香(まさか)，京都では田中源太郎や浜岡光哲(こうてつ)，岡山では花房端連(はなぶさまさつら)，高知では川崎幾三郎(いくさぶろう)が商業会議所のリーダーを勤めるとともに多数の会社の設立に貢献した。こうした初期の「財界世話役」たちが各地に存在し，彼らの活動が近代的企業の定着を容易にしたのである。

▷ 初期の同業者団体

商業会議所と並んで注目されるのは，いくつかの近代産業の分野での同業者団体にみられる「業界」活動である。紡績業の事例をみよう。2千錘紡績の関係者が官営愛知紡績所長岡田令高(のぶたか)の呼掛けに応じて1882年に大阪で結成した紡績連合会は，当初は官製組織の性格が強く，職工の技術伝習等が期待されていたが，目立った成果を残さなかった。しかし88年に大日本綿糸紡績同業連合会と改称し，規約改正を行った後は紡績業者の自立的な組織に脱皮した。以前から規約で定められていた労働者の移動規制は，限界はあったもののその頃から効力を発揮し始め，また，綿糸輸出税の撤廃（94年実現）と綿花輸入税の撤廃（96年実現）を求める運動や，93年に日本郵船会社や綿花商社（連合会准会員）と組んで外国の汽船会社に対抗し，新設のボンベイ航路によって低廉なインド綿花を加盟紡績会社に提供するようになったインド綿花積取契約は綿工業の競争力を大いに強化した。さらに1890年恐慌の後，連合会はたびたび操業短縮すなわちカルテル活動を実施するようになるが，日清戦後の不況期の1900～01年に行われた第3次操短以来，それは実効を持ち始めたといわれる（森［1969］，高村［1971］）。

紡績連合会に類似した団体として製紙所連合会も重要である。これは1880年に設立された国内の製紙業者を網羅する団体であり，創立条規によれば洋紙

販売価格の協定，有力洋紙商との提携強化，情報交換の促進，労務協定が具体的活動とされたが，主な活動は販売価格の協定，とりわけ下等印刷用紙の市価下落防止をめざす最低価格協定であった。抄紙会社（後の王子製紙）など一部の有力企業と他の加盟会社との利害の不一致により期待された成果は容易にあがらなかったけれども，製紙所連合会の活動は紡績連合会に比べて早期からカルテル的性格が濃厚であった。その背後には 1890 年代に入って輸入代替が進行する紡績業に対して，製紙業は製紙所連合会の設立時にすでに国内市場の 3 分の 2 を掌握していた事情が存在した（四宮［1997］）。

5 貿易の展開と企業

▷ 外商の支配

　幕末の開国ののち，横浜（神奈川），長崎，函館（箱館），やや遅れて新潟，神戸（兵庫）が開港し，東京と大阪の開市も認められ，各々の地域に設けられた居留地には外国の商人・商社や銀行が進出した。居留地で外商と取引を行う日本人のうち輸出商は売込商，輸入商は引取商と呼ばれたが，不平等条約の下で外商は彼らに対し圧倒的に優位にあったのみならず，日本人の事業に外国資本が侵入する事態がしばしば出現した。

　たとえば横浜支店を中心に多様な商品を取り扱っていたイギリスの大商社ジャーディン・マセソン商会（Jardine, Matheson & Co.）は生糸の集荷に関して一部の売込商に資金を前貸しして，居留地外でも彼らを意のままに動かし，また輸出品としての重要度を高めつつあった茶の再製工場を居留地内に設けていた。輸入品については豊富な自己資金を擁する引取商が綿布等を現金で購入しえたため，生糸売込商の場合のような支配従属関係は生じなかったものの，外商は日本人商人の発展を抑圧しがちであった（ジャーディン・マセソン商会の日本における活動につき詳しくは，石井［1984］を参照）。明治初年代におけるジャーディン・マセソン商会の高島炭鉱への融資やオリエンタル・バンクの三井に対する融資に関しては，すでに触れた通りである。

　外商取扱比率は 1880 年に輸出 84％，輸入 93％，90 年に輸出 89％，輸入 75％ で，この間，輸入面での日本人商人の取扱比率の改善は進んだものの，

輸出面における外商の支配は圧倒的で,日本人による直輸出の増加は明治中期でも官民の悲願であった。

▷「組織化された企業者活動」

　ガーシェンクロン（A. Gerschenkron）によれば,後進国は工業化を開始する際,先進国が長年かかって作り上げた技術や資本を借用して近代的大工業を一挙に構築する可能性を持っている反面,資本,市場,熟練労働力,技術者,企業者性能等の受け皿が乏しい。こうした国際的可能性と国内的条件との巨大なギャップは個々の企業家の活動では到底埋められず,そこで工業化の程度に応じて,銀行や政府等が工業化の強力な組織者となり,さらにフランスのサン・シモン主義やロシアにおけるマルクス主義のようなイデオロギーも工業化の推進に重要な役割を果たす,と彼は論じた（ガーシェンクロン［2005］）。

　本節ですでにみた国家の勧業政策や商業会議所の活動も,後発工業国日本における「借りられた技術」を受け入れる基盤の整備にほかならなかったが,中川敬一郎は,さらに貿易に関わる「組織化された企業者活動」の重要性を強調した。中川は,長らく鎖国の下に置かれていた「日本の商人が工業化の前夜において外国貿易の経験も組織もまったくもちあわせていなかった」にもかかわらず,日本が「工業化の出発点において,いきなり大規模な外国貿易にまきこまれ,その外国貿易に成功することなくして工業化は一歩も進まないという状況に追い込まれ……外国貿易における企業者活動の組織化が積極的に推進されることになった」として,それを日本の工業化を可能にした1つの条件とみなした。さらに中川は,「組織化された企業者活動」を要請されたために「明治日本の企業家は……しばしば企業家個人または個々の企業の当面の利益を無視し,広く国民経済的な視野にたって意思決定せざるを得なかった」とした（中川［1967］）。以下では中川が挙げた具体例を,若干の補足を加えつつ紹介しよう。

▷　連合生糸荷預所事件

　開港以後,横浜の外商は生糸売込商に対して代金をなかなか支払わず,製品検査権を盾にとり契約を簡単に破棄するなど,恣意的な取引を続けていたが,1881年に指導的な売込商27名が蹶起して横浜に連合生糸荷預所を設立し,各

連合生糸荷預所 「商権回復」をスローガンに行われた取引慣行改善を求める運動の象徴となった荷預所は、1881年9月に開業した(『図説・横浜の歴史』編集委員会 [1989] より)。

地から集荷される生糸を共同の倉庫に保管し検査することにした。彼らはこの措置によって外商の横暴に対抗し、また荷為替金の立替えを行い生糸産地の商人と横浜の売込商との取引の促進を図ったのであり、渋沢栄一の尽力によって可能になった政府、第一・第二国立銀行、三井銀行からの500万円以上の融資が荷預所の実現を助けた。

荷預所に対して外商は取引を拒絶し、9月中旬から約2ヵ月間生糸取引は停止したが、その間横浜正金銀行は生糸取引に関係する諸銀行に対して、荷預所を通じて取引される商品に基づき発行される荷為替のみを割り引く旨を通知し、引取商もこの事件が日本側に有利に解決するまで外国との取引を中止する決議を行った。東京商法会議所も荷預所を支持し、生糸産地でも多くの製糸業者や商人が荷預所に未加入の売込商とは取引しない態度を表明した。

この事件は結局、銀行の協力が崩れたこと等によって日本側の敗北に終わったけれども、売込商のみならず銀行業者や広範な製糸業関係者等を巻き込んだ、大規模に組織化された企業者活動の最初のケースとして注目される(連合生糸荷預所事件につき詳しくは、山口和雄 [1965]、海野 [1967] を参照)。

▷ **棉花商社**

綿工業は輸入代替・輸出産業化を急速に進めた産業であるが、その発展過程においても「組織化された企業者活動」がしばしば見出される。最初の大規模

な紡績会社である大阪紡が渋沢栄一を組織者として多数の出資者を集めるのに成功したことや，大日本綿糸紡績同業連合会と日本郵船を中心にインド綿花が低廉で安定的に供給されるようになったことなどはその好例であるが，これらに関してはすでに触れた。ここでは綿花商社の活動を説明しよう。1880年代末以降，日本の綿工業は従来の国産綿花や中国産綿花に代えてインド綿花を使用するようになったが，それは90年代初期から日本の専門商社の内外綿と日本綿花，および総合商社三井物産などによって輸入されることになった。

重要なのはこれらの商社が紡績会社との緊密な提携の下で直輸入業務を始めた点である。そもそも日本綿花は原綿不足に対処するため1892年に大阪の摂津・平野・尼崎・天満の4紡績会社が創立した企業であった。またいずれも1900年頃，内外綿は大阪紡と，日本綿花は尼崎紡と，三井物産は鐘紡とそれぞれ特約を結び，これによって紡績会社は良質の綿花を低廉で，しかも安定的に入手しうるようになり，各商社も販路を確保することができた（詳しくは，高村［1971］を参照）。

▷ **総合商社**

日本には綿花商社のような専門商社のほかに総合商社が存在するのは周知の事実であろう。総合商社の定義は中川も含めて論者によりさまざまであるが，ここでは「世界各地に店舗を配置することによって多様な商品を取扱い，その国の外国貿易において重要な地位を占める貿易商社」（山崎［1987］151頁）という山崎広明説を紹介しておこう。

諸外国の商業が一般に専門的な商人・商社によって営まれてきたのに対して，総合商社は世界でもユニークな存在といわれる。山崎は上記の定義から1920年代半ばまでに三井物産，鈴木商店，三菱商事が総合商社として確立し，なかんずく三井物産が傑出した地位にあり，岩井商店と大倉商事も総合商社化しつつあったことを確認した（山崎［1987］）が，明治前・中期でも三井物産は総合商社のパイオニアとして旺盛な活動を展開していた。三井物産の成立事情についてはすでに述べたが，1876年の設立当時は米などの内地売買，軍用の絨などの輸入が主な業務であった。当時は総じて政府関係のいわゆる御用商売が多く，輸出業務はまだ本格化していなかったものとみられる。80年代に輸出品

として位置づけられるようになる米は重要取扱商品であったが，80年代半ば頃よりその取扱高は減少していったようであり，他方，創業当初より政府から一手販売権を与えられていた三池炭を中心とする，主に輸出向けの石炭の取扱高が増加していった。さらに80年代半ばの企業勃興期以降，近代的な紡績会社や鉄道会社の発展によって三井物産は紡績・鉄道関連の機械，インド棉花，後にはアメリカ棉花の輸入高を急速に伸ばし，96年にはニューヨーク支店を設置してアメリカ向け生糸直輸出を開始した。

初期の三井物産は必ずしも順調に発展していったのではない。松方デフレ期には巨額の不良債権が生じたが，それは不況の影響に加えて，同社が当時の世界経済の中心地イギリス・ロンドンに貿易をはじめ金融・海運・海上保険などの補助業務にも関わる拠点を確保（1879年ロンドン支店開設）するというリスクを負担したためであった。その直後の企業勃興期に出した巨額の損失は，国内の鉱山や北海道漁業への進出に関連していた。北海道漁業についてみれば三井物産は，北前船商人と彼らからの金融に支えられた北海道の海産物商という長期相対（あいたい）取引を続ける在来的商人たちの結束を容易に崩せなかったために，営業が振るわなかったのである。しかしながら，90年代以降には不良債権の償却が進み，三井物産の経営は軌道に乗っていった（三井物産の活動については，栂井［1974］，松元［1979］，鈴木邦夫［1981］，粕谷［2002］を参照。同社の北海道漁業への進出に関しては，中西聡［1998］も参照）。

三井物産は上記のように産業構造の変化に応じて取扱商品を多様化する過程で，世界各地に支店・出張所を設けて多数の外国と取引するようになったのみならず，外国間の貿易（三国間貿易）も行うようになった。また明治中期までは基盤整備が不十分であった外国為替取引，損害保険，海運等の貿易の補助的業務をも行い，さらに機械の輸入で培った技術的専門知識を背景に産業技術の革新者の役割も果たすようになった。一例を挙げれば，豊田佐吉が新式力織機を発明した際，三井物産はただちにその技術的・経営的可能性を評価し，1899年に豊田の事業に融資して井桁商会を設立した。のちに豊田はパートナーではなくなるものの，同商会は彼の織機を世に広めるのに大いに貢献した。

中川［1976］は，以下のような論理から日本における総合商社の出現を説明

している。
(1) 日本が工業化を開始したとき，世界市場はすでに先進国の商人たちにより支配されており，彼らと競争するために日本の貿易は初発から大規模で強力な商社によって組織されなければならなかった。
(2) 国際市場での商品取引には上記の外国為替取引などの貿易の補助業務が不可欠だが，日本ではその発展が不十分であったため，日本の貿易商社はそれらを自営せざるをえなかった。[16]
(3) そうした補助的業務も兼営する強力で大規模な商社が成立するには十分な商品取引量が不可欠だが，工業化初期の日本には，大量に輸出入しうる商品が欠けていたため，大商社は多様な商品を取引しなければならなかった。

第2章 設問

1 「明治期以降の戦前における日本経済は，政府の主導で作られた『上から』の資本主義であった」という説について論評しなさい。
2 明治前・中期における海外からの技術導入の特徴を，技術の内容と移転の担い手とに着目してまとめなさい。
3 在来産業の発展と工業化との関連について説明しなさい。
4 明治前・中期に株式会社制度が急速に普及していく中で財閥のような同族企業が発展していった理由を説明しなさい。
5 初期の工場における諸問題を列挙し，企業がそれらをどのように克服していったのかを説明しなさい。

第2章 注

1) 本章では明治政府の成立から松方デフレの終焉までを明治前期，その直後の企業勃興期から日露戦争までを明治中期と呼ぶ。
2) 阿部［1992b］には1990年代初頭までの在来産業に関する研究動向が紹介されているが，その後著しい進展を遂げたこの分野の解明は，近年の経営史学研究における1つの潮流となっている。総論的または統計的考察としては中村隆英［1997］，中村隆英・藤井［2002］，個別産業を対象とし，経営史に含められる諸業績のうち，後に紹介する谷本雅之の研究をはじめ，織物：市川［1996］，田村［2004］；酒：藤原［1999］；醬油：井奥［2006］；砂糖：植村

［1998］；茶：石井・林［1998］，寺本［1999］；肥料：中西聡［1998］，坂口［2000］，石井・中西［2006］；薬種：二谷［2003］；陶磁器：山田雄久［1996］，宮地［2004］，大森［2004］などが重要な成果である。Tanimoto［2006］，中岡［2006］も参照。

3) その後発表された宮本又郎［1999］は同様の手法による，さらに詳細な研究である。
4) 共同出資の営利企業を指す語として「商社」なる語が幕末に幕府の実務官僚により創案され，1867年設立の兵庫商社に至ってそれは幕府の公用語となったが，もともと学者集団，広義には仲間集団の意味で蘭学者が用いていた「会社」の語に明治期に入り代えられた（馬場［2001］）。
5) 安岡は，富豪の国際比較を意識してこの定義を後に次のように改めた。「財閥とは，家族または同族が出資し支配する多角的事業体であって，そのうちの大規模な事業部門（または企業）は国民経済・地方経済に大きい影響力を及ぼすほどの規模を有する」（安岡［1998］265頁）。
6) 対象の170人中には，森川［1981］では専門経営者から除かれている財閥系企業の有力番頭（三井の三野村ら）や天下り官僚（中橋徳五郎ら）も含まれているが，大勢をうかがう上で支障はない。
7) 近江商人に関する最近の代表的研究として末永［1997］，上村［2000］が挙げられる。
8) この項で紹介する事例のほか，尾高［1990］に紹介されている1894年の愛知県の工場の記述も参照。
9) 菅山［1991］は官営製鉄所で創立以来労働者の配転が盛んに行われていた事実から，生産過程に対する経営側の規制力は兵藤［1971］がいうほど弱くなかったと主張している。
10)「国法」ないし「国定」銀行とすべきところ「国立」銀行と誤訳された。
11) 日銀が1900年前後にも輸出産業に重点的に融資していたという指摘もある（佐藤政則［1985］）。また新工場建設後の尼崎紡績が1897～98年の不況の際日本勧業銀行から融資を受けて危機を乗り切った例が示すように国家の助成がまったくなくなった訳ではない。
12) 明治期の海運業の展開に関しては小風［1995］が研究水準を飛躍的に高めた。
13) 1887年から年88万円支給。
14) 地方の各産業レベルで「財界」的活動を行っていた同業組合に関しては，由井［1964］，藤田［1995］，白戸［2004］を参照。
15) 1902年さらに大日本紡績連合会と改称。
16) 補助的業務を論理の中に入れることに対する批判もある。森川［1976］を参照。

第2章 参考文献

朝倉孝吉［1961］『明治前期日本金融構造史』岩波書店。
浅野俊光［1991］『日本の近代化と経営理念』日本経済評論社。
朝日新聞社編［1994］『朝日日本歴史人物事典』朝日新聞社。
阿部武司［1983］「明治前期における日本の在来産業——綿織物業の場合」梅村又次・中村隆英編『松方財政と殖産興業政策』国際連合大学。
阿部武司［1989］『日本における産地綿織物業の展開』東京大学出版会。
阿部武司［1990］「綿工業」西川俊作・阿部武司編『日本経済史 4 産業化の時代 上』岩波書店。
阿部武司［1992a］「政商から財閥へ」法政大学産業情報センター編『日本経済の発展と企業集団』第1章，東京大学出版会。
阿部武司［1992b］「近代の地方経済」社会経済史学会編『社会経済史学の課題と展望』有斐閣。
阿部武司［2003］「戦前期備後綿織物業の展開——第一次世界大戦期までの沿革」徳永光俊・本多三郎編『経済史再考——日本経済史研究所開所70周年記念論文集』大阪経済大学日本経済史研究所。
天野雅敏・阿部武司［1989］「在来産業における資本と経営」梅村又次・山本有造編『日本経済史 3 開港と維新』岩波書店。
飯田賢一［1979］『日本鉄鋼技術史』東洋経済新報社。
井奥成彦［2006］『19世紀日本の商品生産と流通——農業・農産加工業の発展と地域市場』日本経済評論社。
井川克彦［1992］「製糸業とアメリカ市場」高村直助編著『企業勃興——日本資本主義の形成』ミネルヴァ書房。
石井寛治［1972a］「成立期日本帝国主義の一断面——資金蓄積と資本輸出」『歴史学研究』第383号，1-12頁。
石井寛治［1972b］「日本銀行の産業金融」『社会経済史学』第38巻第2号，155-179頁。
石井寛治［1972c］『日本蚕糸業史分析——日本産業革命研究序論』東京大学出版会。
石井寛治［1979］「解題『産業会議所報告』」『近代日本商品流通史資料』第6巻，日本経済評論社。
石井寛治［1984］『近代日本とイギリス資本——ジャーディン＝マセソン商会を中心に』東京大学出版会。
石井寛治［1991］『日本経済史 第2版』東京大学出版会。
石井寛治［1999］『近代日本金融史序説』東京大学出版会。
石井寛治・中西聡編［2006］『産業化と商家経営——米穀肥料商廣海家の近世・近代』名古屋大学出版会。
石井寛治・林玲子編［1998］『近世・近代の南山城——綿作から茶業へ』東京大

学出版会.
石川健次郎［1985］「企業家・経営者」経営史学会編『経営史学の二十年――回顧と展望』東京大学出版会.
石塚裕道［1973］『日本資本主義成立史研究――明治国家と殖産興業政策』吉川弘文館.
市川孝正［1996］『日本農村工業史研究――桐生・足利織物業の分析』文眞堂.
伊東俊雄編［1955］『大阪商工会議所七十五年史』大阪商工会議所.
井上洋一郎［1990］『日本近代造船業の展開』ミネルヴァ書房.
今津健治［1989］『近代日本の技術的条件』柳原書店.
今津健治［1992］『からくり儀右衛門――東芝創立者田中久重とその時代』ダイヤモンド社.
伊牟田敏充［1967］「明治中期における『会社企業』の構成――統計分析による一考察」『研究と資料』（大阪市立大学経済研究所）第25号, 20-95頁.
上川芳実［1991］「明治期京都商業会議所の議員構成」『社会科学』（同志社大学）第47号, 109-125頁.
植村正治［1998］『日本製糖技術史 1700〜1900』清文堂出版.
植村正治［1999］「台湾製糖の設立――資本と技術の結合」『経営史学』第34巻第3号, 1-22頁.
上村雅洋［2000］『近江商人の経営史』清文堂出版.
上山和雄［1982］「器械製糸の確立と製糸技術」海野福寿編『技術の社会史 第3巻 西欧技術の移入と明治社会』有斐閣.
内田星美［1990］「技術移転」西川俊作・阿部武司編『日本経済史 4 産業化の時代 上』岩波書店.
梅溪昇［1968］『お雇い外国人 1 概説』鹿島研究所出版会.
浦長瀬隆［1987］「明治期綿織物問屋と店卸帳」『名古屋学院大学論集（社会科学篇）』第24巻第1号, 57-71頁.
海野福寿［1967］『明治の貿易――居留地貿易と商権回復』塙書房.
老川慶喜［1992］『産業革命期の地域交通と輸送』日本経済評論社.
近江商人郷土館丁吟史研究会編［1984］『変革期の商人資本――近江商人丁吟の研究』吉川弘文館.
大河内暁男［1978］『産業革命期経営史研究』岩波書店.
大森一宏［2004］「愛知県の陶磁器業と前田正名の五二会運動」『愛知県史研究』第8号.
岡崎哲二［1993］「企業システム」岡崎哲二・奥野正寛編『現代日本経済システムの源流』日本経済新聞社.
岡崎哲二［1995］「日本におけるコーポレート・ガバナンスの発展」青木昌彦＝ロナルド・ドーア編『システムとしての日本企業――国際・学際研究』NTT出版.

岡本幸雄［1993］『地方紡績企業の成立と展開──明治期九州地方紡績の経営史的研究』九州大学出版会.
荻野喜弘［1993］『筑豊炭鉱労資関係史』九州大学出版会.
尾高煌之助［1990］「産業の担い手」西川俊作・阿部武司編『日本経済史 4 産業化の時代 上』岩波書店.
ガーシェンクロン, アレクサンダー（絵所秀紀・雨宮昭彦・峯陽一・鈴木義一訳）［2005］『後発工業国の経済史──キャッチアップ型工業化論』ミネルヴァ書房.（Gerschenkron, Alexander [1962] *Economic Backwardness in Historical Perspective: A Book of Essays*, Belknap Press of Harvard University Press.）
粕谷誠［1991］「日本における預金銀行の形成過程──支払準備を中心として」『社会科学研究』（東京大学社会科学研究所）第 43 巻第 3 号, 85-158 頁；第 43 巻第 4 号, 155-244 頁.
粕谷誠［2002］『豪商の明治──三井家の家業再編過程の分析』名古屋大学出版会.
加藤幸三郎［1986］「G. ワグネルと殖産興業政策の担い手たち」永原慶二ほか編『講座・日本技術の社会史 別巻 2 人物篇 近代』日本評論社.
加藤俊彦［1957］『本邦銀行史論』東京大学出版会.
鎌谷親善［1989］『日本近代化学工業の成立』朝倉書店.
上條宏之［1986］「ポール・ブリュナ──器械製糸技術の独創的移植者」永原慶二ほか編『講座・日本技術の社会史 別巻 2 人物篇 近代』日本評論社.
菅野和太郎［1931］『日本会社企業発生史の研究』岩波書店.
北政巳［1984］『国際日本を拓いた人々──日本とスコットランドの絆』同文舘出版.
清川雪彦［1995］『日本の経済発展と技術普及』東洋経済新報社.
久保文克［1997］『植民地企業経営史論──「準国策会社」の実証的研究』日本経済評論社.
黒沢清［1990］『日本会計制度発展史』財経詳報社.
桑原哲也［1993］「日本における近代的工場管理の形成──鐘淵紡績会社武藤山治の組織革新, 1900～07 年」『経済経営論叢』第 27 巻第 4 号, 47-75 頁；第 28 巻第 1 号, 17-43 頁.
小風秀雅［1995］『帝国主義下の日本海運──国際競争と対外自立』山川出版社.
小林正彬［1977］『日本の工業化と官業払下げ──政府と企業』東洋経済新報社.
坂口誠［2000］「明治後期～第一次世界大戦期における川越地方の肥料市場──伊藤長三郎家を中心に」『社会経済史学』第 66 巻第 3 号, 295-312, 365 頁.
桜谷勝美［1988］「『二千錘紡績』の苦闘──三重紡績所の場合」『三重大学法経論叢』第 5 巻第 2 号, 27-61 頁.
佐藤昌一郎［1999］『陸軍工廠の研究』八朔社.

佐藤昌一郎［2003］『官営八幡製鉄所の研究』八朔社。
佐藤政則［1985］「明治34年前後における高橋是清の日銀金融政策」『社会経済史学』第50巻5号，562-584頁。
沢井実［1990］「機械工業」西川俊作・阿部武司編『日本経済史 4 産業化の時代 上』岩波書店。
産業政策史研究所編（中村青志著）［1976］『わが国大企業の形成・発展過程——総資産額でみた主要企業順位の史的変遷』産業政策史研究所。
サンケイ新聞社［1987］『写真集 おおさか100年』サンケイ新聞社。
四宮俊之［1997］『近代日本製紙業の競争と協調——王子製紙，富士製紙，樺太工業の成長とカルテル活動の変遷』日本経済評論社。
渋谷隆一編［1984］『明治期日本全国資産家地主資料集成』第4巻，柏書房。
島田昌和［2007］『渋沢栄一の企業者活動の研究——戦前期企業システムの創出と出資者経営者の役割』日本経済評論社。
白戸伸一［2004］『近代流通組織化政策の史的展開——埼玉における産地織物業の同業組合・産業組合分析』日本経済評論社。
新潮社辞典編集部編［1991］『新潮日本人名辞典』新潮社。
新保博［1967］「株式会社制度と近代的経営の展開」『経営史学』第2巻第1号，77-97頁。
末永国紀［1997］『近代近江商人経営史論』有斐閣。
菅山真次［1991］「日本の産業化過程における熟練形成の一断面——官営製鉄所宿老工長のキャリア分析」『東北学院大学論集（経済学）』第116号，87-133頁。
鈴木邦夫［1981］「見込商売についての覚書——一八九〇年代後半〜一九一〇年代の三井物産」『三井文庫論叢』第15号，1-88頁。
鈴木淳［1996］『明治の機械工業——その生成と展開』ミネルヴァ書房。
「図説・横浜の歴史」編集委員会編［1989］『図説・横浜の歴史』横浜市市民局市民情報室広報センター。
第一銀行八十年史編纂室編［1957］『第一銀行史 上巻』第一銀行八十年史編纂室。
高寺貞男［1974］『明治減価償却史の研究』未来社。
高寺貞男［1976］「近代会計の導入と定着」由井常彦編『日本経営史講座 第2巻 工業化と企業者活動』日本経済新聞社。
高村直助［1971］『日本紡績業史序説』上下，塙書房。
高村直助［1996］『会社の誕生』吉川弘文館。
高村直助［2004］「鉱山官営政策とお雇い外国人」高村直助編著『明治前期の日本経済——資本主義への道』日本経済評論社。
武田晴人［1987］『日本産銅業史』東京大学出版会。
田中隆雄［1987］「郵便汽船三菱会社明治18年度予算書について」『東京経大学会誌』第150号，309-372頁。

田中隆雄［1989］「三菱合資会社における業績報告——明治後期の管理会計」『東京経大学会誌』第162号，291-324頁。
田中直樹［1984］『近代日本炭鉱労働史研究』草風館。
谷本雅之［1998］『日本における在来的経済発展と織物業——市場形成と家族経済』名古屋大学出版会。
Tanimoto, Masayuki ed. [2006] *The Role of Tradition in Japan's Industrialization : Another Path to Industrialization*, Oxford; New York: Oxford University Press.
谷本雅之・阿部武司［1995］「企業勃興と近代経営・在来経営」宮本又郎・阿部武司編『日本経営史 2　経営革新と工業化』岩波書店。
田村均［2004］『ファッションの社会経済史——在来織物業の技術革新と流行市場』日本経済評論社。
土屋喬雄［1955］『渋沢栄一伝』東洋書館。
角山栄編［1986］『日本領事報告の研究』同文舘出版。
靎見誠良［1991］『日本信用機構の確立——日本銀行と金融市場』有斐閣。
寺本益英［1999］『戦前期日本茶業史研究』有斐閣。
糖業協会編［1962］『近代日本糖業史 上巻』勁草書房。
東京芝浦電気株式会社編［1940］『芝浦製作所六十五年史』東京芝浦電気。
東京商工会議所編［1961］『東京商工会議所八十年の回顧』東京商工会議所。
東京商工会議所百年史編纂委員会編［1979］『東京商工会議所百年史』東京商工会議所。
東條由紀彦［1990］『製糸同盟の女工登録制度——日本近代の変容と女工の「人格」』東京大学出版会。
東條由紀彦［2005］『近代・労働・市民社会』ミネルヴァ書房。
東洋紡績株式会社東洋紡績七十年史編修委員会編［1953］『東洋紡績七十年史』東洋紡績。
栂井義雄［1974］『三井物産会社の経営史的研究——「元」三井物産会社の定着・発展・解散』東洋経済新報社。
豊島義一［1983］「明治18年の長崎造船所勘定書——明治・大正期の三菱造船所の原価計算に関する研究2」『研究年報経済学』第44巻第4号，541-555頁。
中岡哲郎［1986］「技術史の視点から見た日本の経験」中岡哲郎・石井正・内田星美『近代日本の技術と技術政策』国際連合大学。
中岡哲郎［2006］『日本近代技術の形成——〈伝統〉と〈近代〉のダイナミクス』朝日新聞社。
中川敬一郎［1967］「日本の工業化過程における『組織化された企業者活動』」『経営史学』第2巻第3号，8-37頁。
中島常雄編［1967］『現代日本産業発達史 第18巻　食品』現代日本産業発達史研究会。

永田正臣［1967］『明治期経済団体の研究——日本資本主義の確立と商業会議所』日刊労働通信社。
中西健一［1963］『日本私有鉄道史研究——都市交通の発展とその構造』日本評論新社。
中西聡［1998］『近世・近代日本の市場構造——「松前鯡」肥料取引の研究』東京大学出版会。
長野暹編著［2003］『八幡製鐵所史の研究』日本経済評論社。
中林真幸［2003］『近代資本主義の組織——製糸業の発展における取引の統治と生産の構造』東京大学出版会。
中村隆英［1971］『戦前期日本経済成長の分析』岩波書店。
中村隆英編［1997］『日本の経済発展と在来産業』山川出版社。
中村隆英・藤井信幸編著［2002］『都市化と在来産業』日本経済評論社。
中村尚史［1998］『日本鉄道業の形成 1869〜1894年』日本経済評論社。
中村尚史［2003］「地方資産家の投資行動と企業勃興——大阪府泉南郡貝塚町廣海家の事例」『経営史学』第38巻第2号，27-58頁。
西川孝治郎［1971］『日本簿記史談』同文舘出版。
西川俊作・阿部武司［1990］「概説」西川俊作・阿部武司編『日本経済史 4 産業化の時代 上』岩波書店。
日本近代史研究会編［1979］『画報日本近代の歴史 5 大日本帝国の確立』三省堂。
日本経営史研究所編［1979］『東京海上火災保険株式会社百年史』上巻，東京海上火災保険。
根岸秀行［1987］「幕末開港期における生糸繰糸技術転換の意義について」『社会経済史学』第53巻第1号，1-28頁。
野田正穂［1980］『日本証券市場成立史——明治期の鉄道と株式会社金融』有斐閣。
間宏［1964］『日本労務管理史研究——経営家族主義の形成と展開』ダイヤモンド社。
馬場宏二［2001］『会社という言葉』大東文化大学経営研究所。
原朗［1977］「財界」中村隆英・伊藤隆編『近代日本研究入門』東京大学出版会。
久野秀男［1970］「三菱会社初期の会計制度——その沿革と問題点」『学習院大学経済論集』第7巻第1号，83-98頁。
平野隆［1990］「明治前期東京における財界の形成とその性格——東京商法会議所・商工会の活動」『近代日本研究』第6巻，185-212頁。
平野綏［1990］『近代養蚕業の発展と組合製糸』東京大学出版会。
平本厚［1979］「航海・造船両奨励法と造船市場の形成——両奨励法の意義と限界」『研究年報経済学』第41巻第1号，1-20頁。
兵藤釗［1971］『日本における労資関係の展開』東京大学出版会。

藤正純（述）・大内英三（手記）［1930］『藤正純奉公話』大内英三（鐘淵紡績株式会社）。
藤井信幸［1998］『テレコムの経済史——近代日本の電信・電話』勁草書房。
藤田貞一郎［1995］『近代日本同業組合史論』清文堂出版。
藤原隆男［1999］『近代日本酒造業史』ミネルヴァ書房。
二谷智子［2003］「19世紀における配置売薬業の経営——富山県高岡市岡本家を事例として」『経営史学』第38巻第3号，22-47頁。
星野誉夫［1970-72］「日本鉄道会社と第十五国立銀行」『武蔵大学論集』第17巻第2-6合併号，77-109頁；第19巻第1号，1-22頁；第19巻第5・6合併号，117-183頁。
正木久司［1976］「株式会社制度の導入」由井常彦編『日本経営史講座 第2巻 工業化と企業者活動』日本経済新聞社。
松元宏［1979］『三井財閥の研究』吉川弘文館。
三菱鉱業セメント株式会社総務部社史編纂室編［1976］『三菱鉱業社史』三菱鉱業セメント株式会社。
三宅宏司［1993］『大阪砲兵工廠の研究』思文閣出版。
宮地英敏［2004］「近代日本陶磁器業と中小企業——瀬戸陶磁器業を事例として」『経営史学』第39巻第2号，59-80頁。
宮島英昭［2004］『産業政策と企業統治の経済史——日本経済発展のミクロ分析』有斐閣。
宮本又郎［1978］「土居通夫」安岡重明ほか『日本の企業家 1 明治篇 近代化・工業化の旗手』有斐閣。
宮本又郎［1980］「『財界』の萌芽——商法会議所の成立と活動」『経済セミナー』第308号，29-34頁。
宮本又郎［1985］「家族企業・会社制度・経営成果」同志社大学人文科学研究所編『財閥の比較史的研究』ミネルヴァ書房。
宮本又郎［1990］「産業化と会社制度の発展」西川俊作・阿部武司編『日本経済史 4 産業化の時代 上』岩波書店。
宮本又郎［1993］「戦前における日本生命のマーケティング」『大阪大学経済学』第42巻第3・4号，224-270頁。
宮本又郎［1999］「近代移行期における商家・企業家の盛衰」『同志社商学』第50巻第5・6号，529-575頁。
宮本又郎・阿部武司［1995］「明治の資産家と会社制度」宮本又郎・阿部武司編『日本経営史 2 経営革新と工業化』岩波書店。
宮本又郎・阿部武司［2005］「会社制度成立期のコーポレート・ガバナンス——大阪紡績会社と日本生命保険会社の事例」伊丹敬之・藤本隆宏・岡崎哲二・伊藤秀史・沼上幹編『リーディングス日本の企業システム第2期 第2巻 企業とガバナンス』有斐閣。

宮本又次［1981］『五代友厚伝』有斐閣。
村上はつ［1970］「三重紡績会社」山口和雄編著『日本産業金融史研究 紡績金融篇』東京大学出版会。
村瀬正章［1965］『臥雲辰致』吉川弘文館。
室山義正［1984］『近代日本の軍事と財政——海軍拡張をめぐる政策形成過程』東京大学出版会。
森芳三［1969］『明治期初期独占論』風間書房。
森川英正［1967］「企業間体制と経済発展——とくに日本の場合について」『経営史学』第2巻第1号，98-112頁。
森川英正［1973］「明治期における専門経営者の進出過程」『ビジネスレビュー』第21巻第2号，12-27頁。
森川英正［1974］「明治期専門経営者の形成とその背景」『経済系——関東学院大学経済学会研究論集』第100集，128-140頁。
森川英正［1975］『技術者——日本近代化の担い手』日本経済新聞社。
森川英正［1976］「総合商社の成立と論理」宮本又次・栂井義雄・三島康雄編『総合商社の経営史』東洋経済新報社。
森川英正［1978］『日本財閥史』教育社。
森川英正［1980］『財閥の経営史的研究』東洋経済新報社。
森川英正［1981］『日本経営史』日本経済新聞社。
森川英正・湯沢威［1980］「第一五回大会統一論題『大正期における中規模財閥の成長と限界』討議報告」『経営史学』第15巻第1号，121-130頁。
安岡重明［1976］「日本財閥の歴史的位置」安岡重明編『日本経営史講座 第3巻 日本の財閥』日本経済新聞社。
安岡重明［1998］『財閥経営の歴史的研究——所有と経営の国際比較』岩波書店。
山口和雄［1965］「外商の横暴と生糸輸出商の団結」『別冊中央公論 経営問題』第4巻第3号。
山口和雄編［1966］『日本産業金融史研究 製糸金融篇』東京大学出版会。
山口和雄編［1970］『日本産業金融史研究 紡績金融篇』東京大学出版会。
山口不二夫［1998］『日本郵船会計史——個別企業会計史の研究 財務会計篇』白桃書房。
山崎広明［1969］「両大戦間期における遠州綿織物業の構造と運動」『経営志林』第6巻第1・2合併号，95-152頁。
山崎広明［1987］「日本商社史の論理」『社会科学研究』（東京大学社会科学研究所）第39巻第4号，149-197頁。
山田雄久［1996］「明治前期における肥前陶磁器業の輸出戦略」『経営史学』第30巻第4号，32-58頁。
山田直匡［1968］『お雇い外国人 4 交通』鹿島研究所出版会。
山本潔［1994］『日本における職場の技術・労働史 1854〜1990年』東京大学出

版会。
由井常彦［1964］『中小企業政策の史的研究』東洋経済新報社。
由井常彦［1968a］「海上保険業の創業と確立——東京海上保険会社の場合」『経営史学』第3巻第1号，54-66頁。
由井常彦［1968b］「明治初年の会社企業の一考察」大塚久雄ほか編『資本主義の形成と発展——山口和雄博士還暦記念論文集』東京大学出版会。
由井常彦［1979］「明治時代における重役組織の形成」『経営史学』第14巻第1号，1-27頁。
吉田光邦［1968］『お雇い外国人 2　産業』鹿島研究所出版会。
和田英［1907-13］『富岡日記』(中公文庫版，1978年)。

第3章 近代経営の展開

明治後期から昭和初年の企業経営

担当　宇田川勝

第1節　日露戦後から昭和初年に至る日本経済

1　企業者機会の拡大（1906〜29年）

▷ **日露戦後期**

　日本は日露戦争の勝利により，朝鮮の植民地化を実現し，「満州」の権益を手中にすることで，鮮満市場を自国の経済圏に編入した。日露戦争の勝利は日本の国際的地位を上昇させ，1911年に懸案の関税自主権の完全回復に成功し，関税による国内産業の保護を可能にした。

　日本政府は日露戦後経営において，軍事産業の独立，植民地経営，産業振興策を推進する一方で，近代産業のためのインフラストラクチュアの整備に力を入れた。まず1906年3月に鉄道国有法を公布し，翌年10月までに主要私鉄17社を国有化した。その結果，国鉄は全国営業路線の91％を統括することとなり，配車や運輸の合理化を通じて，滞留・輸送時間の短縮と貨客料金の統一を実現した。次いで，07年から2670万円の資金を投じて第2次電話拡張計画を実施し，それを13年に完成させた。また，政府は教育機関の整備・拡充を

進め,07年に東北帝国大学,10年に九州帝国大学を設立し,明治末年までに帝国大学の数を4校にした。さらに,専門学校令に基づく専門学校数を02年の36校から10年の85校に増加させ,10年には義務教育の年限を4年から6年に延長した。

日本経済は日露戦争終結から第一次大戦の勃発に至るまでの期間,世界経済の景気後退と国際収支の悪化の影響を受けて,1906年と10年,12年の3年間を除いて,停滞を続け,企業の合併・合同も進行した。

そうした日本経済の低迷下でも,企業の投資活動は活発であり,1905年から12年の7年間に,法人企業の払込資本金額は9億7583万円から19億8323万円へと2倍に増加した。とくに鉱工業会社の払込資本金額の膨張は顕著で,1億8900万円から8億1400万円へと4.3倍の増加をみた。その結果,鉱工業会社の払込資本金額が全法人会社のそれに占める割合は,1905年の19.4%から12年の41.2%に急増した(栂井[1969])。

この時期,鉱工業部門の発展は,輸出の伸張によって生産を拡大した綿糸紡績,製糸などの繊維産業に代表される軽工業と在来産業によって支られており,重化学工業部門の占めるウェイトはまだ低かった。ただし重化学工業も日露戦争を契機として発展の緒につきつつあった。鉄鋼業は軍需の拡大を背景に生産額を伸ばし,機械工業分野では造船業と車輌工業が急成長を遂げ,両工業とも第一次大戦勃発時までに国際的技術水準を確保して輸入代替をほぼ実現した(沢井[1998])。このほか,日露戦争後から始まった都市化の進展の中で,電力業と電鉄業の勃興もみられた。

▷ **第一次大戦期**

1914年7月の第一次大戦の勃発は,日本経済にかつてないブームをもたらし,その構造を大きく転換させた。大戦の影響は1915年夏から輸出の激増と海運業の活況を通じて現れた。欧米諸国の戦時需要の拡大とアジア市場からの外国企業の撤退は日本製品の輸出を伸張させ,14年から18年の間に輸出額は7億3000万円から20億3000万円へと3倍に増加し,この間の輸出超過額は14億円に達した。こうした輸出の激増は海運業の活況を導き,多くの「船成金」[1]を誕生させた。そして,世界的船舶需給の逼迫の中で,運賃・傭船料とも

暴騰し，それに海上保険料などを加えた貿易外収支も大戦期を通じて約14億円の受取超過になった。

かくして，28億円にも上る正貨が流入したことにより，1914年に19億6264万円あった対外債務は18年には16億3804万円に減少し，逆に対外債権は4億4704万円から19億2541万円に増加して，日本は債務国から一挙に債権国に転じた。

こうした輸出と海運の活況は輸出関連産業と造船業の飛躍的拡大に連動し，造船業の発展は造船材料を供給する鉄鋼業の発展を導いた。さらに外国工業製品の輸入途絶と国産品に対する内需の拡大は，欧米製品の流入によって圧倒されていた重化学工業に成長と自立の機会を提供した。また，企業収益も急上昇し，大戦ブームが最高潮に達した1918年下期の企業収益率は主要産業総計で55％を記録し，企業の財務内容を著しく改善した（高橋亀吉［1954］）。

こうした市場機会の拡大と莫大な「戦時利潤」の獲得によって，産業界では未曾有の企業勃興熱が出現し，1915年から19年の間に銀行・会社による「新設・拡張事業計画」は143億7000万円にも達した。もちろん，この巨額な計画自体がすべて実行されたわけではなかった。しかし，こうした企業勃興活動により，同期間を通じて法人会社の払込資本金額は21億6800万円から82億3800万円へと一挙に60億7000万円増加した。とくに膨張が著しかったのは鉱工業部門で，それはこの間商業部門の3.6倍，運輸部門の3.2倍を上回る4.2倍の増加をみた。そして，その増加は主として大戦中に発展の機会をつかんだ，化学，機械，電機，金属などの新興の重化学工業分野における企業の増・新設によって生じた（梅井［1969］）。

このような鉱工業部門を中心とする企業勃興により，第一次大戦期を通じて全生産額に占める農業と工業の地位は逆転し，日本は農業国から工業国へ移行した。また，全工業生産高に占める重化学工業の比率は，1914年と18年の間に22.0％から33.1％に上昇し，産業構造の高度化が進行した。

▷ **第一次大戦後の長期不況期**

第一次大戦ブームは，1920年3月に発生した恐慌によって終止符を打ち，以後，日本経済は20年代を通じて相次ぐ恐慌の襲来と23年に発生した関東大

震災の打撃を受けて，不況の淵に沈淪した。そうした恐慌の頻発と外国製品の再流入の中で，大戦ブーム期に出現した「成金」型の企業家の多くはバブル景気に翻弄されて没落し，また弱小企業の倒産・減資と大企業による企業合併・合同も進行した。その結果，法人会社の払込資本金の減少は，20年代を通じて41億8400万円にも達した。一方，大企業による資本と生産の集中が進み，多くの産業分野で彼らが主導するカルテルが形成され，財閥，とくに三井，三菱，住友，安田の4大財閥による産業支配が進行した。

しかしながら，そうした厳しい状況下においても，日本経済は成長を止めたわけではなかった。1920年代の日本の実質経済成長率は国際的にみても高水準の年率3.1%の伸びを示し，工業生産も年率5.0%の成長を記録した（三和［1993］）。

こうした成長は都市化の進展と電力業の発展に先導された産業部門の投資拡大を通じて実現した。日露戦争後に始まり，第一次大戦中に進行した人口の都市集中現象は，大戦後も続き，電力，鉄道（国鉄，私鉄），ガス，土木建築などの都市関連事業に対する投資を促進した。これらの都市関連事業の進展は，第一次大戦後，不振業種になった造船業に代わって，鉄鋼業の生産拡大を支えた。そして，都市化の進行は，第3次産業を中心とする「都市型」産業の発展を導いた。

電力業の果たした役割も大きかった。1914年に長距離高圧送電を開始した電力業界では，大戦中から戦後にかけて，都市部の電力需要の拡大を見越した5大電力会社（東京電燈，東邦電力，宇治川電気，大同電力，日本電力）を中心に信濃川，梓川などの中部山岳地域で大規模な電源開発競争が起こった。大型水力発電所と長距離高圧送電設備の建設は，それ自体巨額の設備投資を必要とするとともに，電気機械，電線ケーブルに対する需要を増大させた。また，電力各社の電源開発競争は，電気料金の低下をもたらし，過剰電力を発生させた。電気料金の低下は在来・中小企業分野の工場電化・機械化を推し進め，そこでの電動機の利用は電気機械産業のさらなる成長を導いた。そして，過剰電力の発生は，電力を利用する硫安，レーヨン，電気精錬などの電力多消費型産業の勃興をもたらした（橘川［2004］）。

電気機械と電力多消費型産業とを両軸とする重化学工業は，1920年代の不況の進行と外国製品の再流入の中でも，電力業の発展に支えられて生産額を拡大し，第一次大戦中に始まった産業構造の高度化の牽引車的な役割を果たした。

2 産業構造の変化と大企業の盛衰

表3-1は，第一次大戦勃発時の1914年下期，大戦ブームが頂点に達した18年下期，そして昭和恐慌直前の29年下期の3時点での鉱工業資産上位100社の産業別分布をみたものである。これによれば，3時点における鉱業分野の企業数はほとんど変化していない[2]。これに対して，軽工業分野と重化学工業分野の企業数は大きく変動している。まず軽工業分野の企業数は，61社→54社→48社へと減少し，逆に重化学工業分野のそれは29社→37社→42社に増加している。両事業分野における企業数の増減は，この間に産業構造の高度化が着実に進行していたことを意味する。

次にこの時期の3事業分野の企業数の変動要因をみれば，鉱業分野では大戦ブーム期，戦後不況期を通じて企業の新規・退出数がほぼ均衡していたのに対して，軽工業分野では退出企業が新規企業を上回り，重化学工業分野では逆の現象が生じていた。軽工業分野で退出企業が多かったのは，この間，大企業同士の合併・合同が盛んであったことによる。この分野では繊維工業，紙・パルプ工業を中心に買収・合併によって退出した企業は大戦期に10社，戦後不況期に12社を数えた。

いずれにしても，第一次大戦期と戦後不況期に新規・退出企業がそれぞれ30社，32社を数えたという事実は，この間における企業間競争の激しさと，企業の栄枯盛衰を物語るものである。

次にそうした企業の盛衰をみるために作成したのが表3-2と表3-3である。これによれば，1914年下期，29年下期の両時点とも100社内に登場しているのは51社であり，47社はこのランキング表から退出し，49社が登場している。そして，上位100社に残っていても，その順位を上下させている企業も多い。

表3-3で注目されるのは，この15年の間にランキング表に登場した企業の資産額が著しく増大していることである。たとえば，両時点で第1位企業であ

表 3-1　鉱工業資産上位 100 社の産業別分布

産　業	企　業　数			企業数変化の要因			
				新規	退出	新規	退出
	1914年下期	1919年下期	1929年下期	1914～19年		1919～29年	
鉱業分野	10	9	10	3	4	4	3
金属工業・金属製品	4	2	4	0	2	2	0
鉄　鋼	3	10	8	7	0	1	3
輸送用機器	6	6	9	1	1	3	0
電気機器・一般機械	2	4	7	2	0	4	1
石　油	2	2	1	0	0	0	1
化　学	7	10	8	4	1	3	5
窯　業	5	3	5	0	2	3	1
重化学工業分野計	29	37	42	14	6	16	11
紙・パルプ	5	7	5	4	2	0	2
繊　維	31	27	25	4	8	8	10
水産・食料品	22	18	18	5	9	4	4
その他	3	2	0	0	1	0	2
軽工業分野計	61	54	48	13	20	12	18
合　計	100	100	100	30	30	32	32

（出所）　産業政策史研究所［1976］より作成。

った川崎造船所の 1914 年下期の資産額 4098 万円を 29 年下期のランキング表にあてはめてみれば，その順位は 34 位の三菱製鉄と 35 位の横浜船渠の間に位置する。

　次に指摘できる点は，1929 年下期時点で 100 社内に新たに登場した企業の大半は重化学工業分野に所属しており，しかもその多くが財閥系企業であったことである。これは，主要財閥が第一次大戦ブーム期から戦後にかけて重化学工業分野に進出を図ると同時に，コンツェルン組織を採用し，直営事業の多くを株式会社に改組したことによる。その結果，29 年下期時点での資産上位 100 社のうち，主要財閥系企業は三井の 11 社を筆頭に三菱 7 社，住友，浅野各 4 社，古河 3 社，安田 2 社，藤田 1 社，野村 1 社の計 33 社を数えた。

表 3-2 上位 100 社に登場した企業と退出した企業 (1914 年下期→1929 年下期)

上位 100 社に登場した企業 (49 社)			*は主要財閥系
樺 太 工 業	東 洋 製 鉄	上 海 製 造 絹 糸	大 分 セ メ ン ト
*三 菱 造 船	*東京瓦斯電気工業	*東 洋 レ ー ヨ ン	鈴木商店(味の素)
*三 菱 鉱 業	*日 本 紙 業	豊 年 製 油	*大日本セルロイド
朝 鮮 窒 素 肥 料	*住 友 別 子 鉱 山	*三 菱 航 空 機	*富 士 電 機 製 造
日 魯 漁 業	郡 是 製 糸	*住 友 伸 銅 鋼 管	合同油脂グリセリン
片 倉 製 糸 紡 績	日 華 紡 織	共 同 漁 業	服 部 商 店
大 日 本 製 氷	*川 崎 車 輛	森 永 製 菓	*浅 野 小 倉 製 鋼 所
星 製 薬	*日 立 製 作 所	*三 菱 電 機	豊 田 紡 織
*三 菱 製 鉄	藤 永 田 造 船 所	*住 友 電 線 製 造 所	旭 絹 織
*古 河 鉱 業	*藤 田 鉱 業	磐 城 セ メ ン ト	*住 友 製 鋼 所
*電 気 化 学 工 業	明 治 鉱 業	錦 華 紡 績	
*帝 国 人 造 絹 糸	日 本 電 気	*三 菱 製 紙	
*釜 石 鉱 山	*旭 硝 子	三 共	

上位 100 社から退出した企業 (47 社)			*は合併により退出
*宝 田 石 油	*南 日 本 製 糖	大 阪 織 物	*東 亜 製 粉
加 納 鉱 山	日 本 皮 革	*四 日 市 製 紙	*土 佐 紙
*日 本 紡 績	*台 湾 塩 業	帝 国 麦 酒	*東 京 板 紙
*東 洋 製 糖	東 洋 捕 鯨	天 満 織 物	*日 本 毛 糸 紡 績
*上 毛 モ ス リ ン	*関 東 酸 曹	*堺 紡 績	横 浜 魚 油
後 藤 毛 織	大 阪 ア ル カ リ	*大 分 紡 績	大 阪 電 気 分 銅
*石 狩 石 炭	秋 田 木 材	品 川 白 煉 瓦	大 阪 窯 業
日 本 製 布	*東 京 製 絨	日 出 紡 織	日本ペイント製造
和 歌 山 紡 織	汽 車 製 造	日 本 化 学 工 業	
*北 港 製 糖	入 山 採 炭	京 都 織 物	
東 亜 煙 草	*台 北 製 糖	大 東 鉱 業	
九 州 炭 礦 汽 船	*沖 台 拓 殖 製 糖	藤 倉 電 線	
*東 京 キ ャ リ コ 製 織	大 日 本 塩 業	佐 賀 セ メ ン ト	

(注) 1) 主要財閥は表 3-5 に登場する財閥。なお、1929 年時点では藤田、鈴木、久原、川崎＝松方、村井は崩壊していたが、第一次大戦期以降の主要財閥の多角化戦略の動向をみるために、この 5 財閥が設立・経営した企業も含めた。
2) 財閥系企業は各財閥の直系会社、支配的子会社に限定した。
3) 退出企業数と登場企業数が一致しないのは、1914 年下期に登場していた 4 社が 2 社ずつ合同し、29 年下期には 2 社になったからである。表 3-3 の注を参照。

(出所) 産業政策史研究所 [1976] より作成。

表 3-3　鉱工業資産上位 100 社

(a)　1914 年下期

(単位：1,000 円)

順位	社名	総資産額	順位	社名	総資産額
1	川崎造船所	40,983	51	小野田セメント製造	3,808
2	鐘淵紡績	40,285	52	加富登麦酒	3,781
3	東洋紡績	33,922	53	東京キヤリコ製織	3,710
4	北海道炭礦汽船	31,918	54	南日本製糖	3,660
5	台湾製糖	30,152	55	東京電気	3,651
6	大日本製糖	29,263	56	日本皮革	3,524
7	日本製鋼所	29,125	57	台湾塩業	3,518
8	富士瓦斯紡	27,015	58	神戸製鋼所	3,401
9	三井鉱山	25,774	59	東洋モスリン	3,386
10	日本石油	22,477	60	日清製粉	3,341
11	久原鉱業	21,747	61	東京製鋼	3,322
12	宝田石油	19,867	62	東洋捕鯨	3,200
13	明治製糖	18,798	63	東京石川島造船所	3,199
14	大日本人造肥料	16,658	64	関東酸曹	3,140
15	富士製紙	14,464	65	大阪アルカリ	3,086
16	塩水港製糖拓殖	14,038	66	麒麟麦酒	3,066
17	王子製紙	13,968	67	浦賀船渠	2,942
18	大日本麦酒	10,723	68	秋田木材	2,886
19	内外綿	10,463	69	東京製絨	2,881
20	尼崎紡績	9,878	70	汽車製造	2,869
21	摂津紡績	8,835	71	入山採炭	2,835
22	浅野セメント	8,238	72	台湾製糖	2,754
23	日本毛織	7,523	73	沖台拓殖製糖	2,738
24	帝国製麻	7,487	74	大日本塩業	2,702
25	大阪合同紡績	7,285	75	大阪織物	2,583
26	大阪鉄工所	6,830	76	四日市製紙	2,550
27	新高製糖	6,671	77	ライ島燐礦	2,311
28	加納鉱山	5,754	78	帝国麦酒	2,269
29	日本紡績	5,745	79	東京毛織物	2,257
30	東洋製糖	5,618	80	天満織物	2,252
31	日本窒素肥料	5,555	81	日本製鋼管	2,237
32	上毛モスリン	5,538	82	堺紡績	2,234
33	日清紡績	5,469	83	大分紡績	2,222
34	帝国製糖	5,381	84	磐城炭礦	2,067
35	芝浦製作所	5,147	85	品川白煉瓦	2,066
36	後藤毛織	4,954	86	日出紡	2,047
37	石狩石炭	4,814	87	日本化学工業	2,027
38	日本製麻布	4,804	88	京都織物	1,952
39	岸和田紡績	4,802	89	大東鉱業	1,918
40	和歌山紡織	4,744	90	藤倉電線	1,887
41	横浜船渠	4,658	91	佐賀セメント	1,852
42	横浜電線製造	4,605	92	東亜製粉	1,846
43	北港製糖	4,521	93	土佐紙	1,801
44	東京モスリン紡織	4,422	94	東京板紙	1,787
45	倉敷紡績	4,371	95	日本毛糸紡績	1,782
46	福島紡績	4,346	96	横浜魚油	1,778
47	東亜煙草	4,146	97	大阪電気分銅	1,775
48	日本製粉	4,086	98	台南製糖	1,756
49	九州炭礦汽船	4,084	99	大阪窯業	1,735
50	毛斯綸紡織	3,878	100	日本ペイント製造	1,728

(注)　久原鉱業＝日本鉱業，加富登麦酒＝日本麦酒鉱泉，横浜電線製造＝古河電気工業，毛斯綸
(出所)　産業政策史研究所 [1976] より作成。

第 3 章　近代経営の展開

(1914 年下期, 1929 年下期)
(b) 1929 年下期

(単位：1,000 円)

順位	社名	総資産額	順位	社名	総資産額
1	川崎造船所	239,848	51	東京電気	33,502
2	富士製紙	159,642	52	帝国製糖	32,773
3	王子製紙	154,228	53	東洋モスリン	32,758
4	鐘淵紡績	145,989	54	東京瓦斯電気工業	32,404
5	樺太工業	117,353	55	日本紙業	32,209
6	大日本紡績	116,398	56	古河電気工業	31,555
7	三菱造船	112,341	57	日本麦酒鉱泉	29,984
8	三井鉱山	111,827	58	住友別子鉱山	29,414
9	東洋紡績	111,490	59	郡是製糸	29,384
10	東台湾製糖	109,539	60	日華紡織	28,094
11	大日本製糖	107,141	61	川崎車輛	27,971
12	日本石油	106,481	62	日立製作所	27,249
13	三菱鉱業	101,186	63	藤永田造船所	26,665
14	明治製糖	90,974	64	福島紡績	25,840
15	日本窒素肥料	90,271	65	藤田鉱業	25,650
16	北海道炭礦汽船	89,793	66	明治鉱業	25,029
17	塩水港製糖	89,302	67	日本電気	24,302
18	浅野セメント	89,030	68	旭絹糸	24,123
19	大日本麦酒	83,795	69	上海製造絹糸	23,690
20	日本毛織	83,225	70	東洋レーヨン	22,743
21	朝鮮窒素肥料	81,333	71	東京製綱	22,695
22	大日本人造肥料	77,902	72	豊年製油	22,520
23	富士瓦斯紡績	74,004	73	麒麟麦酒	22,080
24	日魯漁業	64,362	74	三菱航空機	22,004
25	日本鉱業	62,769	75	岸和田紡績	21,825
26	片倉製糸紡績	53,998	76	新高製糖	21,332
27	日本製鋼所	51,427	77	住友伸銅鋼管	21,196
28	合同毛織	49,619	78	共同漁業	20,855
29	大阪合同紡績	49,380	79	台南製糖	20,747
30	神戸製鋼	48,909	80	森永製菓	20,650
31	大日本製氷	44,175	81	三菱電機	20,378
32	星製薬	43,427	82	住友電線製造所	20,048
33	内外綿	42,391	83	磐城セメント	19,250
34	三菱製鉄	41,413	84	錦華紡績	18,789
35	横浜船渠	39,461	85	三菱製紙	18,470
36	古河鉱業	39,148	86	ラサ島燐礦	18,109
37	倉敷紡績	38,814	87	三共	18,091
38	大阪鉄工所	38,781	88	大分セメント	17,481
39	日清紡績	37,984	89	鈴木商店（味の素）	17,003
40	日清製粉	36,553	90	大日本セルロイド	16,748
41	東京モスリン紡織	35,904	91	富士電機製造	16,744
42	日本鋼管	35,850	92	磐城炭礦	16,625
43	帝国製麻	35,729	93	浦賀船渠	16,214
44	電気化学工業	35,412	94	合同油脂グリセリン	16,187
45	日本製粉	35,343	95	服部商店	15,811
46	小野田セメント製造	35,103	96	浅野小倉製鋼所	15,648
47	帝国人造絹糸	34,931	97	豊田紡織	15,042
48	釜石鉱山	34,556	98	東京石川島造船所	14,651
49	東洋製鉄	33,716	99	旭絹織	14,424
50	芝浦製作所	33,701	100	住友製鋼所	14,360

紡織＋東京毛織物＝合同毛織，尼崎紡績＋摂津紡績＝大日本紡績。

第2節　大企業時代の到来

1　企業の合併・集中運動とカルテル活動

▷ **企業集中の進展**

　日本の産業革命を担った紡績業，製紙業などの軽工業分野では，明治末年までに大規模経営体が出現した。そして，これらの分野では，日露戦争後の不況期と第一次大戦後の景気後退過程を通じて，大企業による企業の合併・集中運動が進行した。

　そうした合併・集中運動を最も大規模に展開したのは，量産体制を早期に確立した紡績業であった。この産業では日清戦争後の不況期に，鐘淵紡績，大阪合同紡績，摂津紡績の3社によって，企業合併・集中運動が開始された。そして，日露戦争後から第一次大戦期にかけて富士紡績と東京瓦斯紡績，大阪紡績と三重紡績，尼崎紡績と摂津紡績のような大手企業同士の合同も行われ，1918年までにこれらの企業合同によって誕生した富士瓦斯紡績，東洋紡績，大日本紡績に鐘淵紡績，大阪合同紡績を加えた5大紡績会社で，日本の綿糸紡績生産の60%を支配した。

　製紙業，とくに洋紙生産においては，第一次大戦以前から垂直統合と水平統合戦略を積極的に展開した王子製紙，富士製紙，樺太工業の3社が競争優位を確立した。この3社は大戦末期から戦後にかけて中小規模の製紙会社を吸収合併し，1931年には全洋紙生産の86.6%を支配した。そして，3社は33年に大合同し，製紙業界における一大トラスト，「大」王子製紙を誕生させた（四宮俊之［1997］）。

　このほか，鉱工業分野では鉱山業（産銅，石炭，石油），セメント業，人造肥料業，毛織物業，製糖業で，公益事業部門では電力業において，主力企業が設備拡張を図る一方，中小規模企業の合併・集中を推し進めて経営規模を拡大し，産業の寡占化が進行した。

　最後に銀行業についてみれば，第一次大戦後の相次ぐ恐慌の発生の中で，中小銀行の破綻が続出した。そのため，政府は弱小銀行の合併・合同を勧告し，

「大」王子製紙　王子・富士・樺工の3社合併の気運を伝える東京日日新聞1932年8月24日の報道記事（毎日新聞社）。

さらに1927年には銀行法を改正して，銀行を資本金100万円以上の株式会社に限定した。その結果，普通銀行数は，20年から31年にかけて1326行から683行へと減少した。一方，この恐慌過程を通じて，すでに5大銀行としての地歩を確立していた三井，三菱，住友，安田，第一の各行は，破綻銀行の一部を取り込んで，規模と信用力を増強し，1931年には全銀行預金高の38.2%，貸出高の29.5%を支配した（加藤［1957］，伊牟田［2002］）。

▷ **カルテルの結成とその機能**

このような各産業分野の企業合併・集中運動は，長期的不況下における過剰生産への対処と過当競争の排除を目的として展開された。その意味では，それは産業の合理化策でもあった。そして，企業合併・集中運動により成立した大企業は，自社の優位を確保するため各種の経営合理化を推進する一方，業界組織の合理化をめざして同業者団体を結成し，カルテル活動を展開した（表3-4）。

カルテル組織は，①企業間の競争抑制と利害対立の調整，②個別企業に欠けている経営資源の補完，の2つの機能を果たすために結成された。多くのカルテルは，①の機能を実現するために，各社間の生産・供給・販売・価格に関する協定を締結した。それらの協定は不況期には効果を発揮した。しかし，カルテル組織は，多くの場合短命に終わった。また，独占価格の設定によって独占利潤の創出を図ることもできなかった。なぜならば，軽工業の場合はカルテル

表 3-4 日本におけるカルテルの発達

	重工業	化学工業	繊維工業	食料品工業	合　計
～1914 年	—	5	1	1	7
15～26 年	5	6	1	—	12
27～29 年	6	1	3	2	12
30 年	7	4	3	3	17
31 年	9	10	3	2	24
32 年	3	4	—	—	7
(不　詳)	3	1	—	—	4
合　計	33	31	11	8	83

(出所)　高橋亀吉 [1933]。

　結成後もアウトサイダー企業が常に存在し，また新規参入企業を阻止することができず，重化学工業と鉱業の場合は，外国製品の輸入圧力によって，カルテル内部の競争を長期間にわたって抑制することが不可能であったからである。この時期のカルテル活動は常に競争と共存していたのである。
　一方，各社の不足する経営資源を補完して業界全体の合理化を図ることを目的とするカルテル組織による②の機能は，景気変動にかかわりなく有効に作用した。それらの主なものは，ⓐ労働者争奪の防止，ⓑ原材料の共同購入・共同輸送，ⓒ製品販路の拡張，ⓓ有利な条件での資金調達，ⓔ情報の収集と伝達，などであった。
　これらの諸機能は企業の事業活動にとって不可欠であった。それゆえ，多くのカルテル組織は加盟各社に代わって，それらの機能のすべて，あるいはそのいくつかを遂行した。それらはカルテル加盟各社の経営負担を軽減させるとともに，産業全体の合理化と競争力の強化に貢献した（橘川 [1991]，橋本・武田 [1985]）。

2　4 大財閥の覇権確立

▷ 財閥の多角化活動

　第一次大戦ブームの出現は財閥に絶好の成長機会を提供した。この時期の空前の市場機会と高収益を利用して，各財閥は先行者にキャッチアップするため，

表 3-5 第一次大戦前後の各財閥コンツェルンの多角化

1908年以前の主たる事業基盤	コンツェルン名	鉱業		製造業									流通業		金融業			鉱業	製造業	流通業	金融業
		石炭	金属	繊維	製紙	窯業	化学	製鉄	非鉄	造船	電機	その他機械	商社	海運	銀行	保険	証券				
総合	三井	△	△	△	△	△	○	○		○	○	○	△	△	△	○		△	△	△	△
	三菱	△	△		△	○	○	△	○	△	○	○	△	△	△	△		△	△	△	△
	住友	△	△			○	○	△	○			○			△			△	△		△
鉱業	古河	○	△				○		○		○				○			△	○		○
	久原	○	△				○		○				○		○			△	○	○	○
	藤田	○	△				○		○						○			△	○		○
製造業	浅野	△	○			△		○		○		○	○	○	○			○	△	○	○
	川崎=松方							○		△		○		○	○				△	○	○
流通業	大倉	○				○		○				○	△		○			○	○	△	○
	鈴木	○		△			○	○					△	△	○			○	○	△	○
	岩井	○					○	○					△		○			○	○	△	○
金融業	安田	×	△	△	○										△	△	△	×	○		△
	野村														△		△				△
	村井														△						△

(注) 1) 1909〜23年の状況を示した。○は進出，△は継続，×は撤退を，それぞれ意味する。
2) 直系会社ないし傍系会社の子会社の動向も含む。
3) 各業界における影響力がきわめて小さい事業活動については，表示しなかった。
(出所) 橘川[2002]，宇田川[2005]。

また，彼らを追う富豪の多くが新しい財閥の形成を企図して，積極的な拡大戦略を展開した（森川[1981b]）。

表 3-5 は第一次大戦前後の主要財閥の事業範囲をみたものである。これによれば，1908年の時点で鉱業，製造業，流通業，金融業の4事業分野のすべてに進出していたのは三井，三菱だけであり，住友，安田，浅野は3分野に進出していた。この5財閥，とくに三井・三菱は明治末年には他の財閥に大きな経済力格差をつけていたのである。しかし，第一次大戦直後の時点では三井，三菱のほか浅野，古河，久原，鈴木が4事業分野進出を果たし，また，大倉，藤田，川崎（正蔵系）=松方，野村，村井は3事業分野に展開し，住友と肩を並べた。3事業分野以上に多角経営を展開した財閥を総合財閥と呼ぶならば，明治

第2節 大企業時代の到来

末年に4財閥であった総合財閥は，第一次大戦終了時には12財閥を数えたのである。

各財閥の多角化の内容をみれば，まず第1に，明治末年までに総合財閥としての地歩を築いていた三井，三菱，住友は，大戦ブーム期に重化学工業分野に進出した。三井の場合，三井鉱山，三井物産を通じて重化学工業分野に進出した。まず1913年に，三井鉱山は北海道炭礦汽船の経営権を手中にし，その子会社輪西製鉄所と日本製鋼所を通じて鉄鋼事業への進出を果たした。さらに24年には田中長兵衛家の経営する田中鉱山を買収し，それを釜石鉱山と改称した。また，三井鉱山は12年に三池炭鉱の付属工場として焦煤工場を設置し，それを18年に三池染料工業所に昇格させ，日本初の国産化学染料の生産を開始した。他方，三井物産は17年に造船部を新設し，岡山県に三井造船の前身である玉造船場を設立した。このほか，三井は14年設立の電気化学工業に資本参加し，同社を傍系会社とした。

三菱の場合，直営事業を分離独立させる形で重化学工業分野に進出した。まず1917年に三菱合資鉱山部が経営する朝鮮の兼二浦鉄山を分離して三菱製鉄を創設し，さらに大戦後，三菱造船神戸造船所を母体として三菱内燃機製造，三菱電機の2社を設立した。また，三菱は4代目当主岩崎小弥太の弟俊弥が設立した旭硝子を通じて，17年にアンモニア法ソーダー工業に進出した。

住友の場合も三菱と同様に直営事業を基盤として重化学工業への進出を図った。まず1915年に住友鋳鋼場を株式会社住友鋳鋼所に改組（20年，住友製鋼所に改称）し，さらに19年には住友伸銅所を介して岸本製鉄所を買収し，製鋼事業を拡充した。ついで伸銅・電線事業の技術強化を図るため，20年には住友電線製造所を株式会社に改組し，アメリカのインターナショナル・ウェスタン・エレクトリックおよびその子会社日本電気と資本・技術提携を行った。また，21年に住友伸銅所はジュラルミンの生産を開始し，翌22年には日米板硝子（31年，日本板硝子と改称）の経営権を獲得した。

第2に特定の産業を資本蓄積基盤として発展を遂げた安田を除く古河などの後発財閥は，大戦景気に沸く海外貿易，海運，造船，製鉄の4大花形産業と銀行部門の拡充およびそれら分野への新規参入を積極的に推進した。彼らは，と

くに戦略業種として海外貿易と銀行を選び，その拡大を通じて三井，三菱の規模に迫ることを企図した。すなわち，古河，浅野，野村は両事業分野に，久原は海外貿易部門，藤田と村井は銀行部門に新規参入した。そして，すでに商社を設立していた大倉，鈴木，岩井は海外貿易業務の拡大を，川崎＝松方は既設の神戸川崎銀行の子会社化を企図した。とくに鈴木，久原，古河の海外貿易事業の拡充は顕著で，たとえば，鈴木商店は，「三井三菱を圧倒する乎　然らざるも彼等と並んで天下を三分する乎」という方針の下に（白石［1950］106頁），第一次大戦勃発から3カ月後全商品，船舶に対するいっせい買い出動の政策をとり，1917年には商品取引高において三井物産を凌駕した。また新設の古河商事と久原商事も瞬く間に業容を拡大し，最大の収益獲得部門となった。

　第3に明治期に非金融事業分野にも展開を図った安田が多角化に対して消極的な態度をとったことである。安田は大戦ブーム期にすでに進出していた石炭事業などから撤退し，銀行業を中心とする金融部門の拡充に力を注いだ[3]（宇田川［2005］）。

▷ **財閥間の優劣**

　このような財界地図の再編を賭けて展開された財閥間の競争は，1920年恐慌の勃発に始まる景気後退局面の中で帰趨を決し，財閥間の優劣を明確にした。表3-6は，28年末時点で主要財閥の事業規模を，傘下企業の払込資本金額を尺度として比較したものである。これによれば，三井，三菱の優位はゆるがず，安田と住友が両者に次ぐ地位を占め，浅野，古河，大倉は直系会社の面で住友に水をあけられていた。そして，同表に登場していない鈴木，藤田，久原，村井はすでに第一次大戦後の相次ぐ恐慌の中で破綻していた。

　こうした各財閥の優劣と崩壊は大戦ブームから大戦直後にかけて展開された多角化戦略の結果によって生じた。まず第1に，三菱，古河，浅野，藤田，村井，野村は，大戦中に銀行を設立したが，このうち古河の古河銀行，浅野の浅野昼夜銀行は大戦後に極度の経営不振に陥った。両行とも規模が小さかったため，不況の進行の中で預金者の信用を得られず，預金高を大幅に減少させた。それに加えて，両財閥の傘下事業の不振や破綻によって貸付金が固定化したからである。その結果，浅野昼夜銀行は日本銀行の斡旋で1922年に安田財閥に

表 3-6　主要財閥の払込資本金（1928 年末）

(単位：1,000 円)

	直系会社	直系会社の子会社	傍系会社	傍系会社の子会社	総　　計
三井	242,000	203,959	203,578	199,599	849,136
三菱	225,625	124,793	181,050	61,475	592,943
安田	159,488	18,048	66,992	4,119	248,647
住友	132,050	8,098	46,990	375	187,513
浅野	82,247	—	70,180	—	152,427
大倉	33,719	12,530	97,489	5,468	149,206
川崎	49,505	40,297	6,083	—	95,885
古河	42,650	9,653	16,600	2,575	71,478

(注)　川崎は川崎八郎衛門家の経営する金融事業を中心とする財閥である。
(出所)　高橋亀吉 [1930] より作成。

譲渡され，また，古河銀行も後述する古河商事の破綻によって大打撃を受け，31 年に店舗と預金・貸出を第一銀行と東京貯蓄銀行に引き継がせた上，解散した。このほか，川崎＝松方傘下の神戸川崎銀行も事情は同じで，20 年に十五銀行に吸収合併された。

　第 2 は，1920 年恐慌の襲来の中で，長年の貿易経験を有する三井物産，大倉商事以外の財閥商社が投機取引の失敗によって，巨額の赤字を計上したことである。とくに第一次大戦中の貿易ブームに便乗して事業拡張を図った鈴木商店，古河商事，久原商事の受けた打撃は甚大であった。

　第 3 は，海運，造船，製鉄ブームが第一次大戦後消滅し，これらの分野に積極的展開を図った久原，浅野，川崎＝松方，鈴木などの経営を圧迫したことである。

　こうした多角化戦略の結果，久原と鈴木は商社部門で受けた打撃を回復することができず，藤田と村井は銀行経営の失敗が致命傷となり，崩壊した。また，第一次大戦後も造船部門におけるストック・ボート（大量生産の規格船）増産政策に固執した川崎＝松方も海運不況の進行の中で挫折した。そして，商社，銀行両部門で打撃を受けた古河と浅野は，大戦後両部門の後始末に追われて，重化学工業分野の企業を十分に育成することができず，総合財閥への道を断念しなければならなかった。また，野村と岩井は 1920 年恐慌時に商事部門で損失

を蒙り，大倉は商事部門での損失を回避したものの，大戦中に投下した炭鉱業への投資が十分な収益を生まず，飛躍の機会をつかむことはできなかった。

　これに対して，三井は第一次大戦ブーム期に獲得した高収益を守り抜き，大戦後それを保険，信託業などの金融部門と重化学工業部門に投下することで，財閥首位の座を堅持した。三菱は貿易事業でつまずいたが，その損失を多角経営の総合力で十分にカバーし，三井に次ぐ地位を確保した。そして，大戦中に商社設立を回避するなど慎重な経営行動をとった住友と，大戦中から戦後にかけて利益のあがらない事業部門を整理し，金融関連事業分野に集中した安田が三菱に次ぐ位置を占めた（森川［1978］，宇田川［2005］）。

　これらの結果，第一次大戦後の不況過程を通じて，上記4大財閥の経済力は著しく増強し，1928年末にはその支配下の銀行・会社の払込資本金合計額は，18億7824万円に達した。この額は当時の全国銀行・会社払込資本金額の15％に相当するものであった（栂井［1969］）。

▷　財閥の組織化

　三井財閥は1909年に財閥同族の全額出資による三井合名を設立する一方，三井銀行，物産，鉱山などの直営事業を順次株式会社に改組し，前者が後者の株式を排他的に所有して事業経営を統轄管理するコンツェルン体制を構築した。そして，他の財閥も12年から23年にかけて，三井にならって持株会社を設立・整備し，あるいはそれと前後して直営事業を株式会社に改組することによって，コンツェルン形態を採用した。財閥のコンツェルン化の契機は，所得税制度の変化への対応，とりわけ第一次大戦中の戦時利得税の創設と20年の法人所得税法の改正によって過重となった税負担の軽減を図ることにあった。その意味で，当時，このコンツェルン化は「法人成り」と呼ばれた。しかし，合名・合資会社に比べて株式会社のほうが節税上有利であったにもかかわらず，浅野以外の財閥は持株会社に関しては資産・事業内容の公開を嫌って，株式会社の採用を見送った。

　ただし，節税対策は財閥のコンツェルン化のきっかけにすぎず，その主眼は財閥の多角事業経営に見合ったコーポレート・ガバナンス（企業統治）[4]体制の構築を意図した，以下の諸点にあった。

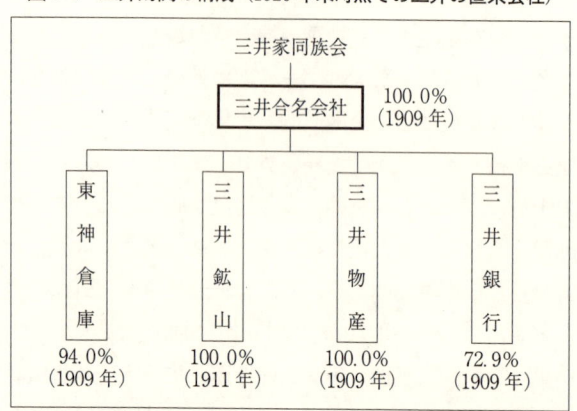

図 3-1　三井財閥の構成（1920 年末時点での三井の直系会社）

```
                    三井家同族会
                        │
                   ┌─三井合名会社─┐ 100.0%
                   │              │ (1909 年)
        ┌──────┬────┴───┬────────┬──────┐
        │      │        │        │
       東神   三井     三井     三井
       倉庫   鉱山     物産     銀行
       94.0%  100.0%   100.0%   72.9%
      (1909年)(1911年) (1909年) (1909年)
```

(注)　1)　□は合名会社，□は株式会社を表す。
　　　2)　年号は設立年，数字（％）は三井の持株（所有）割合を表す。
(出所)　春日 [1987]。

その第1は，所有と経営の合理化を図ることであった。事業の拡大と多角化に伴って，各財閥とも異種事業分野にまたがる直営事業を所有・経営することが次第に困難となった。そこで，所有機能と経営機能を分離し，多角的諸事業を事業ごとに株式会社に再編して有限責任体制を確立する一方，それら株式会社に経営権限を大幅に委譲した。そして，他方で傘下各社の株式を所有する持株会社を創設して，そこに所有権限を集中し，全社的観点から傘下各社の事業活動を統轄・調整した。

第2は，財閥同族の所有財産の効率的運用と保全を図ることであった。同族の所有財産の肥大化に伴って，その効率的運用と家産の保全が求められた。そして，それに対処するためにも，財閥本部の持株会社化と直営事業の株式会社への再編は必要であった。まず同族の家産を持株会社の株式などの金融資産に転換することで，その安全性の確保と合理的な処理・運用を可能にし，また，株式会社の有限責任制の側面を利用することで，一事業部門の破綻の累が全事業に波及することを防止することができたからである。

第3は，資金調達の必要性である。財閥は直営事業を株式会社に改組するこ

とで，必要に応じて社会的資金を動員する道を確保した。そして同時に，持株会社は傘下企業株式を担保として，金融機関などからの資金調達を可能にした。

第4は，人事政策上の必要である。後述するように，第一次大戦期から戦後にかけて大企業では社員の年功に基づく内部昇進型の人事システムが定着しつつあった。そうした人事政策を推進する上で，コンツェルン組織の採用は適合的であった。コンツェルン組織は単独事業体に比べて役職員のポストを増加させることができたからである（武田［1985］，岡崎［1999］）。

本来，コンツェルン組織採用の積極的意義は上記の第3点，すなわち株式会社のシステムを活用して社会的資金を動員し，「より少ない所有でその支配を図る」ことに求められる。しかし実際には，株式会社化した直系会社の株式公開を積極的に実施したのは，浅野，川崎＝松方，久原の3財閥だけであり，他の財閥は傍系会社網の形成に際して株式会社のそうした機能を活用したにとどまった。その意味では，この時期の各財閥のコンツェルン形成活動は，いまだ限界を有していたといえる（橘川［1996］）。

3 財界の形成

▷ 日本工業倶楽部，日本経済連盟会の設立

第一次大戦ブームの中で，前述のように重化学工業は急速に勃興をみた。そうした状況を背景に，京浜地区を中心とする重化学工業経営者は自らの意見を政府の経済・産業政策に反映させることを目的として，1917年に日本工業倶楽部を設立した。

日本工業倶楽部が設立される以前，民間経済界の意見を代表する組織として，銀行経営者による銀行集会所と東京商業会議所を筆頭とする商業会議所が各地に存在した。しかし，両組織とも重化学工業経営者の意見を十分に汲み取ることができず，それゆえ，彼らは日本工業倶楽部の結成に踏み切ったのである。

日本工業倶楽部は営業税納入者が議員を選出する商業会議所とは性格を異にし，「法人を主として財界有力者を網羅」した大会社の組織であり（故団男爵伝記編纂委員会［1938］1頁），その中心メンバーは，創立時の理事の3分の1以上を三井，三菱などの財閥関係者が占めていたことからも明らかなように，財閥

日本工業倶楽部 東京丸の内の一角を占める風格ある建物の屋上に日本の工業の象徴として飾られた炭鉱夫と紡績女工の像（安藤[1976]より）。

系会社であった。当時，重化学工業経営者が直面していた課題は，第1に基盤脆弱な重化学工業を成長軌道に乗せることであり，第2に労働運動の勃興に対する対応策を確立することであった。それゆえ，日本工業倶楽部は両問題に積極的に取り組み，重化学工業の保護・助成とその関連製品の関税引上げなどを政府に建策・要望する一方，工場法の施行延期運動と労働組合法の制定に反対する運動を強力に推進した。

　日本工業倶楽部の結成から5年後の1922年，財界団体を糾合する日本経済連盟会が設立された。経済連盟会設立の目的は2つあった。その1つは20年に設立された国際商業会議所に加盟するための条件を整えることであり，もう1つは1920年恐慌に始まる長期不況に対処するため日本工業倶楽部，銀行集会所，商業会議所などの実業家団体を結集して，政府の経済・産業政策にいっそうの発言力を行使することであった。

　「財界の総本山」ともいうべき日本経済連盟会もまた，財閥を中核とする大企業の経済団体であった。主要役員の大半は財閥系の企業・銀行の代表者と紡績・電力会社などの経営者によって占められており，しかも1928年に会長職が設けられると，初代会長には三井合名理事長の団琢磨が日本工業倶楽部理事長兼務のまま就任した（竹内[1977]）。

▷ 官民協力体制＝「日本株式会社」システムの形成

　大企業による財界活動の進展に相応して，政府の側でも，議会＝政党政治の進展・確立の中で，藩閥官僚に代わって，高等文官試験を通ったテクノクラートたる「新官僚」が進出した（安藤［1976］）。大蔵省，農商務省に勤務した新官僚は政府の経済・産業政策の主導権を握ると，政策立案に対する助言・調査機関として，化学工業調査会（1914年），経済調査会（16年），製鉄業調査会（16年），臨時財政経済調査会（19年），帝国経済会議（24年），商工審議会（27年），経済審議会（27年）などを設立した。これらの調査・審議会での審議の仕方にも変化がみられた。第一次大戦以前に設置された調査会の場合，政府の作成した諮問事項がすでに決定されており，各委員はそれに基づいて審議を行い，答申するという方式が用いられた。これに対して，上記の調査・審議会の場合には，幹事（官）および委員が審議すべき事項をそれぞれ提出し，それに基づいて審議・決議を行う方式が採用された（竹内［1977］）。

　これらの調査・審議会には官僚，大学教授などの学識経験者に加えて，もちろん産業界の代表者も委員として参加した。そして，後者の代表者の大半は日本工業倶楽部，日本経済連盟会の主要役員であった。

　こうした調査・審議会制度の確立によって，日本工業倶楽部や日本経済連盟会に結集した大企業経営者は自分たちの経営意思をとりまとめて「意見」「建議」という形で調査・審議会に表明するとともに，そこへ代表者を送り込み，経済・産業政策の策定過程に関与するルートを確保した。その結果，明治期に比べて，経済・産業政策の形成過程における政府官僚と企業経営者の協力体制はいっそう緊密化した。こうして形成された官民の緊密な協力体制は，第二次大戦後，外国人研究者から日本の経済発展の原動力の1つとみなされ，「日本株式会社」システムと呼称された（森川［1976］，ジョンソン［1982］）。

第3節　新興産業の勃興と産業開拓活動

1 新興重化学工業の勃興

▷ 新興財閥創業者の産業開拓活動

　第一次大戦の勃発による軍需関連市場の拡大と重化学工業製品の輸入途絶を契機として，重化学工業が勃興し，産業構造の高度化が進行したことは前述した。ところで，そうした重化学工業をリードした業種と経営主体には，1910年代と20年代で相違がみられた。10年代，とくに大戦中の重化学工業の進展をリードしたのは財閥と官営製鉄所，軍工廠などの国家資本を経営主体とする造船業とその関連産業であった。これに対して，20年代に入ると造船業は海運不況と軍縮の影響を受けて建造高を激減させ，それに代わって，電機，電線，合成硫安，レーヨン，タイヤ，自動車などの新興重化学工業が台頭し，産業構造高度化の牽引車となった。そして，これらの新興重化学工業を積極的に担った経営主体は，財閥系企業よりもむしろ企業家精神に溢れた経営者をリーダーとする一群の企業と外資系企業であった。この時期，三井，三菱，住友などの財閥は金融部門と第一次大戦中に進出した重化学工業部門の拡充に主眼を置いており，新興重化学工業分野に進出する場合，彼らは主として破綻した先行企業の買収，あるいは外国企業との提携を通じて進出した（森川［1981b］）。

　ここでは，新興重化学工業の発展を担った企業家の産業開拓活動のケースとして，1930年代に新興財閥（新興コンツェルンともいう）の日産，日窒コンツェルンを形成する2人の企業家，鮎川義介と野口遵の活動を紹介しておこう。[5]

　鮎川義介はアメリカでの職工生活を通じて獲得した黒心可鍛鋳鉄（マリアブル）技術を企業化するため，1910年に親族縁者の協力を得て戸畑鋳物を設立した。戸畑鋳物は創業当初販路開拓に苦しみ，幾度となく倒産の危機に直面するが，そのつど親族の支援でそれを切り抜け，やがて第一次大戦による鋳物関連製品の輸入途絶の中で経営的自立を達成した。鮎川は，第一次大戦時の利益を極力社内に留保し，それを予想される戦後不況の中で有利に活用する計画を立て，21年に可鍛鋳鉄の製造に電気炉を採用して品質の向上を図ると，鉄管

継手製品，ロール鋳造品，石油発動機などの生産を次々に開始した。とくに鉄管継手製品の競争力は抜群で，輸入品を駆逐し，昭和初年には三井物産を通じて日本の鉄鋼関連製品で最初の欧米市場進出を果たした。

　しかし，より注目すべきは，この時期，鮎川は将来の自動車工業進出を見込んで，自動車部品事業に乗り出したことである。鮎川はその理由を次のように語っている。

　「戸畑鋳物は鋳物では日本一だが，舶用小型発動機や水道管の継手のような小さいものを造っていたのでは，会社はこれ以上発展しない，自動車エンジンの鋳物を主体として自動車関係に入るのがよい」（自動車工業振興会［1975］94頁）

　その結果，戸畑鋳物は昭和初年までに鋳鋼品，マリアブル部品（戸畑鋳物），特殊鋼（安来製鋼所），電装品（東亜電機），塗料（不二塗料）などの自動車関連製品を自社および関連会社で生産する体制を整え，それら製品を関東大震災後の自動車市場拡大の中で日本進出を果たしたフォード，GMのノックダウン（輸入部品の組立）工場に供給した。そして，1931年には戸畑鋳物は自動車部を新設し，ダット自動車製造の経営に参加した。

　この間，鮎川は，大正末年に破綻した義弟久原房之助家の久原財閥の再建を引き受け，1928年12月，同財閥を公開持株会社日本産業を中核とする日産コンツェルンに再編した。そして，31年12月の金輸出再禁止以後の景気回復過程で鮎川は日本産業傘下の日本鉱業，日立製作所両社の株式を公開し，巨額の株式プレミアム資金（株式売却益）を入手すると，33年12月，日本産業と戸畑鋳物の共同出資による自動車製造（翌年日産自動車と改称）を設立し，念願の自動車工業進出を果たした（宇田川［1984］）。

　野口遵は，1906年に鹿児島県に曾木電気，翌年熊本県水俣に日本カーバイド商会を設立し，発電事業とカーバイド製造を開始した。ついで08年に野口はドイツからフランク・カロー式石灰窒素法特許を購入すると，三菱合資，大阪商船関係者らの資金的援助を受けて曾木電気，日本カーバイド商会を合併して日本窒素肥料を設立し，化学肥料工業に進出した。創業当初は製品の品質も十分でなく，また新製品ゆえに販路も開けず，日本窒素肥料はカーバイドの生

産でかろうじて経営を維持する状態が続いた。しかし，14年に新設の鏡工場で石灰窒素から変成硫安を生産することに成功し，日本窒素肥料は危機を脱出した。そして，第一次大戦による外国硫安の輸入途絶の中で，同社は巨額の利益を計上し，一挙に経営基盤を確立した。

　第一次大戦後，野口は2つの新技術を導入することで，日本窒素肥料のさらなる発展を計画した。その1つは，イタリアの化学者ルイギ・カザレーの発明したアンモニア合成技術であった。この発明には鈴木商店，久原鉱業の両社が目をつけていたが，まだ試作段階であり，しかも技術使用料が100万円という高値だったこともあって，導入を躊躇していた。しかし，「石灰窒素法は譬へば蒸汽船の如くアンモニア合成法は航空船にも譬ふべきものなり」（日本窒素肥料株式会社文書課・山本［1937］457頁）との見通しを持っていた野口は，ただちにその購入を決定し，1923年に年産1万2500トン規模の日本で最初のアンモニア合成工場を宮崎県延岡に建設した。この野口の果断な意思決定は延岡工場の生産コストが従来の変成工場のそれに比べて半減したことによって報われ，日本窒素肥料は外国硫安との競争力を十分に確保し，硫安業界におけるトップ・メーカーとしての地位を確実なものにした。

　もう1つの技術は，ドイツのグランツシュトッフ社のビスコース法人絹技術であった。野口はこの技術を企業化するため，日本綿花社長の喜多又蔵と共同で1922年に旭絹織を設立した。同社のビスコース人絹は品質もよく，販路も順調に拡大した。そこで，野口は人絹工業（レーヨン工業）を日本窒素肥料の合成硫安部門と並ぶ2大支柱とすることを計画し，29年にドイツのベンベルグ社から技術を導入して，日本窒素肥料の子会社日本ベンベルグ絹糸を設立する一方，喜多又蔵らの持株を肩代りして旭絹織の経営権を獲得した。そして，31年に後述の興南工場が稼働すると，延岡工場を分離して延岡アンモニア絹糸を設立し，33年に上記の3人絹工業会社を合同して旭ベンベルグ絹糸とした。

　この間，野口は大正末年から豊富・低廉な電力を求めて朝鮮へ進出して1927年に朝鮮水電，翌年に朝鮮窒素肥料を設立し，30年には興南の地に世界最大級の年産40万トンの硫安工場を建設した（大塩［1989］）。

朝鮮窒素肥料興南工場　巨大な水力発電所と結合して建設されたこの硫安工場は当時世界屈指の規模を誇った（日本窒素肥料株式会社文書課・山本［1937］より）。

　このほか，新興財閥創業者の産業開拓活動としては，ヨード事業から出発した森矗昶が「味の素」の鈴木家と東京電燈の支援を受けて1928年に昭和肥料を設立し，東京工業試験所が開発したアンモニア合成技術（東工試法）を採用して合成硫安工業に進出した。また，食塩を分解して苛性ソーダを創る「中野式電解法」の発明者中野友礼は，20年に日本曹達を設立して電解ソーダ工業に進出し，理化学研究所長の大河内正敏は28年に同所の発明・特許を自らの手で工業化するため，理化学興業を設立した（麻島・大塩［1997］，斎藤［1987］）。

▷ **国産技術の開発**

　第一次大戦による外国技術・情報の流入途絶は，政府ならびに民間企業に自主技術開発の必要性を痛感させた。そうした状況の中で，政府は1917年に財界の協力を得て理化学研究所を設置したのを皮切りに，臨時窒素研究所（後の東京工業試験所，18年），電気試験所（18年），燃料研究所（20年），航空研究所（東大付置，21年），金属材料研究所（東北大付置，22年）などを開設し，各種工業，とくに新興工業分野の基礎研究にあたらせた。また，政府はそれと並行して，染料医薬品製造奨励法，製鉄業奨励法，軍用自動車補助法などを公布し，第一次大戦中に発展の機会をつかんだ新産業を保護・助成する一方，国産品愛用運動を積極的に推進し，需要面から民間企業を支援した。

　他方，民間企業の側でも，この時期，試験研究機関を社内に設立する企業が

増加し，技術者の雇用も急速に進んだ。たとえば，大学卒技術者の官庁と民間企業の雇用比率は 1910 年には 55 対 45 で，官庁のほうが多かったが，10 年後の 20 年にはその比率は 35 対 65 に逆転した。これは，第一次大戦中に自主技術開発の担い手として大学出の技術者を民間企業が積極的に雇用した結果であった。20 年時点で大学卒技術者の雇用が多い産業は鉱業を筆頭に，造船，金属，電力，化学，商事，私鉄，電気機械の順であり，いずれも第一次大戦ブーム期に発展・勃興した産業であった（内田 [1987]）。

また，第一次大戦後，発明家（研究者，研究機関）が事業活動に乗り出し，あるいは彼らと企業家の共同開発方式による事業化も進み，さらに技術者の大量雇用を背景に「技術者集団」的性格を持つ企業も数多く出現した。豊田佐吉・喜一郎親子による杼換式自動織機の完成と豊田自動織機製作所の設立（1926 年）や御法川直三郎と片倉組の今井五介による多条繰糸機の開発などは，その事例である。また，「技術者集団」的企業は，新興の重化学工業分野に多く出現した。そうした企業は技術者によって設立され，技術者陣が経営の中枢を占めるとともに，自主技術の開発とその工業化による外国製品の駆逐を目的とする活動を展開した（内田 [1977]）。新興財閥創業者に率いられた企業群はその代表事例であり，「パテント買いの名人」といわれた野口遵も，工場建設に当たっては国産技術の採用と自主技術の開発に努めた（吉岡 [1962]）。

2 「都市型」産業の誕生

▷ 都市化の進展

明治後期から大正期を通じて，人口の都市への集中が続いた。1913 年には日本の人口の 74% は人口 1 万人以下の町村に住んでいたが，その比率は 20 年には 62% に減少した。これに対して，人口 10 万人以上の都市に住む人口は，この間，12.5% から 19.5% に増加した。大都市の人口増加はとくに顕著であった。たとえば，第一次大戦期から戦後にかけての重化学工業の発展によって形成された 4 大工業地帯を抱える東京，神奈川，大阪，兵庫，愛知，福岡に京都を加えた 7 府県の都市部の就業人口の全国比は，20 年には 18.6% を占め，さらに 30 年には 21.2% に増加した（中村隆英 [1978]）。

こうした都市への人口集中は農村部における第1次産業従事者が就業機会を求めて都市部に移動することによって生じた。すなわち1915年から20年の5年間に農村人口は約200万人減少した。そして，これらの人々の多くは都市部の第2次・第3次産業，商業，そして公務・サービス業に吸収された。

　また，都市化の進行と重化学工業の発展は，大企業に勤務するサラリーマン，弁護士，医師，教員などの高学歴を有する中間階層を出現させた。

　このような産業構造の転換，人口の都市集中，中間階層の出現とそれらに伴う消費生活様式の変化は新たな市場機会を創造し，電鉄，百貨店，広告，洋風消費財などの「都市型」産業の誕生を可能にした。

▷ 電鉄経営の原型

　人口の都市集中，都市における職住分離の進展と郊外住宅地の開発，そして，電力業の発展を背景として，日露戦争期から第一次大戦後にかけて，多くの電鉄会社が設立され，蒸気鉄道会社の電化と路線の延長が進んだ。今日の大手私鉄会社の多くはこの時期に開業し，あるいは電化された。そうした電鉄会社の経営活動の中で，現在に至る私鉄経営の原型を創り上げたのが小林一三の主宰する阪神急行電鉄（阪急）であった。

　小林の電鉄経営者としての活動は，北浜銀行の関係者によって1907年に創立された箕面有馬電気軌道の専務取締役に就任したことに始まる。小林は大株主ではなかったが，北浜銀行頭取岩下清周の支援の下で同社の実権を握ると，私鉄経営に対する自らのアイディアを果敢に実施していった。

　まず小林は，「沿道の乗客を殖し，同時に土地の利益を得」るため，沿線予定地に大規模な土地を確保し，そこで土地・住宅の賃貸事業を行う一方，10年年賦で土地付分譲住宅を販売する方式を打ち出した。この方式は小林が自ら書いて大阪市内に配布した「最も有望なる電車」「如何なる土地を選ぶか」などのパンフレットの宣伝効果もあって，大阪在勤のサラリーマン層に大きな反響を呼び起こした。

　1910年に宝塚線，箕面線が開業すると，小林は乗客の増加と経営の安定化を図るため，箕面公園の整備と動物園の設置，宝塚温泉の開業，宝塚少女歌劇の設立，豊中運動場での全国中等学校野球優勝大会の開催などを，次々に実施

開業の日（1910年3月10日）の阪急梅田駅　小林一三の革命的な経営手法は、その後の日本の私鉄経営の原型となった（サンケイ新聞社［1987］より）。

した。この間，14年に箕面有馬電気軌道の大株主であった北浜銀行が破綻すると，小林は同行の持株を肩代わりして最大株主となり，18年社名を阪神急行電鉄と改称し，さらに20年には阪神直通線を開業した。次いで，小林は，20年から梅田のターミナル・ビルで食堂を，25年から雑貨マーケットを直営し，これらの事業を基盤に29年には，日本初のターミナル・デパートである阪急百貨店を開店させた。

小林によって開拓された経営手法はその後電鉄経営の原型となり，多くの電鉄会社によって模倣された（小林［1953］，津金澤［1991］）。

▷ **先駆的マーケティング活動**

都市化の進展と消費生活の変化，とくに生活様式の西洋化は消費財メーカーに大きな市場機会を提供し，ビール醸造業，洋菓子業，化学調味料業，化粧品業，ミシン産業，電球産業などの分野で生産と販売の統合をめざす企業を出現させた。これらの企業にとって緊急の経営課題はいかに市場を開拓し，製品を確実な販売ルートに乗せるかにあった。彼らの製品の多くは都市向けの新製品であったから，既存の流通経路に依存することができなかった。それゆえ，彼らは市場開拓，広告，販売促進，販売経路政策などのマーケティング活動を自ら展開しなければならなかった（前田［1977］，大東［1995］）。ここでは，前掲の表3-3で1929年下期の鉱工業資産上位100社中51位と80位にランクされた

東京電気と森永製菓が実施した，先駆的マーケティング活動のケースを紹介しよう。

東京電気は1913年に「マツダランプ」と命名したタングステン電球の製造と販売を開始した。タングステン電球は従来の炭素電球に比べて耐久性にすぐれ，電力消費量も少なかったが，価格は高価であった。そこで，東京電気ではタングステン電球の販売に先立って，営業担当者を提携先のGE社に派遣して販売方法の調査・研究にあたらせると同時に，調査課と広告課を新設した。そして，14年からタングステン電球の普及キャンペーンを開始し，各地で一般消費者向けの講演会，映画会，展覧会などを開催して照明知識の啓発と「マツダランプ」の宣伝に努める一方，電力会社に対してタングステン電球点灯料金の改善方法とその取付勧誘法の解説・指導を行った。また，14年には日本初の企業PR雑誌『マツダ新報』を発刊し，タングステン電球をはじめとする各種製品の紹介を行い，さらに営業担当者の再教育を実施した。そして同時に販売機構の整備を進め，16年までに全国主要都市に出張所を開設し，19年には大連，上海にもそれを設置した。

こうしたマーケティング活動の推進により，第一次大戦終了時には「マツダランプ」の生産高は炭素電球のそれを上回り，その電灯取付件数も著しく増加した（東京芝浦電気株式会社［1963］，森［1976］）。

森永製菓は，1899年に東京赤坂で森永西洋菓子製造所として発足した。そして，1908年に芝田町に工場を新設して洋菓子製造の機械化を図り，10年には株式会社森永商店に改組し，さらに12年に森永製菓と改称した。この間，販売は主として問屋（特約店）を通じて行った。また，市場開拓と販路の拡大を図るため，03年に銀座亀屋と共同で広告塔を建て，04年から新聞に広告を掲載し，05年には「エンゼル」の商標を登録した。

1914年に紙サック入りポケット用ミルクキャラメルの量産を開始した森永は販売組織の強化を計画し，大阪に森友会，東京に信厚会，九州に九森会という会をつくり，問屋網の組織化を図った。しかし，16年に東京菓子（明治製菓の前身）が設立され，東京の信厚会メンバーの中に同社の製品を取り扱う動きが生じたため，17年9月，森永は信厚会との取引を中止し，新たな全国的販

売網の再編に着手した。そして，森永に協力する問屋を募集し，23年から彼らの出資による森永製品販売会社を全国各地に設立した。また，それと並行して主要都市に自社出資の森永キャンディーストアを設けて直営販売網を拡げる一方，28年から森永製品だけを取り扱う条件で小売店を募集し，それらを森永ベルトラインストアとした（小原［1994］，森田［2000］）。

3 在来産業の発展

▷ 在来産業の位置

日露戦後から戦間期にかけて，外国からの移植産業である近代的産業部門の発展が進み，そこで大規模経営が出現する一方，地方の名望企業家や生産地の在地商人に担われた，日本固有の在来産業部門も着実な成長をみせた（中村隆英［1971］，谷本・阿部［1995］）。

表3-7はこの間の鉱工業生産額上位10品目の推移をみたものであるが，このうち生糸，「産地綿布」，小幅絹織物，清酒は在来産業で生産される代表的商品であった。また，在来産業は重要な外貨獲得産業であった。たとえば，第一次大戦後の復興貿易ブームが頂点に達した1919年時点における重要輸出品輸出額において，生糸，産地綿織物，小幅絹織物の3品目は上位3位を独占した。とくに生糸の輸出額は他の品目を大きく引き離し，全輸出額の30％を占めた（山口［1968］）。

次に1909年と30年の両時点で従業員100人以下の工場における雇用労働者が全就業者全体に占める比率をみれば，それは，それぞれ58.6％と48.9％であり，これらの工場の大半は在来産業部門に属していた。在来産業は重要な雇用吸収部門であったのである（中村隆英［1971］）。

▷ 在来産業から近代産業へ

日露戦後から大正期にかけて，在来産業の分解が進んだ。多くの家内工業やマニファクチュア経営が衰退し始める一方で，工場化，力織化，電化をいち早く進めた少数の経営体が規模を拡大して中小企業・中堅企業に上昇転化し，中には近代産業部門の特徴を持つ大規模経営に移行する企業も現れた。代表的な在来産業である製糸業と産地綿織物業では，とくにその傾向が顕著であった。

表 3-7　鉱工業生産額上位 10 品目

(単位：1,000 円)

	(a) 1914 年			(b) 1919 年			(c) 1929 年	
順	製　品	生産額		製　品	生産額		製　品	生産額
1	綿　　糸	204,176		生　　糸	780,153		生　　糸	795,599
2	生　　糸	158,175		綿　　糸	762,509		綿　　糸	678,466
3	兵　　器	148,965		「産地綿布」	595,642		鉄	632,355
4	鉄	125,795		鉄	594,478		「産地綿布」	382,039
5	石　　炭	80,350		石　　炭	442,254		清　　酒	301,716
6	「産地綿布」	77,062		小幅絹織物	396,531		「兼営綿布」	255,507
7	清　　酒	69,892		兵　　器	315,381		石　　炭	245,762
8	非鉄金属	57,908		船　　舶	312,216		兵　　器	208,537
9	小幅絹織物	52,492		清　　酒	240,422		紙	190,549
10	製　　糖	49,416		紙	151,881		印刷物	186,304

(注)　↗は新参入，↘は退出。
(出所)　阿部［1989］。

　製糸業では 1894 年に器械製糸生産高が座繰(ざぐり)製糸生産高を上回り，以後，器械による生糸生産が主流となった。そして，日露戦争期以後，器械製糸業においても 50 釜以下の工場が減少し，100 釜以上の工場が増加した。

　日本は 1909 年に中国を抜いて世界第 1 位の生糸輸出国となった。最大の輸出市場はアメリカで，生産高の約 80％ を同市場に輸出していた。ところで，明治期後半以降，国際競争力を有する優良細糸をいかに生産するかが製糸業の課題になった。20 世紀に入ると，アメリカ市場における生糸需要が絹織物から靴下用のより優良細糸へと転換したからである。そうした課題にいち早く挑戦したのが片倉組（のちの片倉製糸紡績）と郡是製糸であった。

　信州諏訪の片倉は中級糸生産を拡大する一方で，優良糸生産にも注力して，1914 年には大日本一代交配蚕種普及団を組織し，蚕種の改良を図るとともに養蚕農民を組織して彼らに改良蚕種を配布し，その産出繭を一手購入する「特約取引」方式を実施した。また，19 年には片倉は同業他社に先駆けて優良生糸の生産に適合的な，前述の御法川式多条繰糸機を採用した。さらに片倉は原料繭の安定的確保と輸送・労務コスト負担の軽減を図るため，長野県外ならびに朝鮮の養蚕地に進出して工場の買収・新設を行う一方，21 年には生糸売込

問屋の支配から脱するため,ニューヨークに出張所を設置し,直輸出を開始した。

郡是は1909年から特約養蚕組合との間に「正量取引」契約を結び,さらに15年には社内に養蚕部を設置して蚕種製造を直営化した。そして,20年に郡是は三井物産などの出資を得て,業容の拡大と経営全般の合理化を推進し,23年から生糸売込問屋を通さない直輸出に踏み切った(石井 [1972],松村 [1992])。

このような経営革新の推進により,片倉,郡是の両社は第一次大戦中に優良製糸メーカーとしての地位を確保した。そして,大戦後の不況過程でも両社の競争優位は揺るがず,1927年には片倉は全国生糸出荷高の12.3%,郡是はその5.6%を支配した。また,両社の資産規模も拡大し,29年下期には鉱工業資産上位100社の中で,片倉は26位,郡是は59位にランクされた(表3-3参照)。

次に産地綿織物業についてみれば,明治期後半から始まる大手紡績会社の綿布部門の直営化の影響もあって,生産高を停滞もしくは減少させる産地が続出した。しかし,その反面,日露戦争後から第一次大戦期にかけて工場化と力織機化を積極的に進め,内地向け小幅白木綿布から輸出を中心とする広幅綿布の生産に転換した泉南(大阪),知多(愛知)や,内地向け小幅木綿などの製品から輸出向け先染加工綿布のような特殊製品に生産を特化した播州(兵庫),遠州(静岡),東三河(愛知)などの産地綿織物業は大手紡績会社の「兼営綿布」と競争して生産高を増加させた。そして,これらの産地,とくに泉南の機業経営者の多くはマニュファクチュア段階を脱して中小企業から中堅企業に発展し,中には帯谷商店のように大手紡績会社の兼営綿布部門に匹敵する規模を持つ企業も出現した(阿部 [1989],谷本 [1998])。

その結果,全国綿布生産高に占める産地綿布の比率は,1914年には73%を記録した。第一次大戦後その比率はやや低下したが,それでも29年には64%を占めていた(阿部 [1989])。

第4節　企業活動の国際化

1 日本企業の国外進出

▷ 商社活動のグローバル化

　第一次大戦ブーム期から1920年代を通じて，日本企業の海外事業活動は活発化した。それを日本企業の対外直接投資残高でみれば，14年末と19年末の間で4億7500万円から8億7500万円に増加し，30年末には17億2500万円〜19億2800万円に達した。30年末の投資残高は，国民総生産比の11.5〜13.6％であり，日本企業の国外事業活動は国民経済の中で大きなウェイトを占めていたのである（桑原［1990］）。

　日本企業の海外事業活動をリードし，海外投資の主体となったのは，民間企業では商社，海運，銀行などの貿易関連企業と紡績企業であり，国営企業では植民地に展開した国策会社であった。

　まず，海外事業活動の尖兵的役割を果たした貿易関連企業の代表例として商社の事業活動をみれば，大戦ブームの中で既成商社は取引量を飛躍的に拡大し，また，多くの新興商社が簇生した。そして，そうした既成・新興商社間の競争を通じて，日本の貿易取引に占める外商の地位が急速に低下する一方，邦商の世界市場への進出が敢行された。

　この時期，貿易商社の経営戦略は総合商社化，すなわち取扱商品の多様化と取引地域の拡大を中心に展開された。明治末年までに総合商社としての地歩を固め，第一次大戦勃発時点で日本の輸入取引の27.3％，輸出取引の23.9％を占め，外国間貿易にも積極的に進出していた三井物産は多くの商社の目標であり，モデルとなった（山崎［1981］）。とくに鈴木，三菱，久原，古河，浅野，大倉，村井などの財閥が経営する貿易商社は三井物産をターゲットとする拡大戦略を追求し，総合商社への発展を図った。また，専門商社も取扱商品・地域の多様化をめざした。その結果，三井物産を筆頭とする日本の有力商社は貿易ブームが頂点に達した1919年までに世界主要都市に販売拠点を開設し，日本商社の特徴とされるコミッション・ビジネスと見込み商売を統合したグローバ

ルな事業展開を可能にした。

　こうして構築した事業網を長期間にわたって維持・発展することのできた商社は多くはなかった。1920年恐慌の発生に始まる戦後不況が到来すると，見込み商売に対するリスク管理体制を十分に整備できなかった商社は大打撃を受けた。そして，前述のように，財閥商社では古河商事と久原商事が20年恐慌の中で破綻し，鈴木商店も大戦後の商取引の失敗と傘下工業会社の不振が重なって27年の金融恐慌で倒産し，また，専門商社では横浜の大手生糸売込商の茂木商店，機械商社の老舗・高田商会が没落したのを始め，多くの商社が破綻し，あるいは業務を縮小した（石井［2003］）。

　そうした一方で，三井物産と大倉商事は1920年恐慌時にも黒字経営を続け，三菱商事と浅野物産は同恐慌で打撃を受けたが，それを乗り切ることができた。そして，これらの財閥商社は破綻した商社の商権を引き継いで，事業範囲をいっそう拡大した。また，専門商社では「三綿」と呼ばれた日本綿花，江商，東洋棉花の繊維商社と，傘下事業の発展とともに鉄鋼商社から総合商社への脱皮を図りつつあった岩井商店と安宅商会が，それぞれ大紡績会社，鉄鋼会社との共生関係をテコに戦後不況の中で業容を拡大した。

　この財閥商社4社，専門商社5社の計9社のうち，1926年時点で5店舗以上を海外に開設していた企業は，三井物産の27店を筆頭に，日本綿花20店，三菱商事16店，大倉商事11店，東洋棉花6店，江商5店であった。三井物産と日本綿花は，当時，日本の輸出入貿易にとっての戦略拠点であるニューヨーク，ロンドン，ボンベイ，上海の4地点すべてに支店を置いており，三菱商事，岩井商店，大倉商事はボンベイを除く3地点に進出していた。次に各商社の業容を重要輸出入品（各上位20品目）取扱件数でみれば，25年時点で三井物産の35品目を最高に，三菱商事が16品目，岩井商店が7品目，浅野物産が5品目，安宅商会が3品目，大倉商事が2品目を取り扱っていた（山崎［1987］）。

　大正末年には三井物産と並んで三菱商事が総合商社としての地位を確立し，岩井商店と大倉商事は総合商社化への道を歩んでいたといえる。そして，「三綿」の中では日本綿花が傑出した地位を築いていた。

▷ **在華紡の発展**

　日本企業は1895年4月に締結された下関条約によって，中国領土内で事業を経営する権利を獲得した。同条約が発効すると，中国市場を有望視していた欧米商社は最恵国条項に基づいて，97年までに上海に4紡績工場を操業した。こうした欧米商社の行動は日本の紡績会社にとって重大な脅威となり，主として商社の手を通じて第一次大戦勃発時までに上海に6紡績工場を建設した。

　ただし，紡績会社自身は当時日本のほうが中国よりも賃金コストが安く，しかも商社のような流通コスト削減手段を持っていなかったこともあって，直接投資に踏み切れず，彼らは以前よりも増して輸出に力を注いだ。その結果，1912年には日本紡績業は全製品の約40％を中国市場に輸出し，同市場でインド綿糸を凌駕した。

　しかし，第一次大戦後，日本紡績業は対中国市場戦略を転換しなければならない事態に直面した。その要因の第1は，大戦勃発以来，中国の民族紡績業が急激な発展をみたからである。民族紡績業は14年から22年にかけて，紡機数を67万錘から227万錘に増加した。中国は17年に機械製綿糸の輸入代替をほぼ実現し，同時に機械製綿布と手織綿布の国産化を急速に進めた。第2は，中国政府が民族紡績業を保護するため，19年に綿製品輸入税を従来の3.5％から5％に引き上げたからである。

　他方，日本紡績業自体も戦略転換を図らなければならない要因を抱えていた。第1に，第一次大戦末期からの労働力需要の逼迫と労働運動の激化を背景に賃金が急上昇し，戦後の不況期においても下落しなかったからである。第2に，1923年3月に改正工場法が公布され，3年間の猶予つきで女子と少年労働者の深夜業が禁止されることになり（その後，関東大震災の発生により，深夜業禁止の適用は27年7月まで延期された），第3に，大戦中に発注し戦後不況期に到着した輸入紡機の処理に迫られていたからである。

　そして，何よりも重要なことは，日本紡績業自身がそうした経営戦略の転換を可能にする組織能力を十分に持っていたことである。紡績会社は第一次大戦中に高利潤を獲得し，その多くを社内に蓄積していた。とくに寡占的地位を確立していた5大紡績会社は豊富な資金力を背景に商社に対する優位性を確保し，

有利な条件で原棉取引を行う態勢を作り上げていた。

かくして，日本紡績会社は上記のような内外の問題に直面すると，それを解決する手段として，従来の輸出戦略に代えて直接投資戦略を採用し，上海，青島を中心に現地工場（在華紡）を次々に設立していった。その結果，1924年までに14社が35工場を経営し，全体で1063台の紡機と5325台の織機を稼働させ，中国の綿糸生産の32.4％，綿布生産の30.4％を支配した。

在華紡は日本の本社工場から生産，管理両面の技術と経営ノウハウを導入して日本式の経営を実施する一方，日本商社の現地流通網を活用し，さらに豊富な運転資金によって有利な条件で原棉買付けを行い，短期間に中国民族紡績会社と欧米現地会社に対する競争優位を確立したのである（高村［1982］，桑原［1990］）。

▷ **植民地における国策会社**

日清・日露戦争の勝利により，台湾，南樺太，朝鮮などを領有し，「南満州」の権益を手中にすると，日本政府はそれらの領土・支配地を開発し，日本の経済圏に編入するための機関として，台湾銀行，朝鮮銀行，東洋拓殖，南満州鉄道などの国策会社を設立した。

まず台湾では，日本政府は1896年に台湾総督府を設置して台湾を政治的に制圧する一方，台湾開発の中枢機関として99年に台湾銀行を設立した。台湾銀行の当初の任務は，混乱を極めていた幣制を改革することであった。同行は強力にそれを推し進め，1904年に金貨兌換の銀行券を発行し，さらに11年には台湾において日本と共通する金本位制を実施した。その結果，台湾経済は中国大陸から切り離され，日本の通貨経済圏に編入された。次いで台湾銀行は台湾産業の育成，とくに近代的製糖業の移植に力を入れ，台湾製糖を中心とする製糖5大会社の育成に努めた（桂［1976］，久保［1997］）。

朝鮮では，日本政府は日露開戦直後，軍事力を背景に韓国政府と日韓議定書を結び，1907年から09年にかけて3次にわたる日韓協約を押しつけて，韓国を保護国化し，そして，10年に日韓併合を実行した。日本政府は日韓併合の前年，中央銀行としての韓国銀行を設立し，05年以来中央銀行の役割を事実上果たしていた第一国立銀行京城支店の業務を前者に移管すると，10年朝鮮

銀行法を公布して，それを朝鮮銀行とした。

朝鮮銀行は銀行券の発行，地金銀の売買，国庫業務，総督府貸出，および朝鮮事業公債の引受け，普通銀行に対する資金調整などの中央銀行業務のほか，預金，貸出，為替などの普通銀行業務を兼営した。そして，朝鮮銀行はそれらの業務を通じて朝鮮の財政・金融改革と産業開発を推進し，さらに大正期に入ると，日本の大陸政策に呼応して営業範囲を「満州」，シベリア，中国本土へ拡張した。

また，日本政府は1908年に自作型移民の大量創出を主要業務とする東洋拓殖を設立した。設立当初の資本金は1000万円で，そのうち300万円を韓国政府が現物出資（主として田畑）した。日本政府は創立後8年間にわたって年30万円の補助金を支給したほか，2000万円までの社債発行に対して元利を保証した。東洋拓殖は朝鮮総督府の農業開発の推進機関として，土地改良，開墾，干拓，作物改良，肥料利用などの面で一定の成果をあげた。しかし，大正期に入ると，土地買収が困難となり，しかも日本人移民の地主・小作農分化現象などが起きたこともあって，東洋拓殖の性格も自作農移民創出機関から植民地型の土地経営会社へと変質していった（安［1976］，黒瀬［2003］）。

「満州」では，ポーツマス条約でロシア政府から関東州の租借権，東清鉄道南満州支線および付属地・炭坑の権利を引き継ぎ，さらに日露戦争中に日本軍が建設した安東—奉天間の軍用軽便鉄道の改良とその経営権を清国政府に強引に認めさせると，日本政府はこれらの満州の「特殊権益」を経営するため，1906年6月，南満州鉄道（満鉄）を設立した。

満鉄の資本金は2億円で，このうち日本政府は半額の1億円を現物出資し，残りを日清両国国民から募集した。中国人の応募はなかったが，日本人の満鉄株に対する人気は高く，政府が任命する役員の持株1000株を除いた公募株9万9000株に対して総申込み株数は1億664万3418株（申込み人数1万1467人）に達した。かくして，91株を割り当てられた大倉財閥当主の大倉喜八郎を筆頭に9050名の株主が一挙に誕生した。

こうして発足した満鉄は鉄道業を中心に鉱山，航運，港湾，電気，ガス，倉庫，ホテル，不動産事業のほか，製鉄，製油，製肥などの製造業の経営と満鉄

付属地を統括する巨大経営体となり、以後、1933年に「満州国」が建国されるまで、日本の「満州経営」の中心機関となった（宇田 [1976]，山本 [2003]）。

2 外国企業の日本市場進出

▷ 外国企業の進出状況

日本企業の海外進出と並行して、外国企業の日本市場への進出もみられた。[6] 1931年時点で日本に経営拠点を置いている外国製造企業は88社あった。そのうち29社は外国法人、59社は日本法人であった。日本法人の所有・経営形態をみれば、外国人が出資・経営する企業が23社あり、残りの36社は外国人と日本人の合弁所有で、日本人が経営権を持つ企業であった。次に88社の「国籍」は、アメリカ籍36社、イギリス籍21社、ドイツ籍17社、その他14社となっていた。また、88社が営んでいる業種をみると、機械器具関係が23社、電気機械関係が13社と抜きん出ており、綿糸メリヤス関係が7社、レコード関係ほか6社となっていた。

これら外国製造会社の日本進出時期は日露戦争後と第一次大戦後に集中しており、彼らの多くは世界的規模で製造・販売活動を展開している多国籍企業であった。これらの多国籍企業が日本企業との合弁形態を採用する場合、パートナーの多くは財閥系企業であった（宇田川 [1987]）。

▷ 成長産業分野における外国企業

第二次大戦以前において、外国企業による投資残高は1928年の1億1400万円が最高であり、投資額自体は大きくなかった。しかし、その大部分は石油、タイヤ、重電機、自動車などの成長産業分野に投下されており、外国企業はこれらの産業の発展に大きな役割を果たした。

まず石油産業では、1892年にはロイヤル・ダッチ・シェル系のサミュル・サミュル商会が神戸に、ニューヨーク・スタンダード・オイルが横浜にそれぞれ支店を開設し、灯油の輸入販売を開始した。なお、1900年にシェル系のアジア・ペトロリアムがボルネオ産灯油の日本販売子会社ライジング・サンを設立すると、サミュル・サミュル商会は石油事業を前者に譲渡した。スタンダードとライジング・サンは短期間に全国販売網を整備した。その結果、明治30

年代中頃から始まる越後産灯油のシェア拡大の中でも，両社の優位は揺るがず，10年にスタンダード，ライジング・サンと日本石油，宝田石油の4社の間に成立した第1次販売協定において，外国2社は供給量の65%を確保した。スタンダードとライジング・サンは，進出当初は日本国内での採油精製・輸入原油精製事業に乗り出したが，明治末年から大正初年にかけてそれらの事業から撤退し，以後，原油と各種石油製品の輸入販売業務に集中した。両社のそうした経営戦略の転換は，第一次大戦後の国内石油資源の枯渇，各種石油製品の需要拡大，それらに伴う輸入原油精製事業の進展という状況に適合し，両社は日本石油市場において圧倒的地位を築いていった（日本石油株式会社［1988］）。

日本のゴム関連産業は，1909年に神戸に設立されたイギリスのダンロップの子会社極東ダンロップ日本支店（16年，日本法人の日本ダンロップに改組）の活動を中心に発展を遂げた。とくに自動車タイヤ事業は他のゴム関連事業に比べて格段の技術力と資本力を必要としたため，昭和初年に横浜護謨製造，ブリヂストンの2社が同事業に参入するまで，自動車タイヤの生産は日本ダンロップの独壇場であった。

新規参入2社のうち，横浜護謨製造はアメリカのF. B.グッドリッチと古河財閥傘下の古河電工による合弁会社であった。同社は1917年に設立されたが，本格的生産に入らぬうちに関東大震災によって壊滅的打撃を受けた。しかし，28年に横浜護謨製造はグッドリッチとの間に新たに自動車タイヤ製造に関する協定を結び，30年からタイヤ生産に着手した。そして，翌年にはブリヂストンも生産を開始した。その結果，日本のタイヤ業界は外資系2社と国産系1社の鼎立時代に突入した。35年における3社の販売シェアは日本ダンロップ39.3%，ブリヂストン32.3%，横浜護謨製造27.9%であった（創立五十周年社史編纂委員会［1982］）。

重電機産業の場合，第二次大戦以前の有力メーカーの多くは財閥傘下企業であり，外国メーカーと提携して生産技術と経営ノウハウを導入し，経営基盤を強化した。昭和初年までに芝浦製作所，日立製作所，三菱電機，富士電機の4社は重電機業界における支配的地位を確立するが，久原系の日立製作所以外は外国メーカーとの提携会社であった。すなわち，三井系の芝浦製作所は1909

日本フォード社の子安工場 フォードに続いてGM，クライスラーも進出し，3社は日本市場の9割を支配した（NHK"ドキュメント昭和"取材班［1986］より）。

年にGEと提携し，その株式の4分の1を同社に譲渡した。また三菱電機は23年にウェスチングハウスと提携し，同社株式の9%を後者に提供した。そして，富士電機は23年に古河電工とドイツのジーメンスの合弁会社として設立された（このほか，通信機メーカーの日本電気は1899年にウェスタン・エレクトリックとの合併会社として設立され，1932年に住友の傘下に移行した）。

　これらの外国メーカーは日本企業との提携，合弁事業に踏み切る以前から，支社を設置し，あるいは代理店を通じて日本市場に製品輸出を行っていた。しかし，そうした製品輸出戦略は関税の引上げ，国内企業の台頭，政府による国産品愛用運動などによってしばしば困難に陥った。そこで，外国メーカーは，とくに第一次大戦後，財閥系企業と資本結合，パテント交換，市場分割などに関する協定を結び，日本における自社の特許権実施を確実にすると同時に，パートナー企業を通じて製品輸出を行い，日本を含むアジア市場でのシェア拡大を図る方向に転じたのである。

　1923年の関東大震災後，日本の自動車市場は急速に拡大した。しかし，市場の拡大を享受したのは国内自動車会社ではなく，アメリカ自動車会社であった。まずフォードは1925年に横浜に日本フォードを設立し，ノックダウン方式による組立生産を開始すると，それまでセール・フレーザ商会と締結していた一手販売契約を解消して，直接販売方式を採用した。フォードの日本進出は

GMを刺激し，同社もまた27年に大阪に日本GMを設立し，組立生産と直接販売を開始した。そして，クライスラーも同社の輸入代理店4社の共同出資による共立自動車製作所を設立し，28年から組立生産に着手した。

　こうして，アメリカ3大自動車会社が進出すると，量産・量販体制をとることができなかった国産メーカーは彼らに対抗することができず，日本の自動車市場の90％が外資系3社によって支配されてしまった（四宮正親［1998］）。

▷ **外国企業のインパクト**

　外国企業および外資提携企業の活動は，彼らの所属する産業分野のみならず，日本の産業界全体に多大なインパクトを与えた。

　第1に，外資提携企業は欧米のパートナー企業から設計・製造技術，経営管理手法を導入し，また技術者を派遣して教育・訓練を受けることができた。その結果，外資提携企業は技術・経営力を強化し，業界における主導的地位を早期に確保した。そして，多くの場合，外資提携企業が欧米企業から導入・学習した製造技術と経営管理手法は自社の活動を通じて，あるいは社員の転職によって業界内外に広く移転・普及していった。外資提携企業は欧米先進技術の導入窓口であると同時に，伝播の窓口でもあったのである。

　外国企業が果たした役割もまた大きかった。その場合，彼らの製造技術と経営管理面の手法・ノウハウは主として，そこに勤務する従業員がスピンオフして独立するか，転職することを通じて日本企業に移転した。ブリヂストンの創業期のタイヤ製造技術は日本ダンロップから転職した技術者・熟練工に全面的に依存していた。また，トヨタ自動車の販売組織を作り上げたのは，日本GMに勤務してアメリカ式のマーケティング手法やノウハウを学んだ人々であった。

　第2に，外国企業の活動は産業組織面にも大きなインパクトを与えた。彼らは豊富な資金力，技術的優位性，原材料の安定的確保，そして，強力な販売組織を背景に大規模な統合戦略とマーケティング活動を展開し，業界における主導的地位を確立した。その結果，彼らが活動する産業分野では早期に少数の大企業による寡占化が進行した。国内企業が彼らと競争して産業内にとどまるためには企業合同などによって経営規模を拡大しなければならず，また彼らが支配する分野に新規参入するためには最初から大規模な経営体を構築する必要が

あったからである。一例を挙げれば，自動車業界はフォード，GMの日本進出によって，それまでの群小企業による「トライアルと倒産の歴史」に終止符を打ち（トヨタ自動車販売株式会社［1970］2頁)，以後，両社が構築した量産・量販システムが同産業への参入基準となった。そして，その参入基準をクリアできたのは日産自動車とトヨタ自動車の2社のみであった。

第3に経営理念面への影響についていえば，外国企業の進出，外資提携企業の出現は欧米先進国の資本，技術，管理手法を積極的に取り入れなければならなかった，当時の日本にとって歓迎すべき現象であり，日本の産業界と企業経営者の国際的開放性を示すものであった（一寸木［1992]）。

しかし，同時に外資系企業の活動と彼らによる市場支配の進行は，彼らと競争して経営活動を展開する国内企業をして「国産技術主義」あるいは「経営ナショナリズム」を標榜させるきっかけともなった。とくに明治期後半から大正期にかけて技術者を中心に形成された「技術者集団」的性格を持つ企業はその傾向が強く，彼らは「国産技術主義」をかかげて積極果敢な活動を展開した。

「経営ナショナリズム」理念の下で，電気機器と自動車タイヤの国産化活動を追求した日立製作所創業者の小平浪平とブリヂストン創業者の石橋正二郎の企業家活動は，その典型事例である。

第5節　経営管理の進展

1　現代企業の出現と専門経営者の成長

▷ 現代企業の出現

日露戦後および第一次大戦後の軽工業分野における企業の合併・集中運動と，大戦ブーム期の重化学工業分野における活発な企業活動を通じて，日本でも，A. D. チャンドラーのいう「現代企業」(modern industrial enterprise) の特徴を持つ大企業が多数出現した（チャンドラー［1979]）。

現代企業の特徴の第1は，複数事業単位，複数職能という点にある。1920年時点での最大製造会社118社（売上・資産のいずれかで上位100社に入る企業）についての調査によれば，その80％が複数の自律的な営業所，工場を経営す

る複数事業単位企業であり，50％強が購買・製造・販売といった基本的な職能を経営内部に統合した複数職能企業であった[8]（鈴木・安部・米倉［1987］）。

現代企業の第2の特徴は経営内部に階層的管理機構を形成した点にある。単一事業単位・職能企業に比べて，複数事業単位・職能企業は，経営諸資源の各事業単位と各職能への割当てと，財貨の流れの調整・監視活動が複雑化し，それらは管理機構を通じて遂行される必要があるからである。当時の日本の大企業の多くは，2つの方向で内部組織の構築に向かった。1つは最高意思決定機関としての本社機構と現業部門を分離して，本社機構を最高経営陣の下に購買・製造・販売といった職能ごとに組織し，それぞれの職能部門を通じて工場・事業所などの現業単位の活動を調整・統轄する，職能部門別組織の構築の方向である。もう1つは，本社機構が複数の職能を営む工場あるいは事業所を直接的に統轄管理する「事業所」管理方式の確立である（鈴木・安部・米倉［1987］）。ただ，いずれの場合も，概して本社機構の規模は小さく，工場・事業所の現業部門に経営権限の多くが委譲されるという特徴を持っていた（由井［1990］）。

現代企業の第3の特徴は，こうして構築された階層的管理機構を通じて行われる企業の意思決定と財貨の流れの調整・監視活動が，俸給の経営者，すなわち専門経営者によって遂行される点である。企業の所有者たちは，事業の拡大と業務の多様化・分化に相応して発展する階層的管理機構を運営するために必要な人材を十分供給できず，結局，ミドルおよびトップ・マネジメントを，専門知識を有する専門経営者に依存せざるをえなくなるからである。また，そうした管理機構を通じてなされる専門経営者による財貨の流れの調整・監視活動が内部資金の蓄積を可能にし，企業所有者たちに対する資金的依存を弱めていった。こうした段階に到達した企業，すなわち専門経営者が所有者たちに代わって企業の最高意思決定権限を掌握し，経営活動全般を指揮する企業は経営者企業と呼ばれる（専門経営者の出現と経営者企業の成立については，チャンドラー［1979］，森川［1991］を参照）。

▷ **専門経営者の成長**

日本企業におけるトップ・マネジメントの存在形態は取締役会である。大企

表 3-8 経営者企業の発展（1905～30 年）

(単位：社)

専門経営者の数	1905 年	1913 年	1930 年
ゼ ロ	47	48	15
1 人	22	38	27
2 人以上	5	29	113
2 人～半数	―	―	(71)
過半数	―	―	(42)
不 明	1	0	3
計	75	115	158
調査対象会社の払込資本金規模	銀行・鉄道 200 万円以上 それ以外 100 万円以上	鉄道・電力・鉱山 300 万円以上 それ以外 150 万円以上	銀行・鉄道 2000 万円以上 それ以外 1000 万円以上

(注) 取締役会に専門経営者が何人いるかで経営者企業としての発展を測る。
(出所) 森川 [1991] より作成。

業の経営者企業への発展のバロメーターとして，1905 年から 30 年に至る期間における専門経営者の取締役会への進出過程をみてみよう。

表 3-8 によれば，1905 年時点では調査対象 75 社のうち取締役を所有者（創業者および家族，大株主，銀行等からの派遣者）だけで独占している会社が 47 社（全体の 62.7%）存在したのに対して，専門経営者が 1 人という会社が 22 社（29.3%）あり，2 人以上という会社は 5 社（6.7%）にすぎなかった。日露戦争直後の大企業は所有者優位の役員構成をとっていたのである。

1913 年時点では 115 社のうち，取締役全員が所有者という会社が 48 社あった。しかし，その比率は 41.7% に減少した。他方，専門経営者が 1 人，2 人以上という会社はそれぞれ 38 社（33.0%），29 社（25.2%）に増加した。

1930 年時点では，158 社のうち所有者だけで取締役を独占している会社は 15 社（9.5%）に減少した。そして，専門経営者が 1 人という会社が 27 社（17.1%），2 人から半数の会社が 71 社（44.9%）あり，残りの 42 社（26.6%）は専門経営者が取締役の過半数を占めていた。

この時期の大企業の取締役会における専門経営者の進出は著しかった。日本における経営者企業とそこでの専門経営者の全面的開花は，第二次大戦後の戦

表 3-9　大企業専門経営者の学歴

	1905 年	1913 年	1930 年
専門経営者	39 人	109 人	470 人
高等教育機関出身者	26 人 (66.6%)	71 人 (65.1%)	394 人 (83.8%)
技術畑出身者	11 人 (28.2%)	21 人 (19.2%)	167 人 (35.5%)
役員就任までの平均期間	17.8 年	18.9 年	21.3 年

(注)　大企業の範囲は表 3-8 と同じ。
(出所)　森川［1981a］より作成。

後改革を経た時期まで待たなければならなかったが，その開花の準備は両大戦間期に着実に進行していたのである。

　大企業のトップ・マネジメントに広範囲に進出した専門経営者はいかなる特徴を有していたのであろうか。表3-9は大企業専門経営者の学歴をみたものである。これによれば，専門経営者の学歴が高かったことがわかる。とくに専門経営者が大企業の取締役会で優位を確立しつつあった1930年時点では，彼らの83.8%が高等教育機関の卒業者であった。また，技術者の比重が高かったことも注目される。同時点で167人の専門経営者が技術畑の出身者で，そのうち122人は工学士であった。

　近代的大企業の経営は経験主義的な熟練者（たとえば番頭）では不可能であり，専門知識を有するテクノクラート的人材を必要とした。そこで，大企業では早くから，そうした人材を高等教育機関に求め，そのことが結果としてトップ・マネジメントの高学歴化を進行させたのである。とくに現代企業においては，技術の導入・蓄積・利用と事業計画について的確な判断を下せる技術者（とくに工学士）は不可欠であり，彼らの不足とも相まって，技術者のトップ・マネジメントへの進出を促進した。

　次に表3-10によって，大企業の専門経営者の職歴をみてみよう。これによれば，内部昇進型のAタイプは着実に増加を続け，1930年時点では50%を超えている。これに対して中途採用型のA′，招聘型のBタイプとも一貫して減少している。この事実から次の2点を指摘できる。第1点，A′，Bの比率合計が05年に74.4%，13年に61.5%を占めていたことは，第一次大戦勃発以前においてはテクノクラート的人材の社会的移動が高かったことを意味する。

表 3-10　専門経営者の職歴別比率

(単位：人，%)

タイプ	1905年		1913年		1930年	
	実数	比率	実数	比率	実数	比率
A	8	20.5	35	32.1	247	52.6
A′	22	56.5	51	46.8	149	31.7
B	7	17.9	16	14.7	50	10.6
不明	2	5.1	7	6.4	24	5.1
計	39	100.0	109	100.0	470	100.0

(注)　タイプA：新規採用された会社において一貫してビジネス・キャリアを経験した後，その会社の取締役に就任した者。
　　　A′：1つ以上の勤務先でビジネス・キャリアを経験した後，その会社に中途採用され，後に取締役に就任した者。
　　　B：別の勤務先から直接その会社の取締役として招かれた者。
(出所)　森川［1981a］より作成。

　第2点，Aタイプが増加を続け，30年時点で過半数を超えたという事実は，明治期後半に高等教育機関を卒業して入社した社員がオン・ザ・ジョブ・トレーニング（OJT）を通じてミドルを経てトップ・マネジメントへ昇進する形の年功的内部昇進システムが，第一次大戦期から昭和初年にかけて大企業において定着していたことを意味する（雨宮［1990］）。

　当該期の大企業の中で，専門経営者のトップ・マネジメントへの進出が相対的に顕著で，経営者企業への移行が早かったのは財閥系企業であった（森川［1981a］）。日本の財閥では，同族の総有制を維持するために「所有は二重の意味で（①同族と本社の段階，②本社と傘下企業の段階——引用者注）封じ込められ，それだけ事業会社の経営政策の自由度が高められていた」（橘川［1996］93頁）。財閥傘下企業の専門経営者にとって，財閥本社は安定株主の役割を果たしていたのである。

2　日本型人事労務管理の生成と経営家族主義

▷ 日本型人事労務管理の生成

　第一次大戦ブーム期における活発な企業活動と経営規模の拡大は労働需要を逼迫させ，労働者の会社間移動を盛んにした。その結果，現代企業の特徴を持つ大企業でも労働者不足，とくに熟練工・技能工の不足が深刻化した。そして同時に，科学の成果を応用した新技術・生産設備を導入した重化学工業会社においては，従来の熟練システムの解体が進行した。それまでの親方制度の下で形成された「カン」や「コツ」に依存した手工業的熟練では，新しく導入された機械・生産システムに適合できなくなったからである。

　こうした熟練工・技能工不足と手工業的熟練の崩壊に直面した大企業は，主として2つの方策でそれに対応した。その1つは，従来の親方内部請負制を廃止し，労働者を直接雇用・管理する方式の採用であった。この方式は，すでに明治末年までにそれを実施していた紡績業，化学産業を除けば，新しい技術・生産システムの導入を契機として，重工業（造船，鉄鋼，機械，電機，車輛工業等）→金属鉱山業→炭鉱業→建設業の順で普及・定着していった（間［1989］）。

　もう1つの方式は，新しい技術・生産システムに適合的な熟練・技能を持つ労働者を企業内で育成することであった。企業内で労働者を教育・訓練する制度は明治期中頃から一部の大企業で実施されていたが，その多くは長崎造船所の三菱工業予備学校（1899年設立），八幡製鉄所の幼年職工養成所（1910年設立）のほか，2，3の先駆的なものを除けば，補習教育機関の域を出るものではなかった。しかし，第一次大戦前後になると，それらは熟練工の養成と生産現場の監督者的人材の養成を目的とした教育訓練機関として位置づけられるようになった。たとえば，1918年に設立された三菱製紙付属徒弟学校は高等小学校卒業の職工を対象とした2年間の教育訓練機関であったが，そのカリキュラムをみれば，専門科目として1年次に物性運動，力熱音光，電気，磁気，製図，2年次に機械工学，電気工学，分析実験，応用化学，製紙化学，化学実験，機械製図が配置されており，「本校卒業者ニシテ其成績優秀ナルモノハ三菱製紙株式会社役員（職員の意味──引用者注）ニ登用ス」とされた（岩内［1989］187

頁)。

　この時期，前述のように高等教育機関を卒業した技術者が企業に大量に入社し，技術スタッフとして工場に配属された。そして，企業内教育訓練機関を設置した企業では，多くの場合，彼らに「教師」役を兼ねさせた。その結果，これらの会社の生産現場では，技術者の専門知識と労働者の熟練の融合が進むとともに，両者の意思疎通も容易となり，彼らを中核とするOJT方式による熟練形成が可能となった。

　こうして，労働者の直傭制と企業内熟練形成が進行すると，それまでの総務課や庶務課の業務の片手間に行われていた人事労務対策では不十分となり，そのため多くの会社では本社および工場・事業所に人事労務担当の部・課を新設し，そこに高等教育機関卒の専門スタッフを配置した。そうした専門スタッフの主導の下に，次のような人事労務管理施策を実施していった（間［1989］）。

(1) 「新卒」労働者の定期採用と社内教育・訓練の実施，それら「子飼い職工」を中心とする終身雇用制の確立。

(2) 直傭労働者，とくに「子飼い職工」の長期定着を図る方策としての勤続＝「年功」に基づく定期昇給と昇進システムの制度化。

(3) 解雇手当・退職金の支給，および福利厚生制度の充実。

(4) 労働運動の攻勢に対処し，労使の意思疎通を図るための労働委員会や工場委員会の設置。

　これらの人事労務管理施策の多くは，大企業の職員層ではすでに実施されていたが，第一次大戦期から戦後にかけての労働需要の逼迫，生産技術の変化，そして労働運動の激化などを契機として，その対象を生産現場の労働者層にまで拡大したのである。ただし，こうした施策を採り入れたのは先導産業部門の大企業に限られており，大企業と中小・零細企業の間には賃金ならびに労働条件の面で大きな格差が存在していた。

▷ 経営家族主義

　こうした大企業の人事労務管理政策を推進した経営者のイデオロギーは，経営家族主義であった。それは企業を1つの家族的共同体とみなし，経営者は従業員に対して家長的な温情主義による諸施策を実施し，他方，従業員はそうし

た温情に応えて企業の存続と発展に献身しなければならないとする，労使協調の考え方に基づいていた。こうした経営家族主義は，明治期後半に合併・合同によって大規模化した鐘淵紡績，王子製紙，国鉄などにおいて，組織統合の必要性から武藤山治，藤原銀次郎，後藤新平らによって提唱されたものであった。そして，経営家族主義は第一次大戦期から戦後にかけて拡大した企業組織の統合化，労働者の直傭化，大規模労働争議などの問題に直面した大企業経営者にそれらの問題解決に適合的なものとみなされ，採用されたのである（間 [1989]）。

3 経営合理化と「科学的管理法」の導入

▷ 経営合理化の推進

　第一次大戦期から戦後にかけて日本の鉱工業会社は規模を拡大し，生産力を飛躍的に上昇させた。しかし，大戦後外国製品の流入が再開し，1920年恐慌に始まる戦後不況が進行すると，各企業とも拡大した生産力を維持・発展させ，競争優位を確立するために，各種の経営合理化策に取り組まなければならなかった。

　大企業は生産面の合理化に力を注ぎ，生産性の向上，品質の改善，製造コストの削減をめざして，新技術・設備の導入と生産工程の機械化・電化に努めた。そして，その成否が企業の命運を左右した。一例を挙げれば，第一次大戦中に発展した硫安業界において，前述のように，日本窒素肥料は1923年にアンモニア合成工場（延岡工場）を建設すると，昭和初年までに全工場の硫安生産工程を変成法から合成法に転換した。その結果，同社は変成法時代に比べて40〜50％のコストダウンを実現し，業界におけるトップ・メーカーとしての地位を不動とするとともに，新興財閥に発展する基盤を確保した。これに対して，第一次大戦中に日本窒素肥料と業界を二分した電気化学工業は変成法に固執したため，戦後外国硫安との競争力を喪失し，昭和初年には経営に破綻を来してしまった（中村青志 [1978]）。

▷「科学的管理法」の導入

　こうした新技術の導入，生産工程の合理化・近代化と並行して，F. W. テイ

コラム 3　鐘淵紡績と武藤山治

　日露戦後から両大戦間にかけて，繊維，食品（ビール，製糖，製粉），製紙，セメントなどの軽工業分野を中心に近代的な大企業が成立し，国際競争力を持つ企業も出現した。

　これらの大企業は，通常，水平統合あるいは垂直統合戦略を通じて形成された。多くの場合，そうした統合戦略を遂行した経営者は，当該企業に雇用され，ミドル・マネジメントを経てトップ・マネジメントに就任した内部昇進型の専門経営者であった。彼らはオーナー経営者や大株主の専断的な経営介入を阻止して経営権の掌握に努めるとともに，自分の後輩である学卒社員を育成・鍛錬して順次トップ・マネジメントに引き上げ，自社を経営者企業として発展させた。そして，彼らはしばしば自らの経営理念と自社の経営手法を社会に向けて発表し，企業社会のオピニオン・リーダーとなっていった。

　資産額からみた鉱工業100社の中で，1914年下期第2位，29年下期第4位にランクされた鐘淵紡績（以下，鐘紡）は，専門経営者・武藤山治に率いられた典型的な経営者企業であった（表3-3参照）。鐘紡は1886年に三井呉服店と東京の棉花商・木綿問屋の共同出資で設立され，93年に中上川彦次郎の工業化政策によって，三井銀行の傘下企業となった。慶應義塾卒業後，アメリカのパシフィック大学で学んだ武藤は，1893年に三井銀行に入行し，翌94年に鐘紡に転出して新設の兵庫工場支配人に就任した。武藤は自著の『紡績大合同論』（武藤［1901］）に基づいて関西・九州地区の紡績会社を次々に吸収合併し，1902年までに鐘紡を10工場（21万錘）を経営する業界トップ会社に成長させた。

　武藤は1901年に本店支配人に昇進したが，兵庫工場の営業部に常駐し，そこから全工場を指揮した。武藤は工場間の品質のバラツキ解消と作業方法の統一を図るために，「現場主義経営」を推進する一方，社内報「鐘紡の汽笛」の発行，鐘紡共

ラーによって体系化された「科学的管理法」に代表される経営管理手法も積極的に導入された。とくに前述の改正工場法の施行を控え，生産工程の合理化の必要に迫られていた紡績業と，多数の生産工程を1つのシステムとして運営しなければならない電気機械産業は，「科学的管理法」の採用に熱心であった。たとえば，東洋紡績は1917年に標準動作の研究に着手し，同年末に「工程別標準動作」を制定した。そして，優良作業者を集めて作業動作について教育した後，彼らを各工場に派遣して標準作業動作の普及・指導にあたらせた。その結果，生産技術の進歩とも相まって作業能率は向上し，女子職工が受け持つ紡機と織機の台数は，それぞれ1台から2.5台，2.5台から9台に増加した（東

済組合の設立を手始めに,従業員間の融和と福利厚生施設の拡充に力を入れた。
　1901年に中上川彦次郎が死去すると,彼の工業化政策は否定され,鐘紡株も放出された。その結果,06年には鐘紡株の80％は相場師・鈴木久五郎一派に買い占められてしまった。鈴木は紡績業界の大合同を画策し,武藤に鐘紡の倍額増資を要求した。しかし,武藤はそれに応じず辞任した。08年に株式相場が崩落すると,鈴木は鐘紡株を手放した。武藤は鐘紡を資本家や大株主の横暴な介入から守るために,同社の自主独立経営と経営者企業への移行を計画した。第一次大戦ブームの中で,鐘紡が巨額の利益を得ると,武藤は18年から連続11期70％以上という高額株式配当を行って株主の絶対的な信頼を獲得した。そして同時に,武藤は従業員持株会と福利厚生施設の拡充にいっそう意を注ぎ,鐘紡全体を家族共同体とみなす経営家族主義を積極的に提唱した。
　1921年に社長になった武藤はただちに定款を変更して,「当会社ハ社長及常務取締役ニ選任セラルヘキモノハ五年以上当社ノ業務ニ従事シタルモノニ限ル」「当会社ノ社長及常務取締役ハ他ノ会社ノ役員タルコトヲ得ス」と明記し（由井［1990］),大株主の資格だけで社長や常務に就任する道を閉ざし,ミドル・マネジメントの学卒社員を順次取締役メンバーに就任させた。
　武藤の提唱する経営家族主義は第一次大戦ブーム期に肥大化した経営組織の統合化,労働者の直庸制の実施,大規模な労働争議の発生などに直面していた大企業経営者に受け入れられた。その結果,武藤は1919年にアメリカ・ワシントンで開かれた第1回国際労働会議（ILO総会）の日本の資本家代表に選ばれ,労使一体化と共存共栄を追求する日本の経営家族主義経営をアピールした。
　武藤は,1930年1月,株主らの社長留任要請を断り,自ら定めた社長在職3期9年の任期を守って,35年間勤務した鐘紡を退社した。

洋紡績株式会社［1953］）。また,三菱電機では1925年から提携先のウェスチングハウスから時間研究を中心とする管理手法の導入を図り,労働者の作業単位当たりの労働時間を大幅に低下させた。
　この時期に導入された経営管理手法は,不況下での激しい企業間競争を乗り切るための労働強化策として実施されたという側面もあった。しかし,他面でそれらは当時形成されつつあった前述の日本型人事労務管理システムに合わせる形で,あるいはそれを推進・強化する目的で導入された。三菱電機の場合,ウェスチングハウスで実施していた差別的出来高給制度をそのまま採用せず,「日本的労務管理,なかでも賃金管理の一つの特徴とも言うべき標準的生活費

保証」を加味した上で（佐々木［1987］），それを導入している。また，「科学的管理法」の実施にあたって，今日のQCサークル活動に類似した，現場労働者を含む全員参加型の委員会を設置し，そこで「各自ノ意見ヲ協議セシメ，協力之ヲ審議シ，改善ヲ立案」させる方式を実施した会社も出現した（高橋衛［1994］123頁）。

第3章　設問

1. 大企業の成立プロセスを多角化戦略と統合戦略の観点から論じなさい。
2. 財閥の多角的事業経営とコーポレート・ガバナンスの関係について論じなさい。
3. 小林一三が電鉄経営の「原型」を創ることができた要因を述べなさい。
4. 「現代企業」の形成と特徴について述べなさい。
5. 関心ある企業家を取り上げ，彼の企業家活動を調べなさい。

第3章　注

1) 成金とは，本来，将棋で銀・桂・香・歩のコマが敵陣に入って，金将の働きをすることをいう。とくに歩が金将の働きをすることは大きな躍進を意味することから，短期間に時流に乗って富豪にのし上がった大金持・資産家になること，または，その人を成金と呼ぶようになった。第一次大戦ブームに沸く産業分野では，船成金（造船・海運業），鉱山成金，鉄成金と呼ばれるにわか資産家が多数輩出した。第一次大戦期の成金については，梅津［1978］を参照。
2) このほか，大企業のランキングについては，利益額で測定した山崎［1991］，従業員数で測定した阿部［2002］の研究がある。
3) 日本経営史における財閥の積極的な存在意義は，財閥が日本の工業化のリスク・テイカーであったことに求められる。この点については，森川［1980］，橘川［1996, 2002］，宇田川［2005］を参照。
4) コーポレート・ガバナンスについては論者によって，さまざまな定義がなされている。筆者はそれを「企業（グループ）の所有・支配機構と統括管理機構を通じて，所有と経営のバランスを図り，企業（グループ）の永続性や経営効率の向上を達成する仕組み」と定義している（宇田川［2005］）。
　　日本経営史の観点からコーポレート・ガバナンスを論じた研究として宮本［2003］がある。
5) 最近，日本の経営発展を企業家活動の視点から考察する研究が盛んになっている。当該期の企業家活動については，宮本［1999, 2002］，佐々木［2001,

2003]，法政大学産業情報センター・宇田川［1999, 2002］を参照。
6) 近年，第二次大戦以前に日本市場に進出していた外国企業の事業活動について，国際関係経営史の視点から研究が開始されている。その代表的な研究として，工藤［1992］，奈倉［1998］，奈倉・横井・小野塚［2003］がある。
7) 「経営ナショナリズム」とは日本の産業自立課題に果敢に挑戦した企業経営者の創業動機・理念をいう。詳しくは森川［1973］を参照。
8) 鈴木・大東・武田［2004］によれば，1920年時点で10以上の事業所数（工場，鉱山，支店・出張所）を保有していた大企業は，次の7社であった（カッコ内は事業所数）。三菱鉱業（28），大阪商船（24），片倉製糸紡績（23），鐘淵紡績（20），日本石油（18），東洋紡績（16），大日本紡績（14）。

第3章　参考文献

麻島昭一・大塩武［1997］『昭和電工成立史の研究』日本経済評論社。
阿部武司［1989］『日本における産地綿織物業の展開』東京大学出版会。
阿部武司［2002］「産業構造の変化と独占」石井寛治・原朗・武田晴人編『日本経済史 3　両大戦間期』東京大学出版会。
雨宮俊明［1990］「わが国企業における経営階層の形成と企業内昇進システム」慶應義塾大学経営管理研究科修士課程学位論文。
安秉珆［1976］「朝鮮銀行と東洋拓殖」小林正彬・下川浩一・杉山和雄・栂井義雄・三島康雄・森川英正・安岡重明編『日本経営史を学ぶ 2　大正・昭和経営史』有斐閣。
安藤良雄［1976］『日本の歴史 28　ブルジョワジーの群像』小学館。
石井寛治［1972］『日本蚕糸業史分析——日本産業革命研究序論』東京大学出版会。
石井寛治［2003］『日本流通史』有斐閣。
石原武政・矢作敏行編［2004］『日本の流通100年』有斐閣。
伊牟田敏充［2002］『昭和金融恐慌の構造』経済産業調査会。
岩内亮一［1989］『日本の工業化と熟練形成』日本評論社。
宇田正［1976］「南満州鉄道と満州重工業開発」小林正彬・下川浩一・杉山和雄・栂井義雄・三島康雄・森川英正・安岡重明編『日本経営史を学ぶ 2　大正・昭和経営史』有斐閣。
宇田川勝［1984］『日本財閥経営史 新興財閥』日本経済新聞社。
宇田川勝［1987］「戦前日本の企業経営と外資系企業」『経営志林』第24巻第1号，15-31頁；第24巻第2号，29-40頁。
宇田川勝［2005］「財閥間競争とその帰結」宇田川勝・佐々木聡・四宮正親編『失敗と再生の経営史』有斐閣。
内田星美［1977］「技術開発」中川敬一郎編『日本経営史講座 第5巻 日本的経営』日本経済新聞社。

内田星美［1987］「1920年の大学卒技術者分布」『東京経大学会誌』第152号，103-115頁。
梅津和郎［1978］『成金時代——第一次世界大戦と日本1』教育社。
NHK"ドキュメント昭和"取材班編［1986］『ドキュメント昭和——世界への登場 3　アメリカ車上陸を阻止せよ——技術小国日本の決断』角川書店。
大塩武［1989］『日窒コンツェルンの研究』日本経済評論社。
岡崎哲二［1999］『持株会社の歴史——財閥と企業統治』筑摩書房。
尾高煌之助［2000］『職人の世界・工場の世界 新版』NTT出版。
春日豊［1987］「三井財閥」麻島昭一編『財閥金融構造の比較研究』御茶の水書房。
桂芳男［1976］「台湾銀行と台湾製糖」小林正彬・下川浩一・杉山和雄・栂井義雄・三島康雄・森川英正・安岡重明編『日本経営史を学ぶ 2　大正・昭和経営史』有斐閣。
加藤俊彦［1957］『本邦銀行史論』東京大学出版会。
橘川武郎［1991］「戦前日本のカルテル」『青山経営論集』第25巻第4号，73-98頁。
橘川武郎［1996］『日本の企業集団——財閥との連続と断絶』有斐閣。
橘川武郎［2002］「財閥のコンツェルン化とインフラストラクチャー機能」石井寛治・原朗・武田晴人編『日本経済史 3　両大戦間期』東京大学出版会。
橘川武郎［2004］『日本電力業発展のダイナミズム』名古屋大学出版会。
工藤章［1992］『日独企業関係史』有斐閣。
久保文克［1997］『植民地企業経営史論——「準国策会社」の実証的研究』日本経済評論社。
黒瀬郁二［2003］『東洋拓殖会社——日本帝国主義とアジア太平洋』日本経済評論社。
桑原哲也［1990］『企業国際化の史的分析——戦前期日本紡績企業の中国投資』森山書店。
故団男爵伝記編纂委員会編［1938］『男爵団琢磨伝 下』故団男爵伝記編纂委員会。
小林一三［1953］『逸翁自叙伝』産業経済新聞社。
小原博［1994］『日本マーケティング史——現代流通の史的構図』中央経済社。
斎藤憲［1987］『新興コンツェルン理研の研究——大河内正敏と理研産業団』時潮社。
佐々木聡［1987］「三菱電機にみる科学的管理法の導入過程——時間研究法の導入を中心に」『経営史学』第21巻第4号，29-60頁。
佐々木聡［1998］『科学的管理法の日本的展開』有斐閣。
佐々木聡編［2001］『日本の企業家群像』丸善。
佐々木聡編［2003］『日本の企業家群像 2　革新と社会貢献』丸善。
沢井実［1998］『日本鉄道車輛工業史』日本経済評論社。

産業政策史研究所編（中村青志著）［1976］『わが国大企業の形成・発展過程——総資産額でみた主要企業順位の史的変遷』産業政策史研究所。
サンケイ新聞社［1987］『写真集　おおさか100年』サンケイ新聞社。
自動車工業振興会編［1975］『自動車史料シリーズ　2　日本自動車工業史口述記録集』自動車工業振興会。
四宮俊之［1997］『近代日本製紙業の競争と協調——王子製紙，富士製紙，樺太工業の成長とカルテル活動の変遷』日本経済評論社。
四宮正親［1998］『日本の自動車産業——企業者活動と競争力・1918〜70』日本経済評論社。
ジョンソン，チャーマーズ（矢野俊比古監訳）［1982］『通産省と日本の奇跡』ティビーエスブリタニカ。
白石友治編纂［1950］『金子直吉伝』金子柳田両翁頌徳会。
鈴木良隆・安部悦生・米倉誠一郎［1987］『経営史』有斐閣。
鈴木良隆・大東英祐・武田晴人［2004］『ビジネスの歴史』有斐閣。
創立五十周年社史編纂委員会編［1982］『ブリヂストンタイヤ五十年史』ブリヂストンタイヤ。
大東英祐［1995］「戦間期のマーケティングと流通機構」由井常彦・大東英祐編『日本経営史　3　大企業時代の到来』岩波書店。
高橋亀吉［1930］『日本財閥の解剖』中央公論社。
高橋亀吉［1933］『日本経済統制論——産業を中心として見たる』改造社。
高橋亀吉［1954］『大正昭和財界変動史　上』東洋経済新報社。
高橋衛［1994］『「科学的管理法」と日本企業——導入過程の軌跡』御茶の水書房。
高村直助［1980］『日本資本主義史論——産業資本・帝国主義・独占資本』ミネルヴァ書房。
高村直助［1982］『近代日本綿業と中国』東京大学出版会。
瀧澤秀樹［1978］『日本資本主義と蚕糸業』未来社。
竹内壮一［1977］「独占ブルジョアジー」石井寛治・海野福寿・中村政則編『近代日本経済史を学ぶ　下　大正・昭和』有斐閣。
武田晴人［1985］「資本蓄積　3　財閥」大石嘉一郎編『日本帝国主義史　1』東京大学出版会。
武田晴人［1995］『財閥の時代——日本型企業の源流をさぐる』新曜社。
谷本雅之［1998］『日本における在来的経済発展と織物業——市場形成と家族経済』名古屋大学出版会。
谷本雅之・阿部武司［1995］「企業勃興と近代経営・在来経営」宮本又郎・阿部武司編『日本経営史　2　経営革新と工業化』岩波書店。
チャンドラー，アルフレッド・D., Jr.（鳥羽欽一郎・小林袈裟治訳）［1979］『経営者の時代——アメリカ産業における近代企業の成立』東洋経済新報社。
一寸木俊昭［1992］『日本の企業経営——歴史的考察』法政大学出版局。

津金澤聡廣［1991］『宝塚戦略——小林一三の生活文化論』講談社。
東京芝浦電気株式会社総合企画部社史編纂室編［1963］『東京芝浦電気株式会社八十五年史』東京芝浦電気株式会社。
東洋紡績株式会社東洋紡績七十年史編修委員会編［1953］『東洋紡績七十年史』東洋紡績。
栂井義雄［1969］『日本産業・企業史概説』税務経理協会。
トヨタ自動車販売株式会社社史編集委員会編［1970］『モータリゼーションとともに』トヨタ自動車販売。
中村青志［1978］「野口遵——巨大電力化学コンビナートの建設」森川英正・中村青志・前田和利・杉山和雄・石川健次郎『日本の企業家 3　昭和篇』有斐閣。
中村隆英［1971］『戦前期日本経済成長の分析』岩波書店。
中村隆英［1978］『日本経済——その成長と構造』東京大学出版会。
中村隆英・尾高煌之助編［1989］『日本経済史 6　二重構造』岩波書店。
奈倉文二［1998］『兵器鉄鋼会社の日英関係史——日本製鋼所と英国側株主1907～52』日本経済評論社。
奈倉文二・横井勝彦・小野塚知二［2003］『日英兵器産業とジーメンス事件——武器移転の国際経済史』日本経済評論社。
成田潔英［1958］『王子製紙社史　第3巻』王子製紙社史編纂所。
日本石油株式会社・日本石油精製株式会社社史編さん室編［1988］『日本石油百年史』日本石油。
日本窒素肥料株式会社文書課・山本登美雄編［1937］『日本窒素肥料事業大観——創立三〇周年記念』日本窒素肥料株式会社。
間宏［1989］『日本的経営の系譜』文眞堂。
橋本寿朗［1984］『大恐慌期の日本資本主義』東京大学出版会。
橋本寿朗・武田晴人編著［1985］『両大戦間期日本のカルテル』御茶の水書房。
林健久・山崎広明・柴垣和夫［1973］『講座帝国主義の研究——両大戦間におけるその再編成 6　日本資本主義』青木書店。
法政大学産業情報センター・橋本寿朗・武田晴人編［1992］『日本経済の発展と企業集団』東京大学出版会。
法政大学産業情報センター・宇田川勝編［1999］『ケースブック日本の企業家活動』有斐閣。
法政大学産業情報センター・宇田川勝編［2002］『ケース・スタディー日本の企業家史』文眞堂。
前田和利［1977］「マーケティング」中川敬一郎編『日本経営史講座　第5巻　日本的経営』日本経済新聞社。
松村敏［1992］『戦間期日本蚕糸業史研究——片倉製糸を中心に』東京大学出版会。

宮島英昭［2004］『産業政策と企業統治の経済史——日本経済発展のミクロ分析』有斐閣。
宮本又郎［1999］『日本の近代 11　企業家たちの挑戦』中央公論新社。
宮本又郎編［2002］『日本をつくった企業家』新書館。
宮本又郎［2003］「日本型コーポレート・ガバナンス」宮本又郎・杉原薫・服部民夫・近藤光男・加護野忠男・猪木武徳・竹内洋『日本型資本主義——どうなるどうする戦略と組織と人材』有斐閣。
三和良一［1993］『概説日本経済史——近現代』東京大学出版会。
武藤山治［1901］『紡績大合同論』大日本綿糸紡績同業連合会。
森真澄［1976］「『マーケティング』の先駆的形成」小林正彬・下川浩一・杉山和雄・栂井義雄・三島康雄・森川英正・安岡重明編『日本経営史を学ぶ 2　大正・昭和経営史』有斐閣。
森川英正［1973］『日本型経営の源流——経営ナショナリズムの企業理念』東洋経済新報社。
森川英正［1976］「『日本株式会社』の経営史的研究序説」森川英正編『日本経営史講座 第 4 巻　日本の企業と国家』日本経済新聞社。
森川英正［1978］『日本財閥史』教育社。
森川英正［1980］『財閥の経営史的研究』東洋経済新報社。
森川英正［1981a］『日本経営史』日本経済新聞社。
森川英正［1981b］「戦間期における日本財閥」中村隆英編『戦間期の日本経済分析』山川出版社。
森川英正［1991］「なぜ経営者企業が発展するのか？」森川英正編『経営者企業の時代』有斐閣。
森田克徳［2000］『争覇の経営戦略 製菓産業史』慶應義塾大学出版会。
山口和雄編［1968］『経済学全集 12　日本経済史』筑摩書房。
山崎広明［1981］「1920 年代の三井物産——経営戦略と経営動向」中村隆英編『戦間期の日本経済分析』山川出版社。
山崎広明［1987］「日本商社史の論理」『社会科学研究』（東京大学）第 39 巻第 4 号，149-197 頁。
山崎広明［1991］「日本企業史序説」東京大学社会科学研究所編『現代日本社会 第 5 巻　構造』東京大学出版会。
山崎広明［2000］『昭和金融恐慌』東洋経済新報社。
山本有造［2003］『「満州国」経済史研究』名古屋大学出版会。
由井常彦［1990］「戦間期日本の大工業企業の経営組織」中川敬一郎編『企業経営の歴史的研究』岩波書店。
吉岡善一［1962］『野口遵』フジ・インターナショナル・コンサルタント出版部。

第4章

戦前から戦後へ

企業経営の変容

担当　沢井　実

第1節　戦前から戦後へ——経済政策の展開と経営環境の変化

1　1930年代（1930〜36年）

▷ 昭和恐慌

　金解禁政策，緊縮財政をかかげる民政党浜口雄幸内閣の成立（1929年7月）を契機に金解禁恐慌として始まった昭和恐慌は，1930年に入ると深刻の度を加えた。1月11日の金解禁実施，4月11日の鐘紡株の暴落を経て，株価は恐慌相場となり，商品価格の下落がこれに追討ちをかけた。

　前年10月のニューヨーク株式市場の崩落に端を発するアメリカ恐慌の影響によって，さまざまな糸価対策にもかかわらず，7月には生糸恐慌が始まり，さらに豊作予想の発表を受けて10月には米価が暴落する。「米と繭」の2大基軸商品の惨落によって農村を惨憺たる苦境に陥れた農業恐慌は長期化し，米価が本格的回復を示すのは1934年，恐慌前の水準に戻るのは35，36年のことであった。

　世界的な農業不況の深刻化，銀価の暴落，インド綿布輸入関税の引上げなど

によって綿製品価格は急落し，重化学工業諸部門も旧平価解禁による輸入品価格の低下，先進諸国からのダンピング輸出圧力によって大きな打撃を受けた。

1930年代初頭の日本経済を襲った昭和恐慌の特徴は，生産量の縮小が小さいのに対し，物価下落が急激かつ大幅であったことであるが，これは恐慌に直面した各企業が，製品単価の下落を生産量の増加で補おうとしたために生じたものであった。価格低下を阻止するため多くの産業でカルテルが形成され，政府も31年4月には，アウトサイダーにカルテル協定に従うことを命令できる強制カルテル規定と，カルテル協定が公益に反した場合その変更や取消しを命ずることができる公益規定との両方を含む重要産業統制法を制定して，カルテルによる産業の自主統制の動きを支援した。こうした恐慌対策を契機に，以後政府は経済過程への介入を積極化するのである（1930年代の景気動向については原［1987］，重産法の運用については宮島［2004］を参照）。

▷ **高橋財政の展開と景気回復**

満州事変勃発直後の1931年9月21日，イギリスが金本位制を停止する。イギリスのこの措置によって，日本の金本位制維持も困難との予想から，激しいドル買いが発生した。政府はドル為替の売り応じ，公定歩合の引上げによって対抗し，ドル買い側を追いつめたものの，12月11日に第2次若槻礼次郎内閣は閣内不統一から総辞職した。13日に成立した犬養毅政友会内閣は即日，金輸出を再禁止し，日本は管理通貨制に移行した。

以後4年余りの間，経済政策の運営をリードしたのが高橋是清蔵相であった。低為替・低金利・財政拡大によって特徴づけられる高橋財政前半期の経済運営によって，日本の工業部門は国際的にみても例外的に早期に景気の回復を達成した。赤字公債発行に支えられた軍事費の拡大，時局匡救事業の展開，第1次船舶改善助成施設の実施が内需を拡大し，低為替が輸出拡大を支えるとともに，関税改正と相まって輸入防遏効果を発揮した。さらに低金利は国債発行を容易にし，株価の上昇をもたらした。

景気回復がほぼ達成された1934，35年頃の高橋財政後半期になると，日本経済は新しい局面を迎える。賃金・金利・原材料価格の上昇，財政収支・国際収支の不均衡が顕在化する中で，経済政策も転換され，高橋蔵相による公債漸

2.26事件 1936年2月,国粋主義的青年将校グループが部隊を率いて反乱を起こし高橋是清蔵相らを殺害。鎮圧されたが以後軍部の発言力が強まった(毎日新聞社)。

減政策の強化,軍事費膨張の抑制が図られる。しかし,2.26事件による高橋蔵相の暗殺と軍部の台頭によって,こうした政策展開は阻止され,以後,軍事費の急膨張が続くことになるのである(三和[2003])。

▷ **重化学工業化の進展と輸出産業の躍進**

1930年代の成長過程を通じて,産業構造に占める重化学工業(金属,機械器具,化学)の比重が一挙に高まった。1931年には製造業全生産額・従業者数に占める重化学工業の割合はそれぞれ34%と23%であったが,36年には50%と38%に上昇する[1]。欧米先進国と比較してなお相対的な低位性は免れなかったとはいえ,為替相場の低下による輸入圧力の軽減に支えられて,重工業は「内部循環的生産拡大」を示すまでに成長した(橋本[1984])。

国内市場において重化学工業が躍進するとはいえ,外貨獲得産業としての製糸業が凋落する中で,世界市場を席巻したのが綿工業であり,レーヨン工業も織物輸移出の拡大に支えられて急成長し,1937年には世界一のレーヨン・フィラメント(人絹糸)生産高を記録する。さらに主として中小零細企業・家内工業によって生み出される各種雑貨製品も世界各地に販路を拡げた。しかし不況が長期化する各国に対する日本製品の輸出急増は各地で反発を受け,各国の輸入制限措置が強化される中で輸出拡大も鈍化することになる(白木沢[1999])。中小零細企業に対する組織化政策としては31年4月に制定された工

業組合法が重要であり，同法は適用対象を輸出向けだけでなく，国内市場向け中小企業にまで拡大した（平沢［2001］）。

この時期には製品輸出だけでなく，資本輸出も拡大した。とりわけ対「満州」・朝鮮向け投資の伸びが著しく，「満州」では南満州鉄道関連の投資が中心であったが，関東軍の財閥排除策の撤回とともに財閥系企業の進出も目立つようになった。さらに中国における生産シェアを上昇させた在華紡は華北に進出した。

2 戦時期（1937～45年）

▷ 戦時経済統制の展開

1936年末以降の国際収支の危機への対応を契機に開始された経済統制は，日中戦争勃発直後の輸出入品等臨時措置法と臨時資金調整法の制定によって本格化し，軍需工業動員法に基づく工場事業場管理令によって，民間主要軍需工場は陸海軍の直接管理下に入った。以後，統制が統制を呼ぶ中で，財・資本・労働市場に対する全面的な戦時経済統制が展開されることになる（戦時経済統制の推移およびその下での経済の実態については，原［1976］，中村隆英［1977］，安藤［1987］，岡崎・奥野［1993］，岡崎［1994］など参照）。

企画庁と資源局を合併して1937年10月に設置された企画院は，まず物資を陸軍・海軍・民需別に配分する物資動員計画の立案にあたり，これが38年に入ると実行に移された。しかし，輸出不振に規定されて当初予定の輸入が不可能になると，軍需を確保するために民需を削減せざるをえず，このことが統制のさらなる強化をもたらすことになった。

一方，鉄鋼，石炭，軽金属，石油，ソーダ灰，工作機械，鉄道車輛，自動車，船舶など戦争遂行能力を支える基礎産業部門の拡大をめざす生産力拡充計画が1939年1月に閣議決定されるが，生産力拡充計画産業の拡大の重要な政策手段となったのが，自動車・工作機械・軽金属製造事業法，重要鉱物増産法などに代表される各種増産奨励諸立法であった。しかし軍需優先の下，生産力拡充計画産業向け資材配当ですら削減されたために，生産力拡充計画のその後の実績は全体として芳しいものではなかった。

1938年に入ると統制は一段と強化された。3月には国家総動員法，電力管理法，日本発送電株式会社法が成立し，39年4月から日本発送電が営業を開始する。さらに39年9月の第二次大戦の勃発は，戦時経済統制の展開に新たな段階を画すことになった。戦争による海外物価の急騰に直面した政府は物価統制の根拠法を輸出入品等臨時措置法から国家総動員法に置き換え，価格等統制令を公布して物価全般を9月18日水準に固定した。また39年度から資金統制計画，労務動員計画，交通電力動員計画が策定され，続いて40年度から貿易計画，42年度から液体燃料計画，生活必需物資動員計画，医薬品製品別計画，配船計画などが立案され，経済総動員体制の基本骨格が整備されていった（山崎志郎［2005］）。

　資金・企業経理統制も強化の一途をたどった。1938年8月，39年4月には臨時資金調整法による設備資金貸付に関する要許可範囲が拡大され，40年10月公布の銀行等資金運用令は運転資金までをも規制の対象とした。さらに同月公布の会社経理統制令は配当，積立金，給与，資金など企業経理全般を統制した。

▷ **経済新体制**

　1940年7月に成立した第2次近衛文麿内閣は戦時体制の行きづまりを打破するために新体制運動を展開する。新体制運動はさまざまな議論を呼びつつ，勤労新体制確立要綱（40年11月），経済新体制確立要綱（40年12月），科学技術新体制確立要綱（41年5月），財政金融基本方策要綱（41年7月）といった具体的プランを生み出していったが，その中でも経済統制のあり方そのものに関わる大きな争点となったのが経済新体制論であった。

　すでに1938年春の国家総動員法・電力国管問題，同年秋の総動員法第11条発動問題などをめぐって官民間の論争が展開されていたが，40年9月に資本と経営の分離，公益優先を強調する企画院の経済新体制案が発表されると，官僚統制に対する財界の不満が噴出した。「財界攻勢」によって企画院は原案の手直しを余儀なくされ，12月7日に閣議決定をみた「経済新体制確立要綱」では当初の主張は大幅に緩和されたものの，結局41年8月公布の重要産業団体令を経て統制会が成立することになった（中村隆英・原［1973］）。

▷ 統制会・工業会・軍需会社法

　1941年11月、重要産業団体令に基づく統制会として鉄鋼統制会（同年4月任意団体として発足）が設立されたのを皮切りに、以後各種統制会が相次いで成立し、43年初頭までに33統制会が誕生した。各業界における主要・中堅企業を網羅した業界団体としての統制会の会長は、「指導者原理」に基づき会員企業に対する広範な権限を有するものとされた。こうして政府―統制会―会員企業という統制ルートの創出による戦時経済の円滑な運営、増産がめざされたのである。また41年1月、重要産業統制団体懇談会（重産懇、40年8月設置）は重要産業統制団体協議会（重産協）に改編され、以後統制会の横の連絡機関としての機能を期待されるようになる（松浦［2002］）。

　統制会の最も重要な任務は、物動計画の枠内での生産・資材の割当ておよび生産状況のモニタリングであった。しかし、日本製鉄を中心にして会員企業数が比較的限定された鉄鋼統制会などはその機能をよく発揮したものの（岡崎［1988］）、全体として統制会の活動は低調であった。陸海軍の直接管理下にあった兵器工業部門に統制会が組織されなかっただけでなく、陸海軍の工業会が統制会の活動領域を侵食したことがその大きな理由であったといえよう。

　陸軍は1940年と42年にそれぞれ兵器工業会と航空工業会を組織し、海軍も41年以降、航空機部門を含めて業種別工業会を次々に設立していった。43年11月の軍需省の創設に伴い、陸軍航空工業会と海軍工業会航空工業会は、44年1月に航空工業会として一本化された。資材配当と前渡し金を武器に主要企業を直接囲い込む陸海軍工業会の活動は、関連統制会の機能を空洞化させるものであった（山崎志郎［1991］）。

　軍需省発足と同時に制定された軍需会社法（1943年12月施行）は、工業会方式による動員体制に包摂された主要軍需関連企業を全面的に国家の管理下に置いた。政府によって軍需会社に指定された民間企業では、社長が生産責任者として戦時生産に責任を負い、従業員には生産責任者に対する公法上の服従義務が課された。

　軍工業会の活動、軍需会社指定を通して、発注者たる軍部と民間企業の関係は一段と直接的かつ緊密なものになった。軍部が国力のすべてを航空機・船

焦土と化した都市 戦時経済の崩壊と混乱やインフレの中で，復興と改革は曲折を経つつ進んだ（写真は空襲後の東京都心，日本近代史研究会［1967］より）。

舶・電波兵器生産などに投入しようとして前渡し金を散布すればするほど，民間企業はそれをテコに資材・労働力の囲込み，企業グループ化，下請企業の系列化を推進し，その結果，経済全体としてみれば随所に諸資源の「不足」と「過剰」が同時存在するという「不条理」が顕在化することになったのである。

3 戦後復興期（Ⅰ）＝戦後復員期（1945～49年）

▷ **戦後経済改革**

　1945年8月15日，日本は戦争に敗れた。以後，52年4月にサンフランシスコ講和条約が発効するまでのあいだ，日本は連合国，実質的には連合国軍最高司令官（Supreme Commander for the Allied Powers: SCAP）ダグラス・マッカーサー（Douglas MacArthur）率いるアメリカ軍の占領下に置かれ，連合国軍最高司令官総司令部（General Headquarters: GHQ/SCAP）が日本占領の実行を担当した。こうして日本の政治・経済・社会・文化の諸領域で巨大な変化をもたらした戦後改革が，主としてアメリカの対日占領政策に従って実施されたのである（対日占領政策の形成・推移および戦後経済改革の意義については，三和［1991，2002］，香西・寺西［1993］，鈴木邦夫［1994］，浅井［2001］など参照）。

　対日占領政策の目的は日本の非軍事化であり，財閥解体・労働改革・農地改革を中心とする経済民主化政策は，その目標達成のための手段として位置づけ

られた。しかし 1947 年以降の冷戦体制の急展開は，アメリカの対日占領政策の目的を大きく転換させることになった。日本経済の復興，世界市場への復帰が新しい課題となると，当初の厳しい賠償政策も次第に緩和されることになった。

▷ **経済復興**

戦後インフレが猛威をふるい，戦時動員体制を解除するために引き続き経済統制が必要とされた。財政再建・インフレ対応策として，1946 年 2 月公布の金融緊急措置令，日本銀行券預入令によって旧円預金封鎖，新円切換えが行われ，翌 3 月には戦時期以来の価格等統制令に代わって物価統制令が公布されたにもかかわらず，その効果は半年も続かず，46 年後半から再び猛烈なインフレが進行した。結局，戦後インフレの収束は，49 年のドッジ・ラインの実施によって初めて可能となったのである。

戦争が儲かるものではないということを日本人に教えるとの観点から，GHQ は戦時補償の打切りを日本政府に指示した。戦時補償の打切りが実施されれば企業や銀行が破産の危機に瀕するとして，政府・財界は猛烈に反発したものの，結局 1946 年 10 月，戦時補償特別措置法が制定され，戦時補償の全額打切りが実施された。しかし，政府は戦時補償特別措置法制定前後の 46 年 8 月に会社経理応急措置法と金融機関経理応急措置法，10 月に企業再建整備法と金融機関再建整備法をそれぞれ公布して，企業や金融機関が現実に倒産に追い込まれるのを回避する方策を講じた。

両応急措置法によって，戦時補償打切りに伴い影響を受ける会社・金融機関（特別経理会社・金融機関）の資産・負債は新旧両勘定に区分され，以後の経営は新勘定で行い，整理を必要とする債権・債務は旧勘定に入れて棚上げされることになった。さらに企業再建整備法では，戦時補償打切りによって生じた損失（特別損失）を，積立金の取崩し，資産の評価益，資本金の切捨てなどによって処理することが規定された。

企業経理面の再建整備はこうして進んだが，生産の本格的復興の契機となったのが，1946 年 12 月の閣議で採用が決定された「傾斜生産方式」の開始であった。輸入原油を鉄鋼業に投入し，それによって増産された鉄鋼を石炭部門

投入し，以後2部門間で製品を投入し合うことで石炭と鉄鋼の生産拡大を図り，生産復興を軌道に乗せようとするこの構想の推進によって，47年下半期には目標の年間3000万トン水準の出炭が実現されたのである。

　傾斜生産の展開を資金面から支援したのが，1947年1月に発足した復興金融金庫（復金）からの傾斜金融であった。復金は，石炭，電力，海運，肥料，鉄鋼などの基幹産業に対し積極的な融資を行い，49年3月末の融資残高1319億円は，全国銀行貸出残高の約3分の1に匹敵した。一方，公定（消費者）価格より生産者価格が高い場合，その差額を一般会計が負担するという価格差補給金は，物価安定と生産回復の両立を意図したものであり，その最大の受け手が鉄鋼業であった。

▷ ドッジ・ライン

　1948年12月，アメリカ政府からの指令を受けたマッカーサーは，総合予算の均衡，融資の制限などのインフレ収束策を盛り込んだ「経済安定9原則」の実施を吉田茂首相に指示した。これらの施策を実施するため，49年2月にデトロイト銀行頭取ジョセフ・ドッジが来日し，彼は「ドッジ・ライン」と呼ばれる一連の緊縮措置を強力に遂行した。

　①総予算の均衡，②補助金の削減，③復金債の発行停止，復金の新規貸出の中止を主な内容とする「ドッジ・ライン」の実施によって，戦後インフレは収束し，また1949年4月の1ドル＝360円の単一為替レートの設定によって，日本経済は世界市場に復帰することになった。しかし，「ドッジ・ライン」のデフレ効果によって，在庫増大，金づまり，失業の増加が深刻化し，また国際競争に直接さらされることになった民間企業は合理化を推進しなければならなかった。

4　戦後復興期（Ⅱ）＝高度成長への離陸期（1950～55年）

▷ 朝鮮戦争ブーム

　1950年6月25日に勃発した朝鮮戦争が，「ドッジ・ライン」下の不況を一掃することになった。朝鮮戦争ブームの発生である。兵站基地となった日本に特需（special procurement）という名の軍需が集中し，世界的な軍備拡張と軍

需物資の買付けによって輸出が急伸した。敗戦からの数年間,国際収支はアメリカの対日援助によって支えられていたが,51年以降,貿易収支の赤字は特需による受取りで埋められたのである。

生産の拡大に伴い,企業収益率も上昇し,とくに繊維,金属関係の企業は,糸偏ブーム,金偏ブームの中で高収益を享受した。工業生産,実質国民総生産は1951年に戦前水準(34～36年平均)を突破し,52年には「消費景気」が出現した。

▷ 産業合理化政策の展開

隣国で起こった戦争を契機に,日本経済の戦後復興はほぼ達成された。しかし,特需に基礎を置いた経済運営をいつまでも続けるわけにはいかなかった。日本経済の自立＝特需なき国際収支の均衡が最大の課題となり,その目標達成のために重要な役割を担ったのが,輸出振興策と相まった産業合理化政策の展開であった。

産業合理化政策の推進に際して,重要な機能を果たしたのが産業合理化審議会(1949年12月発足)であり,産合審は51年2月と52年7月にそれぞれ「我が国産業の合理化方策について」と題する第1次・第2次答申を行い,産業合理化政策の基本的方向を示した。

産業合理化のための具体的措置としては,①為替・外資統制,②租税特別措置,③産業金融システムの整備などがあった(鶴田［1982］,香西［1989］,沢井［1990］)。

第1に,「外国為替及び外国貿易管理法」(1949年制定,外為法)は,戦前来の為替統制・輸入制限を継続することによって,発展途上にある幼稚産業を保護する一方,重要機械,輸出品原材料については優先的な為替割当てを行った。政府の為替割当権限が,行政指導,産業政策の実効性を高めたのである。「外資に関する法律」(50年制定,外資法)の下,外資導入は外資委員会(52年7月からは外資審議会)の厳しい管理下に置かれ,国際競争力の強化に寄与する技術導入は基本的に認可されたが,経営参加目的の直接投資は原則的に排除された。

第2に,企業の資本蓄積を促進するため,さまざまな税制上の特別措置が導入され,1952年に制定された企業合理化促進法は,そうした動きを促進した。

50年代前半に相次いだ各種引当金・準備金の創設によって一部利益の損金参入が認められるとともに，3年間5割増償却・初年度2分の1償却などの特別償却制度によって合理化投資が加速され，また新製品に対する重要物産免税，重要機械類の輸入税免税も実施された。さらにインフレによる資本構成の歪みを是正するため，50年代前半には3度にわたる資産再評価が行われた。

　第3に，企業の資金調達を支援する金融システムの整備が進んだ。日本輸出銀行（1950年設立，52年より日本輸出入銀行と改称），日本開発銀行（51年），中小企業金融公庫（54年）など政府系金融機関が整備され，53年には国家資金を体系的に運用する財政投融資計画が確立した。また投資信託（51年），貸付信託（52年）の発足，長期信用銀行法の制定（52年）などによって民間における長期金融制度が整備される一方，53年度には関西・九州・中部の3電力会社向け世界銀行借款が，開銀が世銀より借り入れ，それを電力会社に転貸し，日本政府が開銀の債務を保証するという形で実現した。

▷ **基軸産業の展開**

　日本産業の国際競争力を高めるためには，何としても電力供給を確保しつつ，エネルギー源である石炭と基礎的資材である鉄鋼の相対的高価格を克服し，さらに海運業の再建，造船業の合理化を推進しなければならなかった。こうした戦略的基軸産業の発展を通して，はじめて日本経済は復興から成長への転換を実現できるとされたのである。

　国家が船主に建造資金の相当部分を低利融資し，船舶建造を行わせるという計画造船が1947年から開始され，海運業・造船業の発展に大きな役割を果たした。50年代前半の開銀の融資構成において最大の割合を占めた電力業の電源構成は，依然として水主火従であったが，先にみたように3電力会社は外資を導入しつつ，新鋭火力発電所の建設に取り組み，52年に設立された電源開発株式会社は，佐久間，奥只見，田子倉といった大規模貯水池式水力発電所の建設工事を開始した（橘川 [2004]）。鉄鋼業では川崎製鉄の千葉における銑鋼一貫工場の建設が業界に大きな衝撃を与え，また第1次合理化計画（51～53年），第1次継続合理化計画（54，55年）を経て圧延設備の近代化が進展した。

　問題は石炭業であった。1950年以降いくたびか合理化計画が策定されたに

造船業の技術革新 ブロック建造方式により，地上で組み立てられた船首部分の一部が船台上で取り付けられている（1956年頃の長崎造船所。長崎造船所［1957］より）。

もかかわらず，炭坑の自然条件が悪化する中で，石炭企業の合理化意欲は乏しく，また労使関係も不安定であった。55年の石炭鉱業合理化臨時措置法に代表される「炭主油従」政策も高炭価問題をついに解決できなかったのである。

第2節　大企業体制の変遷——財閥から企業集団へ

1　1930年代の大企業体制

▷ カルテルと企業合同

昭和恐慌の打撃を緩和するため，多くの産業でカルテルの再編強化，新設が相次ぎ，1932年末現在で確認される83のカルテルの中で，48は30年以降結成のものであった（安藤［1979］）。カルテル活動の具体例についてみると，まず鉄鋼業ではインド銑鉄の排除を通じて恐慌期に市場支配力を強化した銑鉄共同組合が32年8月，銑鉄共同販売（共販）に組織変更し，また鋼材の分野では29年4月に生産制限組織である鋼材連合会が結成され，さらに30年5月の条鋼分野協定の改定，30〜31年の各種鋼材市場における共販組合の結成と続いた（岡崎［1985a, 1985b］，長島［1987］）。エネルギー産業でも，32年4月の電力連盟の成立によってそれまでの激しい「電力戦」が終息に向かい，改正電気事業法（32年12月施行）に基づく料金認可制の導入と相まって，32年以降電

力・電灯料金の安定化がもたらされた。石炭産業では32年11月に共販組織である昭和石炭が設立され，石炭市場の全国的統制が実現された。カルテル活動の拡大は電気機械産業にも及び，31年5月には重電4社（芝浦製作所，日立製作所，三菱電機，富士電機）間で受注割当を内容とするカルテル協定が成立した（橘川［1985］，松尾［1985］，長谷川［1985］）。こうして昭和恐慌期にいったん動揺したカルテル組織は，その後の再編過程を通じて市場規制力を強化することになるのである。

　大阪合同紡績の東洋紡績への合併（1931年），王子製紙・富士製紙・樺太工業3社の大合同（33年）[3]，三十四・山口・鴻池銀行の3行の合同による三和銀行の誕生（33年），大日本麦酒による日本麦酒鉱泉の合併（33年），官営八幡製鉄所と民間鉄鋼6社（輪西製鉄・釜石鉱山・富士製鋼・九州製鋼・三菱製鉄・東洋製鉄，ただし東洋製鉄は遅れて参加）の合併による日本製鉄の成立（34年），三菱造船と三菱航空機との合併による三菱重工業の設立（34年），大日本製糖による新高製糖の合併（35年），住友伸銅鋼管と住友製鋼所の合併による住友金属工業の成立（35年），36，37年の共同漁業（後に日本水産と改称）による同業各社の合併などに代表されるように，1930年代はカルテルの時代であるとともに大型合併の時代でもあった。

　表4-1に示されているように，大型合併によって成立した巨大企業はいずれも鉱工業企業ランキング（総資産ベース）の上位を占めた。こうした巨大企業の躍進を反映して，1930年代前半には，鉱工業全社の総払込資本金および上位100社の総資産合計に占める上位30社のウェイトが上昇した。

▷ 財閥の展開と「新興コンツェルン」の躍進

　金輸出再禁止直前の「ドル買い」事件に対する社会的非難，血盟団事件による三井合名理事長団琢磨の暗殺など，昭和恐慌期に高まる財閥批判の矢面に立たされた三井財閥では，32年以降，三井報恩会の設立による社会事業への寄付，その「商業主義」が強引であるとして非難されていた三井物産の常務取締役安川雄之助の辞任，傘下直系事業会社の三井家同族社長の一斉退陣，株式公開などの「転向」策を推進した（橋本［1992］）。

　しかし，三井，三菱，住友の3大財閥の傘下企業（本社を含まない）の払込資

表 4-1(1)　鉱工業上位 50 社

順位	1929 年下期 会社名	総資産 (1,000 円)	1936 年下期 会社名	総資産 (1,000 円)	1940 年下期 会社名	総資産 (1,000 円)
1	川崎造船所	239,848	日本製鉄	525,973	日本製鉄	1,242,321
2	富士製紙	159,642	王子製紙	344,682	三菱重工業	969,491
3	王子製紙	154,228	鐘淵紡績	261,336	王子製紙	562,088
4	鐘淵紡績	145,989	三菱重工業	201,374	日立製作所	552,515
5	樺太工業	117,353	日本窒素肥料	197,677	日本鉱業	547,892
6	大日本紡績	116,398	日本鉱業	181,218	日本窒素肥料	540,344
7	三菱造船	112,341	東洋紡績	172,089	鐘淵紡績	434,716
8	三井鉱山	111,827	川崎造船所	166,613	東京芝浦電気	414,761
9	東洋紡績	111,490	三井鉱山	153,832	三菱鉱業	407,555
10	台湾製糖	109,539	大日本紡績	148,376	住友金属工業	380,200
11	大日本製糖	107,141	三菱鉱業	145,500	昭和製鋼所	378,961
12	日本石油	106,481	朝鮮窒素肥料	141,372	日本鋼管	324,017
13	三菱鉱業	101,186	日本石油	117,993	川崎重工業	306,616
14	明治製糖	90,974	大日本製糖	111,254	東洋紡績	284,444
15	日本窒素肥料	90,271	台湾製糖	111,253	三井鉱山	283,604
16	北海道炭礦汽船	89,793	大日本麦酒	106,794	本溪湖煤鉄公司	280,201
17	塩水港製糖	89,302	昭和製鋼所	103,886	大日本紡績	235,839
18	浅野セメント	89,030	日本水産	97,875	日本曹達	234,754
19	大日本麦酒	83,795	明治製糖	95,140	神戸製鋼所	222,219
20	日本毛織	83,225	日本毛織	94,201	日産化学工業	212,353
21	朝鮮窒素肥料	81,333	浅野セメント	93,654	昭和電工	209,917
22	大日本人造肥料	77,902	日本鋼管	91,209	朝鮮窒素肥料	206,873
23	富士瓦斯紡績	74,004	塩水港製糖	90,235	日本水産	199,028
24	日魯漁業	64,362	旭ベンベルグ絹糸	89,316	北海道炭礦汽船	190,487
25	日本鉱業	62,769	北海道炭礦汽船	88,948	日本石油	170,791
26	片倉製糸紡績	53,998	日立製作所	81,412	三菱電機	164,994
27	日本製鋼所	51,427	大日本人造肥料	81,237	古河電気工業	159,964
28	合同毛織	49,619	富士瓦斯紡績	79,400	日本高周波重工業	159,956
29	大阪合同紡績	49,380	日魯漁業	78,943	大日本製糖	158,706
30	神戸製鋼所	48,909	住友金属工業	72,361	台湾製糖	158,186
	上位 30 社合計	2,923,556 60.9%	上位 30 社合計	4,325,153 65.0%	上位 30 社合計	10,593,793 64.2%

　本金合計の全国合計（内地，朝鮮，台湾，樺太，「南満州」の株式会社合計）に占める割合が，1930 年の 12.1% から 37 年には 14.4% に上昇したことからもうかがえるように（山崎広明 [1973]），以上のような「転向」策にもかかわらず，30 年代前半に財閥はその経済的勢力を拡大した。また財閥は必要資金の一部を株式公開による外部資金の導入によってまかないつつ，重化学工業分野への投資比率を高めていったが，その過程で巨大化した主要傘下企業の自律性が強まり，

(1〜30位)

順位	1950年下期 会社名	総資産(100万円)	1955年下期 会社名	総資産(100万円)
1	八幡製鉄	38,470	八幡製鉄	107,071
2	東洋紡績	34,871	富士製鉄	84,860
3	富士製鉄	32,384	日本鋼管	71,532
4	大日本紡績	29,655	日立製作所	55,073
5	鐘淵紡績	28,296	東京芝浦電気	44,236
6	日本鋼管	21,357	新三菱重工業	43,663
7	三井鉱山	21,050	三菱造船	42,640
8	三菱鉱業	17,521	東洋紡績	42,028
9	日立製作所	16,975	住友金属工業	36,611
10	呉羽紡績	15,400	川崎製鉄	34,332
11	日本石油	14,568	鐘淵紡績	33,788
12	倉敷紡績	14,065	大日本紡績	32,548
13	敷島紡績	13,320	東洋レーヨン	31,055
14	中日本重工業	13,316	三菱電機	30,167
15	富士紡績	12,797	日産自動車	29,756
16	東京芝浦電気	11,810	三井鉱山	28,775
17	西日本重工業	11,775	大洋漁業	27,974
18	日清紡績	11,699	三菱日本重工業	26,846
19	北海道炭礦汽船	11,530	小野田セメント	26,798
20	日立造船	11,459	日本石油	25,254
21	東洋レーヨン	11,404	日立造船	24,556
22	大和紡績	11,320	日本鉱業	24,479
23	三菱電機	10,980	住友化学工業	22,902
24	東日本重工業	10,293	旭化成工業	22,348
25	旭化成工業	10,186	神戸製鋼所	22,231
26	日東紡績	9,872	三菱鉱業	22,151
27	帝国人造絹糸	9,653	昭和電工	22,034
28	日新化学工業	9,540	宇部興産	21,845
29	大洋漁業	9,479	北海道炭礦汽船	20,026
30	倉敷レイヨン	9,429	日本セメント	19,787
	上位30社合計	484,474 56.3%	上位30社合計	1,077,366 52.3%

財閥組織における分権化が進展した。

　一方，1930年代前半には鮎川義介の日本産業，野口 遵 の日本窒素肥料，森矗昶の昭和肥料・日本電気工業（1939年，両社の合併により昭和電工設立），中野友礼の日本曹達，大河内正敏の理化学研究所（理研）などのいわゆる「新興コンツェルン」の躍進が著しかった（麻島・大塩［1997］）。中でも日産の拡大はめざましく，金輸出再禁止以降の金買上価格の引上げによる日本鉱業の高収益と

表 4-1(2) 鉱工業上位 50 社

順位	1929 年下期 会社名	総資産 (1,000 円)	1936 年下期 会社名	総資産 (1,000 円)	1940 年下期 会社名	総資産 (1,000 円)
31	大日本製氷	44,175	日本電気工業	64,027	日本製鋼所	143,143
32	星製薬	43,427	東京電気	60,235	明治製糖	140,906
33	内外綿	42,391	片倉製糸紡績	58,975	ヂーゼル自動車工業	138,595
34	三菱製鉄	41,413	内外綿	57,246	日本軽金属	136,880
35	横浜船渠	39,461	日清製粉	53,997	大日本麦酒	134,133
36	古河鉱業	39,148	倉敷絹織	52,471	片倉製糸紡績	132,809
37	倉敷紡績	38,814	帝国人造絹糸	51,954	塩水港製糖	127,908
38	大阪鉄工所	38,781	鶴見製鉄造船	51,017	浅野セメント	123,742
39	日清紡績	37,984	旭硝子	50,164	日本油脂	122,940
40	日清製粉	36,553	神戸製鋼所	48,555	呉羽紡績	122,124
41	東京モスリン紡織	35,904	古河電気工業	47,559	日本電気	121,831
42	日本鋼管	35,850	小野田セメント製造	47,268	旭硝子	120,020
43	帝国製麻	35,729	上海製造絹糸	45,860	ラサ工業	114,125
44	電気化学工業	35,412	日本製粉	44,298	古河鉱業	113,382
45	日本製粉	35,343	電気化学工業	42,597	大阪鉄工所	106,032
46	小野田セメント製造	35,103	倉敷紡績	40,715	満州軽金属製造	105,277
47	帝国人造絹糸	34,931	国産工業	39,174	日本毛織	105,187
48	釜石鉱山	34,556	芝浦製作所	38,524	住友鉱業	103,064
49	東洋製鉄	33,716	日清紡績	38,292	住友電気工業	101,484
50	芝浦製作所	33,701	東洋レーヨン	38,000	内外綿	101,315
	上位 50 社合計	3,675,948 76.6%	上位 50 社合計	5,296,081 79.5%	上位 50 社合計	13,008,690 78.8%
	上位 100 社合計	4,797,224 100.0%	上位 100 社合計	6,658,904 100.0%	上位 100 社合計	16,499,159 100.0%
	払込資本金 上位 30 社	1,167,585 20.4%	払込資本金 上位 30 社	2,110,653 24.9%	払込資本金 上位 30 社	3,906,056 24.5%
	鉱工業全社	5,717,508	鉱工業全社	8,476,535	鉱工業全社	15,936,280

(出所) 1929・36・40・55 年の総資産は産業政策史研究所 [1976], 50 年の総資産と, 29・40・50・55 年の (払位 30 社の払込資本金については東洋経済新報社編『株式会社年鑑』などから集計し, 鉱工業全社 (払込)

株式公開に伴うプレミアム収入とを武器に事業分野を拡大し、37 年の傘下企業の払込資本金総額は住友を抜き、三井、三菱に次いで第 3 位の地位を占めるまでになった。事業会社であると同時に持株会社でもあった日本窒素肥料も、旭ベンベルグ絹糸をはじめ 40 社以上の子会社を擁するコンツェルンを形成し、子会社の朝鮮窒素肥料は興南に世界屈指の硫安工場を建設した。

(31〜50位)

順位	1950年下期 会社名	総資産(100万円)	1955年下期 会社名	総資産(100万円)
31	新扶桑金属工業	9,405	旭硝子	18,990
32	昭和電工	9,076	川崎重工業	18,840
33	宇部興産	8,985	倉敷レイヨン	18,610
34	川崎製鉄	8,868	三菱金属鉱業	18,525
35	日本鉱業	8,827	帝国人造絹糸	18,515
36	神戸製鋼所	8,493	三井金属鉱業	18,320
37	日本毛織	8,183	呉羽紡績	18,318
38	古河電気工業	7,753	日本毛織	17,879
39	日本化成工業	7,691	間組	17,843
40	太平鉱業	7,560	丸善石油	17,693
41	大東紡績	7,312	石川島重工業	17,413
42	東亜紡織	7,222	倉敷紡績	17,217
43	日本水産	7,072	古河電気工業	17,079
44	日産自動車	7,038	鹿島建設	16,953
45	三井化学工業	6,851	松下電器産業	16,268
46	川崎重工業	6,804	十条製紙	16,214
47	神岡鉱業	6,758	三菱化成工業	15,848
48	旭硝子	6,490	古河鉱業	15,709
49	古河鉱業	6,411	日本水産	15,507
50	日本油脂	6,254	富士紡績	15,449
	上位50社合計	637,527 74.1%	上位50社合計	1,424,556 69.2%
	上位100社合計	860,404 100.0%	上位100社合計	2,058,781 100.0%
	資本金 上位30社	27,845 16.7%	資本金 上位30社	116,552 19.7%
	鉱工業全社	166,936	鉱工業全社	591,375

込）資本金は中村青志［1977］による。ただし，29年の一部企業，36年の上
資本金は『主税局統計年報書』『国税庁統計年報書』各年度版，による。

2 財閥の拡大と再編

▷ 戦時下の財閥

　表4-2に示されているように，戦時期，とくに太平洋戦争期に財閥は一挙に
その傘下企業数を増大させ，日本経済に占める比重を大幅に上昇させた。こう
した変化は，財閥が戦時経済の要請，経営環境の変化に対応しつつ，その投資
分野を大きくシフトさせる中で生じた。三井・三菱・住友の3大財閥傘下企業

第2節　大企業体制の変遷　　243

表 4-2 3大財閥・企業集団の資本集中度

(単位:%)

	1937年	1941年	1946年	1955年
三 井	(58)	(88)	(212)	(30)
	3.5	4.7	9.4	3.6
三 菱	(42)	(45)	(155)	(35)
	3.3	4.3	8.0	5.3
住 友	(34)	(33)	(118)	(32)
	2.2	2.0	5.0	3.9
3財閥合計	(134)	(166)	(485)	(97)
	9.0	11.0	22.4	12.8

(注) 1) 各財閥・企業集団傘下企業払込資本金合計／全国払込資本金合計。
2) ( )内は，傘下企業数（在内企業のみで，財閥本社は含まない）。
3) 1937, 41, 46年については，原資料における財閥内の重複は除去されている。
4) 1955年の企業集団のメンバー企業の内訳は不明。

(出所) 1937, 41, 46年は持株会社整理委員会［1951］344～374, 396～401, 408～412, 469, 471, 473頁，55年は宮崎義一［1966］巻末付表。

全体の払込資本金ベースの産業別構成をみると，在内企業全体の重化学工業化率（払込資本金総額に占める重化学工業部門の割合）は，三井の場合，22％（1937年）→40％（41年）→57％（46年），三菱は27％→37％→58％，住友は35％→66％→81％ と上昇し，同時に国策に順応した中国大陸，南方への積極的な進出を反映して在外投資比率の割合も高まったのである（沢井［1992］）。

戦時期には三井鉱山，三菱鉱業，北海道炭礦汽船といった財閥系鉱業企業がその卓越した地位を維持・拡大しただけでなく，諸資源の制約から重点主義が高まる中で，その対象となった多くの財閥系重化学工業企業は規模を急拡大させるとともに収益を続伸させた。中でも三菱重工業と住友金属工業は，両財閥を代表するだけでなく，艦艇・航空機・ジュラルミンなどの生産を通してまさに日本の戦争遂行能力を体現する企業であり，また三井財閥の傍系企業であったとはいえ，東京芝浦電気の成長も著しかった。

戦時下の原料・部品・設備などの調達難を緩和すべく，こうした主要軍需企

コラム4　大河内正敏（おおこうち まさとし）（1878〜1952年）

　旧大多喜（千葉県）藩主大河内正質の長男として1878年東京に生まれ，学習院中等科を卒業した。98年に旧吉田藩子爵大河内信好の妹一子と結婚し，養嗣子として入籍，1907年襲爵した。03年に東京帝国大学工科大学造兵学科を首席で卒業，講師，助教授をへて11年に教授となり，火砲構造理論，砲外弾道学などを講義した。05年に火薬学者の楠瀬熊治とともに火兵学会を創設し，15年に貴族院議員，18年に財団法人理化学研究所研究員，21年に同第三代所長となり，主任研究員に大幅な権限を与えて研究に専念できる独自の研究室制度を導入した。

　理研は「科学者の自由な楽園」として大きな学術的成果を生み出す一方で，積極運営がもたらす財政難を緩和するため，大河内は「発明の工業化」を試み，ビタミンAの製造販売などで大きな収益をあげた。しかし営利事業の拡大が公益法人の趣旨と合致しなかったため，1927年には理研の営利事業を継承する株式会社理化学興業が設立され，大河内が会長に就任した。

　理化学興業の関連企業は，1934年の4社から39年の63社まで増加した。この企業グループは理研コンツェルンあるいは理研産業団と呼ばれ，新興コンツェルンの一角を構成した。しかし日産，日窒など他の新興コンツェルンと比較すると理研産業団の規模は小さく，戦時経済統制の進展とともに業績不振・株価低落から金融難に陥り，日本興業銀行を中心とする共同融資団が結成された。興銀の意向もあって，41年に理研産業団は整理統合され，主要7社を合併した理研工業が設立された。大河内は同社会長にとどまったが権限はなく，42年に辞任にいたる。

　しかし大河内の役割は新興コンツェルンの総帥にとどまらなかった。1937年6月初めに政府は弱体な工作機械製造能力の拡大策を資源審議会に諮問するが，同審議会は大河内を特別委員長として同月末に答申を行い，大河内は翌年7月に公布される工作機械製造事業法の策定過程でも大きな役割を果たした。大河内は多彩な論者が論陣を張る雑誌『科学主義工業』に多くの論考を発表する一方，『資本主義工業と科学主義工業』『農村の機械工業』『持てる国日本』などの書物を次々に出版し，有名な農村工業論，科学主義工業論を展開し，現実に新潟県の柏崎，長岡近郊などに理研産業団を構成する各工場を配置した。理研産業団の事実上の解体によって，大河内の科学主義工業論・農村工業論の理想は実現されなかったが，彼の新鮮な議論は「持たざる国」日本の経営者や技術者に大きな影響を与えた。大河内の没後，53年に大河内記念会が設立され，生産工学，工業技術の分野で顕著な貢献をなした者に対して，毎年大河内記念賞が贈られている。

業の多くは，証券投資を通した既存企業の系列化，子会社の設立を推進し，自らが持株会社化することによって，産業コンツェルン体制，企業グループを形成した（下谷 [1993]）。さらに財閥系商社が同系事業会社の活動を支援した。太平洋戦争期になると，欧米市場との断絶，国内での統制強化に規定されて，三井物産や三菱商事の営業活動の重心は中国大陸や南方占領地に移行するものの，資材不足が深刻化する中で商社が調達する資材・生産設備は事業会社の生産活動にとってきわめて重要であった。

こうした総合財閥系企業の戦時経済への柔軟な対応と対照的に，戦時期に入ると「新興コンツェルン」の多くは，株式市場の不振，重点主義の強化に伴う資材入手難，既成財閥との競合などに規定されて厳しい局面を迎えた。森・日曹・理研は 1940, 41 年にコンツェルンとしては解体・再編過程に入り，その後は昭和電工，日本曹達，理研工業といった中核企業が成長を続けることになった。

一方，金融難と本社・子会社双方への二重課税の負担に悩んでいた日産は，1937 年 11 月，「満州国」に移駐して満州重工業開発に改組される。しかし，満州重工業開発のその後の拡大は著しいものの，鮎川義介の「満州」開発構想は結局は失敗に終わり，国内に残った日本鉱業，日立製作所，日産化学工業などの中核企業は横断的な連絡を保ちつつも，それぞれ企業グループを形成していった。また日窒においては，抜群の収益力を誇った朝鮮窒素肥料を 41 年 12 月に合併して以降，日本興業銀行を中心とする国家金融機関への依存が深まった（「新興コンツェルン」の動向については，大塩 [1982, 1989]，宇田川 [1984]，姜 [1985]，斎藤 [1987]，下谷 [1993]，麻島・大塩 [1997] を参照）。

▷ **財閥の金融構造と興銀・戦金の役割**

財閥間の差異が大きいとはいえ，戦時期の財閥の資金調達の特徴は，①株式公開の進展，②財閥系金融機関の系列融資比率の上昇，③以上の方策によってもまかないきれない資金需要の高まりに規定された他系列金融機関融資への依存，日本興業銀行・戦時金融金庫資金の導入，④引受シンジケート団に依存した社債発行などであった。

戦時期には財閥系企業の株式公開はさらに進展し，三井，三菱ではついに本

図 4-1　3 銀行の系列融資比率

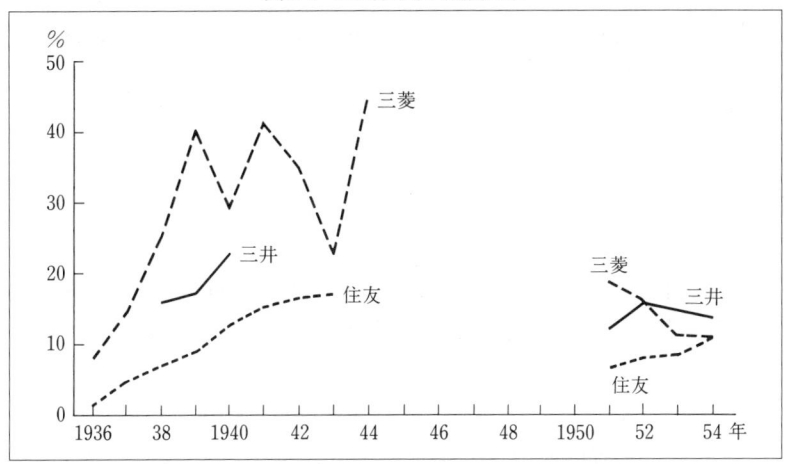

(注)　1)　系列融資比率＝同系列企業向け貸出／総貸出
　　　2)　同系列企業の範囲：三井は本社・直系企業・傍系 17 社，戦後は後の社長会メンバー企業（以下同じ）15 社，三菱は本社・分系会社，戦後は 15 社，住友は本社・連系会社，戦後は 9 社．
　　　3)　戦前・戦時中の三菱銀行の値は，推定上限値．
(出所)　戦前・戦時中の三井については三井銀行［1957］734-735 頁，春日［1987］86-87 頁，三菱は麻島［1987］152 頁，住友は住友銀行［1979］362 頁，戦後は宮島［1992］232 頁．

社株の公開にまで進んだ．図 4-1 にあるように，財閥系銀行の系列融資比率（総貸出に占める同系列企業向け貸出の割合）も高まり，たとえば三菱銀行の場合，1944 年の推定上限値は 4 割台に達した．さらに戦時下の協調融資，社債引受シンジケート団の中心に位置し，そのことによって財閥系金融機関を中心とする寡占的金融機関間の協調とリスク分散を媒介したのが日本興業銀行であり，また戦時金融金庫が他の金融機関が躊躇するようなハイ・リスクな軍需融資に重要な役割を果たした（伊牟田［1991］，伊藤［1995］）．

以上のような同系列金融機関からの借入金の急増，それを補完する他系列金融機関・興銀・戦金資金の導入によって，財閥系企業の自己資本比率は急速に低下し，その結果，戦前の本社＝持株会社中心の資本系列から大銀行中心の融資系列への再編が進行した[4]（山崎広明［1979］）．こうした軍需会社と金融機関の

第 2 節　大企業体制の変遷　　247

深い結びつきを制度的に追認することになったのが、1944年に創設された軍需融資指定金融機関制度であり、この制度の下で設定された財閥系企業と同系列銀行の関係が戦後の融資系列の原型となったのである。

▷ **財閥組織の変貌**

準戦時・戦時下において、3大財閥の本社改組が相次いで行われた。まず住友が1937年3月に住友合資会社を株式会社住友本社に改組し、次に三菱では37年12月の三菱合資会社の株式会社三菱社への改組、43年2月の三菱社の株式会社三菱本社への改称と続き、三井ではやや遅れて40年8月の三井物産による三井合名会社の吸収合併、44年3月の三井物産の株式会社三井本社への商号変更と二段構えで進行した。[5]節税対策がその直接的動機であったとはいえ、こうした本社改組は、傘下企業の資本需要の高まりに対応しきれなくなった本社部門への社会的資金導入の途を開くものであった。

しかし、さまざまな支配力強化の試みにもかかわらず、戦時経済統制の強化、軍部と傘下企業の直接的関係の深化、傘下企業の巨大化によって、財閥本社の傘下企業に対する統制力は決定的に低下し、傘下企業の自律性の上昇、財閥組織における分権化がさらに進展した。本社は持株支配維持のために増資、社債発行、借入などによって払込資金を調達しつつ、傘下企業の急拡大に追従するしかなかったのである。

3 財閥解体

▷ **財閥解体**

「日本国ノ商工業ノ大部分ヲ支配シ来リタル産業上及金融上ノ大『コンビネーション』ノ解体計画ヲ支持スベキコト」(「降伏後における米国の初期対日方針」1945年9月22日発表)との基本方針に基づいて、財閥解体が実施されることになった。財閥解体措置は大きく持株会社の解体・持株関係の排除と人的支配の排除に分かれた（以下、財閥解体の詳細については、大蔵省財政史室［1982］、宮島［1992］、鈴木邦夫［1994］を参照）。

まず持株会社解体の最初のターゲットとなったのが三井、三菱、住友、安田の4大財閥であった。公開が進んでいたとはいえ、持株会社指定時点での財閥

財閥解体 帝国銀行からトラックで運び出される財閥の証券類（毎日新聞社）。

同族の本社株式の持株比率は三井 63.6％，三菱 47.8％，住友 83.3％，安田 100.0％ と依然高率であり，こうした財閥同族の支配力を排除し，財閥本社の機能を破壊することが財閥解体の第一目標となったのである。

1945 年 10 月 10 日に早くも財閥解体案を作成した GHQ の経済科学局（Economic and Scientific Section: ESS）のクレーマー局長は，4 大財閥に対して解体を強く要求した。この要請に最初に応じたのが安田財閥であり，続いて三井・住友，最後に三菱が解体を受諾した（鈴木邦夫［1992］）。三菱の岩崎小弥太は最後まで自発的解体に反対したものの，GHQ の強硬な姿勢の前に完全解体を認めざるをえず，45 年 11 月で各本社の活動が停止された。翌 46 年 8 月に発足した持株会社整理委員会の監督下で財閥本社の解散・清算が実施され，持株などの有価証券は同委員会に委譲された後，一般に売却されたのである。

持株会社整理委員会令（勅令 233 号，1946 年 4 月公布）によって，4 大財閥の本社だけでなく，その他の中小財閥本社，持株会社的性格を有する現業会社，三井物産・三菱商事など合計 83 社が，46 年 9 月以降相次いで持株会社に指定された。この措置によって財閥本社，単なる持株会社は解体整理され，戦時中の急拡大を通して持株会社化した財閥系企業・現業会社の傘下企業に対する持株も持株会社整理委員会に委譲されることになった。さらに勅令 233 号および「会社の証券保有制限等に関する件」（勅令 567 号，46 年 11 月公布）によって，

第 2 節 大企業体制の変遷

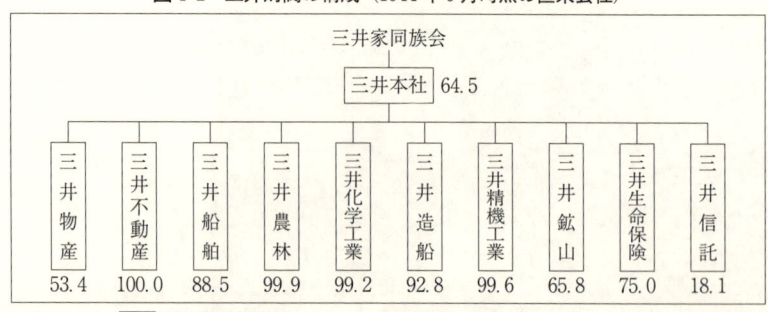

図4-2 三井財閥の構成（1944年9月時点の直系会社）

```
           三井家同族会
           ┌──────┐
           │三井本社│ 64.5
           └──────┘
  ┌────┬────┬────┬────┬────┬────┬────┬────┬────┬────┐
 三井  三井  三井  三井  三井  三井  三井  三井  三井  三井
 物産  不動産 船舶  農林  化学  造船  精機  鉱山  生命  信託
                        工業        工業        保険
 53.4 100.0 88.5  99.9  99.2  92.8  99.6  65.8  75.0  18.1
```

（注） 1) □は株式会社を示す。
　　　 2) 数字は，三井系の持株割合（財閥解体直前，％）。
　　　 3) 三井銀行は，1943年4月の第一銀行との合併によって帝国銀行となったため，直系会社には入っていない。
（出所）大蔵省財政史室［1982］付属資料12頁。

　財閥傘下企業相互の水平的株式所有だけでなく，それら事業会社の子会社，孫会社に対する垂直的株式所有も解体された。こうした一連の措置によって，財閥同族―本社―傘下企業というピラミッド型財閥組織（図4-2参照）を支える株式所有関係だけでなく，独立系大企業の株式所有に基づく傘下企業支配もほぼ完全に解体されたのである。中でも解体が徹底していたのは，財閥の経済的実力の中核とみなされた三井物産・三菱商事両社の場合であった。部長以上の役職の者が2名以上，[6)]従業員が100名以上集まって新会社を設立することを禁じられた両社では，結局，三井物産は約170社，三菱商事は約120社に細分割されて再出発することになった。
　財閥解体は持株支配だけでなく，人的支配の廃絶も対象とした。まず財閥家族に指定された10財閥（三井・三菱・住友・安田・日産・大倉・古河・浅野・富士・野村）家族56名が退陣を強制され，続いて財閥傘下企業間の役員兼任も禁止された。さらに人的支配の排除にあたって大きな意味を持ったのが公職追放令による主要財界人の追放（経済パージ）であり，この措置によって約2000名の財界人が役員の地位を追われた。
　公職追放が軍国主義者の排除を主な目的とし，財閥解体措置とは別系列の施策であったため，GHQは改めて日本政府に財閥系企業の人的支配を解体させ

る措置をとるよう求めた。それが財閥同族支配力排除法の制定（48年1月）であり、これによって、先の56名と同一戸籍に属していた255名の財閥同籍者のうち、役職に就いていた42名が追放された。さらに追放の対象となる10財閥240社の財閥関係役員に該当する可能性のあった役員経験者は3625名に達したが、その多くがすでに排除されており、またアメリカの対日占領政策の転換とともに財閥役員の追放措置も大幅に後退したため、実際に追放された者は145名にとどまった。

▷ 独占禁止

以上のような一連の財閥解体措置によって財閥の持株支配・人的支配はほぼ完全に排除されたが、GHQ/SCAPは同時に既存の独占を解体し、その復活を阻止する施策を進めた。「私的独占の禁止及び公正取引の確保に関する法律」（独禁法、1947年4月公布）と「過度経済力集中排除法」（集排法、47年12月公布）がそれである。

独占禁止の基本原則は独禁法によって定められた。アメリカの反トラスト立法を参考にしながら作成されたとはいえ、カルテル的共同行為の全面的禁止、企業結合の徹底的制限などを規定した独禁法は、アメリカ本国の反トラスト諸立法よりも厳しい内容の法律であった。

1948年2月、持株会社整理委員会は鉱工業関係257社、配給・サービス関係68社合計325社を集中排除指定企業者に指定したが、この325社には各部門の大企業のほとんどが含まれ、その資本金合計の全国比（対株式会社払込資本金合計）は65.9％に達したため、指定企業の分割が実施されればその影響はきわめて大きなものになったといえよう。しかし集排法の実施時期が占領政策の転換期でもあったため、集排措置は大幅に後退し、結局、日本製鉄、三菱重工業、王子製紙など18社の企業分割、工場処分などにとどまったのである。ただ留意すべきは、集排法以外に企業再建整備法に基づいて自発的に企業分割などを実施した場合が多かったことであり、先の325社の中では約150社がそうしたケースであった（宮崎正康ほか［1982］）。

以上のような財閥解体・企業再編成の過程を通して、日本経済に占める大企業の比重は大幅に後退した。前掲の表4-1に明らかなように、1950年の上位

30社の資本集中度は，40年と比較して8ポイント近くも低下したのである。こうした中で財閥家族・本社の統制から完全に解放され，独自の経営活動を開始した旧財閥系企業は，軍需の消滅・商社の解散による安定的取引関係の解体，持株関係の解体による安定株主の喪失，高揚する労働運動など，経営の内外に山積する困難な問題に対処しなければならなかった。しかも，そうした企業を指導したのが経済パージによって全面的に若返った経営者であったのである（宮島［1995］）。

4 企業集団の形成と二重構造の再現

▷ 企業集団の形成

戦後改革を経て財閥は完全に解体された。しかし1950年代に入ると早くも，①系列融資，②株式の相互持合い，③社長会，④同系商社が媒介する集団内取引などを基本的特徴とする戦後型企業集団の原型が形成されるようになった。ちなみに表4-2から55年時点での3企業集団への資本集中度をみると，12.8％に達しており，系列企業の内訳を無視すれば41年の水準を上回っていたのである。

三井・三菱・住友3銀行の1951年以降の系列融資比率は図4-1に示されているが，後の社長会メンバー企業の51年の系列融資依存度（同系銀行借入／総借入）についてみると，三井系14.7％，三菱系29.9％，住友系27.8％と，戦時期と比較して低下したとはいえ，高水準を示していた（宮島［1992］。三井系は15社，三菱系は15社，住友系は9社）。戦後改革期の長期資金供給の主たるパイプとなっていた復興金融金庫の退場とともにその地位を上昇させた旧財閥系銀行からの資金が，系列企業の合理化投資に大きな役割を果たしたのである。

旧3大総合財閥系企業の株式相互持合いも進展した。株式相互持合比率（メンバー企業保有株／メンバー総発行株）はほぼ連年その値を高め，三井系の場合1951年の2.7％から53年には6.6％に，三菱系は1.8％から11.3％，住友系は0.1％から12.8％に上昇した（宮島［1992］。三井系は17社，三菱系は18社，住友系は12社）。GHQの指示による株式の大量放出は，発行企業の経営陣に自己を信任する株主をいかにして確保し，経営権をどのように維持するかという

難問を投げかけることとなり，そうした事態への対応の1つが，「名義貸し」を利用した自社株所有の発生であった。しかし，52年4月の講和条約発効に伴って旧同系金融機関による旧同系企業株式の所有が可能となり，さらに53年9月の独禁法改正によって事業会社・金融機関の株式保有制限が大幅に緩和される中で，旧財閥系企業は相互に所有自社株の縮小・安定株主工作を進展させ，その過程で同系金融機関を中心にした相互持合いの原型が形成されることになるのである（鈴木邦夫［1992］）。

この時期には社長会結成に連なる動きもみられるようになった。三菱系では早くも1946年に非公式の金曜午餐会が設けられ，52年の講和条約発効を機に各社社長が社長懇談会を結成し，54年にはそれが三菱金曜会と改称された。三井系では50年に19社の常務以上の集まりである月曜会が発足し，遅れて61年に社長会である二木会が誕生したのに対し，住友の旧連系11社の社長会である白水会が発足するのは51年であった（江戸［1986］，大槻［1987］，津田［1988］）。このように各グループにおける情報交換の場がインフォーマルな形であれ占領下においてすでに形成されており，それが講和条約発効以降に公然化するのである。

解体された2大総合商社の再結集も進み，1954年には三菱商事が復活し，遅れたとはいえ旧三井物産系各社も55年には5社に集約された（三井物産の成立は59年）。さらに戦前には商社を持たなかった住友グループが住友商事（住友土地建物を改称した日本建設産業が52年に改称）を擁するようになり，また2大商社解体の間隙を縫って拡大の著しかった繊維・鉄鋼専門商社が総合商社化した。

▷ 急成長企業の動向

企業集団がその陣容を整える1950年代前半は，また同時に積極的な経営展開によってその業界の競争構造のあり方に大きな影響を与えつつ，急成長を遂げる企業が数多くみられる時期でもあった。そのようなケースとして川崎製鉄と松下電器産業の動向についてみてみよう。

川崎重工業の製鉄部門の分離独立によって1950年8月に誕生した川崎製鉄は，鉱工業企業総資産ランキングにおいて50年の34位から55年の10位に躍

進した（表4-1）。このように急成長する川鉄を指揮したのが技術者経営者西山弥太郎であった。163億円を投じて千葉に最新鋭の銑鋼一貫工場を建設するという川鉄（資本金5億円）の計画は，その大胆な資金調達戦略とともに同業他社に強い刺激を与え，後に一貫6社による競争的寡占体制を生み出す大きな要因となった（米倉［1991］）。

松下幸之助に率いられた松下電器は，朝鮮戦争ブームを契機に戦後の長い停滞を脱して拡大に転じた。独自の事業部制を整備し，後に「三種の神器」と称されるようになる洗濯機，テレビ，冷蔵庫を51年以降相次いで発売した松下にとって，資本金の半額近い頭金を支払った52年のオランダのフィリップス社との提携は大きな決断であった。しかしこの提携は松下の製品の品質向上に大きく貢献し，同社が以後家電業界をリードしていく基礎となった。また松下は量販組織の再建も早く，50年代初頭には全国約1万6000店の小売店を系列化した全国営業所―専売代理店―小売店（連盟店）という販売チャネルを復活させていた（松下電器産業株式会社［1953-55, 1968］，中村清司［1992］）。

▷ **二重構造の再現**

敗戦直後の実質賃金の大幅な低落は，企業規模別平均賃金の平準化をもたらした。しかし基幹産業を中心とした戦後復興が進み，日本経済が朝鮮戦争ブームを享受する中で賃金の格差構造が再び出現することになった。常用労働者1000人以上規模の1人当たり年間給与を100とした場合，5～49人規模のそれは46年には82であったのが，49年には47（5～9人）から59（30～49人），52年には30（4～9人）から49（30～49人）にまで拡大し，55年に至ってもほぼその水準を維持するのである（隅谷ほか［1967］）。

拡大が著しいとはいえ1950年代前半の大企業部門の雇用吸収力には限界があり，低賃金の若年労働者の多くは中小・零細企業に向かわざるをえなかった。また重点主義的な産業政策の効果も中小企業全般にまで及ぶものではなかった。こうした中で第一次大戦後にその動向が明確化し，太平洋戦争終結直後にはいったん解消の方向に向かったかにみえた企業規模別賃金格差が再び拡大・維持され，それが日本経済の後進性を物語るものとして大きな問題となったのである。

第3節　労使関係の変化

1 1930年代の労使関係

▷ **本工・臨時工・職員**

　失業者が増大し，賃金の切下げが続く中で，1931年の労働争議件数は2456件と戦前の最高を記録した（労働運動史料委員会［1959］440頁）。しかし満州事変後の景気回復とともに雇用動向も底入れ反転し，32年以降製造業従業者数の増大が続く。女子労働者の賃金が恐慌期に急落し，その後は低位に固定化したのに対して，重工業男子労働者の平均日給（定額賃金）は30年代半ばまで低下を続けるが，これは雇用拡大とともに相対的に低賃金の若年労働者を大量に吸収した結果生じたものであった（橋本［1984］）。

　1930年代前半には大企業の労働者の離職率は低位安定的に推移した。恐慌期の厳しい体験が労働移動の機会が高まる景気回復期にも労働者の企業内定着志向を支えたのであり，さらに大企業労働者の社会的地位の上昇もそうした傾向を促進したといえよう。定着志向の高い常用工＝本工の基幹部分を構成するのが企業内養成施設において養成された労働者であった。企業内養成施設普及の画期となったのが青年学校令の公布（35年4月）であり，これによって大企業は私立青年学校を次々に設立し，企業内教育を整備していくのである[7]（隅谷［1971］，西成田［1988］）。

　景気拡大の進展とともに重工業部門を中心に，本工と比較して相対的に低賃金でかつ諸手当，賞与などの面でさまざまな差別的待遇を受ける臨時工の採用が本格化した。1934年末の内務省社会局調査によると，臨時工を1000人以上雇用する工場は，東京瓦斯電気工業大森工場（従業者総数に占める臨時工の割合は47%），芝浦製作所（28%），日立製作所日立工場（43%），日本車輛製造（51%），三菱重工業名古屋航空機製作所（20%），大阪機械工作所（73%），汽車製造（62%），日本製鋼所広島工場（73%），日本製鉄八幡製鉄所（40%）などであったが（労働運動史料委員会［1964］145-147頁），こうした臨時工の大量採用は，それとは区別された存在としての本工の企業帰属意識をいっそう高めるも

表 4-3　学歴別・地位別の機械器具工業男子従業者数（1930 年 6 月）

（単位：人）

	大学	専門学校・大学専門部	高等学校・大学予科	実業学校・之に準ずる学校	中等普通学校	実業補習学校	初等普通学校	合計
部長以上	47	36	1	8	7	2		101
課　長	54	77		17	11	6	10	175
主　任	62	110	1	47	44	24	24	312
社　員	348	477	12	753	465	359	672	3,086
その他	23	70		351	195	233	1,178	2,050
事務小計	534	770	14	1,176	722	624	1,884	5,724
技師以上	538	703	3	484	48	214	161	2,151
技　手	474	660	7	1,664	106	684	528	4,123
職　長	13	21		254	37	607	2,533	3,465
職　工	31	90	9	3,288	459	4,356	59,835	68,068
その他	2	26		73	12	52	163	328
技術小計	1,058	1,500	19	5,763	662	5,913	63,220	78,135
合　計	1,592	2,270	33	6,939	1,384	6,537	65,104	83,859

（注）　機械器具主要 59 工場の集計。
（出所）　文部省実業学務局調査室「会社工場従業員学歴調査報告七・機械器具工場」刊行年不明（復刻版：間 [1987]）。

のであった。しかし 30 年代半ば以降は，労働市場の逼迫化を反映して臨時工の常用工への登用が積極化する。

　本工と臨時工の待遇面での格差以上に大きな格差が労働者と職員の間に存在し，とくに上級職員との差は身分的格差ともいえるものであった。表 4-3 に明らかなように，企業内ハイアラーキーはみごとに学歴の差に照応していた。大学・高等工業学校卒業生は技手として就職し，設計・生産・プロセス技術などについて修練を積んだ後，技師に昇進するのに対して，例外はあるとはいえ高等・尋常小学校卒業生の昇進は基本的に職長止まりであり，労働者から職員層への昇進は著しく困難であった。その中間に位置したのが実業学校・工業学校の卒業生であり，各府県の主要甲種工業学校卒業生の中には職員に昇進する者も多数存在した。

　第一次大戦後，一部の重工業大経営において労働者の定期昇給制が普及する

が，並職工の昇給が途中で頭打ちになったり，あるいは全員一斉の画一的昇給制ではなく抜擢昇給制がみられるなど必ずしも厳密に勤続年数を基準にした昇給制ではなかったのに対し，たとえば日立製作所の職員層は勤続年数に対応して昇給した。その結果，労職間の大きな賃金格差は勤続とともに拡大し，日立の大学・高専・実業学校卒の職員の1936年の賃金総額は同世代の電機製造業労働者と比較して，30歳台前半で2.2〜3.7倍，40歳台前半では3.4〜6.1倍にも達した（菅山［1989］）。

以上のような企業内における大きな格差構造の存在は，第一次大戦後以降経営側が一貫して提唱した，「従業員」の名の下に労働者と職員を同等の企業構成メンバーとして位置づける労使関係理念が，1930年代になってもなお実態として現実化していなかったことを物語るものであった。30年代には労働者の定着志向が高まるとはいえ，こうした理念と実態の乖離を反映して，労働者と職員の間には企業帰属意識，定着率においてなお大きな開きが存在したのである。

▷ **工場委員会体制の変容と労働運動**

1930年代には工場委員会が大企業を中心にさらに普及した。しかしその一方で会議形式が議事制から懇談制に変化し，また委員会への付議事項の中から労働条件に関するものが排除されるなど従来の労働組合代行機能は大きく後退した（西成田［1988］）。

厳しい弾圧によって左翼組合が後退していく中で，日本労働総同盟，日本海員組合，官業労働総同盟などの右翼組合は一部の中間派を引き込みながら，1932年9月に組織労働者の75％，28万人を糾合した日本労働組合会議を結成した。当初，健全なる労働組合主義の推進を標榜した組合会議は，その後争議の最少化・産業協力を提唱するようになる。また満州事変後には労働運動における国家主義的潮流も拡大し，36年には日本主義労働組合の結集体として愛国労働組合全国懇話会が結成された。

2 産報下の労使関係

▷ 戦時労働統制の展開

　日中戦争の勃発とともに兵力動員が本格化し，軍需産業が拡大を続ける中で，労働市場は逼迫し，労働力争奪の激化を反映して離職率が急速に上昇した。こうした事態に対し，政府はまず従業者雇入制限令（1939年3月），工場事業場技能者養成令（39年3月）の制定によって熟練労働者の移動防止，若年労働者の技能養成を図る一方，労務動員計画を作成して新規労働力を含め軍需産業が必要とする労働力の確保に努めた。続いて，40年2月には青少年雇入制限令が公布され，同年11月には従業者雇入制限令に代えて従業者移動防止令が制定される。さらに太平洋戦争開始と同時に労務調整令が公布され，労働者の配置・移動規制は一段と拡大・強化される。

　1939年3月には賃金統制令が制定され，同年10月公布の賃金臨時措置令によって賃金は9月18日の水準に固定されることになり，さらに40年10月の大幅改訂によって賃金統制令はその適用範囲を拡大する。しかし一方でその後もインフレの昂進が続いたため，男子の実質賃金は39年以降，女子のそれは40年から急速に低下し，36年水準を100として，男子の場合43年には62にまで落ち込んだ（原［1976］）。

　太平洋戦争期には以上のような労働者の配置・移動・賃金規制だけでなく，国民徴用と勤労動員が本格化する。在籍者をそのまま軍需工場に釘付けする現員徴用だけでなく，他の分野の労働者を強制的に軍需工場に徴用する新規徴用も開始され，さらに朝鮮人・中国人労働者の労務動員・強制連行，学徒，女子の動員まで行われた。

▷ 産報運動の展開

　1938年3月の協調会時局対策委員会の「労資関係調整方策」の発表以降，労資一体＝産業報国を標榜する産業報国運動が展開されることとなり，同年7月には運動推進のための中央機関たる産業報国連盟が創設された（産報運動の詳細については，大河内［1971］，氏原・萩原［1979］，桜林［1985］，西成田［1988］，安田［1991］，佐口［1991］など参照）。以後，大企業では工場委員会などの既存

企業内組織を統合する形で、また中小企業では警察が主導しつつ、事業者・従業員を包含する単位産業報国会（各事業所単位の産業報国会）の組織化が進行した結果、39年末には2万6963事業所に産業報国会が設立され、約300万人が組織されることになった（労働運動史料委員会［1959］）。

しかし懇談会活動を中心に安定的労使関係の樹立をめざす産報の狙いは、この時期の労働移動の激化からもうかがえるように、十分には達成されなかった。そうした中で労務動員の本格化とともに、産報は戦時労働統制の下請機関として再編成されることになる。総同盟をはじめとする労働組合が解散を余儀なくされた後、1940年11月には大日本産業報国会が設立され、単位産報においても職制機構に対応した部隊組織化（最下部組織として五人組制を設置）が進展した。しかし戦局が悪化し、大量の徴用・勤労動員によって職場秩序が動揺する中で産報の労使関係調整機能は低下し、物資配給や勤労動員の補助的活動がその主たる任務となった。

ただここで留意すべきは産報運動が高唱した「勤労」の意義である。1940年11月に閣議決定された「勤労新体制確立要綱」は、労働者を経営者とともに国家に奉仕する勤労者としてとらえ、勤労者なるが故に人格を承認される存在である労働者の自発性・戦争協力を喚起しようとするものであった[8]（佐口［1991］参照）。戦時経済の深化はこうした形での労働者の社会的地位の上昇、労職間の格差縮小を促したのである。

▷ **戦時下の労使関係**

戦時労働統制の展開は労使関係のあり方に大きな影響を与えた。各種の労働者移動制限・防止措置は動揺しつつあった企業内昇進制を再強化するものであり、工場事業場技能者養成令は各企業に技能養成制度を義務づけることを通して企業内昇進制を拡大・制度化することになった。賃金形態・体系も大きな変化を示した。各企業は賃金統制令の実施によって昇給テーブルを確立せざるをえなくなり、1942年の重要事業場労務管理令は年1回労働者全員一斉の昇給を要請したが、こうした中で定期昇給が一般化する。しかもその下での賃金は大量の徴用工の職場進出に規定されて勤続よりも年齢をベースにしたものにならざるをえなかった。また出来高給などの能率給よりも生活給が唱導され、労

働力確保・生活維持のために家族手当をはじめとする諸手当がそのウェイトを高め、退職金制度が急速に普及する。さらに困難な戦時下での勤労者としての平等性に基づき、太平洋戦争末期には職員と工員の差別を撤廃した工員月給制が提唱されるに至った（昭和同人会 [1960]）。

基幹工の相次ぐ軍隊への動員によって各工場の熟練工比率は低下の一途をたどり、それを埋め合わせるために徴用工・女子・学徒、さらには外国人労働者などの未経験・不熟練工が大量に投入されたものの、生産拡大にはなかなか結びつかなかった。多様な性格の労働力の混在・急増によって、役付工は従来の職場組織の代表であると同時に労務管理の担い手としての役割を十分に果たせなくなった。こうした職場秩序の動揺に対応しつつ、戦時労働統制に関する日常業務を担当する労務課・勤労課の新設・拡充が続き、労務管理手法について担当者間の交流が進む。また戦時下では労働者だけではなく事務・技術系の職員も急増し、その結果下級職員と工員の生活水準の格差は急速に縮小する（氏原 [1974]）。産報の理念としてだけでなく、悪化する現実の生活において「平等化」が進行していたのである。

3 戦後労働運動の高揚

▷ 労働運動の高揚

戦時中に解散を余儀なくされた労働組合は、GHQ の指令によってその結成・活動が奨励されることになり、戦前に3度議会に上程されながらついに成立することのなかった労働組合法が 1945 年 12 月に制定された。ここに労働者の団結権・団体交渉権・争議権が確立され、表4-4 にあるようにその後の労働者の組織化の勢いは凄まじく、45 年末には 509 組合、38 万人だったのが、46 年末には 1 万 7266 組合、493 万人に急成長し、推定組織率も 48、49 年には 5 割台に達した。高揚する労働運動の担い手の中心は工員・職員を一体として組織した従業員組合たる企業別組合であった。工員と職員が一体となって組織された前提として、窮乏化した戦時下において産報の理念としてもまた実態としても両者の「従業員」としての下方への「平等化」が進行したことが重視されなければならない[9]（三宅 [1991a] 参照）。

表 4-4 労働組合・労働争議の動向

	労働組合数	労働組合員数 (1,000人)	推定 組織率 (%)	争議行為を伴 う争議の件数	参加人員 (1,000人)	労働損失日数 (1,000日)
1945年	509	380	3.2	95	36	
46	17,266	4,926	41.5	810	635	6,266
47	23,323	5,692	45.3	683	295	5,036
48	33,926	6,677	53.0	913	2,605	6,995
49	34,688	6,655	55.8	651	1,240	4,321
50	29,144	5,774	46.2	763	1,027	5,486
51	27,644	5,687	42.6	670	1,386	6,015
52	27,851	5,720	40.3	725	1,843	15,075
53	30,129	5,843	38.2	762	1,743	4,279
54	31,456	5,986	37.1	780	1,547	3,836
55	32,012	6,166	37.2	809	1,767	3,467

(注) 1) 1945・46年の組合数・組合員数・組織率は12月末，その他は6月末の数値。
    2) 組織率＝組合員数／雇用労働者数
    3) 労働組合数・組合員数は，単位労働組合についての数値。
(出所) 労働省［1966］434，444頁，ただし，1945年の争議件数・参加人員は，労働運動史料委員会［1959］440頁。

　1945年10月の読売新聞社第1次争議以降46年夏にかけて，京成電鉄，東芝，三菱美唄鉱業所，東宝映画争議などに代表される「生産管理闘争」が拡大する一方，46年5月の食糧メーデーを頂点とするさまざまな「大衆示威」運動が展開された（占領期の労働運動の推移については，山本［1977］，河西［1989］，菅山［1995］参照。また読売争議，東芝争議については，山本［1978］，三宅［1991b］参照）。経営の民主化を要求し，経営者の「生産サボ（タージュ）」を厳しく批判する「生産管理闘争」は，一部の管理職を含む職場の労働組織全体をその活動の中に包摂した労働組合が経営者機能を遂行する闘争形態であり，資本主義的企業システムの枠組みを大きく越えるものであったため，政府は46年6月に「社会秩序保持に関する声明」を発表して生産管理を否認した。46年8月には労働組合の全国的連合体として日本労働組合総同盟（総同盟）と全日本産業別労働組合会議（産別）が結成され，労働運動の主導権を握った産別は「10月闘争」を展開するが，電気産業における争議の結果，「電産型賃金」と呼ばれる経営からの査定を排し，年齢と家族構成を重視した生活給的色彩のきわめて濃い賃金体系が妥結協定され，それが他の産業にも急速に普及する。さらに

食糧メーデー　1000万人餓死予想さえ出されていた1946年5月19日の食糧メーデーには学童たちも参加した（毎日新聞社）。

従業員としての平等性に根ざした要求は賃金体系の改編だけでなく，職員と工員間のさまざまな差別撤廃，工員の月給制を生み出していくことになるのである（菅山 [1995]）。

▷ 労働運動の後退と「経営権」の回復

　1947年のマッカーサーの中止命令による2.1ゼネストの挫折，48年7月のマッカーサー書簡に基づく政令201号の公布による公務員の団体交渉権と争議権の剝奪と，労働運動の急進化と冷戦体制の進展とともに労働運動に対するGHQのスタンスが転換し，さらに「ドッジ・ライン」の実施による「行政整理」「企業整備」が進行する中で，労働運動は敗戦後の高揚とは変わって後退を余儀なくされるようになる。労働戦線においても変化がみられ，48年2月には産別の中に日本共産党の産別に対する指導を批判する産別民主化同盟が結成され主流派との間で対立を続けるが，結局産別を脱退した諸組合は49年12月に全国産業別労働組合連合（新産別）を結成し，産別内の民同派は総同盟や中立有力単産とともに占領軍の保護の下で50年7月に日本労働組合総評議会（総評）を結成することになる。さらに朝鮮戦争の勃発前後からいわゆるレッド・パージが開始され，1万人以上の組合員が馘首されるが，これに対して労働組合は組織的な運動を展開しえなかった。

　「生産管理闘争」が終息した後の労使関係の基本的枠組みとなったのが経営

協議会であった。経営協議会は労働協約に基づいて設置され，労使代表で構成される協議機関であったが，労働協約の中には組合の承認なくしては採用，解雇，異動などは行えないとする，いわゆる同意約款が定められた事例も多く，経営者の自由裁量は大きく拘束されていた。したがって労働運動が後退する中で失地回復をめざす経営者が「経営権」，とくに人事権回復の第一着手としたのが，経営協議会の廃止あるいはその性格を労使懇談会的なものに変更することであった（栗田 [1994]）。

1946年4月に経済同友会，8月に経済団体連合会（経団連），11月に日本商工会議所と相次いで財界団体が創設され，さらに48年4月には「経営者よ正しく強かれ」と呼びかけた宣言を発表して日本経営者団体連盟（日経連）が設立される。こうした財界団体の中で「経営権」回復の動きの先頭に立ったのが日経連であった。創立直後の48年5月，日経連は「経営権確保に関する意見」を表明するが，これは当時大きな社会的関心を集めていた東宝争議を日経連が経営権確保の重要なケースととらえていたためであった。「来なかったのは軍艦だけ」といわれるように占領軍も全面的に会社側を支援したこの争議における組合側の敗北は，敗戦後の労使関係が新たな段階を迎えたことを象徴するものだったといえよう（東京大学社会科学研究所 [1986]，東條 [1991]）。

4 企業別組合の定着

▷ 労務管理の展開

「経営権」を回復し，朝鮮戦争ブームによって拡大の契機をつかんだ大企業では，1950年前後以降，労務管理の新たな展開がみられるようになるが，その多くはアメリカの労務管理諸制度に学びつつ，それに「日本的修正」を加えたものであった。

まず混乱した職場秩序を立て直し，生活給的色彩の強い賃金体系を改編すべく，職階・職務給制度の導入が図られた。1948年の公務員に対する職階制・職階給の実施を先駆けとして，以後，日経連，産業合理化審議会一般（管理）部会労務管理分科会などを中心に，職階制の制定，職務給の導入が提唱される。しかし職務間の厳密な区分設定の伝統のない日本企業において後に普及してい

った職務給の実態は,厳密な職務分析に基づく職務評価による職務給ではなく,大まかに分類格付けされた職務等級に対応した職務給部分が年功給・能率給に加えられるか,もしくは職務給の中に属人給部分が融合するといったものであった(日本労働協会[1961],明治大学企業経営研究会[1983])。

一方,総評は1952年の「賃金綱領」においてマーケット・バスケット方式(生計費を構成する各項目をまず物量で定め,それに物価を乗じて生計費を算出する方法)による理論生計費を基礎とした賃金要求を打ち出すが,こうした動きに対する対抗策として経営側が掲げたスローガンが「ベース・アップから定期昇給制度へ」であった。54年2月の日経連の「当面の賃金要求に対する経営者の心構え」,翌3月の中央労働委員会の電産争議に対する調停案を契機に定昇制は急速に普及し,その過程で自動昇給が査定昇給に切り替えられ,定昇査定のための人事考課制度が整備されるのである(野田[1965])。

また1950年前後より第一線監督者(職長,組長,役員等)のための訓練方式であるTWI (training within industry) や,部課長の管理能力増進を目的とするMTP (management training program) などに代表されるアメリカ式教育訓練が紹介・導入され,さらにやや遅れて人間関係管理 (human relations) の諸手法が導入され始める。ただし,ここでも現場における作業の効率的組織化・能率向上をその本来の目的としたこうした諸技法が,もっぱら労働者意識の管理手法として「日本的修正」を受けつつ受容されたことに留意しなければならない(大東[1977])。

▷ 企業別組合の定着

1950年代に入ると産別に変わって総評が労働運動の主導権を握るようになり,平和擁護・賃金闘争を通じて「ニワトリからアヒルへ」の転換を遂げた総評は左派路線に傾斜しつつ,ドッジ・ラインの実施やレッド・パージによって守勢に立った労働運動を再活性化していった。こうした中で復興から成長への転換の鍵を握る戦略的基軸産業における,しかも総評の「左旋回」の中心勢力であった産業別組合電産と日本炭鉱労働組合(炭労)が担った争議として注目されたのが52年の炭労・電産争議であった。先にみたマーケット・バスケット方式に基づいて賃上げを要求したこの争議において,炭労は約2カ月,電産

は約3カ月のストを続けたものの，結果は両組合の惨敗に終わり，総評の分裂と54年の全日本労働組合会議（全労会議）結成の契機となった。51年の電気事業再編成によって日本発送電が解散し，地域別に民間9電力会社が誕生したことは，結果的にみて産業別労働組合である電産が労使協調路線を標榜する9電力会社の企業別組合に運動の主導権を奪われていく出発点となるものであったが，52年の争議の敗北はそうした傾向を決定づけることになったのである（河西［1989］，兵藤［1997］，橘川［2004］）。

さらに1953年の日産争議において，強力な交渉力を誇っていた全日本自動車産業労働組合（全自）に所属していた日産分会が組合分裂の後に敗北し，翌年には全自が解散に追い込まれる。こうして産業別組合が後退し，企業別組合が定着する中で高野実事務局長に指導された総評は，54年の尼鋼争議，日鋼室蘭争議においていわゆる「家族ぐるみ，地域ぐるみ」闘争と呼ばれる新しい地域共闘戦術を展開するが，結果はいずれも組合側の敗北であった。しかし敗北したとはいえ日鋼室蘭争議に代表されるように，雇用確保をめぐる企業別組合の粘り強い闘争は注目すべきものであり，解雇に伴うコストがいかに大きいかを示すものであった。その意味で日鋼室蘭争議は，以後，日本の大企業において本工の雇用保障が定着していく上で重要な役割を果たしたといえよう（飯田ほか［1976］）。

第4節　技術開発の推進

1　1930年代の技術動向

▷ **研究開発体制の整備**

戦間期日本の研究開発体制は，有力官立試験研究機関（電気試験所，鉄道大臣官房研究所，東京・大阪工業試験所など），理化学研究所，および帝国大学附置研究所（東京帝大・航空研究所，東北帝大・金属材料研究所，京都帝大・化学研究所など）が物理・電気・化学・金属・鉄道・航空機などの先端的研究を担う一方，陸軍科学研究所や海軍技術研究所などの陸海軍研究機関が独自の軍事研究を進め，地方の公立試験研究機関は染織・窯業など在来・地場産業に傾斜した活動

を展開するといった編成を示した。民間企業の試験研究機関数の部門別分布をみると、化学が首位に位置し、1934年時点では重化学工業関連の研究機関が全体に占める割合は77%に達した（沢井［2005a］）。

民間企業の場合、当初工場内（あるいは工務部内）に設置された研究係・研究室・研究課・試験室・分析室が次第に規模を拡大して研究部などに昇格し、さらに研究所として分離独立するケースが多数みられた。戦間期の機械工業では研究開発活動が個人による発明行為から法人を主体とした意識的・組織的行為（「発明の法人化」）へと変化し、その過程で設計と研究開発活動の分離が進んだ（谷口［1985］）。化学工業でも、生産活動の一環として行われていた分析・試験機能が次第に強化拡充され、そのための専任組織が研究課・研究部・研究所などの形で分離独立していった。

▷ **1930年代の先進技術**

この時期には1920年代までにほぼ国際的水準に到達していた造艦・造船・鉄道車輌・電力技術などの分野における技術進歩が著しかっただけではなく、その他の領域においても新しい先進技術が相次いで出現した（技術開発動向については、星野［1956］、通商産業省［1979］、沢井［2004a, 2005a］参照）。海軍の第1次～第3次補充計画の進展とともに造艦技術は向上し、33年には無鋲溶接艦の特形駆逐艦初雪の建造、酸素魚雷の試作成功をみ、37年から設計が開始され41年に竣工した戦艦「大和」はそれまでの造艦技術の粋を集めたものであった。造船の分野では第1次～第3次の船舶改善助成施設の実施が技術進歩を促進した。舶用機関として大型ディーゼル機関が普及し、その技術進歩に刺激されて蒸気機関・蒸気タービンの性能向上も著しく、また甲板用機械・補助機械の電化も進展した。

1934年のパシナ形機関車（超特急「あじあ」号の機関車）や36年のD51形に代表されるように蒸気機関車技術はこの期に成熟期に達し、また電車・客車の鋼製化が本格化しただけでなく、電気機関車の国産化も進展した。さらに立後れの著しかった航空機の分野でも、35年の9試単戦から39年の12試艦戦（零戦）にかけて、設計技術の飛躍的向上がみられた。軍官需の比重がきわめて高い造船・鉄道車輌・航空機などの部門では、少数の特定民間メーカーと陸

零式艦上戦闘機 日本の設計技術の向上を象徴する零戦。しかし，量産技術はアメリカ等に及ぶべくもなかった（三菱重工業株式会社[1956]より）。

海軍・鉄道省の強固な結びつきが技術の向上に大きな意味を持ち，たとえば鉄道車輌の場合，車輌研究会・共同設計などを通じて官民一体となった研究開発活動が展開された（沢井[1998]）。

さらに長津江水力発電所建設に代表される電力・重電技術の進歩，レーヨン製造技術の向上，硫安製造における東工試法の完成，住友伸銅所での超々ジュラルミンの完成，繊維産業における多条繰糸機，ハイドラフト精紡機，自動織機の導入・普及といったように，1930年代には自主開発・技術導入両面の成果が相次いで開花した。

▷ **大量生産システムの立後れ**

各分野における目覚ましい技術進歩にもかかわらず，決定的に立ち後れていたのが大量生産システムおよびそれを支える関連エンジニアリング諸産業であった。大量生産システムを体現する新産業である航空機・自動車産業の成長は著しかったとはいえ，なお代表的メーカーである三菱重工業，中島飛行機，日産自動車，トヨタ自動車工業などの生産規模，工程技術の水準はアメリカなどと比較すべくもなかった。もちろんアメリカにおいても生産のすべての領域を大量生産システムが覆いつくしていた訳ではない。カスタム・バッチ生産の諸部門では地域産業クラスターの中核となる「統合拠点企業」や相互に密接な連携をみせる「ネットワーク化された専門業者」，さらに彼らにさまざまな財・

サービスを提供する「関連支援専門業者」が存在した。「機械をつくる機械」である工作機械の分野ではオハイオ州のシンシナチの専門業者が，フォードやGM に多様な製品を供給することで大量生産システムの円滑な運行を支えた（スクラントン［2004］）。

　日本の工作機械工業でも，1930 年代には池貝・大隈・唐津・新潟鉄工所および東京瓦斯電気工業の「5 大メーカー」を中心に超高速度鋼系切削工具ウイデア，タンガロイを使用する超高速度旋盤の輸入機をモデルにした開発，ベルト掛けから電動機直結型への転換，生産機種の多様化といった技術進歩がみられたものの，先端産業である航空機・自動車産業の要求には十分に対応できず，これらの諸産業の設備機械の中核部分はほとんど輸入機械によって占められたのである。その意味でこの時期の工作機械工業ではユーザーとメーカーの間の濃密な技術交流による技術水準の向上にはなお大きな限界があったといえる。

2　戦時下の技術政策と技術開発

▷ キャッチアップ政策の展開

　1939 年 9 月の第二次大戦勃発，40 年 7 月のアメリカの対日工作機械禁輸の実施，41 年 12 月の太平洋戦争の開始と，設備機械輸入・技術導入の方途が次第に縮小・途絶していく中で，戦争遂行能力の維持・拡大を図るために，日本は急速な輸入代替および技術の対外格差縮小・自立という難問に取り組まなければならず，精力的な技術キャッチアップ政策が展開されることになった（戦時下の科学技術政策については，廣重［1973］，大淀［1989］，沢井［2004b］参照）。

　日本経済が抱える技術上の欠陥・問題の打開策を検討する科学審議会・科学振興調査会・教育審議会などの機関が設けられる一方，企画院が科学技術動員政策を推進し，さらに商工省が具体的な技術振興策を展開した。人的・物的諸資源の制約が深まる中でのキャッチアップ政策によって技術の向上がみられたものの，その成果は決して軍部の満足するものではなかった。そうした状況下で 1940 年夏以降，科学技術の画期的躍進をめざす科学技術新体制運動が台頭し，さまざまな利害が交錯する中で当初の構想から大幅に後退するとはいえ，科学技術新体制運動は技術院（42 年 1 月官制公布）を誕生させることになる。

太平洋戦争期の注目すべき科学技術動員政策に，陸海軍による研究動員とともに共同研究の奨励があった。戦時期における主要な共同研究の場としては，①大日本航空技術協会，②研究隣組（となりぐみ），③戦時研究員制度，④学術研究会議，⑤日本学術振興会などがあった（沢井［2004a］）。その中の研究隣組についてみてみると，全日本科学技術団体連合会（全科技連，1940年8月設立）およびその加盟団体の1つである全日本科学技術統同会（40年9月結成）での準備作業を経て，43年3月までに30組，43年度に40組，44年度に82組が結成された。研究隣組の目的は，戦力増強に関する研究テーマについて，年齢・学歴・所属にとらわれず第一線の研究者を「隣組」に組織し，相互交流によって研究の促進を図ることであった（青木・平本［2003］）。また42，43年以降，技術院，文部省がそれぞれ中心となって外国科学技術文献の翻訳が組織的に進められる。先細りする外国からの情報の収集，その紹介・普及の努力を政府は最後まで続けねばならなかったのである。さらに戦争末期の真空管生産においては技術的に最先端にある東芝の特許技術，製造ノウハウが「技術交流」の名の下に強制的に技術格差のある同業他社に公開させられ，これを契機に技術の平準化が進展する（吉田［1990］）。戦時下の研究開発動員は一部で工業所有権のあり方にまで及んだのである。

▷ 戦時下の技術開発

1941年5月に閣議決定をみた「科学技術新体制確立要綱」において「大東亜共栄圏資源ニ基ク科学技術ノ日本的性格ノ完成ヲ期ス」ことが謳われたように，技術的鎖国状態が深化する戦時下においては，いかなる問題が生じようとも国産資源と自主技術をもって戦争遂行能力を維持するしかなかった。技術・研究開発の目標は何よりも軍需品生産に置かれ，そのための機械設備・材料，不足する資源を補塡する代用品の生産・開発が優先された。そうした中で国公立・民間企業の研究機関・研究部門の新設・拡充が相次ぎ，研究開発を担当する理工系大学・専門学校卒の技術者の採用も激増する。たとえば民間研究機関数は39年の383（合計職員数8988人）から42年の711（3万3955人）に，理工系大学・専門学校卒業者数は35年の約7000人から41年の約1万2000人，44年の約2万人へとそれぞれ増加した（研究機関数は沢井［2004a］，卒業者数は天野

表 4-5　試験研究機関を有する主要民間企業一覧

(単位：1,000 円，人)

1939 年				1942 年			
企業名	機関数	経費	職員数	企業名	機関数	経費	研究人員数
(財) 理化学研究所	1	1,833	1,682	中島飛行機 (株)	3	10,896	1,042
南満州鉄道 (株)	4	822	545	東京芝浦電気 (株)	11	13,973	826
(株) 日立製作所	2	1,500	417	南満州鉄道 (株)	3	4,701	815
日本製鐵 (株)	1	590	391	沖電気 (株)	1	1,243	658
三井鉱山 (株)	2	1,350	306	(株) 日立製作所	12	9,364	632
日本鋼管 (株)	3	619	306	川崎航空機工業 (株)	3	4,982	427
東京芝浦電気 (株)	1		187	日本製鉄 (株)	3	1,597	379
日本光学工業 (株)	1		186	日本化成工業 (株)	3	946	331
日本曹達 (株)	1	80	155	三菱重工業 (株)	6	1,746	328
大同製鋼 (株)	1	457	146	三井化学工業 (株)	2	7,761	305
三菱重工業 (株)	4	390	140	三菱電機 (株)	1	4,534	287
東洋紡績	1	365	123	日立航空機 (株)	4	2,224	249
鐘紡武藤理化学研究所	1		119	日本曹達	4	539	244
郡是製糸 (株)	1		118	日本無線電信電話 (株)	1	420	216
三菱電機 (株)	1	150	100	(社) 日本放送協会	1	1,647	204
安立電気 (株)	1	150	99	三菱電機	3	922	203
富士写真フィルム (株)	1	360	90	国際電気通信 (株)	1	824	200
(財) 東邦産業研究所	2	112	83	三菱鉱業 (株)	1	1,147	189
(株) 北辰電機製作所	1	300	81	片倉製糸紡績 (株)	2	561	186
古河電気工業 (株)	1	156	71	早稲田大学	2	134	186
(株) 神戸製鋼所	2	331	71	(財) 癌研究会	1	616	179
帝国染料製造 (株)	1	24	60	横浜護謨製造 (株)	1	480	179
日本共商 (株)	1	50	58	(株) 小西六	1	260	179
旭硝子 (株)	1	300	53	鐘淵紡績 (株)	4	1,983	177
川西航空機 (株)	1	47	46	(株) 神戸製鋼所	5	1,629	171
松下電熱 (株)	1	18	44	富士電機製造 (株)	1	496	156
岡本工業 (株)	1		44	日本鋼管 (株)	3	322	155
(株) 池貝鉄工所	1	50	42	住友金属工業 (株)	3	2,391	154
明治製糖 (株)	1	200	41	東京電気 (株)	1	1,819	153
日本陶器 (株)	1	54	38	日本油脂 (株)	7	434	151
三共 (株)	1		38	大日本産業報国会労働科学研究所	1	508	149
満州化学工業 (株)	1	92	36	日本光学工業 (株)	1	437	149
日本蚕精絹糸	1	43	36	関西ペイント (株)	1	102	149
日本石油 (株)	4	157	36	住友電気工業 (株)	1	915	145
藤田組小坂鉱山	1	60	34	大同製鋼 (株)	1	1,892	141
関西ペイント (株)	1	31	34	中島航空金属 (株)	1	255	139
満州石油 (株)	1	49	33	(財) 東邦産業研究所	1	814	137
松下乾電池 (株)	1	80	32	川西機械製作所	1	740	135
日産化学工業 (株)	1	113	32	立川飛行機 (株)	1	478	135
浅田化学工業 (株)	1		31	川西航空機 (株)	4	660	127
大日本製糖 (株)	1	53	30	(財) 結核予防会	1	937	125
花王石鹸 (株)	1		30	日本石油 (株)	7	297	122
砂鉄製鋼	1	60	30	(株) 武田長兵衛商店	1	624	118
秩父セメント (株)	1	34	30	安立電気 (株)	1	320	117
東京計器製作所	1	480	29	郡是製糸 (株)	2	468	116
日清紡績	1		28	(株) 塩野義商店	1	424	107
日本ダンロップ護謨 (株)	1	43	27	川崎重工業 (株)	4	655	104
国際電気通信 (株)	1	15	25	関西配電	1	330	103
松下電器 (株)	1	35	25	(株) 北辰電機製作所	2	87	102
(財) 青柳研究所	1		24	日本窒素肥料 (株)	4	2,633	101

(注)　職員は職工等を含む。
(出所)　沢井 [2004a] 385 頁。

［1989］)。新技術開発，生産現場における設計・工程技術開発の盛行を反映して，戦時期には特許・実用新案の登録件数も急増する。試験研究機関を有する主要民間企業について一覧すると，表4-5の通りであった。1942年の中島飛行機の研究人員は1000人を突破し，社内に11の研究機関を有した東芝の同年度の研究経費は1397万円に達した。

困難な状況下での集中的な技術開発活動の結果，ナイロン，ビニロン，合成ゴム，ポリエチレンなど戦後の発展につながるような新技術が生み出されたものの，研究開発の主要目標である革新的軍事技術の多くは研究・試作段階にとどまり，戦力化されることはなかった。その意味で技術開発の直接的効果には大きな限界があったといえる。しかしここで留意すべきは継続的かつ大規模な科学技術動員過程自体がもたらした変化である。まず大企業では独立した研究部門の新設・拡充が相次ぎ，企業組織の中におけるその地位を高めた。また従来から技術の立後れを指摘され続けてきた中小工場が軍需生産を担うことによって図面に即した量産・精密加工の経験を蓄積し，その中で設計・製造技術者の協力を通して技術のあり方を変化させていく（森［1983］)。戦時下の企業は民需から軍需生産への転換，製品仕様の相次ぐ変更，逼迫する資材，動揺する職場秩序などさまざまな困難に直面した。そうした中で生み出される製品は決して需要サイドを満足させるものではなかったとはいえ，相次いで生起する難問との格闘を続けつつともかくも生産を継続することによって，企業は設計・製造技術に関して多くのものを学習していったのである（戦時下の機械工場の困難な生産の状況については，奥村［1949］参照)。

3 軍需から民需への転換

▷ 軍需から民需への転換

敗戦による軍需市場の消滅によって，軍需から民需への転換が各企業における最大の経営課題となった（戦後の技術動向については，星野［1956］，山崎俊雄［1961］，黒岩［1976］，森谷［1978］，中山・後藤・吉岡［1995］参照)。しかしこの課題はきわめて難しく，1946年1月末現在において従業員10人以上の軍需工場5万5275工場（従業員総数571万人）のうちで民需転換・新設を完了していた

工場は 7298 工場（78 万人）と全体の 1 割強にすぎなかった（野田［1965］）。さらに民需転換を進める上で障害となったのが工場設備に対する賠償指定であった。45 年 12 月のポーレー中間賠償計画案は陸海軍工廠・航空機・ベアリング工場の全部，工作機械製造能力・火力発電所の半分などを賠償撤去の対象とする厳しい内容のものであったが，その後は次第に緩和され，49 年 5 月の中間賠償撤去の中止の声明によって賠償問題はいちおう決着をみる。しかし賠償指定工場の多くは民需生産を認められたとはいえ，当初は施設撤去の不安に悩まされ，また賠償対象の機械設備の保全に細心の注意を払わねばならなかった。

　こうした厳しい状況の中で各企業は生き延びるために，事業の再編・縮小を進めるとともに，あらゆる民需品生産を手掛けなければならなかった。たとえば三菱重工業では，造船関係の事業所は戦時標準貨物船の続行船・漁船建造を再開し，機関関係部門は鉄道車輌・食糧機械などの生産・修理に活路を求め，航空機・兵器関係はナベ，カマ，トラクター，自転車などを手当たり次第に生産する中で，安定商品の掘り起こしに努めた（三菱重工業株式会社［1990］）。工作機械メーカー日立精機においても事情は同様で，自動車部品加工，脱穀機，製粉機，製釘機などを手掛けたものの，基軸製品にはなりえず，本業の工作機械も国鉄からの受注を除けばまとまったものはなかった（日立精機株式会社［1963］）。

▷ 研究開発の動向

　敗戦後の数年間，研究開発の目標は民需転換に置かれ，新技術開発よりも戦時中に蓄積された既存技術の改良・応用が優先された。研究開発部門も事業転換・規模縮小の影響を受けたとはいえ，大企業の多くでは「技術温存」を図るため，戦時中に増大した技術者の雇用確保，研究機関の存続に努めた（内田［1977］）。1950 年 4 月 1 日現在の会社および私立研究機関数は 313 を数え，その中で科学研究所（旧理化学研究所），いすゞ自動車，日立製作所，東芝，日本発送電，三菱電機，日本電気，富士通信機製造，太平鉱業（旧三菱鉱業），日本鋼管，日本化学工業，日本曹達，三井化学工業，日本化成工業（旧三菱化成工業），旭硝子，三共，塩野義製薬，武田薬品工業などの研究開発機関が，研究者（補助者，その他を除く）50 名以上を擁する比較的大規模なものであった（文

部省大学学術局［1951］)。

　この時期の研究開発を考える上で見逃せないのが，旧軍関係・軍需工業関係の技術者・研究者の民間企業・国鉄などへの流入である。戦時中には航空機，光学兵器，レーダ・軍用通信の3分野に優秀な技術者が集中しており，これらの技術者のうち，航空関係者は自動車産業へ，光学兵器関係者はカメラ産業へ，レーダ・軍用通信関係者は電子通信産業へ大量に流入したといわれた。こうした流れに石油燃料関係者の石油化学工業への移動，さらに海軍造船官の民間造船所への移動などを加えることも可能であろう（猪瀬［1994］，片山［1970］)。また旧軍関係者の軍民転換プロセスでは鉄道技術研究所も大きな役割を果たした。敗戦直後の行き場のない旧軍関係技術者にとって，鉄道技研は一時的な待避場所として機能したのである。

　ただし以上のような軍事技術の民間への移転プロセスは，優れた軍事技術が民間に移転されて優れた技術になったといった単純な過程ではなかった。占領軍からのさまざまな刺激は，混乱した戦時生産への反省と，それゆえに生産に科学を持ち込もうという情熱と，戦後復興に対する強い意志を有した技術者・労働者・経営者によって受け止められ，消化されていったのである（中岡［2002］)。

4 技術導入と研究開発

▷ 技 術 導 入

　1950年の外資法の制定が技術導入の途を開いた。表4-6に明らかなように，49〜55年度では電気機械・その他機械・化学部門の技術導入が活発であり，この3部門で導入（甲種）件数の68％に達し，相手国別ではアメリカが圧倒的シェアを占め，西ドイツ，スイスを加えると全体の84％にのぼった。また時期別にみると，53年度までは戦前の更新契約を含みつつ，戦中戦後の技術的空白を埋めるべく各分野にわたって活発な技術導入が行われた時期であり，54，55年度には合理化投資がやや沈滞し，また初期の技術導入が一巡したため件数は低下した。

　こうした中で導入技術の選定，相手先との交渉，通産省・外資審議会を通じ

表 4-6　業種別・相手国別技術導入件数（甲種）

（単位：件）

業種別・国別 ＼ 年度	1949・50	51	52	53	54	55	合計
電気機械	5	11	24	43	22	17	122
輸送用機械	1	6	8	6	7	8	36
その他機械	9	33	38	19	14	16	129
金属・金属製品	1	9	16	8	4	7	45
化学	8	23	16	14	22	17	100
紡織		4	5	7	8	1	25
石油		1	14			3	18
ゴム・皮革	1	6	3		2	1	13
ガラス・土石製品	1	2	2	2	3		10
その他	1	6	7	4		2	20
アメリカ	21	74	88	72	58	44	357
西ドイツ			12	6	5	9	32
スイス	5	16	8	11	6	2	48
イギリス		1	3	3	1	3	11
フランス		2	5	4	1	4	16
イタリア			1	1	8		10
スウェーデン		6	5		1	1	13
カナダ			8	4	1	2	15
その他	1	2	3	2		7	15
合　計	27	101	133	103	82	72	518

（注）　1954年度の業種別合計と国別合計が一致しないが，原資料のままとした。
（出所）　科学技術庁［1962］41, 42頁。

る認可獲得，導入後の順調な立ち上がりのための条件整備などが導入企業の重要な経営課題となった。技術導入を進める場合，通産省原局・外資審議会幹事会の勧告に従って技術導入申請企業が外国の相手方と「条件交渉」を行うことが非常に多く，「条件交渉」こそが実質的に外資法に基づく技術導入規制の主要形態であったといえよう。その意味で通産省は導入条件の不利化を防止し，特許料・ロイヤルティを下方修正する機能を果たしたのである。さらに通産省は申請企業からのヒアリングや省内の原局間の議論を通じて技術導入に関連する各企業・業界の利害を調整した（工藤［1990］）。ただし，こうした調整にもかかわらず，技術導入が既存の産業・業界秩序に与える影響がきわめて大きか

ったため日本ゼオンやパインミシン製造の技術導入のように，関係業界からの反対が強く事態が紛糾する場合もあった。

しかし全体として導入技術の多くは，戦中・戦後に蓄積された高い受入れ・改良能力に支えられて急速に消化・改良され，個別製品技術とともに製造・工程技術の革新をももたらし，そのことによって導入企業の成長を促進しただけでなく，企業間競争を通じて産業全体の技術向上にも貢献した。たとえば自動車産業では1952，53年に日産自動車とオースチン社，日野ヂーゼル工業とルノー公団，いすゞ自動車とルーツ・モータース社の乗用車生産に関する技術提携が成立したが，これらの技術導入はいずれも輸入部品による完成車の組立て(KD)方式から出発し，順次部品の国産化率を高めて最終的には完全国産車製造に至るというものであり，日産は56年に，日野といすゞは58年にそれぞれ完全国産化を達成した。この技術導入は各社の全社的規模での技術水準の向上に貢献しただけでなく，部品メーカーの技術向上にも寄与し，さらに非提携企業であるトヨタ自動車の技術開発をも刺激したのである（外国技術調査委員会 [1961]，仙波 [1977]）。

▷ 研究開発

技術導入の盛行に刺激を受けつつ，各社は自主技術の開発にも努めた。1950年代に入っても多くの企業では研究開発に巨額の資金を投ずるだけの余裕はなく，53～55年の製造業全体の研究投資比率（研究投資額／純売上高）も0.4～0.5％と高度成長期と比較して低水準にあったものの，化学，ゴム製品，電気機械，精密機械などの部門が平均値を上回っていた（日本科学技術振興財団 [1962]）。

しかし，厳しい環境にもかかわらず研究開発の意欲は横溢しており，そうした動きを側面から支援したのが各種の試験・研究補助金や特別償却制度であった。1952年の企業合理化促進法の成立によって応用研究・工業化試験・機械設備等試作補助金の3種類の補助金が規定され，これらの補助金を一括した鉱工業技術試験研究補助金制度が正式に発足し，さらに同年には試験研究用機械設備等の特別償却制度も設けられた。たとえば53～55年度にかけて60社69件の新機種開発について総額2億8500万円強を交付した工作機械試作補助金

に対する試作申請件数は 222 件にのぼり，大手・中堅企業の新機種開発への強い意欲を示していた。

こうした中で革新的な国産技術が相次いで開発された。日本電子の電子顕微鏡，富士通のリレー計算機，ソニーのテープ・レコーダー，トランジスタ・ラジオ，電電公社のマイクロ波通信，ジャパックスの放電加工技術などはその代表的事例であり，戦時中の研究が戦後に開花したケースとしては東洋レーヨンのナイロン，倉敷レイヨンのビニロン，呉羽化学工業の塩化ビニル，東洋高圧の尿素などがあった。

第5節　経営管理の展開

1　産業合理化運動の展開

▷ 臨時産業合理局の活動

1930 年 6 月，商工省の外局として設置された臨時産業合理局は 30 年代における日本の産業合理化運動を主導した（通商産業省［1961］）。同局は，企業の統制，科学的管理法の実施，産業金融の改善，その他産業の合理化に関する事項を取り扱う第 1 部と，工業品の規格統一，製品の単純化，国産品使用奨励，試験研究機関の整備連絡を担当する第 2 部から構成され，さらに産業合理化に関する一般的事項の調査・審議，具体的施策の立案には生産管理・財務管理・販売管理・消費経済・国産品愛用・統制委員会の 6 常設委員会があたり，各業種における個別的問題は業態別委員会である臨時委員会において審議された。

生産・財務・販売管理委員会などの各委員会は精力的な活動を続けた。山下興家（鉄道省工作局），加藤重男（新潟鉄工所），加藤威夫（三菱電機），竹尾年助（唐津鉄工所），日高鉱一（呉海軍工廠），荒木東一郎（荒木能率事務所）といった生産・工場管理の専門家を網羅した生産管理委員会は企業内訓練，賃金制度，作業研究，工程・生産管理など広範なテーマについて審議を進め，その成果を委員会の提言として公表し，具体的合理化方策の普及に努めた。上野陽一，荒木東一郎，井上好一，園田理一といった能率技師たちが，民間経営コンサルタントとしての活動を活発化させるのもこの時期であった（沢井［2000］）。また

財務管理委員会では金融機関を除いて事業会社の財務諸表の形式・内容が千差万別であった現状に鑑み，日本に適用すべき財産目録，貸借対照表，損益計算書の標準的雛形を1930年以降相次いで作成し，34年には日本における最初の企業会計原則である「財務諸表準則」（通称，「商工省準則」），37年には「製造原価計算準則」を発表した。

▷ 「科学的管理法」の普及

生産管理委員会の提言の普及を図る組織として，1931年5月，各道府県の工場協会・懇話会から構成される日本工業協会が設立された（日本における科学的管理法の普及に関しては，奥田［1985］，高橋衛［1994］，佐々木［1998］，Tsutsui［1998］参照）。同協会は商工省の支援の下，工場指導，作業研究講習会，機関誌・パンフレットの発行，研究会・講演会の開催などを通して実際的な管理技術の普及に努めた。一方，こうした運動とは別に，20年代に各地で設立された能率研究団体の全国組織として日本能率連合会が27年11月に発足し，同会は生産，労務，事務，販売管理などに関して研究発表を行う全国大会の開催，実地指導，海外の能率研究機関との連絡など独自の活動を展開した。

相互の連携を深めていく両団体および臨時産業合理局の活動を通じて，1920年代にはなお一部の企業における先進的な試みであった「科学的管理法」の考え方が広く産業界に理解され，浸透していくのである。なお，42年に日本工業協会と日本能率連合会は一本化され，日本能率協会が設立される。

▷ 経営管理の進展

1930年代における各企業の経営合理化・管理の進展は著しかった。東洋紡績では，10年代に導入された標準動作がこの時期いっそう工夫され，それに伴い運転技術と操業管理が飛躍的に向上した。また経費換算率の適用による全工場のコスト比較は，保全・改修および能率向上に関する工場間競争を刺激し，その結果，梱当たり加工費は20番手換算で30年頃の約36円が数年にして15円になり，37年には12円にまで低下する工場も出現した（東洋紡績株式会社［1986］）。

機械工業における経営合理化も大きく進んだ。池貝鉄工所では従来職長が行ってきた請負単価査定と作業日課記録をスタッフが代行するようになり，アイ

ドル時間を計測した上でその分を製造原価に繰り入れないで別計上することによって受注価格の低下に努めた（早坂力全集刊行委員会［1964］）。電動機の専門メーカーとして1930年代に急成長した安川電機においても生産体制の整備が進展した。小型電動機だけでなく，31年からは中大型電動機生産においても，製作途中で見合う注文があればそれにあて，完成までに受注がなければストックに回すという「ランニング・ストック方式」が採用され，材料の計画的購入・設備人員の有効利用が図られた。生産現場では工作機械は機種別に配置され，それに工程の流れを合わせるという考え方がとられただけでなく，一部の工程には搬送用シュートやローラーコンベアが設置された（長谷川［1989］）。

2 戦時下の経営管理

▷ 生産管理の進展

　戦時生産の基軸ともいうべき航空機工業では大量生産システムの立後れを挽回するための懸命の努力が続けられた。三菱重工業と並ぶ主要航空機メーカーであった中島飛行機太田製作所では従来の製作機種別に分かれた機体担任者が相互の連絡なく「場当たり的」「芋蔓引張り式」に工程管理を指導していた状態を改めるために1939年に大幅な組織変更が行われ，新設された製作部内の生産管理課と工作技術課の協力によって工程管理が進められることになった。しかし工場現場と購買部双方からの下請工場への重複する督促，工員の急増に規定された生産管理課における技術員不足といった問題に対処するため，41年に再度組織が変更された結果，下請指導・督促，発注計画の業務は製作部材料課に移されるとともに，生産管理課と工場を合体して作業課が新設された（高橋［1988］）。

　一方，三菱重工業名古屋航空機製作所では1941年9月以降，機体組立工程において一定時間内に1工程を終了させ，進軍ラッパの吹奏とともに機体を次工程に移動させる「前進流れ作業」方式が導入され，これが他の航空機メーカーにも普及していった。しかし懸命の努力にもかかわらず達成された量産レベルは低く，中島飛行機小泉製作所の「零戦」の場合でも1組立ライン当たり，午前1機，午後1機の1日2機というのが標準的生産体制であり，しかもその

安定した達成すら現実には困難であった[10]（山本［1994］）。また日本能率協会も生産管理技術者の養成とともに，航空機メーカーおよびその下請工場の工場指導・診断に力を注ぎ，そうした活動の中で航空機工場の工程管理のモデルとして協会が提唱したのが，ドイツのユンカースの工程管理資料にヒントを得た「推進区管理法」であった。推進区管理法の特徴は，推進区間の調整は中央の管理部門が行うとはいえ，その下での集中的管理ではなく，各部品の生産計画・工程管理の責任を，推進区という一種の職場単位に分権的に委ねた点にあり，その意味で「日本的修正」を加えたものであった（中岡［1981］）。

以上のような生産管理の進展，大量生産システム構築の試みも，原材料難，未経験・不熟練工の急増，技術者不足，そして何よりも軍部の要請に基づく頻々たる設計・生産ラインの変更などの要因に規定されて，戦時期には十分な成果を収めるに至らなかった。しかし，困難な環境の中で蓄積された生産管理に関するノウハウおよびそれを体現した生産管理技術者は戦後に引き継がれることになるのである（前田［2001］）。

▷ 下請管理の動向

戦時期における軍需品・機械生産の拡大を通して，下請工場をいかにして確保し，どのように管理するかが各企業にとって経営管理上の重要な課題となった（戦時期の下請生産については，植田［2004］参照）。工作機械産業において最も積極的に下請工場を動員した企業の1つである大隈鉄工所の下請工場数は，1937年8月の約60工場から41年1月には95工場に増加した。大隈では一般購買課とは別に製造部（後に企画部）内に外注課を設け，同課が外注管理を専管した。下請作業は最初は荒削り程度から始め，下請工場の技術向上とともにその範囲を拡大し，また下請単価の設定に関して大隈は見積りを徴収しないで指定値段を採用した。大隈は下請工場に対し労働者の雇入れ斡旋を行っただけでなく，38年には下請工場に優秀な養成工を配する目的で大隈鉄工所職工訓育所を設立し，さらに下請工場の設備改善にも援助を与えた（鈴木孝男［1989］，沢井［1993］）。

東芝・芝浦支社は1941年3月時点で262の下請工場を擁し，それらの下請工場は設備・製品の優秀さを基準にA・B・Cの3種類に分類されていた。重

電機関係の下請工場が太平洋戦争期には急激な伸びを示さなかったのに対し，軽電機部門においては急増し，たとえば川崎堀川町工場の場合，電球・真空管・電波探知機生産に関する下請工場は41年の30工場から44年には206工場に増加した（長谷川［1983］）。

政府は1940年12月の商工次官通牒「機械鉄鋼製品工業整備要綱」において下請工場指定制度を打ち出すことによって，下請関係の専属化・固定化を図った。しかし東芝の重電機部門が下請の固定化に慎重であったことからもうかがえるように，政府のこの狙いは，生産の急増に対応して自由に下請工場を拡大したい親工場，受注量の増大を望む下請工場双方の思惑に反していたため，所期の目的を達成することはできず，次第に既存の下請関係の現状を追認する方向に政策が修正されていく。また商工省・統制会が主導する下請工場指定制度を無視した軍独自の発注も，下請関係の専属化・固定化を阻害する大きな要因であった（沢井［2005b］）。こうした中で同一業種内あるいは業種を越えて，下請工場の激しい争奪合戦が展開された。日中戦争期に体系的な下請管理育成策を展開した大隈鉄工所においても下請工場の移動は激しく，太平洋戦争期には下請工場の一部を三菱重工業や愛知航空機などに奪われるという深刻な事態に直面していたのである。

▷ 原価計算の普及

1939年10月に公布された軍需品工場事業場検査令に基づき，同月には「陸軍軍需品工場事業場原価計算要綱」，さらに翌40年1月には「海軍軍需品工場事業場原価計算準則」が，それぞれ制定された（以下，黒澤［1990］，千葉［1998］参照）。こうして軍管理工場は「要綱」「準則」に準拠して原価計算を実施することを強制され，全国の工場における原価計算の監査のために陸軍は会計監督官，海軍は会計監査官制度を設け，会計監督・監査官は各企業の経理担当者と共同で多くの業種別原価計算実施手続きを作成した。

しかし，陸海軍原価計算規定間の矛盾の深まり，価格統制の進展に対応して，軍・民需を問わず，全産業に対する統一的原価計算制度実施の必要性が高まる中で，企画院は，財務管理委員会の「製造原価計算準則」および陸軍「要綱」・海軍「準則」を統合する作業を進めた。その成果である「原価計算規則」

の42年4月の公布に伴い，陸海軍の「要綱」「準則」は廃止され，さらにその後は同規則・別冊「製造工業原価計算要綱」に基づいた業種別原価計算準則が相次いで作成されていった。

　原価計算の普及も先にみた工業品の国家規格の制定と同様に，政府主導で進められた。一部では経営合理化，生産費低下といった導入意図とは逆に原価計算が軍への納入単価＝調弁価格を高くするための方便として使用されることもあり，また陸海軍原価計算規定間の矛盾から，陸海軍双方から注文を受けている工場では事務手続上混乱を来し，原価計算を行うことによってかえって原価が高くなるという非難さえ一部で聞かれた（日本機械学会［1949］）。しかしこうした問題にもかかわらず，「製造工業原価計算要綱」の制定を契機に，原価3要素の名称が材料費，労務費および経費として確立し，また製造指図書や，間接費の配賦といった原価計算面でのノウハウが確実に普及・定着していったのである。

3　戦後改革期の経営管理

▷ 統計的品質管理の導入

　戦時中においても一部の先駆者による部分的導入はみられたものの，日本の企業が統計的品質管理（statistical quality control: SQC）を本格的に導入するのは戦後においてであった。占領行政を進めるにあたって電話回線の故障の多さに驚いたGHQでは，CCS（Civil Communications Section，民間通信局）が中心となって，1946年以降，通信機メーカーの経営・品質管理の改善にあたり，たとえば46年10月よりCCSの指導を受けた日本電気の玉川向製造所ではSQCの導入により真空管の寿命は4倍から10倍くらい伸び，歩留まりも向上した。そうしたCCSの活動の総括として，49年9月から翌年1月にかけて東京・大阪において，通信機メーカーの社長をはじめとする経営幹部を対象に，経営管理全般にわたるCCS経営講座が開催された。

　一方，戦時中の技術者団体を継承しつつ，1946年5月に創設された日本科学技術連盟（日科技連）でもSQCの重要性に注目し，文献調査を続けていたが，その成果を還元する意味から49年9月以降約1年間セミナーを開催した。さ

らに日本能率協会が49年5月から西堀栄三郎を顧問にSQCの指導に乗り出し、また日本規格協会（45年12月設立）も同年6月品質管理講習会を開催するなど、49年頃になると以後日本における品質管理の普及を主導する諸団体が活発な活動を展開するようになるのである。

SQC普及の前提となるのが工業標準化の進展であった。1946年に工業標準化に関する調査審議機関として工業標準調査会が設置され、49年には工業標準化法が制定される。こうして戦前・戦中に制定された各種規格は順次廃止・改正され、代わって日本工業規格（Japanese Industrial Standards: JIS）が制定されていき、工業標準化法に基づくJISマーク表示許可工場制度がSQCの普及を促進するのである（佐々木・野中 [1990]、野中 [1990]）。

▷ **企業会計制度の変化**

敗戦後、主要企業のほとんどは制限会社（1945年11月公布の勅令「会社解散制限令」によって指定された企業）に指定され、各制限会社は定期的に財務諸表をGHQのESSに提出することを求められた（以下、野田 [1965]、村瀬 [1954]、河合 [1983]、酒井 [1983] による）。しかし提出された財務諸表が戦時中の軍需資金散布を反映した仮払金・仮受金などの内容の不鮮明な勘定の乱用、内容の不統一などの欠陥を有していたため、1947年12月、GHQのESSから「工業会社および商事会社の財務諸表作成に関する指示書」、いわゆる「インストラクション」が出された。この「インストラクション」は、それまでの日本の企業会計慣行にみられなかった剰余金概念・貸借対照表の「脚注表示形式」を明示するなど、アメリカの会計原則を基礎にしたものであり、その後の企業会計のあり方に大きな影響を与えた。

こうしたアメリカ会計制度の導入を決定づけたのが、1949年7月、経済安定本部企業会計制度対策調査会中間報告として公表された「企業会計原則」であった。期間損益計算・財務諸表の報告機能を重視する「企業会計原則」では、従来の財産目録は廃棄され、財務諸表体系は、損益・剰余金・剰余金処分計算書、貸借対照表、財務諸表付属明細表から構成されることになった。さらに50年9月には「企業会計原則」を法制化した「財務諸表等の用語、様式及び作成方法に関する規則」（略称、財務諸表規則）が制定され、これに基づいた基

準に従って公認会計士監査（1948年7月，公認会計士法制定）が51年以降実施されることによって，企業会計制度は大きな変化を遂げるのである。

4 アメリカ的経営管理の導入と定着

▷ トップ・マネジメントの強化と管理会計の導入

1950年5月に公布された改正商法によってトップ・マネジメントの権限が大幅に強化された（以下，明治大学企業経営研究会［1983］，下川［1990］による）。改正商法は株主総会で選任される取締役によって構成される取締役会の業務運営に関する最高意思決定機関としての地位を確定し，株主総会の特別決議によらない限り解任されないという意味で，経済パージによって全面的に若返った専門経営者たる取締役の安定した地位を保障するものであった。さらに授権資本制の採用は証券市場の動向に対応した取締役会の判断による機動的な新株発行を可能にし，また社債発行限度の拡大も取締役会の権限強化に寄与した。

取締役会の権限強化に続いて，トップ・マネジメントの整備・強化として注目すべきものが，アメリカにおける経営執行委員会に範をとったといわれる常務会の急速な普及であった。取締役会の多くが月1回程度の開催であるのに対し，形式的には協議機関であるとはいえ，毎週1，2回開催される常務会が経営の基本政策に関する実質的な審議・決定機関となり，さらに常務会を補佐する「社長室」「管理部」などの管理スタッフ部門も設置されるようになった。ただし，アメリカの経営執行委員会が経営戦略・目標を独自に決定し，下部組織がそれを受けてトップ・ダウン的に具体化するのに対して，常務会における決定は稟議制度によって下部組織から積み上げられてきた案件に承認を与えるという形態が多かったという点でやはり日本的変容を被っていたことに留意する必要がある。

トップ・マネジメントの整備・強化の動きを財務管理面から補強したのが管理会計の導入であり，そうした管理会計の紹介・導入に大きな影響を与えたのが産業合理化審議会管理部会の活動であった。産合審は1951年7月の答申「企業における内部統制の大綱」においてアメリカのコントローラー制の導入，予算統制・内部監査の確立の必要性を提言し，さらに53年2月の答申「内部

統制の実施に関する手続き要領」ではコントローラー部と財務部の事務分掌関係，コントローラー部と常務会の関係，予算統制・内部監査手続きなどの要領について解説したが，こうした提言を契機に，各企業において予算統制，標準原価計算などの管理会計諸手法が積極的に採用されるようになった。

▷ **生産・下請管理の展開**

1950 年代前半期になると SQC の導入がさらに進展した[11]（以下，佐々木・野中［1990］，木暮［1990］による）。1950 年 3 月に日科技連が『品質管理』を創刊し，同年夏には日科技連主催でデミング（W. Edwards Deming）による品質管理講座が開催される。管理図，抜取検査といった SQC の基本的手法を解説したこの講義は大きな反響を呼び，それが契機となって翌 51 年にはデミング賞本賞とデミング賞実施賞が設置され，後者は以後品質管理の実施に努める各企業の獲得目標になった。また 51 年には日本能率協会による QC 講習会が開催され，さらに日本規格協会において品質管理方式研究委員会が発足し，抜取検査・管理図などの JIS 作成を開始する。

このように日本における品質管理の導入は，まず製造現場における統計的手法の応用という形で始まった。しかし，トップ・マネジメントや中間管理者の理解を得つつ，各部門が協力して推進していかない限り，品質管理の成果はあがらないとの認識が広まる中で，全社的・組織的に品質管理を進めていくケースが徐々に増えていった。1954 年に日科技連の招きで来日したジュラン（J. M. Juran）は品質管理に関する「トップ・セミナー」と「部課長コース」を開催したが，この講義も品質管理のそうした方向への展開を鼓舞することになった。このように導入された SQC は徐々に変容しつつあり，高度成長期以降全社的品質管理（company-wide quality control: CWQC，通常 total quality control: TQC と呼ばれる）が全面的に展開していく基礎条件がこの時期に整備されつつあったのである。

生産管理の他の領域においてもアメリカ式管理手法の導入が続いた。作業管理においては戦前から紹介されていた動作・時間研究に関する手法がより精緻になり，また WF（Work Factor）日本支部がストップウォッチを使用しないで標準作業時間を設定する WF 法の普及に努めた（1950 年）。さらに 1955 年 3

デミング賞実施賞のメダル　八幡製鉄・富士製鉄・田辺製薬とともに受賞した昭和電工のメダル。この賞の獲得は多くの先進的企業の目標となった（昭和電工株式会社［1990］より）。

月に設立された日本生産性本部は以後相次いで海外視察団を欧米に派遣するが，同年8月に帰国した第1次鉄鋼生産性視察団が日米鉄鋼業の生産性格差の原因がIE（industrial engineering）の立後れにあることを報告して以来，IEが一躍脚光を浴びるようになる（廣田［2004］）。

　日本は1955年に早くもイギリスを凌駕して世界一の船舶輸出国になるが，造船業における生産管理面での革新にも目覚ましいものがあった。アメリカの海運会社NBC（National Bulk Carriers）が自社船建造のために旧呉海軍工廠の一部を期限つきで借り受け，1951年8月にNBC呉造船部が誕生する。同部の当初からの高い生産性は，溶接ブロック建造法の全面的採用とその内実を固めるために導入された船殻工事に関する生産設計に支えられていた。溶接ブロック建造法を確立させるためには数万に及ぶ部材の管理と工作法の指示が不可欠であり，いわば「工作を指導する図面」が必要であった。「この図の通りのものを製作せよ」から「この図に示す材料部品を用いてこの図に示す方法，順序に従って，この図の通りのものを製作せよ」への転換，工作管理の「現場まかせ」から「主務技術者の意図の通り」への転換を図るために生産設計が導入されたのである（南崎［1996］16-17, 39-41頁）。

　生産・品質管理の進展は下請管理の深化とも連動していた。1952, 53年の「系列診断」によって，工場診断，企業評価の手法を学んだトヨタ自動車では，

以後、購入部品単価は標準作業時間による原価計算に基づいて決定されるようになり、さらに協豊会（部品納入メーカーの協力会）主催の品質管理講習会に講師を派遣し、下請工場の品質管理実施状況の調査・指導を行うなど社内の製造工程だけでなく、サプライヤーも含めた品質管理を推進した。こうしたサプライヤーの生産工程にまで立ち入った指導とその成果に対するモニタリングを通して、トヨタの下請管理はより整備されるのである（和田［1991］）。

第4章 設問

1　GHQによる戦後経済改革は、日本の企業システムのあり方にどのような影響を与えたか。財閥解体、労働改革、農地改革の意義を踏まえて説明しなさい。

2　3大財閥および新興コンツェルンの経営にとって、戦時経済統制の深化はいかなる意味を持ったか。具体的事例に則して説明しなさい。

3　戦後直後に急増する労働組合が、工員と職員を一緒に組織した工職混合の企業別組合であったのはいかなる理由によるものか。

4　戦時中にはそれまでの大量生産システムの立後れを挽回するためにどのような努力がなされたか。またその成果はどのように評価できるか。

5　当初SQCとして導入された管理手法が、TQCとして普及するのはどうしてか。その理由を説明しなさい。

第4章 注

1) 従業者4人以下工場、官公営工場も含む推計（生産額は篠原［1972］、従業者数は梅村ほか［1988］）。

2) 資金統制を規定した第11条を発動して配当制限、利潤統制を行おうとした陸軍の動きに対し、池田成彬蔵相を代表とする財界が反発し、結局1939年4月に会社利益配当及資金融通令が公布されることになる。

3) 3社の競争と協調の詳細については、四宮［1997］参照。

4) 戦時期までの持株会社を頂点とする財閥内の資金配分のメカニズムについては、武田［1993］を参照。

5) 住友の場合、旧会社解散・新会社設立を1937年4月1日の臨時租税増徴法施行直前に実施したため、住友合資会社は解散に伴う法人の清算所得税支払いを軽微なものにすることができた。住友家より対応が遅れた岩崎家では、三菱合資会社を解散すると、臨時租税増徴法によって10割増しの清算所得税を支払う必要があった。それを回避するため、岩崎家は商法施行法第40条の規定

（新商法施行以前設立の合資会社は，新商法の株式会社などに組織変更可）に基づいて，合資会社を株式会社に組織変更し（三菱合資会社から三菱株式会社へ），同時に商号を三菱株式会社から株式会社三菱社に変更した。改組の最も遅れた三井の場合，意思決定に時間がかかり，結局清算所得税を負担する必要のある三井合名会社の解散ではなく，子会社である三井物産による親会社三井合名の吸収合併という変則的な合併が行われた（三井文庫［2001］）。
6) 原文は"more than two"であり，3名以上であったが，持株会社整理委員会［1951］でも2名以上と訳された（三井文庫［2001］）。
7) 戦前期における企業内教育の実態を業種別に長期的視野から検討したものとして，尾高［1993］参照。
8) 労使関係史および農民運動史における「人格承認」をめぐる問題の重要性については，東條［1990］，および大門［1994］参照。
9) 戦時下において工員と職員に対する待遇が平等であったわけではもちろんない。しかしここでは，工員と職員が日々悪化する職場・生活環境の中で戦時の共通体験を積み重ねていった事実を重視したい（栗田［1994］）。
10) 日本における「流れ作業」方式の展開過程については，和田［1995-96］参照。
11) 品質管理の全般的動向については，小浦［1990］参照。
12) 工作図，アプリケーション・ドローイングとも呼ばれる。

第4章　参考文献

青木洋・平本厚［2003］「科学技術動員と研究隣組――第二次大戦下日本の共同研究」『社会経済史学』第68巻第5号，501-522頁。
浅井良夫［2001］『戦後改革と民主主義――経済復興から高度成長へ』吉川弘文館。
麻島昭一［1987］「三菱財閥」麻島昭一編著『財閥金融構造の比較研究』御茶の水書房。
麻島昭一・大塩武［1997］『昭和電工成立史の研究』日本経済評論社。
天野郁夫［1989］『近代日本高等教育研究』玉川大学出版部。
安藤良雄編［1979］『近代日本経済史要覧　第2版』東京大学出版会。
安藤良雄［1987］『太平洋戦争の経済史的研究――日本資本主義の展開過程』東京大学出版会。
飯田経夫ほか［1976］『現代日本経済史――戦後三〇年の歩み　上』筑摩書房。
伊藤修［1995］『日本型金融の歴史的構造』東京大学出版会。
猪瀬博［1994］「軍需から民生への産業構造転換」日本学術振興会先端技術と国際環境第149委員会編『軍事技術から民生技術への転換――第二次世界大戦から戦後への我が国の経験』日本学術振興会先端技術と国際環境第149委員会。

伊牟田敏充編著［1991］『戦時体制下の金融構造』日本評論社．
植田浩史［2004］『戦時期日本の下請工業——中小企業と「下請＝協力工業政策」』ミネルヴァ書房．
氏原正治郎［1974］「戦時労働論覚書」東京大学社会科学研究所編『戦後改革 5 労働改革』東京大学出版会．
氏原正治郎・萩原進［1979］「産業報国運動の背景」東京大学社会科学研究所編『ファシズム期の国家と社会 6 運動と抵抗 上』東京大学出版会．
宇田川勝［1984］『新興財閥』日本経済新聞社．
内田星美［1977］「技術開発」中川敬一郎編『日本経営史講座 第 5 巻 日本的経営』日本経済新聞社．
梅村又次ほか［1988］『長期経済統計——推計と分析 2 労働力』東洋経済新報社．
江戸英雄［1986］『私の三井昭和史』東洋経済新報社．
大門正克［1994］『近代日本と農村社会——農民世界の変容と国家』日本経済評論社．
大蔵省財政史室編（三和良一執筆）［1982］『昭和財政史——終戦から講和まで 第 2 巻 独占禁止』東洋経済新報社．
大河内一男［1971］「『産業報国会』の前と後と」長幸男・住谷一彦編『近代日本思想史大系 6 近代日本経済思想史 2』有斐閣．
大塩武［1982］「新興コンツェルン」『社会経済史学』第 47 巻第 6 号，701-720 頁．
大塩武［1989］『日窒コンツェルンの研究』日本経済評論社．
大槻文平編著［1987］『私の三菱昭和史』東洋経済新報社．
大淀昇一［1989］『宮本武之輔と科学技術行政』東海大学出版会．
岡崎哲二［1985a］「銑鉄共同組合」橋本寿朗・武田晴人編著『両大戦間期日本のカルテル』御茶の水書房．
岡崎哲二［1985b］「関東鋼材販売組合と鋼材連合会」橋本寿朗・武田晴人編著『両大戦間期日本のカルテル』御茶の水書房．
岡崎哲二［1988］「第 2 次世界大戦期の日本における戦時計画経済の構造と運行」『社会科学研究』（東京大学）第 40 巻第 4 号，1-132 頁．
岡崎哲二［1994］「日本——戦時経済と経済システムの転換」『社会経済史学』第 60 巻第 1 号，10-40 頁．
岡崎哲二・奥野正寛編［1993］『現代日本経済システムの源流』日本経済新聞社．
奥田健二［1985］『人と経営——日本経営管理史研究』マネジメント社．
奥村正二［1949］『現代機械技術論——技術復興の方向と現状』白揚社．
尾高煌之助［1993］『企業内教育の時代』岩波書店．
外国技術調査委員会編［1961］『外国技術の導入と産業の変貌——技術の発展と将来の展望』産業科学協会．

科学技術庁編『科学技術白書 昭和37年版』大蔵省印刷局。
春日豊［1987］「三井財閥」麻島昭一編著『財閥金融構造の比較研究』御茶の水書房。
片山信［1970］『日本の造船工業――驚異の記録発展とその秘密』日本工業出版。
河合信雄［1983］「戦後会計制度の展開」河合信雄・寺島平編『戦後企業会計制度の展開』法律文化社。
河西宏祐［1989］『企業別組合の理論――もうひとつの日本的労使関係』日本評論社。
姜在彦編［1985］『朝鮮における日窒コンツェルン』不二出版。
橘川武郎［1985］「電力連盟」橋本寿朗・武田晴人編著『両大戦間期日本のカルテル』御茶の水書房。
橘川武郎［2004］『日本電力業発展のダイナミズム』名古屋大学出版会。
工藤章［1990］「石油化学」米川伸一・下川浩一・山崎広明編『戦後日本経営史 第2巻』東洋経済新報社。
栗田健［1994］『日本の労働社会』東京大学出版会。
黒岩俊郎［1976］『日本技術論――資源開発利用の技術史的分析』東洋経済新報社。
黒澤清［1990］『日本会計制度発展史』財経詳報社。
香西泰［1989］「高度成長への出発」中村隆英編『日本経済史 7 「計画化」と「民主化」』岩波書店。
香西泰・寺西重郎編［1993］『戦後日本の経済改革――市場と政府』東京大学出版会。
小浦孝三［1990］「品質管理年表（1900～1990）」『品質管理』第41巻第12号, 2132-2154頁。
木暮正夫［1990］「日本の品質管理のOrigin 7 TQCへの胎動と誕生」『品質管理』第41巻第7号, 1064-1071頁。
斎藤憲［1987］『新興コンツェルン理研の研究――大河内正敏と理研産業団』時潮社。
酒井治郎［1983］「企業会計原則の制定と展開」河合信雄・寺島平編『戦後企業会計制度の展開』法律文化社。
佐口和郎［1991］『日本における産業民主主義の前提――労使懇談制度から産業報国会へ』東京大学出版会。
桜林誠［1985］『産業報国会の組織と機能』御茶の水書房。
佐々木聡［1998］『科学的管理法の日本的展開』有斐閣。
佐々木聡・野中いずみ［1990］「日本における科学的管理法の導入と展開」原輝史編『科学的管理法の導入と展開――その歴史的国際比較』昭和堂。
沢井実［1990］「合理化の一般的施策」通商産業省・通商産業政策史編纂委員会編『通商産業政策史 第6巻 第2期 自立基盤確立期2』通商産業調査会。

沢井実［1992］「戦時経済と財閥」法政大学産業情報センター・橋本寿朗・武田晴人編『日本経済の発展と企業集団』東京大学出版会。
沢井実［1993］「戦前・戦中期日本における工作機械企業の技術と経営」竹岡敬温・高橋秀行・中岡哲郎編著『新技術の導入——近代機械工業の発展』同文舘。
沢井実［1998］『日本鉄道車輛工業史』日本経済評論社。
沢井実［2000］「ある能率技師の戦前・戦中・戦後——園田理一の活動を中心に」『大阪大学経済学』第49巻第3・4号，145-159頁。
沢井実［2004a］「戦時期日本の研究開発体制——科学技術動員と共同研究の深化」『大阪大学経済学』第54巻第3号，383-409頁。
沢井実［2004b］「戦争と技術発展」山室建徳編『日本の時代史 25 大日本帝国の崩壊』吉川弘文館。
沢井実［2005a］「戦間期日本の研究開発体制」中村哲編著『東アジア近代経済の形成と発展』日本評論社。
沢井実［2005b］「太平洋戦争期の工作機械工業」龍谷大学社会科学研究所編『戦時期日本の企業経営』文眞堂。
産業政策史研究所編（中村青志著）［1976］『わが国大企業の形成・発展過程——総資産額でみた主要企業順位の史的変遷』産業政策史研究所。
篠原三代平［1972］『長期経済統計——推計と分析 10 鉱工業』東洋経済新報社。
四宮俊之［1997］『近代日本製紙業の競争と協調——王子製紙，富士製紙，樺太工業の成長とカルテル活動の変遷』日本経済評論社。
下川浩一［1990］『日本の企業発展史——戦後復興から五〇年』講談社。
下谷政弘［1993］『日本の系列と企業グループ——その歴史と理論』有斐閣。
昭和電工株式会社総務部広報室編［1990］『昭和電工のあゆみ』昭和電工。
昭和同人会編［1960］『わが国賃金構造の史的考察』至誠堂。
白木沢旭児［1999］『大恐慌期日本の通商問題』御茶の水書房。
菅山真次［1989］「戦間期雇用関係の労職比較——『終身雇用』の実態」『社会経済史学』第55巻第4号，407-439頁。
菅山真次［1995］「日本的雇用関係の形成」山崎広明・橘川武郎編『日本経営史 4 「日本的」経営の連続と断絶』岩波書店。
スクラントン，フィリップ（廣田義人・森杲・沢井実・植田浩史訳）［2004］『エンドレス・ノヴェルティ——アメリカの第2次産業革命と専門生産』有斐閣。
鈴木邦夫［1992］「財閥から企業集団・企業系列へ——1940年代後半における企業間結合の解体・再編過程」『土地制度史學』第34巻第3号，1-18頁。
鈴木邦夫［1994］「初期占領改革」中村政則編『近代日本の軌跡 6 占領と戦後改革』吉川弘文館。
鈴木孝男［1989］「工作機械工業の下請化」『政経研究』（政治経済研究所）第59号，43-62頁。

隅谷三喜男編［1971］『日本職業訓練発展史 下』日本労働協会。
隅谷三喜男・小林謙一・兵藤釗［1967］『日本資本主義と労働問題』東京大学出版会。
住友銀行行史編纂委員会編［1979］『住友銀行八十年史』住友銀行行史編纂委員会。
仙波恒徳［1977］「戦後産業合理化と技術導入」産業政策史研究所編『産業政策史研究資料』産業政策史研究所。
大東英祐［1977］「労務管理」中川敬一郎編『日本経営史講座 第5巻 日本的経営』日本経済新聞社。
高橋衛［1994］『「科学的管理法」と日本企業――導入過程の軌跡』御茶の水書房。
高橋泰隆［1988］『中島飛行機の研究』日本経済評論社。
武田晴人［1993］「財閥と内部資本市場」大河内暁男・武田晴人編『企業者活動と企業システム――大企業体制の日英比較史』東京大学出版会。
谷口豊［1985］「戦間期における日本紡織機械工業の展開――綿紡織機械工業の研究開発」『産業経済研究』（久留米大学）第26巻第1号，35-70頁。
千葉準一［1998］『日本近代会計制度――企業会計体制の変遷』中央経済社。
通商産業省編（土屋喬雄編）［1961］『商工政策史 第9巻 産業合理化』商工政策史刊行会。
通商産業省編（鎌谷親善執筆）［1979］『商工政策史 第13巻 工業技術』商工政策史刊行会。
津田久編著［1988］『私の住友昭和史』東洋経済新報社。
Tsutsui, William M. [1998] *Manufacturing Ideology: Scientific Management in Twentieth-century Japan*, Princeton: Princeton University Press.
鶴田俊正［1982］『戦後日本の産業政策』日本経済新聞社。
東京大学社会科学研究所編［1986］『東宝争議（1948年）資料』東京大学社会科学研究所。
東條由紀彦［1990］『製糸同盟の女工登録制度――日本近代の変容と女工の「人格」』東京大学出版会。
東條由紀彦［1991］「東宝争議（1948年）」労働争議史研究会編『日本の労働争議――1945～80年』東京大学出版会。
東洋紡績株式会社社史編集室編［1986］『百年史・東洋紡 上巻』東洋紡績。
長崎造船所編［1957］『創業百年の長崎造船所』三菱造船。
中岡哲郎［1981］「戦中・戦後の科学的管理運動――日本能率協会と日科技連の活動にそって 中」『経済学雑誌』（大阪市立大学）第82巻第3号，43-61頁。
中岡哲郎編著［2002］『戦後日本の技術形成――模倣か創造か』日本経済評論社。
中村清司［1992］「家電量産量販体制の形成」森川英正編『ビジネスマンのための戦後経営史入門――財閥解体から国際化まで』日本経済新聞社。
中村青志［1977］「日本の株式会社一〇〇年―― 一〇〇社ランキングの変遷」『中

央公論経営問題』第 16 巻第 3 号,320-387 頁。
中村隆英［1977］「戦争経済とその崩壊」『岩波講座日本歴史 21　近代 8』岩波書店。
中村隆英・原朗［1973］「経済新体制」日本政治学会編『年報政治学 1972 「近衛新体制」の研究』岩波書店。
中山茂・後藤邦夫・吉岡斉編［1995］『通史・日本の科学技術 第 1 巻』学陽書房。
長島修［1987］『戦前日本鉄鋼業の構造分析』ミネルヴァ書房。
西成田豊［1988］『近代日本労資関係史の研究』東京大学出版会。
日本科学技術振興財団編（内野晃執筆）［1962］『日本の研究投資』実業広報社。
日本機械学会編［1949］『日本機械工業五十年』日本機械学会。
日本近代史研究会編［1967］『写真図説 近代日本史——明治維新百年 10　太平洋戦争』国文社。
日本労働協会編［1961］『労働管理と賃金』日本労働協会。
野田一夫編［1965］『日本経営史 3　戦後経営史』日本生産性本部。
野中いずみ［1990］「日本の品質管理の Origin 3　SQC の導入 2」『品質管理』第 41 巻第 3 号，263-270 頁。
間宏監修・解説［1987］『日本労務管理史資料集 第 1 期 第 9 巻　企業と学歴』五山堂書店。
橋本寿朗［1984］『大恐慌期の日本資本主義』東京大学出版会。
橋本寿朗［1992］「財閥のコンツェルン化」法政大学産業情報センター・橋本寿朗・武田晴人編『日本経済の発展と企業集団』東京大学出版会。
長谷川信［1983］「電気機械工業の形成と発展」神奈川県県民部県史編集室編『神奈川県史 各論編 2　産業・経済』神奈川県。
長谷川信［1985］「さつき会（重電機カルテル）」橋本寿朗・武田晴人編著『両大戦間期日本のカルテル』御茶の水書房。
長谷川信［1989］「戦時体制期の安川電機」西日本文化協会編纂『福岡県史 近代研究編 各論 1』福岡県。
早坂力全集刊行委員会編［1964］『工作機械と文明——早坂力全集』小峰工業技術。
原朗［1976］「戦時経済統制の開始」『岩波講座日本歴史 20　近代 7』岩波書店。
原朗［1987］「景気循環」大石嘉一郎編『日本帝国主義史 2　世界大恐慌期』東京大学出版会。
日立精機株式会社社史編集委員会編［1963］『日立精機二十五年の歩み』日立精機。
兵藤釗［1997］『労働の戦後史 上』東京大学出版会。
平沢照雄［2001］『大恐慌期日本の経済統制』日本経済評論社。
廣重徹［1973］『科学の社会史——近代日本の科学体制』中央公論社。
廣田義人［2004］「技術革新と生産性運動」チャールズ・ウェザーズ（海老塚明

編)『日本生産性運動の原点と展開』社会経済生産性本部生産性労働情報センター。

星野芳郎［1956］『現代日本技術史概説』大日本図書。

前田裕子［2001］『戦時期航空機工業と生産技術形成——三菱航空エンジンと深尾淳二』東京大学出版会。

松浦正孝［2002］『財界の政治経済史——井上準之助・郷誠之助・池田成彬の時代』東京大学出版会。

松尾純広［1985］「石炭鉱業連合会と昭和石炭株式会社」橋本寿朗・武田晴人編著『両大戦間期日本のカルテル』御茶の水書房。

松下電器産業株式会社編［1953-55］『創業三十五年史』松下電器産業三十五年史編集委員会。

松下電器産業株式会社編［1968］『松下電器五十年の略史』松下電器産業。

三井銀行八十年史編纂委員会編［1957］『三井銀行八十年史』三井銀行。

三井文庫編（鈴木邦夫執筆）［2001］『三井事業史 本篇 第3巻 下』三井文庫。

三菱重工業株式会社社史編纂室編［1956］『三菱重工業株式会社史』三菱重工業。

三菱重工業株式会社社史編纂委員会編［1990］『海に陸にそして宇宙へ——続三菱重工業社史 1964-1989』三菱重工業。

南崎邦夫［1996］『船舶建造システムの歩み——次代へのメッセージ』成山堂書店。

三宅明正［1991a］「戦後改革期の日本資本主義における労資関係——〈従業員組合〉の生成」『土地制度史学』第33巻第3号, 35-42頁。

三宅明正［1991b］「東芝争議（1945～46年）」労働争議史研究会編『日本の労働争議——1945～80年』東京大学出版会。

宮崎正康・富永憲生・伊藤修・荒井功・宮島英昭［1982］「占領期の企業再編成」近代日本研究会編『年報・近代日本研究 4 太平洋戦争——開戦から講和まで』山川出版社。

宮崎義一［1966］「私の日本経済論」日本経済研究センター編『私の日本経済論 3』日本経済新聞社。

宮島英昭［1992］「財閥解体」法政大学産業情報センター・橋本寿朗・武田晴人編『日本経済の発展と企業集団』東京大学出版会。

宮島英昭［1995］「専門経営者の制覇」山崎広明・橘川武郎編『日本経営史 4「日本的」経営の連続と断絶』岩波書店。

宮島英昭［2004］『産業政策と企業統治の経済史——日本経済発展のミクロ分析』有斐閣。

三和良一［1991］「対日占領政策の推移」通商産業省・通商産業政策史編纂委員会編『通商産業政策史 第2巻 第1期 戦後復興期 1』通商産業調査会。

三和良一［2002］『日本占領の経済政策史的研究』日本経済評論社。

三和良一［2003］『戦間期日本の経済政策史的研究』東京大学出版会。

村瀬玄［1954］「日・英・米三国における会計原則制定の由来」『企業会計』第6巻第1号，111-113頁。
明治大学企業経営研究会編［1983］『戦後企業経営の変遷と課題』勁草書房。
持株会社整理委員会調査部第二課編［1951］『日本財閥とその解体』持株会社整理委員会。
森清［1983］「戦時下の町工場」内田星美編『技術の社会史 第5巻 工業社会への変貌と技術』有斐閣。
森谷正規［1978］『現代日本産業技術論——戦後の蓄積を今後に活かせるか』東洋経済新報社。
文部省大学学術局編［1951］『全国研究機関通覧——自然科学・技術 昭和26年版』日本学術振興会。
安田浩［1991］「官僚と労働者問題」東京大学社会科学研究所編『現代日本社会 第4巻 歴史的前提』東京大学出版会。
山崎志郎［1991］「太平洋戦争後半期における動員体制の再編——航空機増産体制をめぐって」『商学論集』（福島大学）第59巻第4号，31-57頁。
山崎志郎［2005］「経済総動員体制の経済構造」歴史学研究会・日本史研究会編『日本史講座 第9巻 近代の転換』東京大学出版会。
山崎俊雄［1961］『技術史』東洋経済新報社。
山崎広明［1973］「絹業の動揺と重化学工業の発展」林健久・山崎広明・柴垣和夫『講座帝国主義の研究——両大戦間におけるその再編成6 日本資本主義』青木書店。
山崎広明［1979］「戦時下の産業構造と独占組織」東京大学社会科学研究所編『ファシズム期の国家と社会 2 戦時日本経済』東京大学出版会。
山本潔［1977］『戦後危機における労働運動』御茶の水書房。
山本潔［1978］『読売争議——1945・46年』御茶の水書房。
山本潔［1994］『日本における職場の技術・労働史——1854～1990年』東京大学出版会。
吉田秀明［1990］「通信機器企業の無線兵器部門進出」下谷政弘編『戦時経済と日本企業』昭和堂。
米倉誠一郎［1991］「鉄鋼」米川伸一・下川浩一・山崎広明編『戦後日本経営史 第1巻』東洋経済新報社。
労働運動史料委員会編［1959］『日本労働運動史料 第10巻 統計篇』労働運動史料刊行委員会。
労働運動史料委員会編［1964］『日本労働運動史料 第7巻 第4期（昭和7-11年）第1-2部』労働運動史料刊行委員会。
労働省大臣官房労働統計調査部編［1966］『戦後労働経済史 資料篇』労働法令協会。
和田一夫［1991］「自動車産業における階層的企業間関係の形成——トヨタ自動

車の事例」『経営史学』第26巻第2号，1-27頁。
和田一夫［1995-96］「日本における『流れ作業』方式の展開」『経済学論集』（東京大学）第61巻第3号，20-40頁；第61巻第4号，94-117頁。

第5章 経済成長と日本型企業経営

高度成長から21世紀初頭までの企業経営

担当　橘川武郎

第1節　高度成長とその後の日本経済の変転

1　高度経済成長期（1956〜73年）

▷ 空前の高成長と「経済大国」化

　1951〜53（昭和26〜28）年に生産と消費の両面で第二次大戦の水準を回復した日本経済は，50年代半ばから70年代初頭にかけて，世界史上特筆すべき高度成長を遂げた[1][2]（図5-1参照）。表5-1からわかるように，56〜70年の15年間における年平均名目経済成長率は，アメリカが6.2％，フランスが7.2％，イギリスが8.1％，イタリアが9.4％，西ドイツが10.3％であったが，日本の場合には15.1％に達した[3]。そのため日本は，GNP（国民総生産）の規模で先進各国を次々と追い抜き，68年以降アメリカに次いで資本主義国中第2位の地位を占める「経済大国」となった。また，実質GNPでみても日本経済は，この15年間に年率10.4％の成長を遂げ，経済規模が4.4倍に拡大した。

　1965年不況以前の高度経済成長の前半期には，神武景気（55〜57年）や岩戸景気（58〜61年），オリンピック景気（62〜64年）のあいだに，鍋底不況（1957

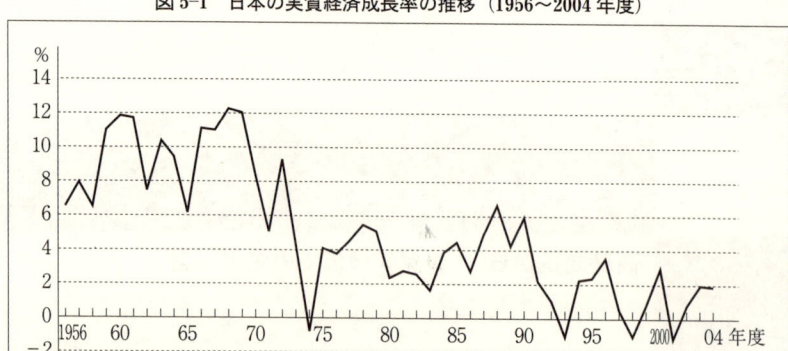

図 5-1　日本の実質経済成長率の推移（1956〜2004 年度）

（出所）　内閣府経済社会総合研究所国民経済計算部［2004］などにより作成。

表 5-1　GNP（名目）の国際比較（1955 年，1970 年）

国	1955 年 （10 億円）	1970 年 （10 億円）	年平均成長率 （％）
日本（名目）	8,525	70,618	15.1
（実質）	12,859	56,454	10.4
アメリカ	143,280	351,540	6.2
西ドイツ	15,283	66,659	10.3
イギリス	13,220	39,420*	8.1
フランス	17,712	47,033*	7.2
イタリア	8,436	29,845*	9.4

（注）1）　＊は 1969 年。
　　　2）　日本の実質 GNP は 1965 年価格基準。
（出所）　日本興業銀行産業調査部［1984］。

〜58 年）や 62 年不況，65 年不況が発生して，3〜4 年ごとに景気の落込みがみられた。これは，景気の過熱が輸入の増大をもたらし，それによって生じた国際収支の逼迫に対処して，3〜4 年ごとに金融引締めが行われたからであり，この現象を指して，「国際収支の天井」という言葉が盛んに使われた。

　これに対して，高度経済成長の後半期には，日本の主要産業が国際競争力を強めたため，「国際収支の天井」は取り除かれた。1965 年から 70 年にかけて，57 カ月に及ぶ長期好況（いざなぎ景気）が現出したのは，このためであった。

　日本の主要産業が 1960 年代半ば頃から国際競争力を強化した背景には，貿

易自由化や資本自由化の進展にみられる開放経済体制への移行という事情が存在した。日本が、49年の「外国為替及び外国貿易管理法」(外為法)による輸入統制や50年の「外資に関する法律」(外資法)による外資規制から脱却し、開放経済体制へ突入する画期となったのは、64年のIMF（国際通貨基金）8条国移行とOECD（経済協力開発機構）加盟である。これと前後して、60年からは貿易・為替の自由化が、67年からは資本取引の自由化が、それぞれ本格的に推進された。

開放経済体制への移行にあたって日本の国内では、外国商品や外国資本の脅威を強調し、貿易自由化や資本自由化を「第2の黒船の襲来」とみなす論調が強まった。しかし、大型化投資や危機感に基づく労使一体となった企業努力の結果、日本の労働生産性は欧米先進諸国のそれをしのぐ勢いで上昇し、日本企業の国際競争力は強化された。戦後ほぼ一貫して赤字基調を続けてきた日本の貿易収支は、1964年以降黒字基調で推移するようになった。

▷ 国民生活と産業構造の変容

表5-2は、日本経済の高度成長を可能にした要因を、市場面からみたものである。この表から、1970年に至る15年間の国民総支出の増加に対して、寄与率が最も大きかったのは個人消費支出であり、それに続いたのは民間設備投資であったことがわかる。

高度経済成長期を通じて、国民の生活水準は向上した。個人消費支出中の食料費の構成比は縮小し、「三種の神器」(白黒テレビ、電気冷蔵庫、電気洗濯機)や「3C」(カラーテレビ、クーラー、乗用車)などの耐久消費財に対する支出は著しく増大した。人口の都市集中と核家族化により世帯数が増加したことも、耐久消費財を中心とする工業製品への支出を増大させる要因となった。軍需を喪失した戦後の日本の重化学工業にとって、個人消費支出の拡大は、発展を支えた重要な市場面での条件であった。

一方、高度経済成長期における民間設備投資の年平均伸び率は、個人消費支出のそれの2倍以上に達した（表5-2）。民間設備投資は、「投資が投資を呼ぶ」といわれたように、重化学工業部門を中心に展開された。

高度成長の中で、日本の産業構造は、大きく変化した。産業別就業人口の構

表 5-2 高度経済成長の要因

(単位：%)

項　目	構　成　比		構成比の増減 (B−A)	55〜70年年平均伸び率	55〜70年増　加寄与率
	1955年 (A)	1970年 (B)			
個人消費支出	62.5	48.9	−13.6	8.5	44.8
民間設備投資	9.1	22.9	＋13.8	17.3	27.1
民間住宅建設	3.2	6.2	＋3.0	15.1	7.0
政府経常支出	14.0	7.0	−7.0	5.3	4.9
政府資本形成	5.7	8.5	＋2.8	13.5	9.3
在　庫　投　資	4.0	5.1	＋1.1	12.1	5.4
輸　出　な　ど	7.8	13.7	＋5.9	14.5	15.5
輸入など(控除)	6.3	12.2	＋5.9	15.3	13.8
国民総生産(国民総支出)	100	100	±0	10.3	100

(注)　実質値ベース。
(出所)　日本興業銀行産業調査部［1984］より作成。

成では，第1次産業の比重が，1950年の48.3％から70年の19.3％へ，大幅に低下した。国内生産総額（付加価値生産額）でも，50年に26.0％を占めていた第1次産業は，70年には7.7％の比重に低下した。これに対して，同じ期間に，鉱工業の国内生産構成比は，27.7％から31.2％へ拡大した。

　製造工業の内部では，重化学工業化が進行した。戦時期とは異なって，軍需向けを極度に縮小し，平和的需要に向けて生産を拡大する重化学工業が，戦後の日本経済の基幹産業となった。製品出荷額に占める重化学工業品の構成比は，1950年の50.0％から70年の66.6％へ上昇した。とくに，耐久消費財を含む電気機械器具や輸送用機械の比重の増加が著しかった。

2　安定成長期（1974〜90年）

▷ 石油危機とその後の安定成長

　日本経済が実現した世界史上稀な高度成長は，1973〜74年の第1次石油危機によって終焉した。石油危機後も経済成長は継続したが，そのあり方は，高度成長から安定成長へ様変わりした。

表 5-3 年平均実質経済成長率（国内総生産ベース）の国際比較（1965～97 年）

(単位：％)

国名＼期間(年)	1965～70	70～75	75～80	80～85	85～90	90～95	95～97
日　本	11.5	4.6	5.0 (4.8)	3.7	4.5	1.4	2.4
アメリカ	3.2	2.5	3.4 (3.2)	2.5	2.6	1.9	3.8
西ドイツ	4.5	2.4	3.3 （—）	1.2	3.3	3.7	1.7
イギリス	2.6	2.4	2.2 (1.8)	2.0	3.3	1.3	2.8
フランス	5.3	3.7	3.2 (3.1)	1.5	3.2	1.1	1.9
イタリア	7.3	3.5	4.6 (4.5)	1.5	3.0	1.1	1.1

(注) 1) —は不明。
　　 2) 西ドイツの 1990 年以降は，旧東ドイツを含む。
　　 3) 1998 年以降については，同種のデータが発表されなくなった。
(出所) 1980 年以前は総務庁統計局［1991］，75～80 年平均の（ ）内と 80 年以降は総務庁統計局［1999］。

　1973 年は，日本経済が大きく転換した年であった。まず，同年 2 月に，71 年のニクソン・ショック以来動揺していた IMF 体制が最終的に崩壊し，従来の 1 ドル＝360 円（1971 年 12 月以降 1 ドル＝308 円）の固定為替相場制は歴史的使命を終えて，変動為替相場制に道を譲ることになった。続いて，73 年 10 月には第 4 次中東戦争に端を発した第 1 次石油危機が発生し，原油価格が急騰して，日本経済の高度成長は終わりを告げた。表 5-3 は，日本経済が第 1 次石油危機以降，「低成長時代」に入ったことを示している。

　1973～74 年の第 1 次石油危機に続いて，78～80 年にも第 2 次石油危機が発生した。これは，78 年 12 月のイラン革命に端を発したものであり，この際にも原油価格の大幅上昇が引き起こされた。第 2 次石油危機は日本経済の低成長時代を長期化させたが，それでも，その衝撃の度合いは，第 1 次石油危機に比較すれば小さかった。なぜなら，第 2 次石油危機当時は，国民的な規模での省エネルギー，脱石油の運動が進行しており，さまざまな面で第 1 次石油危機の「学習効果」が働いたからである。

　ここで注目すべき点は，表 5-3 からわかるように，第 1 次石油危機後も 1980 年代いっぱいまでは，日本の経済成長率が，それ以前の時期に比べれば絶対的に低下したものの，欧米先進諸国のそれに比べれば高率を維持したこと

である。この相対的高成長という事実に注目すれば，70年代半ばから80年代までの日本の経済成長のあり方は，「低成長」と概括するよりは，「安定成長」とみなすほうが適切であろう。

第1次石油危機後も日本経済が安定成長を遂げたのは，良好な労使関係と継続的な企業間関係に支えられた日本の企業が，長期的な視野に立つ経営戦略を展開し，省エネルギー等の市場のニーズに合致した製品の開発，生産工程の徹底的な効率化や高度化などで成果をあげたからである。このため，国際競争力を強めた日本企業に対する国際的な関心は，経済成長率が低下した石油危機後の時期に，むしろ急速に高まった。「ジャパン・アズ・ナンバー・ワン」ということがいわれ始めたのも，日本企業が石油危機を克服するプロセスにおいてであった（たとえば，ヴォーゲル［1979］参照）。

▷ 円高不況からバブル景気へ

しかし，日本企業の競争優位は，海外において必ずしも高い評価を得たばかりではなかった。各国の市場で日本製品がシェアを高めるにつれて，日本の貿易収支の黒字幅は拡大し（表5-4），とくに欧米諸国とのあいだで貿易摩擦が顕在化するようになった。貿易摩擦の拡大は，1981年に始まった自動車の対米輸出自主規制のような経済問題に対する政治の介入をしばしばもたらし，一部には，ジャパン・バッシング（日本たたき）と呼ばれる事態さえ生じた。日本の企業は，貿易摩擦を回避するため，海外直接投資に踏み切るという，新しい対応を示した。そして，80年代半ばから進行した急速な円高は，日本企業の海外進出に拍車をかけた。

急速な円高のきっかけとなったのは，1985年9月にアメリカ・ニューヨークのプラザ・ホテルで開催された先進5カ国蔵相会議（G5）が，国際協調による円高誘導を決めたことであった。この「プラザ合意」以降20世紀末までの時期に日本経済は，円高不況からバブル景気を経てバブル崩壊に至る激しい変転を示した。その激動ぶりは，毎年の日本の実質経済成長率を示した図5-1にも反映されている。

「プラザ合意」による急速な円高の進行は，日本の輸出の増勢を鈍らせ，生産活動の停滞を招いた。このため，1985年から86年にかけて円高不況と呼ば

表 5-4　貿易収支・経常収支の国際比較 (1970~2003 年)

(単位:100 万米ドル)

年次	日本	アメリカ	イギリス	ドイツ	フランス	イタリア
1970 年	+3,960	+2,590	-5	+5,690	+258	-381
75	+4,940	+8,900	-7,272	+16,910	+1,129	-1,149
80	+2,130	-25,500	+3,343	+8,890	-13,419	-16,934
85	+55,990	-122,160	-3,954	+28,580	-5,276	-6,083
90	+63,580	-108,120	-32,500	+71,710	-13,667	+723
95	+111,040	-109,470	-14,290	-26,960	+10,840	+25,076
2000	+119,660	-413,440	-36,220	-25,220	+18,580	-5,781
03	+136,220	-530,660	-33,460	+53,510	+4,380	-21,942

(注)　1)　暦年ベースのデータである。
　　　2)　1990 年以前は貿易収支, 95 年以降は経常収支。
　　　3)　+は黒字, -は赤字。
　　　4)　1990 年以前のドイツは西ドイツ。
(出所)　1990 年以前は総務庁統計局 [1991], 95 年以降は総務省統計研修所 [2005]。

れる状況が現出したが, 円高不況は, 鉄鋼, 造船, 石油化学などの素材型産業にとくに深刻な打撃をもたらした。

　しかし, 1986 年の後半になると, 景気は急テンポで好転した。これは, 円高, 原油安, 金利安のトリプル・メリットにより企業の収益が増加したこと, 可処分所得の増大や企業の内需掘り起こしを反映して個人消費支出が堅調に推移したこと, 政府が公定歩合の引下げや公共投資の拡大など積極的な景気浮揚策を展開したこと, などによるものであった。86 年後半から始まった好況局面は長期化し, 継続期間の長さの点では, それまで戦後最長だったいざなぎ景気 (65~70 年) に迫るに至った。しかし, 88 年頃から景気は過熱気味となり, 地価主導の資産インフレーションが顕著になった。地価の高騰を背景にして株式などの金融資産が暴騰し, バブル景気の様相を呈したのである。

3　長期不況期 (1991~2005 年)

▷ バブル崩壊と日本経済の長期低迷

　投機色を強めた日本の景気は, 1990 年代に入ると, 暗転することになった。90 年春の株価低落は, 景気の反転の前兆になった。90 (平成 2) 年 10 月の株価暴落をきっかけとして, バブル景気は, 一挙に崩壊に向かった。

北海道拓殖銀行の破綻（1998年11月4日、石井諭写す。毎日新聞社）。

　バブル崩壊前の好景気が長期化したように、崩壊後の不況局面も長期化した。地価の急落や株価の低落に象徴される資産デフレーションが進行し、設備投資は冷え込んだ。人員削減を意味する企業の「リストラクチャリング」の本格化は、雇用不安を高め、防衛的な貯蓄志向が高まる中で、個人消費支出も伸び悩んだ。日本の経済成長率は、名目ベースでは1992年度以降、実質ベースでは91年度以降、長期にわたり低迷するようになった（図5-1）。

　前掲した表5-3は、1965～97年の先進各国の経済成長率を、2～5年ごとに比較したものである。同表からわかるように、日本の経済成長率は80年代後半まで欧米先進諸国と比べて高率を維持したが、90年代に入ると状況は一変した。日本は、経済成長率の点で、アメリカその他の諸国の後塵を拝するようになったのである。

　それでも、1996年度には、日本の経済成長率は若干上向き（図5-1）、長期不況克服の期待が一時的ではあれ高まった。しかし、97年11月に北海道拓殖銀行と山一證券、98年10月に日本長期信用銀行、98年12月に日本債券信用銀行が相次いで経営破綻したことに示されるように、深刻な金融危機が発生し、

不況克服の期待を吹き飛ばしてしまった。99年3月には,日本を代表する自動車メーカーである日産自動車が,事実上,フランスのルノーの傘下に入ることが発表され,「第2の敗戦」という言葉が盛んに使われるなど,日本経済をおおう暗雲は,「失われた10年」と呼ばれた90年代が終わっても取り払われることはなかった。

　1999年度からは日本の消費者物価が5年間にわたって下落するようになり,90年代初頭以来の資産デフレに加えて,一般的なデフレーションが発生した。また,2002年8月には日本の完全失業率が,5.5％という「労働力調査」開始以来最悪の水準に達した（総務省統計局［2002a］参照）。

▷「失われた10年」

　日本の経済成長率は,名目ベースでは1998〜99年度と2001〜02年度の2度にわたって2年連続マイナスを記録し,実質ベースでも93年度に続いて98年度と01年度にゼロを下回った（図5-1）。また,表5-5が示すように,経済成長率面に関する先進資本主義諸国中での日本の相対的劣位は,97年以降いっそう顕著になった。

　不況局面が長期化する中で,戦後日本の経済成長を支えたさまざまなシステムの「制度疲労」が問題視されるようになった。産業政策や中間組織にかかわる事柄（系列取引,メインバンク制等）,日本的経営を特徴づける要因（終身雇用や年功制等）などが批判の槍玉にあがり,システムのリストラクチャリング（再構築）を進めるためには,思い切った規制緩和が必要だという声が高まった。対日貿易の赤字拡大に悩むアメリカが,1989年に始まった日米構造協議などを通じて「外圧」をかけたことも,結果的には規制緩和を促進する役割を果たした。ただし,90年代に入ると,アメリカ経済が日本経済より良好なパフォーマンスを示すようになった（表5-3）ため,アメリカ国内では,日本企業に対する70年代後半〜80年代のような警戒感は,影をひそめるに至った。アメリカのマスコミでは,日本を無視するという意味合いの「ジャパン・パッシング」や「ジャパン・ナッシング」等の言葉が,盛んに使われるようになったのである。

　このように,バブル景気の崩壊を機に始まった日本経済の低迷は,「失われ

表 5-5　実質経済成長率の国際比較（1997～2003 年）

(単位：%)

年次	日本	アメリカ	イギリス	ドイツ	フランス	イタリア	カナダ
1997年	1.8	4.5	3.3	1.5	1.9	2.0	4.2
98	−1.2	4.2	3.1	1.8	3.5	1.8	4.1
99	0.2	4.4	2.8	2.1	3.1	1.6	5.5
2000	2.8	3.7	3.8	2.9	3.8	3.0	5.3
01	0.4	0.8	2.1	0.8	2.1	1.8	1.9
02	−0.3	1.9	1.7	0.2	1.2	0.4	3.3
03	2.5	3.0	2.1	−0.1	0.5	0.3	1.7

(注)　暦年ベースのデータである。
(出所)　総務省統計研修所［2005］。

た10年」といわれた1990年代が終わっても継続した。それがようやく終焉し，ゆるやかながらも景気回復がみられるようになったのは，2003年のことである（表5-5）。

4　代表的企業の変遷

▷　**1972年のランキング**

　表5-6は，1972年度下期末，90年度末，2001年度末の日本における総資産額による鉱工業上位50社のランキングをまとめたものである。

　前章の表4-1の1950年，55年の欄と表5-6の72年の欄を比較すれば明らかなように，50年代前半に再び勢いを取り戻した重化学工業化のうねりは，50年代半ばから70年代初頭にかけての高度経済成長期には本格的な高まりをみせた。そのことは，日本を代表する紡績会社である東洋紡績（50年2位→55年8位→72年48位），大日本紡績（4位→12位→ランキング外〔55位〕）[6]，鐘淵紡績（5位→11位→47位）のランキングの顕著な後退に，端的に示されている。

▷　**1990年のランキング**

　石油危機以降の時期に製品開発や工程改善で成果をあげ，国際競争力を強めたのは，特定の産業や企業に限られていた。高度経済成長期に比べて安定成長期の日本では，産業間や企業間の格差が拡大したということができる。

　石油危機後急成長を遂げたのは，電気機械，輸送機械，一般機械などの組立

加工産業であった。これらの産業は，小型乗用車，小型機械等のエネルギー消費の少ない製品の開発，エネルギー・コストの上昇を最小限に抑える工程の改善などを着々と進め，国際競争力を強化して，輸出拡大の中核を担った。

一方，それとは対照的に，エネルギー多消費型の素材産業の中には，石油危機以降，国際競争力を喪失するものも出現した。アルミニウム製錬業がエネルギー・コストの上昇で収益基盤を失ったのに続いて，高度成長期の花形産業の1つだった石油化学工業も構造不況業種に仲間入りし，1983年に制定された「特定産業構造改善臨時措置法」（産構法）の対象業種に指定された[7]。

安定成長期には，産業間格差だけでなく，同一業種内の企業間格差も広がった。これは，石油危機以降の厳しい経営環境の下では，経営能力や企業努力の有無がそのまま業績に反映したからである。

表5-6からわかるように，石油危機以降の日本経済の安定成長期には，同じ重化学工業の中でも，組立加工産業の順調な発展と素材産業の伸び悩みという対照的な動きがみられた。1972年に比べて，自動車メーカーや電機メーカーの90年のランキングが総じて上昇したこと，これとは反対に鉄鋼メーカーや石油化学企業のランキングが低下したことは，この点を反映している。72年の新日本製鐵に代わって，90年にランキングのトップを占めたのは，トヨタ自動車であった。

ただし，全体としてランキングを上昇させた自動車メーカーの中にも，マツダ（72年16位→90年35位）[8]やいすゞ自動車（40位→ランキング外〔59位〕）のように，ランキングを低下させた企業もあった。これは，石油ショック以降の時期に，同一業種内の企業間格差が拡大したことを如実に物語っている。

▷ **2001年のランキング**

表5-6で1990年と2001年のランキングを比べると，90年代の日本においても，①組立加工産業の順調な発展と素材産業の伸び悩み，②同一業種内の企業間格差の拡大，という2つの傾向が継続したことがわかる。①の点は，自動車メーカーのランキングが総じて上昇したのに対し，鉄鋼メーカーのランキングが低下したことなどに，また②の点は，自動車メーカーの中にも日産自動車（90年4位→01年7位）のようにランキングを後退させた企業が存在したことや，

表5-6　鉱工業上位50社の推移（1972

順位	1972年度下期末　（総資産額）		1990年度末　（総資産額）		2001年度末　（単独決算総資産額）	
1	新日本製鐵	2,113	トヨタ自動車	5,968	トヨタ自動車	8,293
2	三菱重工業	1,648	松下電器産業	3,659	松下電器産業	4,600
3	日本鋼管	1,162	日立製作所	3,534	日立製作所	4,119
4	日立製作所	1,036	日産自動車	3,337	日本電気	3,716
5	石川島播磨重工業	982	新日本製鐵	3,331	三菱重工業	3,612
6	日産自動車	949	東　芝	3,214	ソニー	3,600
7	住友金属工業	930	三菱重工業	3,138	日産自動車	3,576
8	東京芝浦電気	853	日本電気	2,578	富士通	3,444
9	川崎製鉄	844	三菱電機	2,296	東　芝	3,318
10	神戸製鋼所	684	富士通	2,249	新日本製鐵	2,885
11	トヨタ自動車工業	635	NKK	2,230	日石三菱	2,814
12	松下電器産業	624	ソニー	2,132	三菱電機	2,747
13	三菱電機	552	鹿島建設	2,052	日本たばこ産業	2,720
14	川崎重工業	539	清水建設	1,891	鹿　島	1,999
15	日立造船	529	住友金属工業	1,810	デンソー	1,976
16	東洋工業	514	神戸製鋼所	1,794	住友金属工業	1,958
17	大成建設	469	川崎製鉄	1,765	大林組	1,942
18	鹿島建設	465	日本たばこ産業	1,704	NKK	1,819
19	出光興産	459	熊谷組	1,675	三菱自動車工業	1,797
20	大林組	458	日本石油	1,659	大成建設	1,783
21	三菱化成工業	429	大林組	1,569	ホンダ	1,766
22	竹中工務店	428	大成建設	1,527	清水建設	1,721
23	小松製作所	398	出光興産	1,459	出光興産	1,719
24	日本電気	378	シャープ	1,373	豊田自動織機製作所	1,701
25	東　レ	361	本田技研工業	1,371	富士写真フイルム	1,650

（出所）　1972年は中村青志［1979］，90年は中村青志［1993］，2001年は経営史学会［2004］。

総じてランキングが低下した建設業の中でも大林組（21位→17位）や大成建設（22位→20位）はランキングを上昇させたことなどに，それぞれ示されている。

②の点に関連して注目すべき事柄は，「失われた10年」と呼ばれた1990年代にも，企業努力を重ねた結果，順調な成長を実現した企業が少なからず存在したことである。90年と同様に2001年にもランキング1位を維持したトヨタ

年度下期末，1990 年度末，2001 年度末）

(単位：10 億円)

順位	1972年度下期末	(総資産額)	1990年度末	(総資産額)	2001年度末	(単独決算総資産額)
26	清水建設	360	三菱自動車工業	1,352	シャープ	1,628
27	住友化学工業	359	竹中工務店	1,253	キヤノン	1,581
28	三井造船	358	三洋電機	1,217	三洋電機	1,563
29	旭化成工業	325	日本電装	1,197	神戸製鋼所	1,521
30	日本鉱業	324	フジタ工業	1,183	ブリヂストン	1,460
31	昭和電工	311	コスモ石油	1,135	川崎製鉄	1,442
32	住友重機械工業	300	キリンビール	1,131	マツダ	1,428
33	日本石油	296	長谷工コーポレーション	1,098	武田薬品工業	1,352
34	宇部興産	292	積水ハウス	1,060	積水ハウス	1,335
35	丸善石油	273	マツダ	1,037	王子製紙	1,288
36	帝　人	271	三菱化成	987	大日本印刷	1,288
37	久保田鉄工	248	石川島播磨重工業	977	サントリー	1,220
38	熊谷組	246	富士写真フイルム	977	京セラ	1,209
39	三井東圧化学	242	大日本印刷	976	コスモ石油	1,198
40	いすゞ自動車	238	旭化成工業	976	キリンビール	1,175
41	本田技研工業	236	キヤノン	953	凸版印刷	1,159
42	日新製鋼	232	大和ハウス工業	930	三菱化学	1,141
43	富士通	221	小松製作所	917	アサヒビール	1,134
44	旭硝子	221	川崎重工業	911	石川島播磨重工業	1,126
45	武田薬品工業	219	サントリー	907	旭硝子	1,119
46	フジタ工業	217	旭硝子	896	竹中工務店	1,084
47	鐘　紡	214	松下電工	829	ジャパンエナジー	1,083
48	東洋紡績	213	ブリヂストン	817	旭化成	1,045
49	三菱石油	213	アサヒビール	814	住友電気工業	1,035
50	日本石油精製	206	凸版印刷	802	いすゞ自動車	1,033

自動車はその代表格であるが，そのほかにも，この期間にランキングを大きく上昇させた企業がある。日本電気（90年8位→01年4位），ソニー（12位→6位），日本たばこ産業（18位→13位），デンソー（29位→15位）[9]，豊田自動織機製作所（ランキング外〔101位以下〕→24位），富士写真フイルム（38位→25位），キヤノン（41位→27位），ブリヂストン（48位→30位），武田薬品工業（ランキング外

〔56位〕→33位），王子製紙（ランキング外〔67位〕→35位），京セラ（ランキング外〔76位〕→38位），住友電気工業（ランキング外〔73位〕→49位）などである。これらのうちの多くは，1990年代を通じて良好な業績をあげることに成功した。

なお，2001年のランキングには，日石三菱（11位）とジャパンエナジー（47位）が新たに登場した。この両社は，各々，1999年の日本石油と三菱石油との合併，92年の日本鉱業と共同石油との合併によって誕生したものであり，規制緩和の進行とともに石油産業において企業統合が本格化したことを示している。

第2節　成長を実現したメカニズム

1　中間組織の成長促進機能

▷ 企業間関係への注目

　日本経済が世界史上稀有な高度成長を遂げるに従って，世界各国，とくにアメリカでは，日本には，自国にない何か特別な仕組みが存在し，それが日本企業の競争力を後押ししている，という見方が有力になった。このような見方が影響力を強めたのは，日本の貿易黒字が肥大化した石油危機以降のことであるが，論議の対象となった事柄は，いずれも高度経済成長期までに顕在化したものであった。

　日本の企業の競争力を後押しする特別な仕組みとして，アメリカ等の外国関係者がこぞって注目したのは，「系列」に代表される日本の特殊な企業と企業との関係（企業間関係）と，産業政策に象徴されるこれも独特な政府と企業との関係（政府・企業間関係）であった。このうち，前者の企業間関係は，市場と組織（企業）とのあいだのグレイゾーンに相当するもの，つまり，中間組織（中間組織について詳しくは，今井［1982］参照）の一種とみなすことができる。

▷ 中間組織の諸類型

　日本とのあいだの貿易摩擦が拡大するにつれてアメリカ等の諸外国は，日本の「系列」に対し，公正な国際競争を歪めるものだとして，批判の矢を向けるようになった。日本の政府や企業関係者は，誤解に基づく批判であると反論したが，両者間の論争は，必ずしもかみあったものとはならなかった。その理由

表5-7 日本の中間組織の類型区分

	A 取引関係が存在する	B 取引関係が部分的である	C 取引関係が存在しない
a 階層的関係が存在する	Aa 企業系列 ・生産過程に関するもの ……下請系列 (Aa1) ・流通過程に関するもの ……流通系列 (Aa2)	――	――
b 階層的関係が部分的である	Ab 融資系列	――	――
c 階層的関係が存在しない	Ac 対等な長期相対取引	Bc 企業集団	・特定の業種に関するもの ……業界団体 (Cc1) ・多数の業種に関するもの ……経営者団体 (Cc2)

の一端は，「系列」という言葉がいろいろな意味で使われたため，混乱が生じた点に求めることができる。日本の企業間関係について実りある議論を展開するためには，日本の企業をめぐる多様な中間組織を正確に類型区分することから始めなければならない。

表5-7は，日本の企業をめぐるさまざまな中間組織を，「取引関係の有無」と「階層的関係の有無」という2つの基準に基づいて，類型区分したものである。ここで，「階層的な関係が存在しない」という場合には，当事者である複数の企業が対等な間柄であることを意味する。

表5-7では，まず取引関係に注目して，中間組織を，「取引関係が存在する」もの (A)，「取引関係が部分的である」もの (B)，「取引関係が存在しない」もの (C)，に大きく三分した上で，今度は階層的関係に着目して，「階層的な関係が存在する」もの (a)，「階層的な関係が部分的である」もの (b)，「階層的な関係が存在しない」もの (c)，の3つに再区分している。ただし，BやCの場合には，階層的な関係が存在せず，aやbに該当するものがないため，すべてがBcないしCcとなる。つまり，階層的関係がともかくも存在するのはAの場合だけであり，それはAaかAbかのタイプとなるわけであるが，これらのタイプに限って，階層的関係の存在を明確にするため，「○○系列」という

呼称を用いることにする。

　以下では，Aa から順番に，中間組織の諸類型に関して，その概要と歴史を簡単に説明する。

▷ 企業系列，融資系列，対等な長期相対取引

　Aa の企業系列は，階層的関係が明らかに存在する，いわゆる「タテの企業グループ」にあたる。生産過程に関する下請系列（Aa1）の典型は，機械工業の組立メーカーが親会社となり，部品メーカーが下請会社となる，というものである。一方 Aa2 の流通系列は，自動車，家電，薬品，化粧品等に多いメーカー主導型（Aa2ⅰ），問屋等による卸売商主導型（Aa2ⅱ），スーパー，コンビニエンス・ストア等による小売商主導型（Aa2ⅲ）に細分化することができる。

　Aa1 の下請系列については，1930 年代に大隈鉄工所等で先進的な事例が登場し，第二次大戦の戦時下の企業系列整備政策によって形式的な拡充が図られた。しかし，「戦時下請システムは，実行に困難があっただけでなく，最後に整備された系列も戦後には続かなかった」。そして，「戦後再び下請システムが機械工業の生産にとって意味をもちはじめるのは，業種によって違いはあるものの，おおむね 1950 年代からの高度成長期だと考えられる」，と指摘されている（以上の点については，植田［1998］289 頁による）。これと同様に Aa2 の流通系列についても，戦前にいくつかの先駆的事例が存在したものの，それが本格的に形成されるようになったのは高度成長期だった，ということができる。たとえば，家電製品の流通系列化の先頭に立った松下電器が，全国的に販社制度を導入するとともに「ナショナル店会」を発足させ，卸売・小売の両面にわたって流通系列化を推進し始めたのは，57 年のことであった。

　Ab の融資系列は，メインバンクとその融資先企業とからなる中間組織である。メインバンクは，通常は融資先企業の経営に口出しをしない。しかし，いったん融資先企業が深刻な経営危機に陥ると，メインバンクによる介入がしばしば生じる。「階層的な関係が部分的である」という言い方をしたのは，このためである。

　Ab の融資系列の形成過程については，「1944 年から施行された軍需会社指定金融機関制度のもとで各軍需会社に対する融資を行う銀行が 1-2 行に特定さ

れることによって，すべての軍需会社と興銀及び都市銀行との個別的結びつきが強化され，これを前提として，1950年代前半以降の6大銀行融資系列[12]の形成が進んだ」（山崎［1995］14頁），といわれている。従来の通説は，メインバンクが融資先企業に対するモニターとして有効に機能した点を強調している（たとえば，青木＝パトリック［1996］参照）が，最近の研究は，この見方に疑問を投げかけ，高度成長期を含めて「メインバンクのモニタリングの尺度は，収益性から乖離していた可能性が高い」（日高・橘川［1998］26頁）と指摘している。

　Acの対等な長期相対（あいたい）取引は，基本的な中間財の取引を行う大企業間でよくみられるものである。鉄鋼取引をめぐる新日本製鐵とトヨタ自動車との関係は，その代表例だといえる。この例からも明らかなように，対等な立場で長期相対取引を行う各企業は，企業グループを形成するとは限らない。ただし，Acのタイプの取引で働いている合理的なメカニズム（取引コストの削減，合理化の相互強制，新製品や新技術の共同開発など）は，各種の企業グループを形成する他のタイプの中間組織においても，同じように作用している[13]。

▷ 企 業 集 団

　Bcの典型的な事例としては，三井系・三菱系・住友系・芙蓉系（富士銀行系）・三和銀行系・第一勧業銀行（第一勧銀）系の「6大企業集団」を挙げることができる（日本の企業集団について詳しくは，橘川［1996］参照）。つまり，このBcの企業集団が，いわゆる「ヨコの企業グループ」にあたるわけである。企業集団の内部では，銀行等の金融機関と各メンバー企業とのあいだ，および商社と各メンバー企業とのあいだには長期の取引関係が存在するが，メンバー企業相互のあいだには必ずしも取引関係が存在するとは限らない。「取引関係が部分的である」とみなしたゆえんである。Bcの企業集団の基本的な編成原理は，株主安定化のための株式相互持合いであって，資金（カネ）や商品（モノ，サービス）をめぐる取引関係ではない。その意味では，Bc（企業集団）とAb（融資系列）とは，密接に関連するが原理的には別のものであると理解するほうが，正確であろう。また，Bcにおいては，意思決定に関してメンバー企業が相互に対等であり，階層的な関係が存在しない点も，重要である。これとは違って，Abの場合には，既述のように，部分的ではあれ，階層的な関係がみら

れる。

　Bc の企業集団については，その成立の指標を，株式を相互に持ち合う安定株主の代表同士の集まりである社長会の結成に求めることができる。「6大企業集団」の各社長会の結成年次を列記すると，住友系の白水会が1951年，三菱系の金曜会が54年頃，三井系の二木会が61年，富士銀行系の芙蓉会が66年，三和銀行系の三水会が67年，第一勧銀系の三金会が78年[14]となる。つまり，住友系・三菱系・三井系の旧3大財閥系企業集団の成立がほかと比べて早かったわけであるが，これは，終戦時における株式所有のあり方がより閉鎖的で，財閥解体による衝撃がより大きかったことを反映したものである。一方，後に富士銀行系・三和銀行系・第一勧銀系の社長会に結集する諸企業の場合には，総じて終戦時における株式所有がより開放的で，財閥解体による衝撃がより小さかったため，50年代から60年代初頭にかけての時期に，ただちに企業集団の結成に向かうことはなかった。ただし，60年代半ばに資本自由化の動きが活発化し，証券恐慌によって株価が低迷するようになると，これらの諸企業も，株式相互持合いによる株主安定化の必要性を痛感するようになった。60年代後半～70年代に，富士銀行系・三和銀行系・第一勧銀系の社長会が相次いで結成されたのは，このためであった。このような経緯は，Bc の企業集団の基本的な機能が株式相互持合いによる株主安定化にあることを，如実に物語っている。ただし，株式相互持合いによる株主安定化のために成立した企業集団が，いったん成立したのち，事後的に，取引コストの削減，情報の交換，リスク・シェアリングなどの付加的機能を発揮したことも，見落としてはならない。[15]

▷ 業界団体と経営者団体

　Cc1 の業界団体や Cc2 の経営者団体は，互いに対等なメンバー企業が，取引関係とは異なる編成原理に基づいて結成した中間組織である。Cc1 の業界団体のメンバー企業のあいだには，取引関係が存在しないどころか，多くの場合，ライバル関係が見受けられる。

　Cc2 の経営者団体の代表例としては，日本経済団体連合会（日本経団連）・経済同友会・日本商工会議所（日商）の「財界3団体」を挙げることができる。このうち日本経団連は，経済団体連合会（経団連）と日本経営者団体連盟（日

経連)が統合することによって，2002年に新発足した。

　Cc1の業界団体は，1930年代から急増した戦前のカルテル組織の流れを汲むものだとみなすことができる。カルテル組織は，本来，同業者が競争制限のために結成するものであるが，戦前の日本のカルテル組織は，それだけではなく，労働力の確保，原料の入手，販路の拡大，資金の調達，情報の収集などの多面的な機能を発揮し，個別のメンバー企業に欠けている経営資源を補完する役割も果たした(この点については，橘川［1991a］参照)。終戦後，カルテル組織は47年の独占禁止法によって違法な存在とされたが，それが果たした競争制限と経営資源補完という2つの機能は，業界団体に事実上引き継がれることになった。

　Cc2の経営者団体の代表例である「財界3団体」のうち，経済同友会と日商は，1946年に設立された。また，日本経団連の前身である経団連は46年に，日経連は48年に，それぞれ発足した。経団連は「財界の総本山」と呼ばれた大企業経営者の集合体であり，日経連は労働問題に専門的に対処する経営者団体であった。これら両組織の機能は，日本経団連に引き継がれた。経済同友会は進取の気象に富む構想を提言することで知られ，日商は中小企業の利害を色濃く反映している。

▷ 中間組織の成長促進機能の実態

　ここまでその全容を概観してきた日本の中間組織は，本当に，アメリカ等の外国関係者がいうように，経済成長を実現する「特別な仕組み」として機能したのであろうか。以下では，その実態を明らかにするため，企業集団(表5-7のBcの類型)の機能について掘り下げる。

　企業集団に関する研究に大きな影響力を及ぼした宮崎義一は，石油化学工業の事例などを念頭に置きつつ，企業集団が「各系列ごとに，新興産業をワンセットずつ支配するようなビヘイビア」をとったことを，戦後日本経済の大きな特徴の1つとして評価した(宮崎［1966］52-53頁参照)。系列ごとのワンセット主義を強調する宮崎説は，企業集団をメンバー企業の上位に置く見解，別言すれば，企業集団そのものを単一の意思決定主体ないし資本蓄積主体とみなす見解，ということができる。

宮崎説が強調したように，日本の石油化学工業の発展過程で，企業集団の結集がみられたことは事実である（日本の石油化学工業の発展過程における企業集団の役割について詳しくは，橘川［1991b］参照）。とくに，

(1) 1950年代後半の石油化学国産化第1期計画でエチレン・センターとして認可されたいわゆる「先発4社」[16]の中に，三井グループ各社が共同出資により55年に設立した三井石油化学と，三菱グループが共同出資により56年に設立した三菱油化が含まれていた，

(2) 1970年代に活発化した海外石油化学プロジェクトへの協力に関連して，三井グループ各社が71年にイラン石油化学開発を，三菱グループ各社が79年にサウジ石油化学を，それぞれ新設した，

(3) 構造不況下での生き残りをかけて1990年代に進行した業界再編成策の一環として，94年に三菱油化と三菱化成が合併した（三菱化学が新発足）のに続いて，97年には三井石油化学と三井東圧化学が合併した（三井化学が新発足），

という3点は，注目に値する。

　ただし，反面で見落とすことができない点は，石油化学工業の発展過程では，企業集団の論理と矛盾する事態も，数多く現出したことである。
　まず，住友については，

(4) 石油化学国産化第1期計画において「先発4社」の一角を占めた住友化学は，グループの結集を図ることなく，単独でエチレンの工業化に踏み切った，

(5) 海外石油化学プロジェクトへの協力の面でも，住友化学は，1975年に基本契約に調印したシンガポールでの石油化学コンビナートの建設に関して，基本的には単独行動をとった，

という，三井・三菱とは異なる2つの事実がある。
　また，三井と三菱についても，

(6) 1960年代前半の石油化学国産化第2期計画の一環として，1964年に化成水島のエチレン・プラントが操業を開始したことにより，三菱グループ内で三菱油化と三菱化成（化成水島の親会社）との競合が生じた，

(7) 1965年に新設された大阪石油化学のエチレン製造への新規参入により，三井グループ内で三井石油化学と三井東圧化学（ともに大阪石油化学への有力な出資者であった〔旧〕三井化学と東洋高圧が，68年に合併したもの）との競合が生じた，

という看過しがたい事実が存在する。

さらに，より一般的な事情として，

(8) 石油化学国産化第2期計画以降，既成の企業集団の枠を越えた共同出資や協力関係が広がった，

ことも，忘れてはならない。

宮崎説に代表される企業集団を単一の意思決定主体とみなす見解は，上記の(1)～(3)を一面的に強調したものであり，(4)～(8)については説得力をもって説明することができない。それは，企業集団を主役としメンバー企業を脇役とする見方そのものに，無理があるからである。

一見矛盾するようにみえる(1)～(3)の事実と，(4)～(8)の事実とに一貫した説明を与えるためには，これとは正反対の見方，メンバー企業を主役とし，企業集団を脇役とする見地に立つ必要がある。つまり，メンバー企業の達成すべき事業計画と組織能力とのあいだにギャップが生じた場合，そのギャップを埋める補完機能を果たす中間組織として，企業集団が登場するという考え方である。

石油化学国産化第1期計画の遂行過程において，（旧）三井化学や三菱化成などの既存の企業集団メンバー企業が，それぞれエチレンの企業化を単独で達成せずに，三井石油化学や三菱油化の設立というグループ結集の道を選んだのは，リスク負担能力や資金調達力，対外交渉力などの面での限界を補うためであった。また，海外石油化学プロジェクトの推進に関して，三井や三菱が再びグループとしての共同行動をとったのも，グループ内の個別企業のリスク負担能力や情報収集力を補完することに，そのねらいがあった。さらに，生き残りのための業界再編成を実現することは，個別企業の経営努力だけでは，達成不可能な事柄であった。

一方，事業計画の現実性がより大きく，メンバー企業が単独でもそれを達成しうる組織能力を持ち合わせていた場合には，企業集団の補完機能は必要では

なかった。住友化学がエチレンの工業化やシンガポールへの進出で単独行動をとった背景には，同社のエチレン事業計画が「先発4社」の計画の中で最も小規模で単純なものだった，シンガポールはイランやサウジアラビアに比べてカントリー・リスクが小さかった，などの事情が存在した。また，1950年代に自前のエチレン・センターを建設することを断念した三菱化成や（旧）三井化学が60年代にはそれを実行したのは，その間に日本の石油化学工業の将来性が幅広く認知され，リスク負担能力や資金調達力の限界が解消に向かったからであった。

　このようにみてくると，企業集団の機能は，市場が要請する事業計画と，企業の組織能力とのあいだのギャップを埋める，補完的なものだったということができる。企業集団以外の中間組織（長期取引に基づく企業間関係や業界団体）が構成メンバーである諸企業の成長に果たした役割も，これと同様のものであった。

2 産業政策の功罪

▷ 注目すべき2つの事実

　日本の企業の競争力を後押しする特別な仕組みとして，中間組織とともにアメリカ等の外国関係者が注目したのは，産業政策に象徴される濃密な政府・企業間関係（第二次大戦後の日本における政府・企業間関係について詳しくは，橘川［1998a］参照）である。第二次大戦後の日本の経済成長に果たした政府の役割については，肯定的な評価を与える見解と，否定的な評価を下す見解とが対立している。しかし，これら2つの見解は，いずれも一面的である。なぜならば，日本における政府の役割は，産業ごとに異なったり，同一産業内でも政策内容によって産業政策の効果が違ったりしたからである。

　政府の役割に濃淡があることについては，産業発展のサイクルと関連づけて説明されることが多い。つまり，ある産業の発展初期や衰退期には産業政策が大きな役割を果たし，それ以外の時期には役割が後退する，という説明である。（たとえば，沖本［1991］参照）。しかし，戦後の日本の現実は，このような説明を超える複雑さを有していた。実際には，①同じような発展段階にある，似たような産業同士のあいだでも，政府の出番が大きかったり，小さかったりした，

②同一産業に対する同一時期の産業政策であっても，政策内容によって，その効果があったり，なかったりした，などの事態が生じたのである。

▷ 政府の出番

　まず，①の政府の出番の大小を考察する上で恰好の糸口を与えるのは，発展段階に大きな違いのない電力業と石油産業にそれぞれ適用された，電気事業法と石油業法の相互比較である（以下で述べる電気事業法と石油業法の比較について詳しくは，橘川［1995］参照）。

　電気事業法と石油業法とのあいだには，両者とも，公益性の高いエネルギー産業に関わる法律であり公益規制に関する条項を含む，適用範囲が特定産業に限定される個別事業法である，ほぼ同時に制定された（石油業法は1962年，電気事業法は64年），という共通点が存在する。しかし，電気事業法と石油業法を政府の役割という観点から比較すると，両者間には対照的といえるほどの差異があることが判明する。

　電気事業法は，既存の民営9電力体制を法的に追認した。その意味で同法は，1939年以来の電力国家管理を廃止し，民営9電力体制を生み出して，電力業に対する政府の介入を制限した51年の電気事業再編成の基本精神を，継承したものとみなすことができる。

　一方，石油業法のねらいは，石油産業に対する政府の介入を継続，強化することにあった。設備の新増設の許可，生産調整，標準価格の告示などの権限を政府に与えた同法は，「個別企業の事業活動に対するきわめて強力な行政介入の手段となった」(日本石油・日本石油精製社史編さん室［1988］639頁)。

　電気事業法と石油業法とでは政府の役割に関する位置づけが異なるという事実は，日本の政府と業界との関係についての従来の議論に一石を投ずる意味を持つ。すでに述べたように，戦後日本の経済発展における政府の役割をめぐっては，それをⒶ決定的に重視する見解と，Ⓑほぼ全面的に否定する見解とが，対立している。しかし，電気事業法と石油業法のケースにみられる政府の機能の違いをみるだけでも，これら2つの見解がいずれも一面的であることは，明らかである。政府の役割を制限する電気事業法の事例は，Ⓐの見解と適合しない。一方，国家による介入を特徴とする石油業法の事例は，Ⓑの見解と齟齬を

来す。このことは，その役割をきわめて重視するにしろ，否定するにしろ，政府の側に主に光を当てて政府・業界間関係をとらえる見方（このような見方をとる代表的な業績として，ジョンソン［1982］を挙げることができる）の限界性を示している。

　政府・業界間関係をとらえる際に，政府の役割の有無に注目する従来のアプローチが問題を持つとすれば，どのような方法をとるべきなのだろうか。結論的にいえば，政府と業界との関係をとらえる際には，まず業界の秩序化能力ないし調整能力に注目し，それを補完するものとして政府の役割を意味づけるべきだ，ということになる。つまり，政府の役割に注目する従来のアプローチとは逆に，第一義的には業界の側に光を当てるわけである。

　電力業界は，電気事業法の制定に際して，主導性を発揮した。地域独占が成立している電力業の場合には業界内の調整が容易だという反論が予想されるが，ここでは，1931年までは地域独占が未成立で電力各社が激烈な競争を展開していたこと，その時期にも電力業界は自主的な調整能力を持っていたこと，を忘れてはならない。28年に東邦電力副社長の松永安左ェ門が，戦後（51年）の電気事業再編成の内容を23年前に見通した『電力統制私見』を発表したことは，当時の電力業界の調整能力の大きさを端的に示している（電気事業再編成の際に松永がリーダーシップを発揮したのは，このためであった）。地域独占が成立した後の64年の電気事業法の制定過程においても，電力業界は，所管官庁である通商産業省（通産省）の異論を押し切り，電源構成の火主水従化や火力発電用燃料の油主炭従化などの自主的な合理化努力を重ねた。このように自らの力で合理化を遂行しうる電力業界の秩序化能力は，電気事業法による民営9電力体制の法的追認をもたらす重要な原動力となった（以上の点について詳しくは，橘川［1995，2004］参照）。

　電力業界の場合とは対照的に石油業界は，石油業法の制定に際して，主導性を発揮することはなかった。この場合には，石油業界内の一部の勢力は，競争関係にある他の勢力を封じ込めるために，政府の規制を利用しようとした。当時急速に販売シェアを伸ばしつつあった出光興産を抑え込もうとした外資系石油会社などがそれであるが，石油業法を利用しようとした諸企業は，同法に盛

り込まれた自己に不利な条項をも容認せざるをえなかった。[17]こうして，電力業界に比べて，秩序化能力ないし調整能力という点で不十分性を持つ石油業界は，政府介入を特徴とする石油業法の規制下に置かれることになった。

　ここまで検討してきた電気事業法と石油業法の事例は，日本の産業発展に対する政府の役割に関して，重要な示唆を与えてくれる。それは，業界が秩序化能力ないし調整能力を持つ場合には政府の出番は限定され，そうでない場合には政府の出番は大きくなる，ということである。電気事業法は前者の事例であり，石油業法は後者の事例であるが，このことは，単に電力業や石油産業のみならず，他の多くの産業についてもあてはまる。

▷ **産業政策の有効性**

　業界の秩序化能力ないし調整能力が不十分であるため出番を得たケースにおいて，日本政府が展開した産業政策は，当該産業の発展にとって，どのような機能を果たしたのであろうか。本書319頁で指摘した②の産業政策の効果の有無について考察を加えるため，ここでは，政府の介入が著しかった点で石油産業とならび称されることの多い，石油化学工業の事例を取り上げることにする（日本の石油化学工業に関わる産業政策について詳しくは，橘川［1998b］参照）。

　日本の石油化学工業は，1950年前後の先駆的試みが頓挫した後，50年代後半の石油化学国産化第1期計画（認可基準提示は1955年）と60年代前半の同第2期計画（認可基準提示は1959年）を通じて，国産化を達成した。そして，70年前後には，資本自由化への対応を図ったエチレン年産30万トン基準（提示は67年）をクリアすることによって設備の大型化を実現し，国際競争力を増進させた。しかし，石油危機後は原料ナフサの割高な購入などがたたって競争力を急速に失い，70年代後半から80年代前半にかけては構造不況業種に仲間入りするに至った。このような日本の石油化学工業の展開に対して，政府は，終始一貫して深く関与した。

　日本の石油化学工業の発展に果たした政府の肯定的な役割のうち最も重要な点は，国際競争力を確保する上で近未来に必要な投資の目標を，次々と具体的な認可基準として提示したことに求めることができる。国産化当初から国際価格水準での製品供給を求めた第1期計画の基準，石油化学コンビナートの総合

四日市の石油化学工場群（毎日新聞社）。

化の完成を強調した第2期計画の基準，大型化によるコストダウンをめざし資本自由化への対応を図ったエチレン年産30万トン基準などは，いずれもその典型的な事例である。1973年の石油化学関連技術導入の完全自由化までは，石油化学工業の事業展開にとって必要不可欠な技術導入の認可権は政府の手中にあったから，通産省が設定したこれらの認可基準の威力は絶大であった。石油化学各社は，生き残りをかけて，一連の認可基準が打ち出したハードルを乗り越えるための投資を，積極的に遂行した。そして，そのことは，日本の石油化学工業の国際競争力を短期間に増進させる効果をもたらした。

しかし，ここで見落とすことができない点は，日本政府の石油化学工業に対する産業政策が全面的に成功したわけではないことである。それどころか，通産省がほぼ一貫して追求したと考えられる，投資主体を限定し，集約化を進めて過当競争を排除するという企図は，ことごとく失敗したというべきである。

通産省は，第2期計画の基準やエチレン年産30万トンの基準を設定することによって，より少ない企業による競争の鎮静化が達成されると考えた。しかし，実際には，これらの基準設定は，より多くの企業による競争の激化という，まったく正反対の結果をもたらした。たとえば，エチレン年産30万トン基準を提示した1967年当時，通産省は3〜4社の認可を見込んでいた（石油化学工業協会［1989］参照）が，実際には，67年から69年にかけて，9社のエチレン

年産30万トン計画が認可を受けることになった。

このように通産省の競争抑制策がまったくの逆効果をもたらしたのは，石油化学メーカー各社が，生き残りをかけて，同省の予想を越えた積極的な投資行動を展開したからである。つまり，通産省は，石油化学メーカーの組織能力を過小評価したことになる。

政府の産業政策が，合理化投資や大型化投資を促進し国際競争力を増進させるという点では成果をあげながら，企業の集約化によって競争を抑制するという点では失敗に終わることは，石油化学工業のみならず，工作機械工業，自動車工業，コンピュータ産業などにおいてもみられた事実である（工作機械工業については沢井［1990］，自動車工業については伊藤［1988］，コンピュータ産業については中村清司［1992］をそれぞれ参照）。つまり，日本政府の産業政策は一面では成功し，一面では失敗したことになるわけであるが，問題を政府のサイドからみるならば，このような二面的な評価が生じるのは，やむをえないことであろう。しかし，逆に企業のサイドから光を当てるならば，より一貫性を持った説明を行うことができる。それは，高度経済成長期には日本の企業が競争に生き残る上で必要な設備投資に対してきわめて積極的な姿勢をとったのであり，そのような企業のビヘイビアに合致する政府の産業政策は成功したが，合致しない政策は失敗した，という説明である。戦後日本における政府と産業・企業との関係を正確に把握するためには，第一義的に産業・企業の側に光を当てる必要がある。

▷ **産業の脆弱性と政府の介入との下方スパイラル**

ここまで，戦後日本の政府・企業間関係に関して，政府の出番の有無と産業政策の有効性の大小を検討してきた。政府・企業間関係については，もう1つ付け加えるべき論点がある。産業の脆弱性と政府の介入との下方スパイラルが，それである。以下では，石油産業の事例を取り上げ，この下方スパイラルとは何かを説明する。

石油業界が十分な秩序化能力ないし調整能力を持たなかったのは，産業としての脆弱性を反映したものである。日本の石油産業の脆弱性は，上流と下流との分断，石油企業の過多性と過小性，の2点に要約される（日本の石油産業の脆

弱性およびその克服策については，橘川［2002, 2003］参照）。

　第二次大戦後の日本の石油産業が持つ脆弱性は，何に由来するのであろうか。その要因としてすぐに想起される事柄は，外資による制約である。終戦直後の1949～52年の4年間に日本の石油企業は，メジャーズの子会社を中心とする欧米系石油企業と相次いで外資提携契約を締結した。これらの契約の結果，日本の石油企業は消費地精製方式を採用するようになり，日本の製油所向けの原油供給は提携先の欧米系石油企業が担当するところとなった。つまり，一連の外資提携は，日本の石油企業が事業展開の重点を下流部門に置く結果をもたらしたのであり，その意味では，少なくとも，石油産業における上流と下流との分断の一因となったのである。

　しかし，外資による制約を，日本の石油産業が持つ脆弱性の要因として過大に評価することは，適切とはいえない。まず，一連の外資提携は，日本の石油企業の過多性や過小性とは直接的に関連しない。また，①1962年に石油業法が制定されて以降，日本の石油産業全体の中に占める外資系企業のウェイトが低下したこと（これは，民族系石油企業の伸長によるものであった），②60年代半ば以降，とくに70年代の石油危機以降，日本の石油企業と提携した欧米系石油企業が日本の製油所に原油を供給する面で果たす役割が相対的に後退したこと（これは，国際石油市場におけるメジャーズの影響力の減退を反映したものであった），③78年以降，いくつかの外資提携が解消され，たとえばCaltexは99年に日本市場から撤退したこと，などの諸事実を考慮に入れれば，日本の石油産業における上流と下流との分断にとって，外資による制約は，必ずしも決定的な要因ではなかったとみなすことができる。

　そうであるとすれば，日本の石油産業の脆弱性をもたらした決定的な要因は何であったのだろうか。この問いに対する答えは，日本政府による石油産業への介入のあり方に求めるべきであろう。

　第二次大戦後の日本において石油産業は，代表的な「規制産業」の1つであり続けた。規制産業とは，政府による産業への介入がその業界を構成する諸企業の行動を決定的に規定づけるような産業のことである。

　1980年代半ば以降の日本ではさまざまな規制産業において規制緩和が進め

られてきたが、その際に論拠とされたのは、①国際化への対応、②消費者便益の増大、③規制（政府による資金面での支援も含む）に関わる経費の節約、④産業自身の体質強化、などの論点であった。これらの諸論点の中で、ここでとくに注目すべきなのは、④の点である。なぜなら、④の論点が登場する背景には、政府による介入は産業の体質を脆弱なものにするという認識が存在するからである。そして、この認識自体は、石油産業の事例をみても、妥当なものだということができる。

日本の石油産業が持つ脆弱性の第1の側面である上流部門と下流部門との分断を固定化する上で重要な意味を持ったのは、1962年に制定された石油業法である。この法律は、端的にいえば、精製業をコントロールすることによって、石油の安定供給を達成しようとするものであった。石油業法は、精製部門を重点的にコントロールする政策を法制化することによって、日本の石油産業における上流部門と下流部門との分断を固定化したのである。

それでは、脆弱性の第2の側面である石油企業の過多性と過小性は、何によってもたらされたのであろうか。結論を先取りすれば、ここでも、政府の介入のあり方が大きな意味を持ったと考えられる。その点を検証する前に、日本の石油産業における企業数の過多性という事実そのものを確認しておこう。

日本における石油産業の下流部門全体の規模はメジャー1社分の規模にほぼ匹敵し、上流部門全体の規模はヨーロッパ非産油国の準メジャー級ナショナル・フラッグ・オイル・カンパニー（たとえば、イタリアのENI）1社分の規模にほぼ該当する。もし、日本の石油産業の上流部門と下流部門がそれぞれ1社に統合されていたとすれば、それらの企業規模は世界有数の水準に達していたことであろう。しかし、現実には、上下流両部門とも、そこに事業展開する企業の数は多く、それらの規模は小さかった。下流についてみれば、1998年度末の時点で、日本の石油精製・元売企業の数は29社にのぼった。一方、上流についてみても、石油公団投融資プロジェクトの親会社（最大民間株主である企業）とその他の石油公団出資会社との合計企業数は、1997年度末の時点で28社に達した。要するに、上下流とも、欧米の1社分に相当する事業規模を、日本では約30社で分け合っていたわけである。

このような石油会社の過多性と過小性が定着する上でも，政府の介入のあり方が大きな影響を与えた．下流部門では，石油業法を運用するにあたって日本政府は，精製業者のシェアをあまり変動させないように留意した．この事実上の現状維持方針によって競争による淘汰は進まず，結果的には護送船団的な状況が現出して，過多過小な企業群がそのまま残存することになった．この護送船団的な状況は，上流部門でも生じた．石油公団による石油開発企業への投融資は必ずしも戦略的重点を明確にして選択的に行われたわけではなく，探鉱による量の確保を最優先にして機会均等主義の原則に基づいて遂行された．このため，小規模な石油開発企業が乱立する結果を招いたのである．

　ここで忘れてはならない点は，石油業法にしても，石油公団にしても，もともとは，日本の石油産業の脆弱性を克服するために導入されたものだということである．しかし，結果的には，石油業法にしろ，石油公団にしろ，むしろ石油産業の弱さを固定化し，拡張する原因となってしまった．そこでは，産業の脆弱性が政府の介入を生み，その政府の介入がいっそうの産業の脆弱性をもたらして，それがまた政府の追加的な介入を呼び起こすという悪循環……別の言い方をすれば，下向きの螺旋階段，下方スパイラルが生じてしまったのである．

▷ **規制改革の進行**

　産業の脆弱性と政府の介入との下方スパイラルは，石油産業だけでなく，多くの規制産業で観察された（たとえば，日高 [2000]，森川 [2000] など参照）．1990年代以降の日本では規制改革が着実に進行した（1990年代以降の日本における規制改革の進行については，小川・松村 [2005] 参照）が，そのプロセスにおいては，この下方スパイラルを断ち切り，規制産業の脆弱性を克服することが，重要な課題となった．[19]

　規制改革は，石油産業でも進展した．石油製品の輸入を事実上制限していた特定石油製品輸入暫定措置法（特石法）が1996年に廃止されたのに続き，2002年には石油業法が廃止され，05年には石油公団も解散した．

　規制改革の進展によって，日本の石油産業においては，産業脆弱性と政府介入との下方スパイラルは終焉に向かった．それに伴い，石油産業の脆弱性も，部分的ではあるが，克服されつつある．下流部門での企業統合の進展によって，

石油精製・元売企業は，新日本石油・出光興産・コスモ石油・ジャパンエナジー・東燃ゼネラル石油・昭和シェル石油の6大グループに集約された[20]。上流部門でも国際石油開発（株）が急成長し，「中核企業」としての存在感を強めた。「上流部門と下流部門との分断」が解消する目処は立っていないが，「石油企業の過多性と過小性」が克服される可能性は高まったのである。

3 日本的経営と協調的労使関係

▷ 日本企業のタイプ分けと日本的経営の部分性

　本節の第1項および第2項の検討結果は，日本の企業の競争力を後押しする特別な仕組みとして中間組織や政府の役割に注目したアメリカ等の外国関係者の議論が疑わしいものであることを，強く示唆している。もし彼らが，日本の経済成長の主役は中間組織や政府だったと主張したかったのであれば，それは，一面的な見方だといわざるをえない。端的にいえば，日本経済の成長をもたらした真の要因は企業そのものの中にあったのであり，政府や中間組織が果たした機能は補完的なものにとどまったのである。

　この点を踏まえるならば，われわれが，企業間関係や政府・企業間関係の分析を越えて，企業そのものの分析へと進まなければならないことは，明らかである。本章の残りの部分は，日本企業それ自体の分析にあてられる。

　戦後の日本企業に関しては，「日本的経営」というキーワードが，しばしば使われる。日本的経営について考えるためには，まず，それが何であるかを知る必要がある。しかし，それ以前に，しなければならないことがある。それは，日本的経営が日本のすべての企業で行われてきたわけではない点を，確認することである。

　日本の企業は，大企業と中小企業に，大きく二分される。また，オーナーよりも雇われ経営者（salaried managers，本書では「専門経営者」と表現する）が実権を持つ経営者企業と，雇われ経営者よりもオーナーが実権を持つ（あるいは，オーナーが経営者を兼ねる）資本家企業に，区分することもできる。中小企業で経営者企業であるものは，ほとんどない。つまり，日本には，ⓐ経営者企業である大企業，ⓑ資本家企業である大企業，ⓒ資本家企業である中小企業，の3

つのタイプの企業が存在するわけである。

バブル景気が崩壊するまでの日本では,「会社は誰のものか」と尋ねれば,ⓐでは「従業員のものだ」という答えが,ⓒでは「オーナーのものだ」という答えが,それぞれ返ってきた。ⓑでは,「従業員のものだ」と答える場合もあれば,「オーナーのものだ」と答える場合もあった。ⓐでもⓑでもⓒでも,回答者が経営者であるか従業員であるかは,回答結果に大きな影響を及ぼさなかった。

資本主義国では,通常,「会社はオーナー(株主)のもの」である。したがって,バブル崩壊までの時期に,日本独自の経営,つまり,日本的経営が典型的な形で行われていたのは,3つのタイプのうち,「会社は従業員のものである」という答えが返ってきたⓐのタイプの企業,つまり経営者企業である大企業においてだけだったということになる。もともと,日本においても,日本的経営は部分的現象だったのである。

▷ 日本的経営の定義

それでは,日本的経営とは何なのだろうか。

ここで思い出す必要があるのは,日本的経営の「三種の神器」として,終身雇用,年功制,企業別組合の3つの要素が,しばしば取り上げられることである。「三種の神器」がいずれも労使関係に関わる事柄であることは,労使関係が日本的経営の中心的な要素であることを,端的に物語っている。

この点を考慮に入れれば,日本的経営とは,「協調的な労使関係を基盤にして,従業員利益の最大化をめざす経営」であると,いうことができる。

日本の大企業の中で,ⓐのタイプの経営者企業は,戦前には少数派にとどまっていたが,高度経済成長が始まる1950年代半ばまでに主流を占めるに至った。それからしばらくして,日本の大企業では,「会社は誰のものか」という問いに対して,経営者も従業員も「従業員のもの」と答えるようになった(その場合,経営者は,従業員の出世頭として,「従業員」の中に含まれるものとみなされた)。これは,同じ問いに対して「株主のもの」と答えるアメリカの状況や,「労働者のもの」と答えるソ連の状況とは,大いに異なるものであった。

▷ 日本的経営の広がり

一方,トヨタ自動車,松下電器,出光興産,サントリー,味の素,ブリヂス

トンタイヤ，キヤノン，三洋電機，シャープ，ソニー，本田技研などに代表される⑥のタイプの企業（資本家企業である大企業）も，少数派ではあったが，次節で検討するように，日本の経済成長に大きな役割を果たした。革新的企業者活動の担い手となったこれらの企業は，ⓐのタイプの経営者企業に優るとも劣らない成長を実現した。

ただし，⑥のタイプの資本家企業でも，規模が大きくなるにつれて，トップ・マネジメントに占める専門経営者のウェイトが高まり（森川［1996］参照），「会社は従業員のものだ」という意識が高まった。先に，「会社は誰のものか」と尋ねられたとき，「⑥では，『従業員のものだ』と答える場合もあれば，『オーナーのものだ』と答える場合もあった」と述べたのは，このような状況を表現したものである。

会社は「従業員のものだ」という考え方は，ⓐのタイプの経営者企業のあいだでのみならず，⑥のタイプの資本家企業のあいだでも，徐々に広がった。ⓐのタイプであるか，⑥のタイプであるかを問わず，労使の強い一体感に支えられながら，従業員利益を最大化するような意思決定を行う，……これが，高度経済成長期の終わりまでに日本の大企業に定着した，特徴的な経営のあり方であった。このような経営のあり方に対して，「日本的経営」という呼称が使われるようになったのである。

▷ **日本型労使関係の成立**

それでは，日本的経営の基盤となる協調的な労使関係，つまり日本型労使関係は，いつごろ成立したのだろうか。日本型労使関係の成立時期をめぐってさまざまな見解が並立している[21]が，このような混沌とした状況が生じたのは，議論の目的や判断の基準が明確になっていないからである。日本的経営が日本経済の成長に果たした役割について考察するという，本節での文脈を踏まえると，議論の目的は，日本型労使関係の成立と戦後日本経済の相対的高成長との関連を解明することに置くべきだということになる。また，日本型労使関係の成立時期をめぐる判断の基準は，「三種の神器」（終身雇用，年功制，企業別組合）がそれぞれ形成されたのはいつか，という点にではなく，「三種の神器」の形成を踏まえて，生産現場で日本の労働者が，効率的な生産管理や厳格な品質管理

に積極的に関与するようになったのはいつか，という点に求めるべきだということになろう。

問題をこのように絞り込んだときに注目されるのは，品質管理の導入プロセスを検討し，日本型生産システムの形成を論じた研究（法政大学産業情報センター［1995］）が，1960年代前半の日本における競争条件の変化を重視し，それがもたらした経営危機ないし危機感の高まりを背景にして，TQCやQCサークルが導入された[22]という議論を展開していることである（法政大学産業情報センター［1995］参照）。この議論は小松製作所，松下電器，トヨタ自動車，日産自動車等のケース・スタディを踏まえたものであるが，そこで指摘された60年代前半における競争条件の変化とは，小松製作所にとっての貿易・資本の自由化，松下電器にとっての国内市場の成熟化，トヨタ自動車にとっての「第1次BC戦争（ブルーバード・コロナ戦争）」の敗北，日産自動車にとっての「第2次BC戦争」の敗北，などの事態であった。つまり，この研究は，60年代前半に，危機に対応しようとするメカニズムが日本の主要な企業のいくつかで作用し，それが日本型労使関係と日本型生産システムの形成に帰結したという見解を提示しているわけである。そして，このように，60年代に日本型労使関係が成立したとする見解は，労働史研究の分野では通説となりつつある（熊沢［1993］，仁田［1995］，中村圭介［1996］，兵藤［1997］など参照。また，企業の寿命という観点から日本型労使関係成立の意味をとらえ直した業績に，清水［2001］がある）。

表5-8からわかるように，日本における争議を原因とする労働損失日数は，1963年に大幅に縮小し，しばらくその状態が継続した[23]。このことは，60年代前半に民間大企業で協調的な労使関係が成立した事実を反映している。59年以降の鉄鋼賃金決定における「一発回答」方式の定着，60年の三池争議敗北を契機とする職場闘争の後退，64年の労使協調路線に立つ同盟（全日本労働総同盟）およびIMF-JC（国際金属労連日本協議会）の結成などの流れの中で，60年代前半に日本型労使関係は成立したのである。

▷「紛争的安定」から「協調的安定」へ

表5-8で注目すべき点は，労働損失日数を含む労働争議の規模が1970年代前半に一時的に拡大したことである。この事実は，60年代前半に成立した労

使協調に基づく日本型労使関係が,すぐには支配的なものとはならなかったことを示している。

民間企業の労働組合で労使協調路線が主流になった後にも,官公労では労使対立路線がしばらくのあいだ有力であった。また,消費者物価の上昇などを背景にして,民間企業の労使間でも賃金をめぐる紛争が急増した。これが,1970年代前半の日本において労働争議が増加した理由である。

このように高度経済成長期の日本では,労働争議の規模が,1963年以降縮小したものの,70年代に入ると再度拡大した。また,49年に55.8％のピークを記録した後55年には35％を下回るまでに急速に低下した労働組合の組織率は,55～75年の時期には,33～34％前後の水準で安定的に推移した。これらの点を踏まえて,以下に引用するような根拠から,高度経済成長期の日本の労使関係を「紛争的安定」と特徴づける見解が有力である(「紛争的安定」から「協調的安定」へという特徴づけも含めて,以下の高度経済成長期と安定成長期の労使関係に関する記述は,田端 [1991] 228-231, 269頁,による)。

表 5-8　労働争議の推移 (1955～90年)

年	総争議件数 (件)	争議行為参加人員 (1,000人)	半日以上同盟罷業および作業所閉鎖による労働損失日数 (1,000日)
1955	1,345	1,767	3,467
56	1,330	1,605	4,562
57	1,680	2,345	5,652
58	1,864	2,537	6,052
59	1,709	1,918	6,020
60	2,222	2,335	4,912
61	2,483	2,128	6,150
62	2,287	1,885	5,400
63	2,016	1,781	2,770
64	2,422	1,634	3,165
65	3,051	2,479	5,669
66	3,687	2,293	2,742
67	3,024	1,271	1,830
68	3,882	2,340	2,841
69	5,283	3,071	3,634
70	4,551	2,357	3,915
71	6,681	3,623	6,029
72	5,808	2,657	5,147
73	9,459	4,929	4,604
74	10,462	5,325	9,663
75	8,435	4,614	8,016
76	7,974	3,400	3,254
77	6,060	2,413	1,518
78	5,416	2,083	1,358
79	4,026	1,476	930
80	4,376	1,768	1,001
81	7,660	2,914	554
82	7,477	2,386	538
83	5,562	1,773	507
84	4,480	1,585	354
85	4,826	1,355	264
86	2,002	463	253
87	1,839	351	256
88	1,879	430	174
89	1,868	485	220
90	2,071	679	145

(出所) 田端 [1991]。

「まず,『紛争的』というのは,差し当り労働争議がノーマルな労使関係の一要素となっていたことを意味する。具体的には,(中略) 争議行為を伴う賃金紛争＝春闘がルーティン化し,制度化したことによってこれはもたらされたのであるが,より一般的にいえば,それは,労使関係を利害の対立する関係とみる見方が一般的であったことを意味するといえる。世論や労働者の意識も労働組合や争議行為に対して,相対的に好意的であったと思われる。そして,そうした紛争的構造が『安定的』であったのは,それを可能とした経済的条件,経済の高度成長が持続したことによると考えられるであろう。成長による労働市場の逼迫は労働者と労働組合の交渉力を強め,また成長はそれ自体紛争のコストを吸収しうる余力を企業に与えたからである」

このような指摘が説得力を持つのは,春闘の開始と高度経済成長の始まりとが符合するからである。春闘の先駆けとなった総評 (日本労働組合総評議会) 5単産の共闘が成立したのは,高度成長が始まる前夜の 1955 年のことであった。

しかし,表 5-8 が物語るように,1974～75 年の高いピークを転換点にして,日本での労働争議の規模は急速に縮小した。高度経済成長期に安定的に推移した労働組合の組織率も,76 年以降は低下傾向を示すようになった。[25] 74～75 年を境にして,日本の労使関係は,「紛争的安定」から「協調的安定」へ変容を遂げたのである。

安定成長期の日本で協調的な労使関係が支配的となったのは,経済成長率の低下により労働市場の逼迫が解消されたこと,それが雇用不安を増大させ労働者の勤務先企業への固着をいっそう強めたこと,それが企業別労働組合の独自性を増進させ企業主義的労働運動の高まりをもたらしたこと,などによるものであった。1960 年代前半に成立した日本型労使関係は,第 1 次石油危機を経て 70 年代半ばに支配的なものとなったのである。

安定成長期には,労働争議がノーマルな労使関係の一要素となるという状況は消失し,労使の利害の一致を重視する見方が一般的となった。また,世論や労働者の意識も,労働組合や争議行為に対して,無関心ないし批判的となった。1975 年以降の春闘で総評が継続的に敗北し続けたこと,82 年の全民労協 (全日本民間労働組合協議会) の発足を経て 89 年には官公労を含む「連合」(日本労

連合の成立（毎日新聞社）。

働組合総連合会）が成立したことなどは，協調的な労使関係の制覇を如実に物語るものであった。

　第1次石油危機を転機とする経済成長のあり方の変化にほぼ即応する形で労使関係が変容を遂げたことは，日本の企業別労働組合が経営環境の変動に対して高い適応力を持つことを示している。「企業別組合は，強い企業間競争のもとでの労使協調システムを形成することによって，労使間のありうべき紛争を最小化し，生産性を高めることに貢献している」（田端［1991］269頁）が，このことは，石油危機以降の時期に日本が欧米諸国に比べて相対的に高率の経済成長を実現する上で，重要な意味を持った。「日本的経営」が脚光を浴び，日本的な雇用慣行が国際的な注目を集めたのがこの時期であったことは，決して偶然の所産ではない。

4　経営者企業の成長志向型意思決定

▷ 株主の封じ込めと企業成長

　高度経済成長期以降の日本の労使関係が，「紛争的安定」にせよ「協調的安定」にせよ，ともかくも安定していたのは，企業がある程度以上の成長を実現し，長期雇用，年功制，企業別組合などに示される日本的な雇用慣行を維持したからである。このように日本企業が持続的な成長を遂げる上では，株主の力

第2節　成長を実現したメカニズム　333

を封じ込めることが重要な意味を持った。

A. D. チャンドラー, Jr. によれば, 1960年代に入ると, 競争上の優位が発揮できない新市場への参入, トップ・マネジメントとミドル・マネジメントとの断絶, 事業単位の継続的な分割, 企業売買のビジネス化, ポートフォリオ・マネジャーの役割の増大, 資本市場による企業コントロールの進展, などに示される資本主義の新たな傾向が, アメリカを中心に顕在化した。そしてこの傾向は, 企業の組織能力の低下や競争力の後退と密接に関連するものであった (チャンドラー［1993］〔原著 Chandler［1990］〕参照)。

チャンドラーが指摘したこの傾向については,「株主反革命」[26]という言葉を使って, 別の角度から次のように説明されている。

「アメリカでは, 1960年代の半ばまで, 経営者支配についての議論が活発に行なわれたが, 1960年代の後半になって, その議論は急速に鎮静化した。それにかわって株主利益の最大化という企業行動原理の妥当性を主張する議論が支配的となってきた。そのきっかけをつくったのはコングロマリットである。コングロマリットによるテイクオーバーの脅威の増大が, 株主反革命ともいうべき事態をもたらしたのである。(中略) テイクオーバーが自由に行なえるような国では, 経営者はつねに自社の株価が潜在価値と等しくなるように, つまり株主の利益を最大限に追求するように企業を経営しなければならない。さもなければ, 経営者は, テイクオーバーによって解任されてしまうのである」(加護野・小林［1988］218頁)。

ここで重要なことは, いわゆる「株主反革命」が, 専門経営者による制覇, 別言すれば経営者企業 (経営者企業の定義, およびそれと企業成長との関係については, 森川［1991］参照)[27] の確立の後に生じたことである。つまり, 企業のトップ・マネジメントを専門経営者が完全に掌握した状況の下でも, 企業の所有者である株主は, 自らの意思を貫徹させることが可能なわけである。そして, このような「株主反革命」が生じた企業では, 専門経営者が短期的な利益の追求に目を奪われ長期的視野に立つことができず, また, 配当重視の利益処分を余儀なくされ将来の投資のための内部留保を十分に行うことができないため, 成長に否定的な影響が生じるのは避けられない。

再びチャンドラーによれば，1960年代にアメリカで始まった資本主義の新たな傾向は，やがてヨーロッパにも波及した。しかし，こと日本に限っては，このような傾向はほとんど生じず，60年代以降日本企業は，組織能力を維持，強化し，国際競争力を高めた。つまり，戦後の日本においては，他の欧米先進資本主義諸国と同様に専門経営者による制覇（経営者企業の確立）はみられたものの，それらの諸国とは異なり「株主反革命」は基本的に発生しなかったことになる（以上の点については，チャンドラー［1993］〔原著 Chandler［1990］〕参照）。[28]

そうであるとすれば，戦後の日本経済の国際的にみて異例な成長ぶりに注目するわれわれは，他国と共通の専門経営者による制覇という要因よりは，他国と異なる「株主反革命」の阻止という要因を，むしろ重視する必要がある。そして，この「株主反革命」の阻止を可能にしたのは，ほかならぬ株式相互持合いによる株主安定化であった。戦後の日本企業は，専門経営者が支配する経営者企業になったからだけでなく，株式持合いによる株主安定化を通じて「株主反革命」を封じ込みえたからこそ，相対的な高成長を実現することができたのである。

▷ 経営者企業の成長

株主安定化が企業成長の前提条件となった典型的な事例としては，三井不動産のケースを挙げることができる（以下の三井不動産のケースについて詳しくは，橘川［1992］参照）。財閥解体に基づく株式公開により会社乗取りの危機に直面した同社は，意思決定に混乱を来し，終戦後しばらくのあいだ存在したビジネス・チャンスを活かすことができなかった。しかし，1959年に三井グループ各社を安定株主とすることに成功し，乗取りの危機を脱した三井不動産は，専門経営者である江戸英雄社長のリーダーシップの下で，50年代末からきわめて積極的な経営戦略をとるようになった。浚渫埋立事業へ進出，住宅事業への参入，超高層ビルの建設などがそれであるが，その結果，同社の営業収入は，江戸社長が在任した18年間に，55年の9億2300万円から73年の911億5900万円へ，100倍近くも急増した。

戦後の日本においては，「株主反革命」を阻止した多くの経営者企業で，程度の差こそあれ，三井不動産の場合と同様の成長志向型意思決定がなされた。

経営者企業は、1980年代までは、日本経済の成長を牽引する役割を果たしたのである。

第3節　資本家企業や中小企業の役割と第3次産業の動向

1　資本家企業の急成長

▷ **資本家企業の役割**

　ここでわれわれは、1つの重要な留保を行う必要がある。それは、前節で述べたように、日本には、ⓐ経営者企業である大企業、ⓑ資本家企業である大企業、ⓒ資本家企業である中小企業、の3つのタイプの企業が存在しており、経済成長に貢献したのは、ⓐのタイプの企業だけではないことである。ⓑやⓒのタイプの資本家企業も経済成長に大きな役割を果たしたのであり、本節の前半では、これら資本家企業の動向に目を向ける。

　戦後の日本では、大企業を上回る勢いで急成長した中小企業が、次々と登場した。これら企業は、ⓑのタイプの企業、つまり、資本家企業である大企業になったのである。

　森川英正は、戦後の日本の資本家について、「財閥家族と非財閥・共同出資型株式会社のいくつかで重役を兼任していた資本家たちが脱落し、専門経営者から成り上がった資本家と中小の家業を永年かかって大企業に仕立て上げた資本家経営者の二種類から成り立っていた」(森川[1981] 167頁)と指摘している。森川自身のリストアップによれば、後者の「中小の家業を永年かかって大企業に仕立て上げた資本家経営者」に該当する主要なメンバーは、表5-9の通りである。

　注目する必要があるのは、表5-9に表示された資本家（オーナー）経営者は、いずれも、戦後日本の経済成長の過程で、きわめて重要な役割を果たしたことである。これらの資本家経営者が率いる資本家企業は、専門経営者がトップ・マネジメントを占める経営者企業に比べて、総じて著しい成長を遂げたといっても、決して過言ではあるまい。戦後の日本における創業者型経営者の役割を

表 5-9　森川英正『日本経営史』による戦後の代表的な資本家経営者

戦前においてすでに地方財閥や 中小財閥を形成していたもの	戦前に財閥を形成しなかったが 戦後著しく発展したもの
豊田（トヨタ）	松下
石橋（ブリヂストンタイヤ）	松田（東洋工業）
大原（倉敷紡・倉レ）	本田
安川（明治鉱業・安川電機）	山岡（ヤンマー）
鈴木（味の素）	出光
中埜（中埜酢店）	鹿島
茂木（キッコーマン）	大林
小坂（信越化学）	鳥井（サントリー）
伊藤（松坂屋）　　　など	武田
	中部（大洋漁業）
	蟹江（カゴメ）
	小林（ライオン歯磨）　　など

（出所）　森川［1981］。

高く評価して,「戦後から1960年代にかけての時期の企業者活動の波は,明治時代のそれにのみ比較されうべきかもしれない」(ヒルシュマイヤー＝由井［1977］391-392頁）とする議論もある。

いずれにしても,戦後の日本では,経営者企業と資本家企業の双方で,成長志向型の意思決定が,幅広く行われたのである。

▷ **資本家企業における革新的企業者活動**

表 5-9 の経営者たちが率いたⓑのタイプの資本家企業は,とくに戦後復興期から高度成長期にかけて,日本の経済成長のエンジンとしての役割を果たした。そして,これらの資本家企業の事業分野がいずれも消費財関連であったことも,注目に値する。

戦後復興期から高度成長期にかけての資本家企業の相次ぐ急成長は,革新的企業者活動の継起とみなすことができるが,この革新的企業者活動の継起については,次の2つの論点を解明する必要がある (以下の点について詳しくは,橘川・野中［1995］,橘川［1998c］参照)。それは,①当該期の日本では企業者活動にとってのビジネス・チャンスがいかに広がったか (別言すれば,革新的企業者活動の客観的条件は何か),②広がったビジネス・チャンスを特定の経営者だけ

が活かしえたのはなぜか（別言すれば，革新的企業者活動の主体的条件は何か），という2点である。

はじめに，①の論点について。終戦直後から1960年代にかけての時期の日本に存在した革新的企業者活動にとっての客観的条件は，需要サイドの要因と供給サイドの要因とに分けてとらえることができる。

需要サイドの客観的条件としては，大衆の可処分所得が増大し，消費財に対するニーズが広がるとともに深まりをみせた点を挙げるのが，妥当であろう。「消費革命」「大衆消費社会の到来」などといわれたのが，それである（「消費革命」について詳しくは，橘川［1998d］参照）。当該期の日本において，革新的企業者活動の体現者となった企業の多くは，消費財の生産に携わっていた。このことは，大衆の可処分所得の増大による消費財市場の広がりと深まりが，企業者活動の歴史的・客観的条件となったことを，如実に物語っている。

次に，供給サイドの客観的条件としては，日本国内の競争条件の変化により，新興メーカーにチャンスが巡ってきた点を指摘すべきであろう。前述のように消費財市場が広がりと深まりをみせ，ビジネス・チャンスが拡大したのであれば，まず，既存の大メーカーがそのようなチャンスを活かすことに乗り出すと想定するのが，自然である。しかし，現実には，既存の大メーカーの多くは，新たにビジネス・チャンスが生じた分野に他律的な要因により進出できなかったり，選択的に進出しなかったりしたのである。

既存の大メーカーが他律的な要因により進出できなかったケースでは，財閥解体，独占禁止や労働攻勢などの戦後的な条件変化が，重要な意味を持った。本来ならば家電市場を制圧しうる潜在能力を有していた東芝が，戦後改革と労働攻勢の荒波にさらされて，戦後の立ち上がりで大きく出遅れたことは，その端的な事例とみなすことができる。

一方，既存のメーカーが選択的に進出しなかったケースでは，消費財市場の拡張・深化のテンポがそれらの企業の成長のペースを上回った点が重要である。消費財へのニーズが深まる中で，既存メーカーは，まず，すでに事業化している商品の増産や品質改善に取り組まなければならなかった。その上で，消費財市場の広がりも考慮に入れて，有望な新規分野には参入したが，おのずと，参

入の範囲には限界があったのである。

続いて，②の論点について。前述のような客観的条件が存在したからといって，終戦直後から1960年代にかけて日本で活動した新興メーカーやそのトップ・マネジメントのすべてが，革新的企業者活動の体現者になりえたわけではないことは，いうまでもない。むしろ，そうなりえたのは，ごく一部の例外的な企業やトップ・マネジメントにすぎなかった。急成長を遂げた資本家企業とそのオーナー経営者は，他の一般的な企業とそのトップ・マネジメントと，どこがどう違っていたのだろうか。急成長を遂げた本田技研やソニー，出光興産などの発展過程を振り返ると，革新的企業者活動の主体的条件として，次の5点を指摘することができる。

第1は，新市場の開拓と製品の差別化により競争優位を確保したことである。
第2は，早い時期から海外に目を向けたことである。
第3は，自前のブランドと販路を確立したことである。
第4は，リスク・テイキングな差別化投資を行ったことである。
第5は，資金面での支援者が存在したことである。

上記の主体的条件をクリアして，革新的企業者活動の担い手となった資本家企業は，経営者企業に優るとも劣らない成長を実現した。ⓑのタイプの資本家企業は，こうして形成されたのである。

2　中小企業と産業集積

▷ **中小企業と二重構造問題**

日本経済の成長の担い手となったのは，ⓐやⓑのタイプの大企業だけではない。経済成長のプロセスでは，ⓒのタイプの中小企業も，きわめて重要な役割を果たしたのである。

そうであるにもかかわらず，従来の日本経営史のテキストが中小企業の叙述に力点を置いてこなかったのには，それなりの理由がある。経済成長率が国際的にみて相対的高位を維持するようになった第一次大戦頃から，日本では経済の二重構造の問題が顕在化するに至ったが，二重構造論においては，中小企業は，強靭性を有する大企業の対局に位置する，脆弱性の象徴とみなされたので

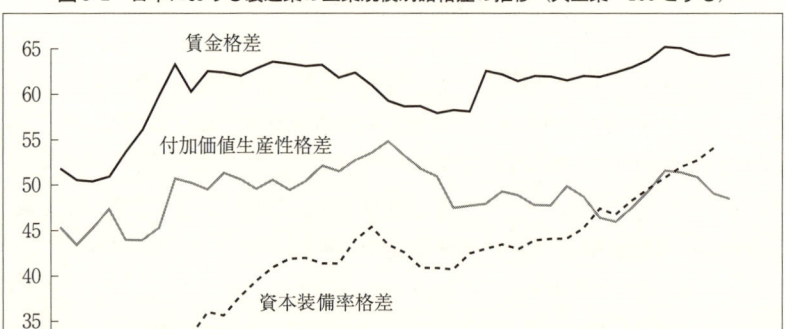

図 5-2　日本における製造業の企業規模別諸格差の推移（大企業＝100 とする）

(注)　1)　賃金格差，付加価値生産性格差においては，従業者 1 人以上 299 人以下を中小企業，300 人以上を大企業とした。
　　　2)　資本装備率格差においては従業者 10 人以上 299 人以下を中小企業，300 人以上を大企業とした。
　　　3)　資本装備率＝有形固定資産額／従業者数
(出所)　中小企業庁［1998］。

ある。

　中小企業の脆弱性の具体的表れとしてしばしば取り上げられる，企業規模別賃金格差が明確になったのは，日本においては第一次大戦後のことである。第二次大戦の敗戦直後に生じた実質賃金の大幅下落によって，企業規模別平均賃金はいったん平準化したが，1950 年代に入ると賃金格差が再び現出するに至った。図 5-2 にあるように，日本の企業規模別賃金格差が縮小したのは，60 年代以降のことであった。さらに，図 5-2 は，日本の大企業と中小企業のあいだの付加価値生産性格差や資本装備率格差が，60 年代～70 年代前半に縮小傾向を示すようになったことも，物語っている。

　大企業と中小企業とのあいだのさまざまな格差が縮小に向かった 1960 年代～70 年代には，日本経済全体に占める中小企業のウェイトが増大した。そのことは，全製造業における中小製造業の出荷額構成比と付加価値額構成比の推移を示した図 5-3 から，読みとることができる。高度経済成長期以降，中小製造業の中でとくに高い出荷額の伸びを記録したのは，一般機械，電気機械，金

図 5-3 日本の全製造業における中小製造業の出荷額および付加価値額の構成比の推移

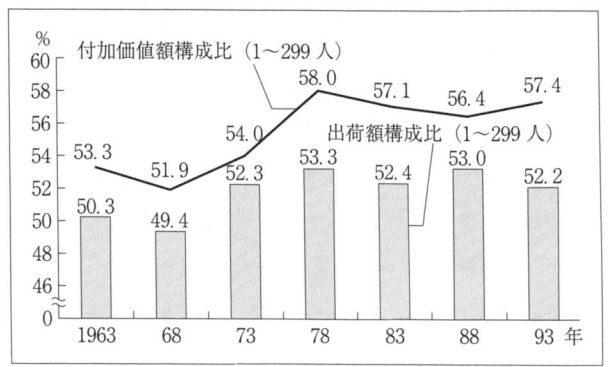

```
%
60
58         58.0   57.1         57.4
              付加価値額構成比（1〜299人）    56.4
56
54      54.0     出荷額構成比（1〜299人）
53.3  51.9  52.3  53.3  52.4  53.0  52.2
52
50  50.3  49.4
48
46
 0
  1963  68   73   78   83   88   93 年
```

（注）　従業員9人以下については粗付加価値額。
（出所）　中小企業庁［1996］。

属製品，輸送用機器の4業種であったが，これらは，いずれも，日本の経済成長や輸出をリードした産業でもあった。日本の「中小企業は部品，素材や設備の供給を通じて加工組立型産業の発展及び輸出競争力の強化に大きな役割を果たし」たのである（以上の点については，中小企業庁［1996］135頁参照）。

　日本の中小企業においては，高度経済成長末期になっても，「会社は誰のものか」という問いに対して，「オーナーのもの」であるという答えが支配的であった。日本的経営の「三種の神器」と呼ばれた終身雇用・年功制・企業別組合も，基本的には，大企業のみにあてはまった。中小企業では，一定期間働いて技術を身につけたら会社を辞めて独立するキャリア・コースのほうが標準的であり，労働組合もあまり組織されていなかった。日本の大企業と中小企業は，それぞれ「別の世界」を形成していたのであり，その状況は，現在でも大きくは変わっていない。

▷「二重構造モデル」から「産業集積モデル」へ

　日本の企業社会の中で，日本的経営を営む大企業とは区別される「もう1つの世界」を形成する中小企業は，石油危機以降の時期にどのような動きを示したのであろうか。この点に関連して注目されるのは，当該期には中小企業に対する見方が徐々に変化し，従来の「二重構造モデル」に代わって，新たな「産

業集積モデル」が影響力を強めたことである（「二重構造モデル」から「産業集積モデル」への転換については，松島［1998］参照）。「二重構造モデル」が，企業規模の格差による中小企業の弱さを強調するのに対して，「産業集積モデル」は，相互に関連する多数の中小企業が狭い地域に集中することのメリットを重視する点に特徴がある。

このような中小企業に対する見方の変化は，日本における大企業と中小企業とのあいだのさまざまな格差が 1960 年代～70 年代前半に縮小に向かったこと（図5-2），大量生産時代の黄昏とクラフト的生産体制への回帰を説いて世界的注目を集めた M. J. ピオリと C. F. セーブルの著作（ピオリ＝セーブル［1993］）が日本を含む世界各地の産業集積にきわめて高い評価を与えたこと，などを反映したものであった。

1994 年の「工業統計表」において従業者数 4 人以上の製造業事業所が 600 以上存在した 126 市区町村を製造業集積と認定すると，95 年の時点で，日本の製造業全体に対する製造業集積のシェアは，事業所数で 35.9％，従業者数で 30.0％，製造品出荷額等で 31.4％ に及んだ。[29]日本の製造業集積（産業集積）には，東京大田区や東大阪市のように「都市部を中心に部品，金型，試作品等を製造する」都市型集積，「伝統的に地場産業的な色彩が強い」産地型集積，親会社である大企業と「多数の下請企業が一定の地域に集積」する企業城下町型集積，の 3 つのタイプがある（中小企業庁［1997］177，179 頁参照）。

産業集積のメリット，つまり「相互に関連する多数の中小企業が狭い地域に集中することのメリット」は，何だろうか。その主要なものとしては，①多様で変容する需要に対応しうる柔軟な分業，②廃業分を補う創業の継続的発生，③外部の市場における評判の形成とそれに基づく受注，④形成された評判に沿った技術の蓄積，の 4 点を挙げることができる（産業集積のメリットについて詳しくは，伊丹［1998］，高岡［1998, 1999a］など参照）。

▷「産業空洞化」の実態

バブル崩壊後の長期不況は，日本の中小企業の経営に大きな打撃を与えた。中小企業は，①国際分業の変化，②開業率の低迷，③信用力の後退，という 3 つの問題に直面することになった（以下の日本の中小企業が直面する問題とその解

決策に関する記述は、橘川［2005］による）[30]。

このうち①の問題については、「世界の工場」としての中国の台頭などと関連づけて、「産業の空洞化」という表現が盛んに使われた。たとえば、2002年版の『中小企業白書』は、「製造業の海外進出が国内中小企業に与える影響」と題する節で、「海外での企業活動が活発化することは、これまで国内中小製造業が受注してきたような製品の生産が減少したり、それに伴い雇用を吸収することが困難になってくるというような事態を生み、さらに中長期的には経済成長の源泉ともいえる技術力等を低下させ我が国産業の競争力を損なうのではないかといういわゆる『空洞化』問題につながるおそれもある」（中小企業庁［2002］40頁）、と述べている。

しかし、「産業空洞化」という見方は、必ずしも正確なものではない。現実には、「技術力等を低下させ我が国産業の競争力を損なう」ような「空洞化」は、日本でいまだに生じていないのである。

「産業空洞化」を語るとき問題視されるのは日本企業の中国進出の影響であるが、表5-10は、その中国とのあいだの日本の貿易収支を、1988～2004年の時期についてみたものである。この表から、近年の日中貿易では、日本の貿易収支は一貫して赤字であることがわかる。しかし、ここで重要な点は、目を日本・香港貿易に転じると、日本の貿易黒字が一貫して継続しており、しかもその黒字額は、大半の年次において、日中貿易での日本の赤字額を上回ったことである。その結果、日本と中国および香港とのあいだの貿易収支は、日本からみた場合、2001年を除いて一貫して黒字となったことを見落としてはならない。

このように、少なくともこれまでの日中貿易の動向をみる限り、日本で「技術力等を低下させ我が国産業の競争力を損なう」ような「空洞化」が生じなかったことは、事実である。日中間では、1990年代以降、日本から高付加価値部品が香港経由で中国に輸出され[31]、それが中国で組み立てられて日本向けに輸出されるという形態の貿易が急拡大したのであり、正確には、日本で「産業空洞化」が進行したのではなく、国際分業が深化したというべきなのである。

図5-4からわかるように、1990年代を通じて、日本国内の製造業の付加価値率は、アジアに進出した日系企業の現地法人（製造業）の付加価値率を、一

表 5-10　日本からみた中国，香港との貿易収支（通関統計，1988～2004 年）

(単位：億円)

暦年	A 対中国貿易			B 対香港貿易			A+B 対中国・香港貿易		
	輸出額	輸入額	収支	輸出額	輸入額	収支	輸出額	輸入額	収支
1988	12,139	12,642	−503	15,000	1,833	13,167	27,139	14,475	12,664
89	11,647	15,343	−3,696	15,818	1,799	14,019	27,465	17,142	10,323
90	8,835	17,299	−8,464	18,875	2,265	16,610	27,710	19,564	8,146
91	11,568	19,137	−7,569	21,979	2,783	19,196	33,547	21,920	11,627
92	15,103	21,448	−6,345	26,257	2,591	23,666	41,360	24,039	17,321
93	19,113	22,780	−3,667	25,249	2,214	23,035	44,362	24,994	19,368
94	19,137	28,114	−8,977	26,322	2,193	24,129	45,459	30,307	15,152
95	20,620	33,809	−13,189	25,996	2,570	23,426	46,616	36,379	10,237
96	23,824	43,997	−20,173	27,600	2,801	24,799	51,424	46,798	4,626
97	26,307	50,617	−24,310	32,978	2,721	30,257	59,285	53,338	5,947
98	26,209	48,441	−22,232	29,492	2,263	27,229	55,701	50,704	4,997
99	26,574	48,754	−22,180	25,072	2,032	23,040	51,646	50,786	860
2000	32,744	59,414	−26,669	29,297	1,797	27,500	62,041	61,211	831
01	37,637	70,267	−32,630	28,260	1,770	26,490	65,897	72,037	−6,140
02	49,798	77,278	−27,480	31,764	1,780	29,984	81,562	79,058	2,504
03	66,355	87,311	−20,956	34,552	1,558	32,994	100,907	88,869	12,038
04	79,942	101,990	−22,048	38,309	1,758	36,551	118,251	103,748	14,503

（出所）　財務省ホームページ「貿易統計」2005 年，より作成。

図 5-4　国内製造業とアジアに進出した日系企業の現地法人（製造業）との付加価値率の比較

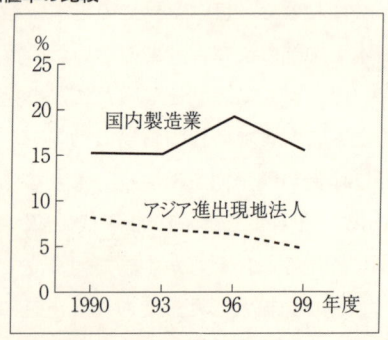

（注）　付加価値率＝（経常利益＋従業員給与）／売上高（％）
（出所）　中小企業庁［2002］。

貫して上回り続けた。つまり日本企業は,「労働コスト等の安価な海外において労働集約的な製品等を製造し,一方で国内においては,高付加価値製品に取り組むといった生産機能のすみわけを行っていた」(中小企業庁［2002］44頁) わけである。

▷ 開業率低下,「貸し渋り」とその克服策

　日本の中小企業が直面する第2の問題である開業率の低下は,バブル崩壊以前の1980年代から始まった。開業率と廃業率の推移を示した図5-5からは,開業率の低下を主因として,80年代後半から,日本の企業の総数が減少に転じたことがわかる。

　日本企業の大部分を占めるのは中小企業であるから,1980年代以降,中小企業の開業率が後退したことは,間違いない。この時期に中小メーカーの開業率が低下した原因としては,①若者の製造業離れなどによる創業予備軍の減少,②急速な技術革新による創業に必要な技術やノウハウの高度化,③創業に伴うリスクとリターンとのバランスの崩壊（リスクの相対的肥大化),などの諸点を挙げることができる（村上［1998］参照）。

　日本の中小企業が1990年代以降の時期に直面した第3の問題は,信用力の後退である。1997～98年の金融危機後に「貸し渋り」や「貸し剝し」という言葉が流行したことは,この問題の深刻さを如実に示している（以下の中小企業の信用力後退に関する記述は,中小企業庁［2003］による)。

　2001年度における企業の資金調達構造を従業員規模別にみると,短期および長期の借入金への依存度は,従業員301人以上で24.2%であったのに対して,従業員101～300人では41.1%,21～100人では51.4%,従業員20人以下では66.9%に達した。エクイティ・ファイナンス[32]への移行を強めた大企業の場合とは異なり,中小企業の資金調達面では,金融機関からの資金借入れが,引き続ききわめて重要な役割を果たしているのである。

　そうであるにもかかわらず,日本の中小企業は,「借りたくても借りることができない」という厳しい現実に直面することになった。2002年11月の時点で,メインバンクに借入れを申し込んだ際,メインバンク側の答えのうち最も多かった反応が拒絶か減額であったとアンケートに答えた企業の比率は,従業

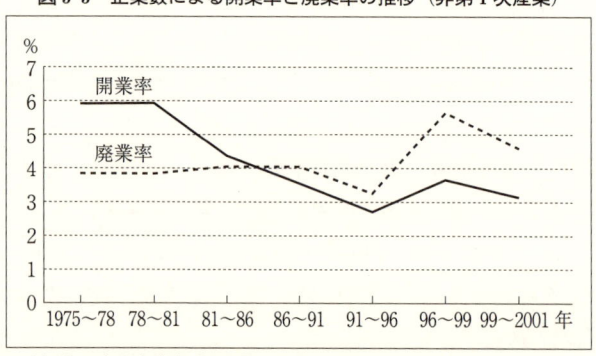

図 5-5 企業数による開業率と廃業率の推移（非第 1 次産業）

(出所) 中小企業庁 [2003]。

員 301 人以上では 2.8% にとどまったのに対して，従業員 101〜300 人では 5.3%，21〜100 人では 10.2%，従業員 20 人以下では 18.2% に達した。

しかも，中小企業の場合には，大企業の場合に比べて，借入金利が高い。2002 年 10 月末時点でのメインバンクからの短期借入金利（年率）の中央値は，従業員 301 人以上で 1.375%，従業員 101〜300 人で 1.625%，21〜100 人は 1.975%，従業員 20 人以下では 2.490% であった。

上記の 2002 年 11 月のアンケートによれば，従業員 20 人以下の小企業の 47.1% がメインバンクの破綻によってマイナスの影響を受けた。従業員 301 人以上の大企業の場合には，メインバンク破綻でマイナスの影響を蒙ったものは，36.4% にとどまった。また，従業員 20 人以下の小企業のうち資金を貸してもらえなかった経験を持つ者の割合は，1997 年以降メインバンクの合併に遭遇した場合では 26.4% に達したのに対して，遭遇しなかった場合では 17.0% にとどまった。メインバンクの破綻や合併は 97〜98 年の金融危機を機に急増したが，金融危機は日本の中小企業に大きな打撃を与えたのである。

ここで指摘した開業率低下や信用力後退の問題を日本の中小企業が克服するためには，どのような施策が必要であろうか。この点では，中小企業に不足する経営資源を補完するネットワークの構築が，重要な意味を持つ。

2003 年版の『中小企業白書』は，1997〜2001 年度に，共同研究開発や共同仕入等の事業連携活動が，中小企業のパフォーマンスを向上させた（売上高の

増加や売上高営業利益率の上昇）ことを伝えている（以下の記述は，中小企業庁［2003］による）。中小企業同士の事業連携活動の苗床となるのは，地域ごとに展開されている異業種交流活動である。また，大学や地方自治体などとの産学官連携がもたらす売上高を増加させる効果も，大企業の場合より，中小企業のほうが大きい。このように，中小企業の成長にとって不足資源を補完するネットワークの役割は大きいのであり，その点は，開業を希望する者にとっても同様なのである。

　中小企業の信用力後退問題の克服策としては，長期的な観点から中小企業の信用力を評価しうる，地方版メインバンク・システムの形成が重要である。中小企業金融の場合には，貸し手と借り手とのあいだの情報の非対称性が大きく，それが，中小企業の金融機関からの資金借入れを困難にしている。このことは，逆にいえば，中小企業と金融機関との関係が長期にわたり濃密であるならば，情報の非対称性は縮小し，中小企業金融が円滑化するということである。そのような状況を作り出すためには，銀行等の金融機関が，事業地域を限定しターゲットを絞り込んで，きめの細かいモニタリングを実施する必要がある。地域を絞り込み長期で濃密な中小企業・金融機関間関係を形成すること，つまり地方版メインバンク・システムを形成することが，求められているのである。

3　企業金融の変化と銀行

▷ 借入金依存型の企業金融とメインバンク

　前項では中小企業金融に言及したが，本項では，第二次大戦後の日本における企業金融全体の動向を概観する。

　戦後の日本では，事業会社と銀行とのあいだでも，資金をめぐる長期相対取引が広く普及した。特定の事業会社に対する融資額第1位銀行があまり変動しない，あるいは，各々の事業会社にメインバンクが存在する，とよくいわれたのは，それを指したものである。

　高度経済成長期には，旺盛な資金需要を反映して，日本企業の借入金依存度はいっそう高まり，自己資本比率はさらに低下した。製造業に携わる資本金1000万円以上の全法人企業についてみると，1960年から75年までのあいだに，

表 5-11　企業の資金調達構成の国際比較

(単位：％)

暦年	日本			アメリカ			西ドイツ		
	外部資金	借入れ	有価証券	外部資金	借入れ	有価証券	外部資金	借入れ	有価証券
1963	65.4	50.4	9.0	22.0	15.6	6.4	37.8	27.2	4.0
65	55.7	49.9	5.8	26.6	19.6	7.0	36.2	19.9	6.6
70	50.1	42.2	6.0	39.9	14.3	25.8	39.4	21.9	3.0
75	67.1	58.7	11.0	25.7	▲1.2	27.6	30.4	19.5	1.8
80	49.1	41.2	5.9	32.4	14.4	18.0	26.8	23.6	3.2
85	41.6	33.5	7.0	12.6	8.6	3.7	24.0	18.9	5.1
89	55.9	34.0	16.2	8.5	18.1	▲12.4	25.9	22.3	3.6

(注)　1)　対象は非金融法人。
　　　2)　数値は資金調達総額に対する構成比。
　　　3)　▲は資金流出を示す。
(出所)　小野［1992］。

借入金依存度は 30％ から 38％ へ上昇し，自己資本比率は 30％ から 18％ へ下落した。しかし，石油危機以降減量経営が定着するようになると，これらの傾向は逆転し始めた。その結果，91 年には，製造業全法人企業（資本金 1000 万円以上）の借入金依存度は 24％ まで下がり，自己資本比率は 33％ まで回復した（以上の点については，小野［1992］参照）。

　ただしここで注意を要するのは，国際比較を行えば，1980 年代末時点でも日本企業は相対的にみて借入金に依存した資金調達を実行していた，ということである。この点は日本，アメリカ，旧西ドイツの企業の資金調達構成を比較した表 5-11 から確認することができる。そして，この借入金依存型の企業金融を円滑に進める上で，メインバンクは重要な役割を果たしたのである。

　事業会社にとって，メインバンクが存在することは，大口で安定的な資金供給源の確保という点で，大きな意味を持つ。また，対外的な信用力を高め，さまざまな取引の場で有利な作用をもたらすという効果も，見逃せない。

　一方，銀行にとってのメインバンクの意義は何だろうか。この点については，「諸銀行間ではメインバンクをつくることで，監視，審査の作業を集中して信用費用の節約をはかり，メインバンクになることによって個別の銀行は監視・審査の能力を高め預金吸収上の優位を得るなどのメリットを得ている」（橋本

図5-6 自己資本比率の推移

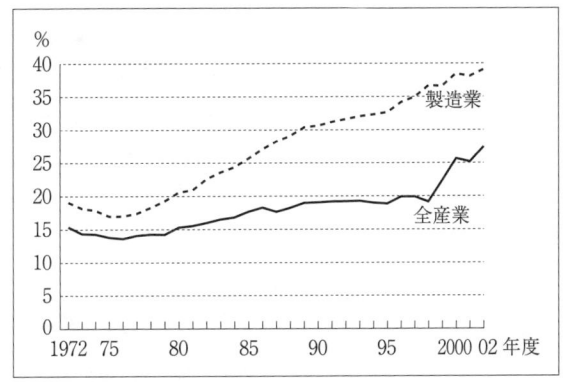

(出所) 総務省統計局・政策統括官・統計研修所 [2006]。

[1991] 99頁) と，指摘されている[33]。

▷ エクイティ・ファイナンスの活発化と銀行再編

表5-11は，1980年代に日本企業の借入金依存度が，国際的にみれば引き続き高位であった事実とともに，60～70年代と比べれば低下した事実も伝えている。この後者の事実は，貿易収支の黒字幅が拡大し，大量の資金が日本の金融市場に流れ込んだことを背景にして，事業会社が，銀行融資に依存してきた資金調達のあり方を，エクイティ・ファイナンスを重視する方向に転換し始めたことを反映したものである。この転換は，80年代後半のバブル景気の時期に本格化し，金融自由化の進展もあって，90年代以降も継続した。

図5-6が示す通り，日本の製造業企業の自己資本比率は，1980年代から上昇し始め，90年代以降も上昇傾向を維持した。これに牽引される形で，日本企業全体の自己資本比率も，90年代末から明確な上昇傾向をたどるようになった。この自己資本比率の上昇をもたらしたのは，株式・転換社債・ワラント債（新株引受権付社債）発行などによるエクイティ・ファイナンスの活発化であった。

金融市場への大量の資金流入と事業会社の間接金融依存からの脱却という変化を受けて，銀行は，新たな資金の貸出先を探す必要に迫られた。バブル景気の下で日本の銀行は，十分なモニタリングを行わないまま，土地を担保にした

第3節 資本家企業や中小企業の役割と第3次産業の動向　349

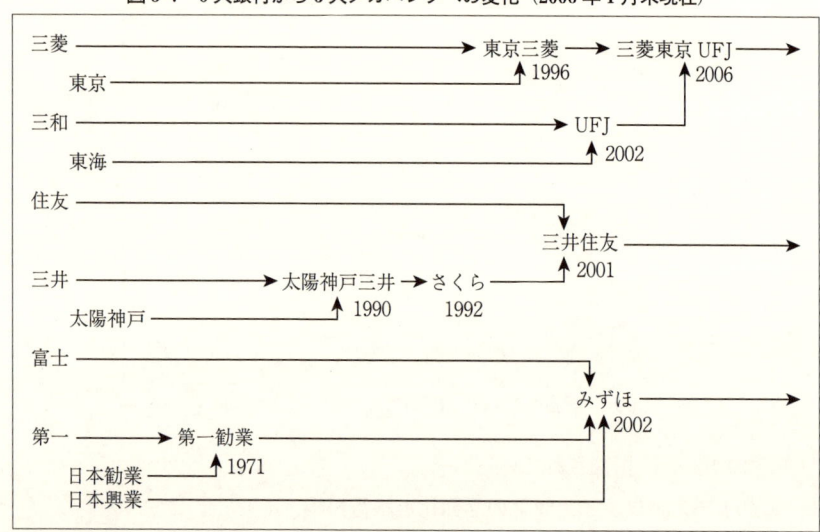

図 5-7　6 大銀行から 3 大メガバンクへの変化（2006 年 1 月末現在）

```
三菱 ──────────────────────────→ 東京三菱 ──→ 三菱東京 UFJ ──→
                                    ↑1996        ↑2006
東京 ──────────────────────────────┘              │
三和 ────────────────────────────→ UFJ ──────────┘
                                    ↑2002
東海 ──────────────────────────────┘

住友 ────────────────────────────→ 三井住友 ────────────────→
                                    ↑2001
三井 ──────→ 太陽神戸三井 →さくら ─┘
              ↑1990      1992
太陽神戸 ────┘

富士 ──────────────────────────→ みずほ ───────────────────→
                                  ↑2002
第一 ──→ 第一勧業 ────────────────┘
日本勧業 ┘ ↑1971
日本興業 ──────────────────────────┘
```

（注）数字は，統合や改称により銀行が新発足した年次を示す。

危険な融資を遂行することになった。この危険な融資が，バブル崩壊後，不良債権の累積という結果を招来したことは，よく知られた通りである（この点については，堀内［1999］，花崎＝ウィワッタナカンタン＝相馬［2005］など参照）。

　不良債権の累積は，銀行の経営に大きな打撃を与えた。1997～98 年には，北海道拓殖銀行，日本長期信用銀行，日本債券信用銀行などが相次いで経営破綻し，「平成金融恐慌」と呼ばれる状況が現出した。高度経済成長期に 6 大融資系列を牽引した三菱銀行・三和銀行・住友銀行・三井銀行・富士銀行・第一銀行の 6 大銀行も，統廃合を余儀なくされ，図 5-7 にあるように，2006 年までに 3 大メガバンクへ再編された。

4　流通業の革新

▷ 百貨店からスーパーマーケットへ

　中小企業とともに，従来の日本経営史のテキストにおいて力点を置いて叙述されてこなかったものに，流通業がある。流通業に関しては，小売の零細性・

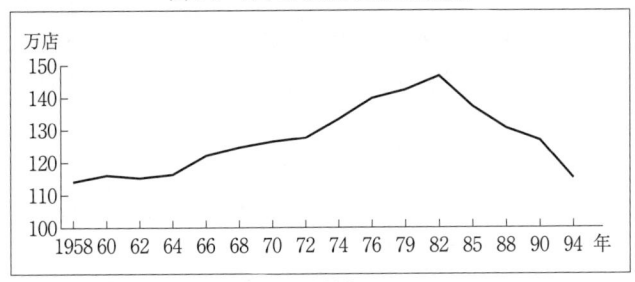

図 5-8　日本の零細小売店の店舗数

(注)　従業者数 1〜4 人の小売店の店舗数。
(出所)　通商産業省『商業統計表』各年版。

過多性・生業性や卸売の多段階性によって特徴づけられる日本の流通構造が，「日本資本主義の後進性」や「日本の経済発展の低位性」の所産として問題視されたのである（この点については，田村［1986］参照）。

大企業・中小企業間の規模別格差の場合と違って，この特徴的な流通構造は，高度経済成長期を経ても，基本的には維持された。そのことは，図 5-8 にあるように，日本の零細小売店の店舗数が，1960〜70 年代を通じて増加し続けたことに，端的に示されている。

ただし，戦前以来の伝統的な流通構造が高度経済成長期にも維持されたということは，戦後復興期から高度成長期にかけての時期に，日本の流通業をめぐって，重大な変化が生じなかったことを意味するものでは，決してない。最近の研究成果は，大きな変化がみられたにもかかわらず，結果として流通構造が変わらなかった事情を明らかにしている（以下の記述について詳しくは，高岡［1997，1999b］，橘川・高岡［1997a］参照）。

この時期に生じた流通業をめぐる重大な変化とは，日本の消費構造が大きく変容し，それに対応する新しい小売業態が登場，成長したことである。消費構造の変容は，生活水準の向上という量的側面と，生活様式の洋風化という質的側面との，両面にわたって進行した。

消費構造の変容に対応して，急速に成長した最初の新しい小売業態としては，百貨店を挙げることができる。三越が日本最初の百貨店の形態を整えたのは

1914年の新店舗完成によってであったが，百貨店業全体が本格的な発展を遂げるようになったのは，呉服需要が高まった20年代後半～30年代のことであった（この点については，鈴木安昭［1980］参照）。その後，第二次大戦後の50年代前半に，日本の百貨店は，今度は，衣料の洋風化（洋服化と既製服化）の波に乗って，再度の急成長を示した。第1次百貨店法が37年に，第2次百貨店法が56年に，それぞれ制定されたのは，2度にわたって業容を拡大した百貨店を，事後的に規制しようとしたものであった。

　百貨店に続いて発展を遂げた新しい小売業態は，高度経済成長期に登場したスーパーマーケットである。日本のスーパーは，食生活の洋風化に対応して急成長し，1957年に大阪で1号店を開店した中内功のダイエーは，15年後の72年には売上高で三越を凌駕し，日本最大の小売企業となった。73年に制定され，78年に改正強化された大規模小売店舗法（大店法）は，高度経済成長期に業容を拡大したスーパーマーケットを規制しようとしたものであった。

　スーパーマーケットの急成長を背景にして，1960年代初頭の日本では，「流通革命」論が，一世を風靡した。「流通革命」論は，①スーパーの発展に伴い零細小売店は減少する，②生産段階での量産化と小売段階での量販化（スーパーの発展）とが同時進行することによって中間段階の卸売商は排除される（いわゆる「中抜き」が生じる），という2点を強く主張した（林［1962］参照）。しかし，既述のように，現実には，その後も零細小売店は増加し続けたし，卸売商の事業行動も活発なままであった。なぜ，「流通革命」論の見通しは，外れたのだろうか。別言すれば，なぜ，百貨店やスーパーの成長がみられたにもかかわらず，日本の伝統的な流通構造は，維持されたのだろうか。理由は2つある。

　第1は，高度経済成長期以降も日本では，食生活の洋風化が進展する一方で，生鮮食料品消費のウェイトが高い水準を維持したことである。高度成長期までの日本のスーパーマーケットは，生鮮食料品のプリ・パッケージ・システムを開発することができず，店頭でのセルフサービス方式による生鮮食料品販売に成功しなかった。このため，零細小売店の中で大きな比重を占めた零細食料品小売店（青果店，鮮魚店，精肉店など）にとっては，引き続き店舗数を増大させる余地が残されたのである。

第2は，日本の百貨店もスーパーマーケットも，成長プロセスで必要とされた経営資源の不足分を，卸売商との関係によって補完したことである。戦後復興期の百貨店は，新しい商品である洋服，それも既製服を適切に品揃えし，販売する人的資源を，十分には保有していなかった。百貨店の売場に派遣店員を送り込むなどして，その不足分を補完したのは，樫山純三の樫山（株）（現在のオンワード樫山）に代表される新興洋服問屋であった。

　また，高度成長期のスーパーは，チェーン・オペレーション[34]（それは，低廉な加工食品販売を実現するためには，不可欠の要件である）に必要な資金の不足に，悩まされていた。この不足分を補完する上で大きな意味を持ったのは，食品問屋等の卸売商がスーパーに事実上融通する形になった回転差資金[35]であり，高度成長期日本のスーパーは，「流通革命」論の見通しに反して，卸売商を排除するという方針はとらなかった。高度経済成長期を経過しても卸売商の事業行動が活発なままであった背景には，このように，新しい小売業態の旗手である百貨店やスーパーマーケットが，卸売商をむしろ積極的に活用する戦略をとったという事情が存在したのである。

▷ **コンビニエンス・ストアの登場と「1985年ショック」**

　石油危機後の安定成長期の日本では，百貨店やスーパーマーケットとは異なる，新しい小売業態が出現した。短期間に急成長を遂げることになったコンビニエンス・ストアが，それである。日本で最初のコンビニエンス・ストアが開店したのは1969年のことであるが，2002年には，全国のコンビニエンス・ストアの店舗総数は4万1770店に達した（経済産業省［2005］参照）。

　日本のコンビニエンス・ストア事業は，アメリカをモデルとして出発したが，まもなく独自のシステム革新を実現し，やがてアメリカからモデルとされるようになった（日本におけるコンビニエンス・ストアの発展については，川辺［1994］，矢作［1994］，高岡［1999c］など参照。以下の記述は，これらの文献による）。独自のシステム革新の内容は，多品種少量在庫販売・年中無休長時間営業等の小売業務面，短リード小ロット・生産販売統合・商品共同開発等の商品供給面，情報ネットワーク・戦略的提携・フランチャイズ制等の組織構造面など，きわめて多岐にわたった。日本のコンビニエンス・ストア企業の成長がとくに著しかっ

日本初の「セブン-イレブン」1号店（読売新聞社提供）。

たのは，情報網構築や物流に関して規模の経済を実現するため，互いに競い合いながら地域集中型の多店舗展開戦略（いわゆるドミナント戦略）をとったからであった。それらの企業は，ドミナント戦略を自前で遂行するのに必要な「立地」資源や資金を保有しておらず，不足資源を補完するため，フランチャイズ制を積極的に活用した。日本のコンビニエンス・ストア業界のトップ・カンパニーで，一連のシステム革新を主導した，鈴木敏文率いるセブン-イレブン・ジャパンは，1990年に経営危機に陥ったアメリカの親会社サウスランド社の救済に乗り出すとともに，93年には経常利益で日本の親会社イトーヨーカ堂を凌駕した。セブン-イレブン・ジャパンは，「二重の逆転」を実現したのである。

　コンビニエンス・ストアほど目立ちはしないが，石油危機以後の日本の流通業界で着実な成長を遂げた小売業態に，食品スーパーがある。日本では生鮮食料品消費のウェイトが高い水準を維持したが，既述のように高度経済成長期までのスーパーマーケットは，これに十分に対応できず，「流通革命」論の見通しとは異なって，生鮮食料品を販売する零細小売店の店舗数は増加し続けた。しかし，1970年代の半ばに(株)関西スーパーマーケットの北野祐次が生鮮食料品のプリ・パッケージ・システムを開発し，サミット(株)の荒井伸也らの手で約10年をかけて同システムが全国に普及するようになる（70年代半ばから

80年代半ばにかけての日本における食品スーパーのシステム革新について詳しくは，橘川・高岡［1997b］参照）と，食品スーパーの零細食料品小売店に対する競争優位は，決定的なものとなった。零細食料品小売店は日本の小売店の中で大きな比重を占めたから，食品スーパーに押される形で零細食料品小売店の店舗数が減少に転じたことは，小売店店舗数全体の減少につながった（図5-8）。また，コンビニエンス・ストアの急成長も，零細小売店の店舗数減少を促進する要因になった。顕在化した年次にちなんで「1985年ショック」と呼ばれた，この小売店店舗数の減少傾向への転換は，伝統的な日本の流通構造が大きく変容し始めたことを象徴するものであった。60年代初頭の「流通革命」論の見通しは，80年代半ばになって，ようやく部分的に実現したのである。[38]

第4節　技術革新と技術開発

1 技術革新と技術貿易

▷ 技術革新の時代

　日本経済の高度成長の過程は，技術革新の過程でもあった。1950年代半ばから60年代にかけての日本では，生産設備の大型化，オートメーション化の進展，材料革命の進行，新商品の相次ぐ登場等を主要な内容とする，技術革新のうねりが生じた（戦後日本の主要産業における技術革新については，平本［1994］，新宅［1994］，四宮［1998］，沼上［1999］，藤本［2003］，橘川［2004］など参照）。

　生産設備の大型化による規模の経済の追求は，鉄鋼，造船，石油精製，石油化学，電力などの産業で，とくに大きな成果をあげた。大型高炉，LD転炉（純酸素転炉），ホット・ストリップ・ミル等を備えた巨大な銑鋼一貫製鉄所，溶接工法やブロック工法を導入したマンモス・タンカー建造設備，臨海部のコンビナート内に集中的に配置された大規模な製油所，エチレン・センター，火力発電所などは，製品の単位当たり生産コストを著しく低下させる機能を果たした。

　高度経済成長期の後半には，オートメーション化の進展は，従来困難視されてきた多機種・少量生産工程の自動化・省力化を可能にする段階にまで到達した。それを可能にしたのは，数値制御つき工作機械の登場であった。

材料革命の中心的な担い手となったのは、新興産業の石油化学工業が生み出した合成繊維や合成ゴム、プラスチックなどの高分子化学製品であった。これらは、価格の低廉さと品質の利便性によって、既存の天然繊維、天然ゴムや木材、金属等に急速にとって代わった。また、すでに触れた「三種の神器」や「3C」などの耐久消費財は、新商品の典型的な事例とみなすことができる。

▷ ME 化での先行と IT 革命での出遅れ

ここまでみてきたように技術革新は、高度経済成長期に大きなうねりとなって生じたが、それは、石油危機以降の時期にも形を変えて継続した。1970〜89年の20年間についてみると、日本の実質経済成長率の単純平均は年4.8% であるが、これに対する資本の寄与は2.9%、労働の寄与は0.3%、技術進歩の寄与は1.5% であり、技術進歩の寄与は、資本のそれに次いでかなり大きい。とくに、80〜89年の10年間に関しては、成長率の年平均は4.2%、資本の寄与は1.9%、労働の寄与は0.6%、技術進歩の寄与は1.7% となっており、成長率が全体として低下する中で、技術進歩の寄与がむしろ上昇している点が注目される。ちなみに、以上の数値をアメリカについてみると、70〜89年の20年間では、実質経済成長率の年平均が2.7%、これに対する資本の寄与が1.1%、労働の寄与が1.0%、技術進歩の寄与が0.7% である。また、80〜89年の10年間では、成長率の年平均が2.7%、資本の寄与が1.0%、労働の寄与が0.9%、技術進歩の寄与が0.8% となる（以上の点については、経済企画庁［1990］参照）。

石油危機以降の日本で生じた技術革新の特徴は、コンピュータを中心とする情報・通信技術の発達を踏まえた情報化とマイクロエレクトロニクス（ME）化の進展に求めることができる。金融・保険業のオンライン化、流通業における POS（販売時点情報管理）システムや EOS（エレクトロニック・オーダリング・システム、補充発注システム）の導入、製造業（とくに機械工業）での CAD／CAM（コンピュータによる設計、製造）や FMS（フレキシブル・マニュファクチャリング・システム、フレキシブル生産システム）の採用などは、情報化・ME 化の代表的事例である。

ME 化で欧米諸国のライバルに先行した日本のメーカーは、1970年代から80年代にかけて、国際競争力を強化した。しかし、日本は、1990年代に進行

表 5-12　日本の外資導入状況（1957～72年）

年度	技術導入件数（件）					技術導入支払額（100万米ドル）
	機械工業	化学	金属鉄鋼	その他	合計	
1957	56	30	11	21	118	39
58	52	11	12	15	90	48
59	76	33	25	19	153	62
60	187	77	19	44	327	95
61	184	59	27	50	320	113
62	99	83	22	124	328	114
63	385	71	42	66	564	136
64	285	66	46	103	500	156
65	300	67	29	76	472	167
66	304	97	47	123	601*	192
67	334	115	52	137	638	239
68	549	210	68	234	1,061	314
69	617	168	98	271	1,154	368
70	640	212	79	399	1,330	433
71	763	223	85	475	1,546	488
72	955	204	102	655	1,916	572

（注）　＊は原資料のまま。
（出所）　安藤［1975］。

したIT（情報技術）革命に関しては，アメリカの後塵を拝することになった。アメリカでは，インターネットを活用した新ビジネスが次々と登場し，「ニュー・エコノミー」と呼ばれる活況が現出したのに対して，日本では，開業率が低迷する状況が続いた。IT革命に遅れをとったことは，日本経済が「失われた10年」を経験する一因となったのである。

▷ 技術貿易の動向

　高度経済成長期の日本の技術革新を促進する上で重要な役割を果たしたのは，海外からの積極的な技術導入であった。表5-12からわかるように，1957年から72年にかけて，日本の技術導入件数，技術導入支払額は，いずれも急増した。産業別件数でみる限り，技術導入の中心的な担い手となったのは，機械工業や化学工業であった。高度経済成長期に「外国技術導入のラッシュ」が生じた理由としては，「① 戦後わが国の技術格差が国際的にきわめて大きかったこと　② 貿易・資本自由化のタイムスケジュールに間に合わせるには，短時日

にその遅れをキャッチアップしなければならなかったこと　③ 財閥解体・独禁法制定によって新規参入の障壁が取り除かれた半面，産業構造高度化の方向に合致すれば租税特別措置や政策金融によって保証されたこと　④ 農地解放・労働三法制定によって制度的に所得分配の是正が図られ，戦前経済に比べて国内市場拡大の可能性が大きくなっていたこと　⑤ すでにわが国の潜在的な工業技術水準と労働力の質的内容が欧米先進国とあまり差がなく，新技術を消化する能力を有していたこと」，という5点が指摘されている（有沢［1976］385頁）。

　旺盛な技術導入を反映して，日本の技術貿易の収支比率（技術輸出額／技術輸入額）は，1970年度には0.14にとどまった。しかし，その後，技術力の向上が効果を示し，技術貿易収支比率は，75年度 0.23，80 年度 0.26，85 年度 0.30，90 年度 0.43，95 年度 0.65，2000 年度 0.98 と，徐々に改善された。そして 02年度には 1.01 となり，技術輸出額が技術輸入額を上回るに至った（以上の点については，総務省統計局・政策統括官・統計研修所［2006］参照）。

2　多品種少量生産体制の構築

▷ 導入技術の日本的受容

　長期にわたり日本の技術貿易の収支比率が1を大きく下回っていたことは，基礎技術の開発の面で日本企業が欧米企業に立ち遅れていることを示唆している。しかし，しばしば指摘されるように（たとえば，伊丹［1987］参照），応用技術の開発の面では日本企業の多くは欧米諸国のライバルよりもすぐれた力を持っており，そのことが，日本製品の高い国際競争力の1つの源泉にもなっている。

　高度経済成長期以降活発化した日本の技術導入も，当初は模倣的受容から出発しながら，やがて創造的消化へ変化していった。その際，日本企業がとくに力を入れたのは，現場の工程技術を重視しながら，効率的な多品種少量生産を可能にする生産システムを作り上げることであった（この点については，下川［1990］参照）。日本の工場のオートメーション化が高度成長期の後半には多機種・少量生産工程の自動化・省力化を可能にする段階にまで到達したことは，

その現れとみなすことができる。

　日本企業が多品種少量生産を重視したのは，戦後の初期には市場の拡大に限界があると見込まれたこと，早い時期から市場のニーズが多様化したこと，厳しい企業間競争の下で製品の差別化や多様化の必要に迫られたこと，などによるものであった。

▷「トヨタ生産方式」の登場

　多品種少量生産を重視する日本の企業は，やがて，量産効果を第一義的に追求するアメリカの企業とは異なる生産システムを作り出すようになった。その代表的事例としては，流れ作業による大量生産方式である「フォード・システム」に代わって登場した，「トヨタ生産方式」を挙げることができる。

　「トヨタ生産方式」の基本的なねらいは，大量生産がもたらす過剰な中間在庫というムダを徹底的に排除することにある。同生産方式の生みの親であり，トヨタ自動車工業の副社長を務めた大野耐一によれば，「トヨタ生産方式」は，「ジャスト・イン・タイム」と「自働化」の2つを支柱としている（以下の「トヨタ生産方式」に関する記述は，主として，大野［1978］による）。そして，この2本柱の基礎にあたるのが，生産工程全体に「流れをつくる」ことである。

　「ジャスト・イン・タイム」とは，自動車を流れ作業で組み立てる過程で，必要な部品が，必要なときにそのつど，必要なだけ，生産ラインに到着することを意味する。これを実現するためには，従来の「前工程が後工程へものを供給する」という考え方に代えて，「後工程が前工程に，必要なものを，必要なとき，必要なだけ引き取りに行く」という「後工程引取り」の考え方を導入しなければならない。「トヨタ生産方式」の代名詞である「かんばん」は，「後工程引取り」を実行する際，工程間をつなぎ，後工程が何をどれだけ必要としているかを表示する手段として，工夫されたものである。

　一方，ニンベンのついた自動化，すなわち「自働化」は，人間の知恵を付与した自動化を意味し，機械についていえば，異常があればただちに停止する自動停止装置つき機械のことである。「自働化」の結果，1人の作業者による「多工程持ち」が可能になるが，そのことは，生産工程に「流れをつくる」上での重要な条件となる。

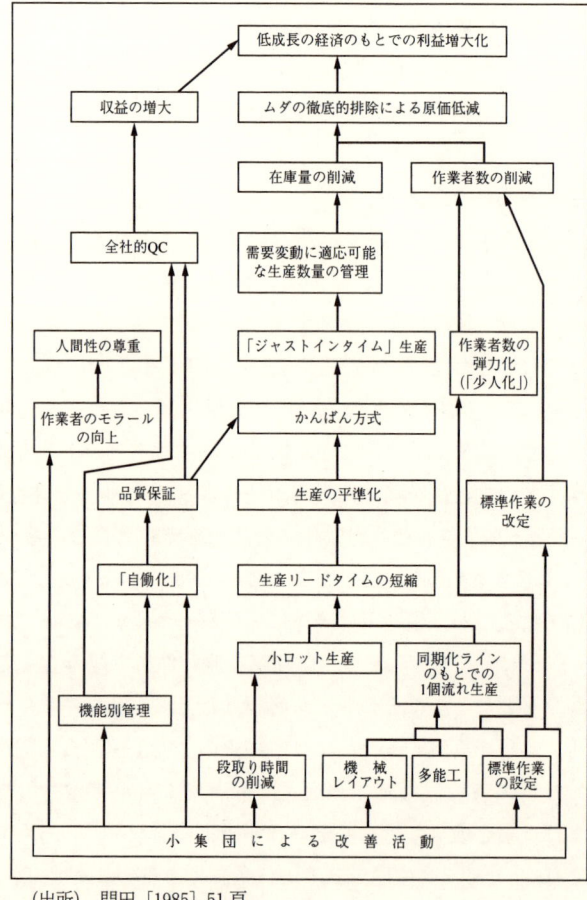

図 5-9　トヨタ生産方式の体系

```
                        低成長の経済のもとでの利益増大化
          収益の増大      ムダの徹底的排除による原価低減
                        在庫量の削減          作業者数の削減
          全社的QC       需要変動に適応可能
                        な生産数量の管理
          人間性の尊重   「ジャストインタイム」生産   作業者数の
                                                    弾力化
          作業者のモラール                           （「少人化」）
          の向上         かんばん方式
                        生産の平準化              標準作業の
          品質保証                                改定
          「自働化」     生産リードタイムの短縮
                        小ロット生産    同期化ライン
                                        のもとでの
          機能別管理                    1個流れ生産
                        段取り時間  機械      多能工  標準作業
                        の削減      レイアウト        の設定
                        小 集 団 に よ る 改 善 活 動
```

（出所）　門田［1985］51頁。

　しかし，各工程で「多工程持ち」が実現しても，最終工程の生産のバラツキが大きければ，前工程は余分な人と設備を抱え込まざるをえなくなる。したがって，生産工程全体に「流れをつくる」ためには，さらに，最終工程のロットを極力小さくし，「生産の平準化」を達成しなければならない。このような「生産の平準化」は，プレス部門の金型の交換のような「段取り替え」が迅速に行われない限り，現実性を持たない。トヨタ自動車本社工場内のプレス段取

1976年頃のトヨタ自動車の生産ライン（毎日新聞社）。

り時間の平均値は，1950年代前半には2～3時間に及んだが，62年には15分間となり，71年には3分間にまで短縮した。トヨタ自動車は，「段取り替え」のスピードアップに成功することによって，「生産の平準化」を実現したのである。

トヨタ自動車は，終戦直後の時期から「トヨタ生産方式」の開発に着手し（1948年に早くも「後工程引取り」を部分的に開始した），1960年代前半にはほぼそれを完成させた（62年に「かんばん」の社内全面採用に踏み切り，63年には「多工程持ち」を確立した）。石油危機以降の時期には，「トヨタ生産方式」は，トヨタ自動車という1企業や自動車工業という1産業の枠を越えて，日本の多くの企業に広まった。「多種少量で安くつくることのできる」同生産方式の普及は，低成長時代に入った世界の市場で日本製品が強い競争力を発揮する上で，大きな力となった。[39]

▷ セル生産方式の導入

「トヨタ生産方式」の特徴は，多品種少量生産を実現して，需要の変動への柔軟な対応を可能にする点にある。このメリットは，産業集積における中小メーカー間の分業においても，観察されるものである。

ただし，「トヨタ生産方式」の場合には，ベルトコンベアは工場内に残ったままである。1990年代になると，日本のメーカーのあいだには，ベルトコン

ベアを撤去する，新しい多品種少量生産方式が普及した。セル生産方式が，それである。

セル生産方式とは，ベルトコンベアを使った流れ作業をやめて，セル（細胞）と呼ばれる少人数のチーム（究極のケースでは1人の工員）が複数の工程をこなし，1つの製品を作り上げる仕組みのことである。この方式は，学習効果による生産性の向上，それに伴う要員の減少，ベルトコンベア撤去による空きスペースの確保などの効果を生み，需要の変動への柔軟な対応を，さらに深いレベルで実現した。

1990年代には，低廉な労働コストを武器に中国を始めとする東アジア諸国が日本を激しく追い上げたが，セル生産方式は，日本のメーカーにとって，その追い上げに対抗する有力な武器となった。90年代後半から2000年代前半にかけて，キヤノンや松下電器は，セル生産方式を積極的に導入することによって，国際競争力を強化した（このうちキヤノンの事例については，日本経済新聞社 [2004] 参照）。

3 技術開発を促進するシステム

▷ 企業内システムと技術開発

前項でみたように，戦後の日本の企業は，応用技術の開発という点で，大きな成果をあげた。この高い技術開発力は，日本企業の企業内システムや企業間システムと密接に関連している（以下の企業内システム・企業間システムと技術開発との関係に関する記述は，主として，経済企画庁 [1990] による）。

技術開発を促進する日本企業の企業内システムとしては，長期的な視点からの経営目標の設定，水平的で柔軟な組織構造，長期雇用・企業内部門間移動・内部昇進制等の雇用慣行などが，重要な意味を持つ。

長期的視点に立つ経営目標の設定は，即効性が期待できない技術開発に関連する投資をも可能にする。また，短期的な利益の変動に左右されることなく，研究開発の継続性，安定性を確保することができる。

水平的で柔軟な組織構造は，企業内の情報の「横」の流れを円滑にする。応用研究や新製品開発，生産技術開発等で成果をあげるためには，研究，設計，

生産，営業などの企業内の各部門が密接なコミュニケーションを保つ，必要な情報が自由に流れることが，きわめて重要である。

長期雇用や内部昇進制は，欧米諸国でしばしば問題となる新技術導入への抵抗を小さくする。また，OJT（オン・ザ・ジョブ・トレーニング，就業中の教育訓練）を中心とした社内での教育訓練に対する労使双方のインセンティブを高める効果を持つ（日本企業の雇用慣行と熟練形成について詳しくは，小池［1981］参照）。さらに，企業内部門間移動は，情報の「横」の流れをスムーズにする。

▷ **企業間システムと技術開発**

技術開発を促進する日本企業の企業間システムとしては，長期的な取引関係，複数の企業の共同研究開発などが重要である。

長期的な取引関係においては，財にとどまらず情報がやりとりされたり，取引当事者間に協力関係が成立したりするケースが多い。得意先から需要についての貴重な情報がもたらされ，それに的確に対応して技術開発をタイムリーに進めることは，日本企業が得意とするところである。また，長期にわたって取引している組立メーカーと部品供給業者とのあいだでは，生産技術の改善や生産効率の向上につながる情報の交換が，頻繁に行われている（この点について詳しくは，浅沼［1997］参照）。

複数の企業による共同研究開発は，1980年代に入って急増した。共同研究組合の年平均設立件数は，61～79年には2.3件であったが，1980～88年には15.3件に増加した（経済企画庁［1990］参照）。これは，技術の高度化や相互関連の深化を反映したものであった。

第5節　日本的経営の光と影

1　経営管理技法の移入と日本化

▷ **管理技法の移入**

以上述べてきたように，「日本的経営」と総称される日本の企業内システムは，企業の成長や技術の開発に適合的だという特徴を持っている。この節では，日本的経営の国際的普遍性や今後のあり方について，考察を加える。

まず指摘する必要があるのは，日本の企業が，戦後復興期に引き続いて高度経済成長期にも，主としてアメリカから経営管理の諸技法を導入したことである。つまり，日本的経営は，決して，日本固有のものとして自己展開を遂げたわけではなかったのである。

1950 年代後半に入ると，P. F. ドラッカーの『現代の経営』(ドラッカー [1956]) や C. I. バーナードの『経営者の役割』(バーナード [1956]) の邦訳が相次いで出版され，ベストセラーになるなど，高度経済成長期を迎えた日本では，アメリカ経営学のブームが到来した。この頃，多くの日本企業は，遅れた体質を持つ自らの経営方式を近代化する必要があると考え，アメリカ式の管理技法の導入に力を入れた（以下の管理技法の導入に関する記述は，主として，並木ほか [1993]〔執筆担当者は並木〕，による）。

経営管理全般では，ドラッカーの問題提起を受けて，経営戦略の明確化が，トップ・マネジメントの基本機能として，重要視されるようになった。そして，日本の各企業は，1960 年頃から，経営戦略を具体化した長期計画を作成し始めた。また，60 年代後半には，有力な戦略決定方策として，PPM (product portfolio management，製品や事業の展開に関する最適の組合せを見出すための方策) が導入された。

経営組織については，高度経済成長期に事業部制，プロジェクト・チーム，マトリクス組織などが次々と紹介され，日本企業に採り入れられた。このうち事業部制は，製品別・販売先別等のタテ割り型組織を強化し，分権制を徹底した組織形態で，継続性を持つ。一方，プロジェクト・チームは，一時的な形態であり，特定のプロジェクトを短期間に遂行するため，各部門のスタッフを集めて目的実現に専念させるものである。マトリクス組織は，関係部門との業務の調整が困難であるというプロジェクト・チームの難点を解消するねらいで 1960 年代後半に導入されたもので，従来の機能別組織とプロジェクト・チームとの折衷型とみなすことができる。このマトリクス組織では，「構成員は従来どおりの機能別部門に所属するとともに，特定のプロジェクトに参加し，専門的知識と経験に基づいて，プロジェクトに貢献する。構成員の立場は，プロジェクト・マネジャーと所属部門とに二重責任を負うことになるが，運営が適

切に行われるならば，問題解決が迅速かつ円滑になるとともに，人材の有効活用にも役立つわけである」（並木ほか［1993］178頁）。

IE（industrial engineering）の重要性が認識されるに至った生産管理の分野でも，欧米からさまざまな管理技法が移入された。まず1959年に，製品ないしサービスに要求される機能とそれを維持するために必要なコストとの比に着目して，原価低減を図る価値分析（VA/VE: value analysis/value engineering）が採用された。それに踵を接して，作業改善の方策であるワーク・デザイン法が伝えられたが，その新しさは，現状分析から出発する従来の帰納的な手法とは異なり，最初に理想案を想定する演繹的な手法に求めることができる。また1964年には，並列型の工程系列をネットワーク線で表示し，日程計画を管理するPERT（program evaluation and review technique）法が導入された。

高度経済成長の後半期になっても，欧米諸国からの生産管理技法の移入は続いた。たとえば，多品種少量生産に適合的な設計管理技法としてグループ・テクノロジー（製品や部品の形状を管理面から系統的に分類する方式）が導入されたが，これは，他の諸技法の場合のようにアメリカでではなく，西ドイツで開発された点に特色があった。さらに，設備配置の計画法であるSLP（systematic layout planning，設備や職場の相互関連性を線や図で表示し，合理的なレイアウトを決める方法）や，資材計画の技法であるMRP（material requirement planning，各資材の所要調達量と入手時期を，在庫量とリードタイムを考慮しながら系統的に算出する方法）も，日本に導入された。

このほかにも，高度経済成長期に日本企業は，PM（productive maintenance，生産保全）やZD（zero defects，無欠点運動）などを採り入れた。1950年代後半に導入されたPMは設備の生涯コスト（調達コスト，運転維持コスト，劣化損失コスト等の合計）の低下をめざす設備管理の技法であり，65年に日本電気が日本ではじめて採り入れたZDは，すべての業務にわたりミスをなくすことを目標とするものである。

▷ 管理技法の日本的消化

ここで強調する必要があるのは，日本の企業が，欧米で開発された上記のような管理諸技法を受動的に受け入れたわけではなく，能動的にアレンジした上

で消化したことである。アメリカ式の統計的品質管理（SQC: statistical quality control）や生産保全（PM）が，日本で全社的品質管理（CWQC/TQC: company-wide quality control/total quality control）や全社的生産保全（CWPM/TPM）に発展を遂げたのは，その端的な事例ということができる。専門のスタッフが担当するSQCやPMから全社員が関与するTQCやTPMへの発展を可能にした鍵は，QCサークルに代表される現場での小集団活動にあった。以下では，日本におけるQCサークルの生成過程を振り返ることにする（以下のQCサークルの生成過程に関する記述は，主として，佐々木・野中［1990］〔執筆担当者は野中〕による）。

全社的品質管理の一環として「同じ職場で，品質管理運動を自主的に行なう小グループ」と定義されるQCサークルが，日科技連（日本科学技術連盟）発行の雑誌『現場とQC』にはじめて登録されたのは，1962年のことである（登録第1号となったのは，日本電信電話公社の松山搬送通信部機械サークル）。日本におけるQCサークルの形成要因としては，次の3点を指摘することができる。

第1は，日本では品質管理運動の担い手が現場レベルまで広がったため，品質管理教育の普及が重要課題となり，それを可能にする場として，QCサークルの創設が提唱されるに至ったことである。第2は，上記の日科技連の呼掛け以前にも，日本のいくつかの企業の中に，QCサークルのアイディアの源とでもいうべき先駆的なグループ活動が存在していたことである。[40]

そして，第3は，1960年代に入って進展した貿易・資本の自由化が，日本におけるQCサークルや全社的品質管理の発展を促す，重要な環境要因となったことである。日科技連発行の『現場とQC』へ初期に登録を済ませたQCサークルの中には，第1号となった日本電信電話公社のサークルのように1企業1サークル程度で散発的に登録したタイプと，神戸製鋼所，松下電器，小松製作所，トヨタ自動車工業，日本レイヨンの場合のように，1企業で大量のサークルを登録したタイプとがあった。このうち後者の大量登録を行った企業の多くは，貿易・資本の自由化に対応して国際競争力を強化するため，きわめて組織的にQCサークルの結成や全社的品質管理の遂行に取り組んだのである。

以上みてきたような，日本企業が欧米式の管理技法を能動的にアレンジし消

化していく過程は，貿易・資本の自由化に対応して日本の主要産業が国際競争力を強めていく過程と重なり合っていた。石油危機以降の時期になると，日本企業は，自らの経営方式に対する自信を深め，かつてのようにアメリカから管理技法を導入して経営の近代化を図ろうという発想は影をひそめた。経営学をめぐる論壇でも，従来のアメリカ経営学に代わって，日本の企業内システムの優位性を説く「日本的経営」論が，ブームとなった（「日本的経営」論に関する代表的な著作としては，間［1971］，津田［1977］，岩田［1977］などを挙げることができる）。状況は180度転換して，QCサークルの海外への伝播に示される日本的経営の移出が，注目を集めるようになったのである。

2　日本的経営の移出

▷ 日本企業の海外進出

ここで，戦後における日本企業の海外進出の過程を概観しておこう（以下の日本企業の海外進出に関する記述のうち，1980年代半ばまでの時期に関わる部分は，主として，小宮［1988］による）。

日本の対外直接投資は1951年に再開されたが，50年代および60年代には，その規模は小さかった。日本政府が国際収支上の理由から対外直接投資を72年まで厳しく制限したことが，日本企業の海外事業活動の規模を抑え込む一因となった[41]。対外直接投資の産業別構成では，50年代には製造業が，60年代には鉱業が，それぞれ最大の比重を占め，同じく地域別構成では，50年代には南北アメリカ，60年代には北米・アジア・欧州のウェイトが高かった。

第1次石油危機直前の1972〜73年に日本の対外直接投資は急増し，72年は「海外投資元年」と呼ばれた。この時期に日本企業の海外事業活動が活発化した要因としては，政府規制の緩和，円高の進行，国内の実質賃金水準の上昇，国際収支の黒字転換などを挙げることができる。

その後，石油危機の影響で日本の対外直接投資はやや伸び悩んだが，それでも，1970年代を通じた投資規模は，60年代の水準を大きく上回った。70年代の日本の対外直接投資全体の中で最大の比重を占めたのは，産業別では製造業，地域別ではアジアであった。

1981年以降，日本の対外直接投資は再び増勢を強め，72～73年に続く「第二波の時期」(小宮［1988］234頁）が到来した。80年代の日本企業の海外事業活動には，産業別では金融・保険，卸・小売業，運輸，不動産業等の第3次産業の活発化，地域別では北米・欧州等の先進国向け投資の増加などの特徴がみられた。これら80年代に生じた変化は，国際収支の経常勘定の大幅黒字，いっそうの円高，金融の自由化と国際的統合，アメリカや西欧諸国での貿易障壁の高まり，開発途上国の投資環境の悪化，などの事態を反映したものであった。
　これらの諸条件は，1980年代後半以降の時期になると，従来よりもさらに強く作用した。本格的な円高をもたらした85年のプラザ合意を契機にして，日本の対外直接投資は急増するに至った。日本の製造業の海外生産比率（国内法人売上高に対する海外現地法人売上高の比率）は，85年度には3.0%であったが，90年度には6.4%，95年度には9.0%，2000年度には14.6%，01年度には16.7%と急伸した。海外進出企業の本社企業売上高に占める海外現地法人売上高の割合も，85年度には8.7%であったものが，86年度には10%，94年度には20%，97年度には30%の大台を，それぞれ突破した（以上の点については，橘木［2003］，総務省統計局・政策統括官・統計研修所［2006］参照）。

▷ **日本的経営の移出**
　日本企業の海外進出が本格化した1980年代以降の時期には，欧米式経営技法の移入が重視された高度経済成長期とは対照的に，日本的経営の移出が問題にされるようになった。
　海外における日本的経営の定着については，次のようなことがいわれている。それは，諸外国において，「日本流の経営手法は能力主義志向の強いマネジャーレベルでは大きな緊張感を伴うが，平等志向のブルーカラーには歓迎される」（安保ほか［1991］10頁〔執筆担当者は安保〕）ということである。また，アメリカにおける日系企業に関して，「現地経営にとっては，現場従業員よりはホワイトカラーの問題が，そして工場内部の問題よりは工場の外部の世界との関係，つまり部品調達ないし部品会社さらには日系企業が存在する地域社会ないしアメリカの社会全体との関係が，より重要な問題となりつつある」（鈴木直次［1991］191頁）と述べ，ほぼ同様の内容を指摘する見解も存在する。つまり，

「日本的経営」の移出については，ブルーカラーが多数を占める工場においては有効性を持つが，ホワイトカラーが中心の管理部門や企業の外部との関係においては問題を残す，と概括することができる。このような問題を解決するために，海外の日系企業は，部品・原材料の現地調達，研究開発機能の現地化，現地採用者の経営参加，現地地域社会への貢献の強化など，さまざまな現地化に取り組んでいる。

3 転換点に立つ日本型企業システム

▷ **日本経済の構造変化**

1980年代以降，海外へ移出されることによって，国際的な普遍性を持ち始めた日本的経営は，バブル景気の崩壊後の90年代に，大きな試練に直面することになった。日本経済は，80年代まで長期にわたって欧米諸国に比べて相対的に高い成長率を示していたが，「失われた10年」と呼ばれた90年代にはそれも終焉を遂げた。相対的低成長の様相を示すようになった日本経済の低迷は，次のような構造変化と密接に関連していた。

第1の構造変化は，日本の金融システムが動揺したことである。「失われた10年」を象徴するキーワードは，「不良債権」であった。このことは，1990年代の日本の経済危機の本質が金融危機であったことを示唆している。97年には北海道拓殖銀行と山一證券が，98年には日本長期信用銀行と日本債券信用銀行が相次いで経営破綻して，さながら「平成金融恐慌」の様相を呈したことは，記憶に新しい。

第2の変化は，雇用が不安定化したことである（1990年代以降の日本における雇用のあり方の変化については，仁田[2003]，中村圭介[2005]，佐藤[2005]など参照）。「失われた10年」を経た2002年8月には日本の完全失業率は，5.5％という「労働力調査」開始以来最悪の水準に達した（総務省統計局[2002a]参照）。失業問題は，いわゆる「リストラ」で職を失った中高年層のあいだで，とくに深刻であった。「リストラ」とは，再構築を意味する英語「リストラクチャリング」(restructuring)の略語であり，1990年代以降の日本では，会社の経営を再建するために行われる人員削減を指す，特別な意味で使われるようになった。

第 3 の変化は，中国をはじめとする東・東南アジア諸国の工業化により，国際分業のあり方が変わったことである。日本の製造業が，中国等の製造業に競争で敗れ衰退に向かっているとの危機感を込めて，「産業の空洞化」という言葉が使われるようになったのも，80 年代後半以降のことである。新しい国際分業のあり方に対応しえない日本の製造業者，つまり，付加価値の高い部品を製造できない製造業者の多くは，廃業に追い込まれた。国際分業の変化は，とくに中小企業にとって，大きな脅威となったのである。

　第 4 の変化は，経済全体の中でサービス業のウェイトが増大する，サービス経済化が進行したことである。日本の産業別就業人口をみると，サービス業を含む第 3 次産業の比率が徐々に高まり，2000 年には 64.3% に達したことがわかる（総務省統計局 [2002b] 参照）。

　第 5 の変化は，少子高齢化が本格的に始まったことである。日本の人口は，2004 年をピークにして，減少に転じた。また，2000 年に 17.4% だった 65 歳以上の人口の割合は，2050 年には 2 倍強の 35.7% になると見込まれている（国立社会保障・人口問題研究所 [2002] 参照）。

▷ **日本的経営の機能不全**

　1990 年代には，経済面でこれらの構造変化が進行する中で，日本的経営が機能不全を起こすに至った。日本的経営が活力を失うきっかけとなったのは，80 年代まで日本的経営の中心的な担い手であったⓐのタイプの企業（経営者企業である大企業，本書 327 頁参照）が，自信を喪失し，「株主重視の経営」を前面に押し出すようになったことである。

　誤解を避けるためにいえば，1990 年代以降の日本で，経営者企業である大企業が株主重視の姿勢をとること自体は，間違っていない。80 年代後半から急速に進展した日本の資本市場の拡大と金融面でのグローバリゼーションによって，事業会社は資本市場から資金調達することを求められており，そのためには，株主重視の姿勢をとることが必要だからである。問題は，株主重視と短期的利益の追求とを同一視し，ⓐのタイプの企業の多くが，日本的経営のメリットである長期的視野を持つことを忘れてしまったことにある。

　バブル経済崩壊後，ⓐのタイプの企業では，ROA（return on assets，総資産

シャープ亀山工場（時事）。

利益率）や ROE（return on equity，株主資本利益率）を重視するアメリカ型企業経営への移行が盛んに追求された。1990年代に「ニューエコノミー」を謳歌したアメリカでは，企業が積極的に投資を行い，A（assets，資産）や E（equity，株主資本）を増やしながら，それを上回る勢いで R（return，利益）を増大させて，ROA や ROE の上昇を実現する戦略をとった。これとは対照的に，日本では，多くの ⓐ タイプの企業が投資を抑制し，A や E を削減して，ROA や ROE の上昇を図ろうとした。

　ROA や ROE の上昇という同じ目標をめざしながらも，日米両国の企業は投資に対して正反対の姿勢をとったのであり，バブル経済崩壊後の日本では，「投資抑制メカニズム」とでも呼ぶべきものが，きわめて深刻に作用した。ⓐ タイプの日本企業では，企業本来の職務である投資を十分に行うことができない萎縮した経営者の姿と，投資抑制による企業の生き残りに対して積極的に協力する従業員の姿とが，観察された。長期的な視野を持ち必要な投資を的確に行うという日本的経営のメリットは，影をひそめたのである。

▷ **日本経済の再生と日本的経営**

　バブル崩壊後の日本で，長期的な視野に立ち，必要な投資を的確に行ったのは，むしろ，ⓑ のタイプの企業（資本家企業である大企業，本書327頁参照）であった。好況局面から不況局面への転換の中で，バブル経済崩壊後の日本では，

第5節　日本的経営の光と影 | 371

| コラム⑤　御手洗冨士夫——キヤノン |

　御手洗冨士夫は，1990年代半ばから2000年代半ばにかけて，キヤノンの社長として，経営革新に大きな成果をあげ，高い社会的評価を得た。そして，06年5月には，日本経団連（日本経済団体連合会）の会長に就任した。

　御手洗冨士夫は，1935（昭和10）年に，大分県蒲江町で生まれた。キヤノンのカリスマ的創業者である御手洗毅の甥にあたる。御手洗冨士夫は，中央大学法学部を卒業して，61年にキヤノンカメラ（69年にキヤノンと社名変更）に入社，66年にキヤノンUSAへ出向して，79年にはキヤノンUSA社長となった。81年にキヤノン取締役に就任し，89（平成1）年にアメリカから帰任して，キヤノンの専務取締役，副社長を務めた。そして95年には，前任者である御手洗肇の急逝により，キヤノンの社長に就任した。

　御手洗冨士夫が社長に着任した当時，キヤノンは，事業部制による分権化が行き過ぎて，求心力を失いかけていた。彼自身の言葉によれば，「事業部が肥大化して，事業部ごとの部分最適を中心に考えるようになり，全体最適ではなくなってきた」（日本経済新聞社［2004］41頁）。そこで，御手洗冨士夫は，キャッシュフロー経営を導入し，事業部ごとのキャッシュフローを算出して，不採算部門からは思い切って撤退する方針をとった。財務を突破口にして，全体最適を追求する姿勢を明確にしたのである。

　事業戦略の再構築から始まった御手洗冨士夫によるキヤノンの経営革新は，生産革新と開発革新を中心的な柱としていた。

　生産革新では，従来のベルトコンベア方式を全面的にセル生産方式に改めた点が，重要である。御手洗冨士夫は，「セル生産方式では，習熟すればするほど生産性が

日本的経営の主たる担い手が，ⓐタイプの企業（経営者企業である大企業）からⓑタイプの企業へ，変化を遂げたのである。

　しかし，日本の大企業の中で多数派を占めるのは，あくまで，ⓐタイプの企業であって，ⓑタイプの企業ではない。ⓐタイプの企業において，「投資抑制メカニズム」が克服され，長期的観点から必要な投資が的確に行われるようにならない限り，日本経済の再生はおぼつかない。その意味で，日本経済の再生の鍵を握るのは，ⓐタイプの企業における日本的経営の再活性化なのである（日本経済の再生と日本的経営の再活性化を論じた最近の研究書としては，宮本ほか［2003］，東京大学社会科学研究所［2005］，工藤＝橘川＝フック［2005-06］などを挙げることができる）。

上がる。最初は 60 名でやっていた作業を，やがて，30 名，20 名でできるようになる。セル方式を導入することで，約 20 km のベルトコンベアを撤去することができ，開いたスペースは東京ドーム 20 個分に当たる」(「キヤノン EXPO 2005」でのキーノートスピーチより)，と説明している。

開発革新では，3D（3次元）-CAD を活用したことが，大きな効果を生んだ。試作機の製作費用の削減や，開発期間の短縮を実現したのである。その結果，2000 年度に 44.1% であった新製品比率は，04 年には 64.8% に上昇した。

御手洗冨士夫による経営革新の成果は著しく，キヤノン単体の経常利益は，1995 年度の 802 億円から 2004 年度には 3963 億円へ，4.9 倍も増加した（この間に売上高は，1 兆 2307 円から 2 兆 2784 億円へ，1.9 倍になった）。また，連結ベースでの有利子負債依存度は，95 年度の 33.6% から 04 年度の 1.1% へ，劇的に低下した。

御手洗冨士夫によるキヤノンの経営革新においては，キャッシュフローの重視，年功制の排除と実力主義の導入などが，大きな意味を持った。一方，いわゆる「終身雇用」は維持され，役員に関する内部昇進第一主義や企業内組合の積極的協力なども継続した。これらをとらえて，御手洗冨士夫の経営について，「和魂洋才経営」と呼ぶ向きもあるが，その本質は，日本的経営の進化形であるとみなすべきであろう。長期的コミットメントを前提にした戦略的投資，それによる従業員利益と株主利益との前向きな統合という，日本的経営の精髄を，進化を遂げた仕組みの中で，意図的に貫徹したからである。御手洗冨士夫による経営革新は，「失われた 10 年」以降，混迷の中からなかなか抜け出せないでいる日本の大企業が進むべき道を，はっきりと示している。

第 5 章 設問

[1] 第二次大戦後の日本経済の成長過程を，成長率の絶対的水準と，相対的水準（欧米諸国の経済成長率との比較）を考慮に入れ，時期区分しなさい。

[2] 第二次大戦後，日本経済が高率の経済成長を実現しえたのは，なぜか。その理由を指摘しなさい。

[3] 今日，日本の大企業の労使関係は良好だといわれる。協調的な労使関係が成立したのは，いつか。また，その要因は，何か。

[4] 中小企業は，第二次大戦後の日本経済の発展に，どのような役割を果たしたか。産業集積の持つ経済合理性に言及しつつ，論述しなさい。

[5] 1990 年代以降，日本的経営が直面することになった問題について説明し，あわせて，その克服策を述べなさい。

第5章　注

1) 1950年代半ば〜70年代初頭の日本経済の高度成長に匹敵，ないしそれを凌駕する規模の経済成長は，その後，韓国や台湾，改革開放政策（78年）以降の中国などでも発現することになった。ただし，日本の高度経済成長は，内需主導型であった点で，韓国や台湾のそれとは様相を異にしていた。
2) 以下の高度経済成長の事実経過に関する記述は，主として三和［1993］第15章による。これは，同章の執筆に筆者（橘川）が協力した（同書205頁参照）という事情を反映したものである。
3) ただし，フランス，イギリス，イタリアについては，1956〜69年の14年間における年平均名目経済成長率である。
4) 「ニクソン・ショック」とは，1971年に，当時のアメリカ大統領ニクソン（R. M. Nixon）が，金とドルの交換停止などを主要な内容とする強力なドル防衛策を打ち出したことを指す。それが，「ショック」と呼ばれたのは，30年代初頭までの金本位制に代わる第二次大戦後の新しい国際通貨体制だった，IMF体制の基本原理を掘り崩す意味合いを持ったからである。IMF体制は，金と兌換可能な通貨をドルに限定すること，および他国の通貨については基軸通貨であるドルとのあいだに固定的な為替相場を設定することを，基本原理としていた。
5) 総務庁（省）統計局が毎年刊行する『世界の統計』では，1998年以降の時期について，このデータを掲載しなくなった。
6) 大日本紡績の1972年当時の会社名は，ユニチカであった。
7) 不況業種の構造改善を目的とした産構法の対象業種に指定されたのは，石油化学のほか，電炉，アルミニウム製錬，化学繊維，化学肥料，合金鉄，洋紙，板紙などであった。
8) マツダの1972年当時の会社名は，東洋工業であった。
9) デンソーの1990年当時の会社名は，日本電装であった。
10) 王子製紙は，1996年に本州製紙を合併した。
11) 合併当時の会社名は日鉱共石であったが，1993年にジャパンエナジーと改称した。
12) 「6大銀行」とは，三井・三菱・住友・富士・三和・第一の各銀行のことである。
13) Acの対等な長期相対取引が，どのような経過で形成されたかについては，まだ，不明な部分が多い。橋本［1996a］は，このテーマに取り組んだ先駆的業績である。
14) ここでは，第一銀行と日本勧業銀行との合併により第一勧銀が発足したのは1971年であったことを，想起する必要がある。
15) 以上のような筆者（橘川）の企業集団論に対しては，菊地［2005］が批判を加えている。同書の「個々の企業集団を分析し，その共通性と相違点を明ら

かにして企業集団を論じるというボトムアップ型の分析手法」(7頁) は魅力的であるが，残念ながら，分析の結果，同書で「企業集団とは何か」が明確にされたとはいいがたい．
16) 「先発4社」の他の2社は，住友化学と日本石油化学であった．
17) たとえば，石油業法による新増設許可の運用に関して，外資系石油会社は，相対的に不利な取扱いを受けた．
18) 石油公団は，1967年に発足した石油開発公団が，石油備蓄関連業務の開始に伴い78年に改称したものである．
19) 1995年に始まった電力自由化も，電力業経営の自律性回復につながる重要な意味を持っている．この点について詳しくは，橘川 [2004] 参照．
20) 日石三菱は，2002年に新日本石油と改称した．
21) 日本型労使関係の形成時期に関しては，第二次大戦期とする説（岡崎・奥野 [1993]），1950年代とする説（橋本 [1996b]），70年代とする説（田端 [1991]）などが，存在する．
22) TQCとは，total quality control という和製英語を略記したものであり，全員参加の品質管理運動を意味する．また，QCサークルとは，職場で品質管理運動を行う小集団のことである．第二次大戦後の日本企業は，さまざまな管理手法をアメリカから移入したが，それらのほとんどは，そのままの形では根づかず，日本化された形で定着した．アメリカから移入された統計的な手法によるQC（品質管理）が，TQCやQCサークルへ形を変えて日本企業に定着したのは，その典型的な事例である．
23) ただし，当時「戦後最大の不況」といわれた1965年不況の際には，労働損失日数が，一時的に増大した（表5-8）．
24) 官公労とは，官公庁関連の労働組合の総称である．
25) 日本における労働組合の組織率は，2003年に20%を下回るに至った．
26) 「株主反革命」とは，企業経営の主導権を経営者が所有者（オーナー）から奪取する「経営者革命」に対抗するものであり，企業経営の主導権を所有者が経営者から再奪取することをさす．
27) 森川の所説の問題点については，橘川 [1991c] 参照．
28) ただし，チャンドラーは，大陸ヨーロッパにおいては，1960年代にアメリカで始まった資本主義の新たな傾向の影響は小さかったと評価している．
29) 1997年の中小企業庁調査課の調査による．
30) 植田 [2004]，橘川・連合総合生活開発研究所 [2005] なども，同一のテーマを論じている．
31) 多くの日本企業が高付加価値部品を中国に直接輸出せず，香港経由で輸出するのは，中継貿易港としての香港のメリットを活用して，対中貿易に伴うリスクの軽減を図るためである．
32) エクイティ・ファイナンスとは，直接，間接を問わず，株式発行を伴う資

金調達の総称である。
33) 事業会社とメインバンクとの関係に関しては，後者を前者の「かかりつけの医者」とみなす見解が，有力である。この点については，小宮［1989］，橋本［1990］参照。
34) 「チェーン・オペレーション」とは，営業活動を機能的に分離し効率化することによって，規模の経済の実現をめざす多店舗経営のことである。
35) 回転差資金とは，商品の仕入代金を卸売商に支払うまでの期間が，その商品を消費者に現金販売するまでの期間より長いことからスーパーマーケットの手元に生じる，余裕資金のことである。
36) コンビニエンス・ストアに即していえば，「フランチャイズ制」とは，フランチャイザー（特権を提供する企業＝本部）がフランチャイジー（特権を受ける企業＝加盟小売店）に対して，一定の報酬の見返りとして，商号・商標等を使用して事業活動を行う権利，免許を与え，さらには組織作り，教育訓練，マーチャンダイジング，経営管理などに関する助成活動を行う継続的関係のことである。
37) 生鮮食料品のプリ・パッケージ・システムの開発は，スーパー店頭でのセルフサービス方式による生鮮食料品販売を可能にした。
38) ここで「部分的に実現した」と限定的な表現をとるのは，零細小売店の店舗数は減少に転じたものの，「流通革命」論のもう1つの内容である「中抜き」，つまり卸売商の排除は，それほど進展しなかったからである。
39) ただし，「トヨタ生産方式」に対しては，「労働者の人権を無視して企業が膨張する前近代的経営」（鎌田［1993］174頁）だとする，強い批判も存在する。
40) その一例として，1959年ごろ信越化学の直江津工場で始まった現場検討会，職場研究会，技術検討会などの活動を挙げることができる。
41) 日本政府による資本移動に対する許可制は，1980年まで継続した。
42) この点を踏まえて，「日本企業の多国籍化の程度は欧米企業に比べ遅れている」（田付［2004］380頁），という評価が下されることが多い。
43) 本章の第3節で既述したように，「産業の空洞化」という表現は，正確なものとはいえない。
44) たしかに，株主重視と短期的利益の追求とは，同一視されがちである。現実に，1960～80年代の時期には，アメリカ企業も，株主重視と短期的利益の追求を同一視したため，必要な投資を怠り，その結果，「日米逆転」が生じて，日本企業に遅れをとることになった。しかし，90年代に入ると，アメリカ企業は，株主重視の姿勢を維持しながらも，長期的視野に立って投資を積極的に行うようになり，「日米再逆転」を実現させたのである。

第5章 参考文献

青木昌彦=ヒュー・パトリック編（白鳥正喜監訳・東銀リサーチインターナショナル訳）［1996］『日本のメインバンク・システム』東洋経済新報社．(Aoki, Masahiko, and Hugh T. Patrick eds. [1994] *The Japanese Main Bank System: Its Relevance for Developing and Transforming Economies*, Oxford, England; New York: Oxford University Press.)

浅沼萬里（菊谷達弥編）［1997］『日本企業組織 革新的適応のメカニズム——長期取引関係の構造と機能』東洋経済新報社．

安保哲夫・板垣博・上山邦雄・河村哲二・公文溥［1991］『アメリカに生きる日本的生産システム——現地工場の「適用」と「適応」』東洋経済新報社．

有沢広巳監修（安藤良雄ほか編）［1976］『昭和経済史』日本経済新聞社．

安藤良雄編［1975］『近代日本経済史要覧』東京大学出版会．

伊丹敬之［1987］『人本主義企業——変わる経営変わらぬ原理』筑摩書房．

伊丹敬之［1998］「産業集積の意義と論理」伊丹敬之・松島茂・橘川武郎編『産業集積の本質——柔軟な分業・集積の条件』有斐閣．

伊藤元重［1988］「温室の中での成長競争」伊丹敬之・加護野忠男・小林孝雄・榊原清則・伊藤元重『競争と革新——自動車産業の企業成長』東洋経済新報社．

今井賢一［1982］「内部組織と産業組織」今井賢一・伊丹敬之『内部組織の経済学』東洋経済新報社．

岩田龍子［1977］『日本的経営の編成原理』文眞堂．

植田浩史［1998］「下請と系列」伊丹敬之・加護野忠男・宮本又郎・米倉誠一郎編『ケースブック日本企業の経営行動 1 日本的経営の生成と発展』有斐閣．

植田浩史［2004］『現代日本の中小企業』岩波書店．

ヴォーゲル，エズラ・F.（広中和歌子・木本彰子訳）［1979］『ジャパンアズナンバーワン——アメリカへの教訓』ティビーエス・ブリタニカ．(Vogel, Ezra F. [1979] *Japan as Number One: Lessons for America*, Cambridge, Mass.; London: Harvard University Press.)

大野耐一［1978］『トヨタ生産方式——脱規模の経営をめざして』ダイヤモンド社．

岡崎哲二・奥野正寛編［1993］『現代日本経済システムの源流』日本経済新聞社．

小川昭・松村敏弘［2005］「規制改革の成果とその課題——経済成長への長い助走」東京大学社会科学研究所編『「失われた10年」を超えて 1 経済危機の教訓』東京大学出版会．

沖本，ダニエル・I.（渡辺敏訳）［1991］『通産省とハイテク産業——日本の競争力を生むメカニズム』サイマル出版会．(Okimoto, Daniel I. [1989] *Between MITI and the Market: Japanese Industrial Policy for High Technology*, Stanford: Stanford University Press.)

小野正人（ニッセイ基礎研究所編）［1992］『ゼミナール これからの企業金融・財務戦略』東洋経済新報社．
加護野忠男・小林孝雄［1988］「見えざる出資——従業員持分と企業成長」伊丹敬之・加護野忠男・小林孝雄・榊原清則・伊藤元重『競争と革新——自動車産業の企業成長』東洋経済新報社．
鎌田慧［1993］「トヨティズムの流れ」伊丹敬之・加護野忠男・伊藤元重編『リーディングス日本の企業システム 第3巻 人的資源』有斐閣．
川辺信雄［1994］『セブン-イレブンの経営史——日米企業・経営力の逆転』有斐閣．
菊地浩之［2005］『企業集団の形成と解体——社長会の研究』日本経済評論社．
橘川武郎［1991a］「戦前日本のカルテル」『青山経営論集』第25巻第4号，73-98頁．
橘川武郎［1991b］「日本における企業集団，業界団体，および政府——石油化学工業の場合」『経営史学』第26巻第3号，1-29頁．
橘川武郎［1991c］「戦後日本経営史研究の焦点」森川英正編『経営者企業の時代』有斐閣．
橘川武郎［1992］「株主安定化と企業成長——三井不動産の事例」『青山経営論集』第27巻第1号，81-101頁．
橘川武郎［1995］『日本電力業の発展と松永安左ヱ門』名古屋大学出版会．
橘川武郎［1996］『日本の企業集団——財閥との連続と断絶』有斐閣．
橘川武郎［1998a］「経済開発政策と企業——戦後日本の経験」東京大学社会科学研究所編『20世紀システム 4 開発主義』東京大学出版会．
橘川武郎［1998b］「産業政策の成功と失敗——石油化学工業と産業政策」伊丹敬之・加護野忠男・宮本又郎・米倉誠一郎編『ケースブック日本企業の経営行動 1 日本的経営の生成と発展』有斐閣．
橘川武郎［1998c］「革新的企業者活動の条件——出光佐三（出光商会・興産）」伊丹敬之・加護野忠男・宮本又郎・米倉誠一郎編『ケースブック日本企業の経営行動 4 企業家の群像と時代の息吹き』有斐閣．
橘川武郎［1998d］「『消費革命』と『流通革命』——消費と流通のアメリカナイゼーションと日本的受容」東京大学社会科学研究所編『20世紀システム 3 経済成長 2 受容と対抗』東京大学出版会．
橘川武郎［2002］「GATS・電力自由化と日本のエネルギー産業」『日本国際経済法学会年報』第11号，76-95頁．
橘川武郎［2003］「日本の石油・天然ガス開発事業の再構築」『国際問題』（日本国際問題研究所）第524号，43-57頁．
橘川武郎［2004］『日本電力業発展のダイナミズム』名古屋大学出版会．
橘川武郎［2005］「『産業空洞化』・サービス経済化と中小企業問題」東京大学社会科学研究所編『「失われた10年」を超えて 1 経済危機の教訓』東京大学

出版会。
橘川武郎・高岡美佳［1997a］「戦後日本の生活様式の変化と流通へのインパクト」『社会科学研究』(東京大学) 第48巻第5号, 111-151頁。
橘川武郎・高岡美佳［1997b］「スーパー・マーケット・システムの国際移転と日本的変容」森川英正・由井常彦編『国際比較・国際関係の経営史』名古屋大学出版会。
橘川武郎・野中いずみ［1995］「革新的企業者活動の継起――本田技研とソニーの事例」由井常彦・橋本寿朗編『革新の経営史――戦前・戦後における日本企業の革新行動』有斐閣。
橘川武郎・連合総合生活開発研究所編［2005］『地域からの経済再生――産業集積・イノベーション・雇用創出』有斐閣。
工藤章＝橘川武郎＝グレン・D.フック編［2005-06］『現代日本企業』全3巻, 有斐閣。
熊沢誠［1993］『新編 日本の労働者像』筑摩書房。
経営史学会編（山崎広明編集代表）［2004］『日本経営史の基礎知識』有斐閣。
経済企画庁編［1990］『経済白書 平成2年版』大蔵省印刷局。
経済産業省経済産業政策局調査統計部編［2005］『我が国の商業 2005』経済産業統計協会。
小池和男［1981］『日本の熟練――すぐれた人材形成システム』有斐閣。
国立社会保障・人口問題研究所編［2002］『日本の将来推計人口 平成14年1月推計』厚生統計協会。
小宮隆太郎［1988］『現代日本経済――マクロ的展開と国際経済関係』東京大学出版会。
小宮隆太郎［1989］『現代中国経済――日中の比較考察』東京大学出版会。
佐々木聡・野中いずみ［1990］「日本における科学的管理法の導入と展開」原輝史編『科学的管理法の導入と展開――その歴史的国際比較』昭和堂。
佐藤博樹［2005］「ものづくりと人材活用 外部人材――競争力基盤の維持のために」工藤章＝橘川武郎＝グレン・D.フック編『現代日本企業 1 企業体制上』有斐閣。
沢井実［1990］「工作機械」米川伸一・下川浩一・山崎広明編『戦後日本経営史 第2巻』東洋経済新報社。
四宮正親［1998］『日本の自動車産業――企業者活動と競争力・1918～70』日本経済評論社。
清水剛［2001］『合併行動と企業の寿命――企業行動への新しいアプローチ』有斐閣。
下川浩一［1990］『日本の企業発展史――戦後復興から五〇年』講談社。
ジョンソン，チャーマーズ（矢野俊比古監訳）［1982］『通産省と日本の奇跡』ティビーエス・ブリタニカ。(Johnson, Chalmers [1982] *MITI and the Japa-*

nese Miracle: The Growth of Industrial Policy, 1925-1975, Stanford: Stanford University Press.）
新宅純二郎［1994］『日本企業の競争戦略——成熟産業の技術転換と企業行動』有斐閣．
鈴木直次［1991］『アメリカ社会のなかの日系企業——自動車産業の現地経営』東洋経済新報社．
鈴木安昭［1980］『昭和初期の小売商問題——百貨店と中小商店の角逐』日本経済新聞社．
石油化学工業協会総務委員会石油化学工業30年のあゆみ編纂ワーキンググループ編纂［1989］『石油化学工業30年のあゆみ』石油化学工業協会．
総務省統計局編［2002a］『労働力調査年報』日本統計協会．
総務省統計局［2002b］『平成12年（2000年）国勢調査第2次基本集計結果』．
総務省統計研修所編［2005］『世界の統計 2005年版』総務省統計局．
総務省統計局・政策統括官・統計研修所［2006］「日本の長期統計系列」（http://www.stat.go.jp/data/chouki/index.htm）．
総務庁統計局編［1991］『国際統計要覧 1991年版』総務庁統計局．
総務庁統計局編［1999］『世界の統計 1999年版』総務庁統計局．
高岡美佳［1997］「戦後復興期の日本の百貨店と委託仕入——日本的取引慣行の形成過程」『経営史学』第32巻第1号，1-35頁．
高岡美佳［1998］「産業集積とマーケット」伊丹敬之・松島茂・橘川武郎編『産業集積の本質——柔軟な分業・集積の条件』有斐閣．
高岡美佳［1999a］「産業集積——取引システムの形成と変動」『土地制度史学』第41巻第2号，48-61頁．
高岡美佳［1999b］「高度成長期のスーパーマーケットの資源補完メカニズム——日本の『流通革命』の実像」『社会経済史学』第65巻第1号，3-24頁．
高岡美佳［1999c］「日本のコンビニエンス・ストアの成長過程における資源補完メカニズム——フランチャイズ・システムの採用」『経営史学』第34巻第2号，44-73頁．
橘木俊詔編［2003］『戦後日本経済を検証する』東京大学出版会．
田付茉莉子［2004］「グローバル・オペレーションの展開」経営史学会編（山崎広明編集代表）『日本経営史の基礎知識』有斐閣．
田端博邦［1991］「現代日本社会と労使関係」東京大学社会科学研究所編『現代日本社会 第5巻 構造』東京大学出版会．
田村正紀［1986］『日本型流通システム』千倉書房．
チャンドラー，アルフレッド・D., Jr.（安部悦生・川辺信雄・工藤章・西牟田祐二・日高千景・山口一臣訳）［1993］『スケール・アンド・スコープ——経営力発展の国際比較』有斐閣．（Chandler, Alfred D., Jr.〔with the assistance of Takashi Hikino〕［1990］Scale and Scope: The Dynamics of Indus-

trial Capitalism, Cambridge, Mass.: Belknap Press of Harvard University Press.)
中小企業庁編［1996］『中小企業白書 平成8年版』大蔵省印刷局。
中小企業庁編［1997］『中小企業白書 平成9年版』大蔵省印刷局。
中小企業庁編［1998］『中小企業白書 平成10年版』大蔵省印刷局。
中小企業庁編［2002］『中小企業白書 2002年版』ぎょうせい。
中小企業庁編［2003］『中小企業白書 2003年版』ぎょうせい。
通商産業大臣官房調査統計部編『商業統計表』各年版，通商産業大臣官房調査統計部。
津田真澂［1977］『日本的経営の論理』中央経済社。
東京大学社会科学研究所編［2005］『「失われた10年」を超えて 1 経済危機の教訓』東京大学出版会。
ドラッカー，ピーター・F.（現代経営研究会訳）［1956］『現代の経営』自由国民社。(Drucker, Peter F. [1954] *The Practice of Management*, New York: Harper & Row.)
内閣府経済社会総合研究所国民経済計算部編［2004］『国民経済計算年報 平成16年版』瞬報社写真印刷。
中村清司［1992］「産業政策とコンピュータ産業」森川英正編『ビジネスマンのための戦後経営史入門――財閥解体から国際化まで』日本経済新聞社。
中村圭介［1996］『日本の職場と生産システム』東京大学出版会。
中村圭介［2005］「雇用システムの継続と変化」東京大学社会科学研究所編『「失われた10年」を超えて 1 経済危機の教訓』東京大学出版会。
中村青志［1979］「わが国における上位企業の変遷」中川敬一郎・森川英正・由井常彦編『近代日本経営史の基礎知識』増補版，有斐閣。
中村青志［1993］「企業ランキングの変遷」伊丹敬之・加護野忠男・伊藤元重編『リーディングス日本の企業システム 第4巻 企業と市場』有斐閣。
並木高矣・斎藤毅憲・中嶋誉富・松本幹雄［1993］『モノづくりを一流にした男たち――日本的経営管理の歩みをたどる』日刊工業新聞社。
仁田道夫［1995］「労使関係の変容と『2つのモデル』」橋本寿朗編『20世紀資本主義 1 技術革新と生産システム』東京大学出版会。
仁田道夫［2003］『変化のなかの雇用システム』東京大学出版会。
日本経済新聞社編［2004］『キヤノン式――高収益を生み出す和魂洋才経営』日本経済新聞社。
日本興業銀行産業調査部編［1984］『日本産業読本 第4版』東洋経済新報社。
日本石油株式会社・日本石油精製株式会社社史編さん室編［1988］『日本石油百年史』日本石油。
沼上幹［1999］『液晶ディスプレイの技術革新史――行為連鎖システムとしての技術』白桃書房。

間宏［1971］『日本的経営――集団主義の功罪』日本経済新聞社.
橋本寿朗［1990］「現代日本企業の組織と行動」『経営志林』第 27 巻第 1 号, 123-130 頁.
橋本寿朗［1991］「大企業体制の経済構造」東京大学社会科学研究所編『現代日本社会　第 5 巻　構造』東京大学出版会.
橋本寿朗［1996a］「長期相対取引の歴史と論理」橋本寿朗編『日本企業システムの戦後史』東京大学出版会.
橋本寿朗［1996b］「企業システムの『発生』,『洗練』,『制度化』の論理」橋本寿朗編『日本企業システムの戦後史』東京大学出版会.
花崎正晴＝ユパナ・ウィワッタナカンタン＝相馬利行［2005］「金融危機を生んだ構造」東京大学社会科学研究所編『「失われた 10 年」を超えて 1　経済危機の教訓』東京大学出版会.
バーナード, チェスター・I.（田杉競監訳）［1956］『経営者の役割――その職能と組織』ダイヤモンド社.（Barnard, Chester I.［1938］*The Functions of the Executive*, Cambridge, Mass.: Harvard University Press.）
林周二［1962］『流通革命――製品・経路および消費者』中央公論社.
ピオリ, マイケル・J. ＝チャールズ・F. セーブル（山之内靖・永易浩一・石田あつみ訳）［1993］『第二の産業分水嶺』筑摩書房.（Piore, Michael J. and Charles F. Sabel［1984］*The Second Industrial Divide : Possibilities for Prosperity*, New York : Basic Books.）
日高千景［2000］「銀行――規制下の環境適応の限界」宇田川勝・橘川武郎・新宅純二郎編『日本の企業間競争』有斐閣.
日高千景・橘川武郎［1998］「戦後日本のメインバンク・システムとコーポレート・ガバナンス」『社会科学研究』（東京大学）第 49 巻第 6 号, 1-29 頁.
兵藤釗［1997］『労働の戦後史　上』東京大学出版会.
平本厚［1994］『日本のテレビ産業――競争優位の構造』ミネルヴァ書房.
ヒルシュマイヤー, ヨハネス＝由井常彦［1977］『日本の経営発展――近代化と企業経営』東洋経済新報社.
藤本隆宏［2003］『能力構築競争――日本の自動車産業はなぜ強いのか』中央公論新社.
法政大学産業情報センター編（宇田川勝・佐藤博樹・中村圭介・野中いずみ著）［1995］『日本企業の品質管理――経営史的研究』有斐閣.
堀内昭義［1999］『日本経済と金融危機』岩波書店.
松島茂［1998］「新しい中小企業論」伊丹敬之・松島茂・橘川武郎編『産業集積の本質――柔軟な分業・集積の条件』有斐閣.
宮崎義一［1966］『戦後日本の経済機構』新評論.
宮本又郎・杉原薫・服部民夫・近藤光男・加護野忠男・猪木武徳・竹内洋［2003］『日本型資本主義――どうなるどうする戦略と組織と人材』有斐閣.

三和良一［1993］『概説日本経済史——近現代』東京大学出版会。
村上義昭［1998］「創業と創業支援」伊丹敬之・松島茂・橘川武郎編『産業集積の本質——柔軟な分業・集積の条件』有斐閣。
森川英正［1981］『日本経営史』日本経済新聞社。
森川英正［1991］「なぜ経営者企業が発展するのか？」森川英正編『経営者企業の時代』有斐閣。
森川英正［1996］『トップ・マネジメントの経営史——経営者企業と家族企業』有斐閣。
森川英正［2000］「大学——量的競争の世界」宇田川勝・橘川武郎・新宅純二郎編『日本の企業間競争』有斐閣。
門田安弘［1985］『トヨタシステム』講談社。
矢作敏行［1994］『コンビニエンス・ストア・システムの革新性』日本経済新聞社。
山崎広明［1995］「日本産業発展のダイナミズム」武田晴人編『日本産業発展のダイナミズム』東京大学出版会。

エピローグ

日本経済と日本企業が直面する問題

担当　橘川武郎

1 「失われた10年」の深刻な意味

　本書は，これまで日本経営史を通観してきたが，そこで主役を務めたのは，いうまでもなく企業であった。総じて日本の企業は，効率的なシステムをつくりあげ国際競争力を高めたのであり，それが世界史的にみても特筆すべき日本経済の高度成長をもたらす原動力になった，と結論づけることができる。

　しかし，その日本経済と日本企業は，1990年代初頭のバブル経済崩壊後，長期にわたる低迷を経験することになった。90年代は，日本にとっての「失われた10年」だったとさえ，いわれたのである。

　1973年に発生した石油危機を転機にして，日本経済の高度成長は終焉し，低成長時代が始まった。しかし，ここで注目すべき点は，石油危機後も80年代いっぱいまでは，日本の経済成長率が，欧米先進諸国のそれに比べて高率を維持したことである。この相対的高成長は，90年代に入ると終わりを告げた。ここにひとまず，日本経済にとっての「失われた10年」の深刻な意味を見出すことができる。

　しかし，「失われた10年」の重みは，その程度でとどまるものではない。アメリカ，イギリス，ドイツ，日本の10年ごとの経済成長率を長期にわた

って比較するとわかるように，1900年代から1910年代にかけての日本の10年平均経済成長率は，当時，世界の経済発展をリードしていたアメリカのそれと比べて，「総額」ではわずかに及ばなかったものの（日本33.2％，アメリカ33.4％），「1人当たり額」では大きく凌駕した（日本17.7％，アメリカ10.9％）。このとき以来，日本の平均経済成長率は，第二次大戦の敗北の影響でデータが欠落している1940年代を除いて，アメリカ，イギリス，ドイツの平均経済成長率を，「総額」でも「1人当たり額」でも，一貫して上回るようになった。つまり，日本経済の主要資本主義諸国中での相対的高成長は，1910年代に始まり，第二次大戦敗北直後の一時期を除いて，1980年代までほぼ一貫して継続したとみなすことができる。この約4分の3世紀にわたる長期の相対的高成長を終焉させたものこそ，ほかならぬ1990年代の日本経済の低迷であった。「失われた10年」の歴史的意味は，きわめて重く，きわめて深刻なのである。

2 危機の本質と克服の処方箋

　なぜ日本経済と日本企業は，バブル経済崩壊後，成長軌道を逸脱して危機的局面を迎えるようになったのだろうか。

　「失われた10年」と呼ばれた日本の経済危機の直接的な要因が，事業会社の側からみれば債務の累積，銀行の側からみれば不良債権の累積にあったことは，よく知られている。これらの2つの「累積」は，事業会社における金融上のノウハウの不足，銀行におけるモニタリング能力の欠如によってもたらされた。

　1980年代には，輸出超過の本格化によって貿易収支の黒字幅が拡大し，大量の資金が日本の金融市場に流れ込んだ。このような新たな状況の下で，多くの事業会社は，銀行融資に依存してきた資金調達のあり方を，エクイティ・ファイナンスを重視する方向に転換し始めた。この転換は，80年代後半のバブル景気の時期に本格化し，「財テク」という言葉が，日本の実業界で最も重要なキーワードの1つとなった。しかし，金融上のノウハウの不足が災いして，多くの事業会社の「財テク」は失敗に終わった。「財テク」の失敗は，多くの事業会社に債務の累積をもたらす要因となったのである。

　一方，銀行は，金融市場への資金の流入と事業会社の間接金融依存からの脱

株価暴落 1990年3月22日，東京・兜町の東京証券取引所にて（PANA）。

却という状況変化を受けて，新たな資金の貸出先を探す必要に迫られた。結果的に銀行は，十分なモニタリングを行わないまま，土地を担保にした危険な融資を遂行することになった。この危険な融資が，1990年代初頭のバブル経済の崩壊後，不良債権の累積という結果を招来したことは，しばしば指摘されている通りである。

ここまでの概観から，1990年代における日本の危機は，①輸出超過による資金余剰の発生，②事業会社における金融上のノウハウの不足，③銀行におけるモニタリング能力の欠如，という3つの要因によって引き起こされたということができる。注目すべきは，これら3要因がいずれも金融に関わるものだった点である。

日本経済の長期低迷をもたらした最大の要因が不良債権の累積であったこと，1997～98年に「平成金融危機」が現出したことなどは，「失われた10年」と呼ばれた90年代に日本が直面した危機の本質が，経済システム全般（あるいは企業システム全般）の危機ではなく，金融システム（あるいは企業金融のシステム）の危機であったことを，強く示唆している。90年代においても日本の貿易収支の大幅黒字が継続した点を考え合わせると，金融システムが危機に陥る一方で，生産システムは基本的には健全であり続けたというべきであろう。

バブル経済崩壊を機に発生した日本の危機の本質が金融システムの危機であ

り，1990年代以降の時期にも生産システムは健全であり続けたという見方に立てば，導き出される危機克服のための処方箋，別言すれば日本経済・企業の再生へ向けたシナリオの基本命題は，「金融システムの改革と生産システムの維持」ということになる。

3 再生のシナリオ

しかし，上記の基本命題に対しては，次のような反論ないし疑問が提起されるであろう。

(a) 金融システムをどのように改革するのか。
(b) 日本の生産システムが健全であり，維持すべきだといっても，日本の製造業は，中国をはじめとする東アジア諸国の追上げに直面しており，産業の空洞化は避けられないのではないか。
(c) 日本経済のサービス化が進み製造業のウェイトが下がっているのであるから，生産システムの持つ重要性は後退しており，生産システムの維持を強調しても意味がないのではないか。

以下では，これらの反論ないし疑問に答える形で，日本経済・企業再生のシナリオを具体化していく。

まず，金融システムをどのように改革するのかという，(a)の疑問について。この点では，何よりも，

(1) 事業会社が，エクイティ・ファイナンスのノウハウを身につけることが重要である。バブル経済崩壊後の日本で，トヨタ自動車，セブン－イレブン・ジャパン＝イトーヨーカ堂グループ，キヤノン，任天堂などは，しばしば例外的な優良企業として言及されることが多いが，これらの企業は，本業で成功を収めた点のみならず，企業金融面で革新を達成し，エクイティ・ファイナンスのノウハウを獲得した点でも，共通している。

金融システムをどのように改革するかという(a)の疑問に対しては，事業会社についてだけでなく，金融機関についての回答も用意する必要がある。この面では，

(2) 金融ビジネスの改革を進め，①国際競争力を持つユニヴァーサル・バン

クと,ⓘきめ細かなモニタリング能力を発揮する優良地方銀行という,2本柱を確立すること

が重要である。

2本柱中のⓘのユニヴァーサル・バンクは,大企業のエクイティ・ファイナンス需要に対応するものであり,証券業務と銀行業務の双方に従事するものである。その活動領域は日本市場に限定されず,世界市場に及ぶ。一方,ⓘⓘの優良地方銀行は,中小企業や起業しようとする者の融資需要に対応するものである。大企業の場合と異なり,中小企業の場合には,今日でも,資金調達手段に占める銀行借入れのウェイトが大きい。この点は,起業しようとする者の場合も,同様である。これらの資金借入需要へ的確に対応するためには,銀行が,特定の地域に集中して事業を展開し,濃密な情報のやりとりを行って,きめの細かいモニタリング能力を発揮する必要がある。2006年末現在,残念ながら,ⓘのユニヴァーサル・バンクのモデルとなるような日本企業は出現していない。一方,ⓘⓘの優良地方銀行については,七十七銀行(宮城県)・静岡銀行・八十二銀行(長野県)・滋賀銀行・京都銀行・中国銀行(岡山県)・山口銀行・肥後銀行などの,先進的事例がすでに存在している。

次に,(b)の議論が懸念する産業空洞化に関しては,

(3) 製造業が,高付加価値化と結びつけて,国際分業を深化させることによって,問題を解決できる。

最近の日本市場における中国製品の氾濫は,日本の産業を空洞化させる「脅威」として語られることが多い。たしかに,日本・中国間の貿易は,ここのところ,日本側からみて,大幅な輸入超過が続いている。しかし,日本の大幅輸出超過が継続する日本・香港間の貿易収支も計算対象に含めて日本・中国間の真の貿易収支を算出し直すと,最近になっても,2001年度を除いて,日本側からの輸出超過が続いていることがわかる。日本から高付加価値部品を香港経由で中国に輸出し,中国でそれを組み立てて完成品を日本に輸入するという,日本・香港・中国間の「三角貿易」が進展していることが,最近における日中貿易の実情なのである。

つまり,日本市場における中国製品の氾濫は,産業の空洞化というよりは,

深圳市内の日系プリンタ・メーカーの工場（時事）。

国際分業の深化を反映したものである。この事実を念頭に置けば，中国を含む東アジアの経済成長は，日本の製造業の発展と矛盾するものではないことになる。それどころか，大きな成長力を持つ東アジア諸国の企業と日本企業とのあいだには，経済合理的な国際分業が形成されつつある。この分業が広汎に浸透すれば，産業の空洞化の懸念は減退し，日本経済と日本企業の再生にとって大きな意味を持つことになろう。

東アジア諸国とのあいだで合理的な国際分業を構築するためには，高付加価値工程を日本国内に立地することが，重要な条件となる。「生産システムの維持」といっても，旧態依然のままでよいことを意味するものでは，決してない。日本の製造業には，高付加価値化と結びつけて国際分業を深化させることが，強く求められているのである。

経済のサービス化を指摘する(c)の反論に対する回答としては，
(4) 製造業とサービス業との新たな結合を実現すること
(5) 市場に潜在する民需を顕在化させるサービス・ビジネスや流通ビジネスを開拓すること
の2点を挙げることができる。

そもそも，経済のサービス化の進展は，製造業の発展と矛盾するものではない。それどころか，「ニュー・エコノミー」を謳歌した1990年代のアメリカで

現実化したように，経済の付加価値生産性の高い製造業と雇用吸収力の大きいサービス業とのあいだに，一種の相乗効果を作動させること（ビジネス支援サービス業の拡大など）も可能である。国際競争力を持つ生産システムを維持し，それとサービス業とを新たに結合することができれば，日本経済と日本企業の再生にとって大きな意味を持つことは，間違いないであろう。

一方，(5)の民需立脚型のサービス・ビジネス，流通ビジネスの開拓は，「生産システムの維持」と，直接的には関係しない。しかし，(5)は，日本経済と日本企業の再生のために，欠かすことのできない方策である。規模の点でも精密さの点でも世界有数の水準に達している日本の市場には，さまざまな民需が潜在しており，それを顕在化させるビジネス・モデルを開拓して，サービス業者や流通業者が飛躍を遂げる可能性は高い。一般的にいって，イノベーションが軍需から出発することが多いアメリカとは異なり，日本では，民需からイノベーションがしばしば発生するのである。

4 投資抑制メカニズムからの脱却

ここまで，日本経済・企業再生のシナリオとして，「金融システムの改革と生産システムの維持」を基本命題として打ち出した上で，それを発展させて，

(1) 事業会社が，エクイティ・ファイナンスのノウハウを身につけること
(2) 金融ビジネスの改革を進め，⒤国際競争力を持つユニヴァーサル・バンクと，⒤きめ細かなモニタリング能力を発揮する優良地方銀行という，2本柱を確立すること
(3) 製造業が，高付加価値化と結びつけて，国際分業を深化させること
(4) 製造業とサービス業との新たな結合を実現すること
(5) 市場に潜在する民需を顕在化させるサービス・ビジネスや流通ビジネスを開拓すること

の5点が重要であると，指摘してきた。これらの方策を実行に移すためには，日本企業が，必要な投資をきちんと行うことが不可欠の前提条件となる。

日本企業が投資抑制メカニズムを克服しない限り，(1)〜(5)のシナリオが本格的に実現されることはない。日本経済と日本企業が再生する上でのキーポイン

トは，投資抑制メカニズムからの脱却にあるということができる。

5 日本的経営の再構築

日本企業が投資抑制メカニズムから脱却するためには，日本的経営を再構築し，そのメリットを再び発動させる必要がある。

1990年代初頭にバブル経済が崩壊すると，日本的経営は機能不全を起こすに至った。日本的経営が元気をなくすきっかけとなったのは，80年代まで日本的経営の中心的な担い手であった経営者企業が，すっかり自信を失い，「株主重視の経営」を前面に押し出すようになったことである。

繰り返しになるが，1990年代以降の日本で，経営者企業である大企業が株主重視の姿勢をとること自体は，間違っていない。問題は，株主重視と短期的利益の追求とを同一視し，経営者企業である大企業の多くが，日本的経営のメリットである長期的視野を持つことを忘れてしまったことにある。これらの企業では，企業本来の職務である投資を十分に行うことができない萎縮した経営者の姿と，投資抑制による企業の生き残りに対して積極的に協力する従業員の姿とが，観察された。長期的な視野を持ち必要な投資を的確に行うという日本的経営のメリットは，影をひそめたのである。

バブル経済崩壊後の日本で，長期的な視野に立ち，必要な投資を的確に行ったのは，むしろ，資本家企業であった。好況局面から不況局面への転換の中で，バブル経済崩壊後の日本では，日本的経営の主たる担い手が，経営者企業から資本家企業へ，変化を遂げたのである。

しかし，日本の大企業の中で多数派を占めるのは，あくまで，経営者企業であって，資本家企業ではない。経営者企業において投資抑制メカニズムが克服され，長期的観点から必要な投資が的確に行われるようにならない限り，日本経済の再生はおぼつかない。その意味で，日本経済の再生の鍵を握るのは，経営者企業における日本的経営の再構築なのである。

日本的経営再構築の要諦は，(1)〜(5)の再生シナリオに沿って成長戦略を明確にし，中長期的に株主利害（株価上昇）と従業員利害（待遇改善）とを一致させることにある。そのためには，従来からの長期雇用を維持する一方で，年功制

については根本的に見直し実力主義を導入するなど，改革を断行する必要がある。日本的経営の再構築は，もとの姿への単純な回帰であってはならない。

学習用文献

第1章
- 石井寛治［2003］『日本流通史』有斐閣。
- 上村雅洋［2000］『近江商人の経営史』清文堂出版。
- 宇田川勝・中村青志編［1999］『マテリアル日本経営史──江戸期から現在まで』有斐閣。
- 小倉栄一郎［2001］『江州中井家帖合の法 復刻版』洋学堂書店（初版ミネルヴァ書房1962年刊）。
- 賀川隆行［1985］『近世三井経営史の研究』吉川弘文館。
- 斎藤修［2002］『江戸と大阪──近代日本の都市起源』NTT出版。
- 作道洋太郎編［1982］『住友財閥』日本経済新聞社。
- 作道洋太郎・宮本又郎・畠山秀樹・瀬岡誠・水原正亨［1978］『江戸期商人の革新的行動──日本的経営のルーツ』有斐閣。
- 新保博・斎藤修編［1989］『日本経済史 2 近代成長の胎動』岩波書店。
- 中田易直［1959］『三井高利』吉川弘文館。
- 西川登［1993］『三井家勘定管見──江戸時代の三井家における内部会計報告制度および会計処理技法の研究』白桃書房。
- 西坂靖［2006］『三井越後屋奉公人の研究』東京大学出版会。
- 畠山秀樹［1996］『住友財閥成立史の研究 普及版』同文舘出版（初版1988年刊）。
- 速水融・宮本又郎編［1988］『日本経済史 1 経済社会の成立──17-18世紀』岩波書店。
- 宮本又次［1938］『株仲間の研究』有斐閣。
- 宮本又次［1958］『鴻池善右衛門』吉川弘文館。
- 宮本又次［1970］『小野組の研究』全4巻，大原新生社。
- 安岡重明編［1982］『三井財閥』日本経済新聞社。
- 安岡重明［1998］『財閥形成史の研究 増補版』ミネルヴァ書房（初版1970年刊）。
- 安岡重明・天野雅敏編［1995］『日本経営史 1 近世的経営の展開』岩波書店。

第2章
- 石井寛治［2003］『日本流通史』有斐閣。
- 梅村又次・山本有造編［1989］『日本経済史 3 開港と維新』岩波書店。
- 岡崎哲二［1997］『20世紀の日本 5 工業化の軌跡──経済大国前史』読売新聞社。
- 小林正彬［1977］『日本の工業化と官業払下げ──政府と企業』東洋経済新報社。

- 高村直助［1995］『再発見 明治の経済』塙書房。
- 高村直助編著［1997］『明治の産業発展と社会資本』ミネルヴァ書房。
- 高村直助［2006］『明治経済史再考』ミネルヴァ書房。
- 中岡哲郎［2006］『日本近代技術の形成──〈伝統〉と〈近代〉のダイナミクス』朝日新聞社。
- 西川俊作・阿部武司編［1990］『日本経済史 4　産業化の時代 上』岩波書店。
- 西川俊作・山本有造編［1990］『日本経済史 5　産業化の時代 下』岩波書店。
- 畠山秀樹［1996］『住友財閥成立史の研究 普及版』同文舘出版（初版 1988 年刊）。
- ヒルシュマイヤー, ヨハネス＝由井常彦［1977］『日本の経営発展──近代化と企業経営』東洋経済新報社。
- 三島康雄編［1981］『三菱財閥』日本経済新聞社。
- 三島康雄［1993］『造船王川崎正蔵の生涯』同文舘出版。
- 宮本又郎［1999］『日本の近代 11　企業家たちの挑戦』中央公論新社。
- 宮本又郎・阿部武司編［1995］『日本経営史 2　経営革新と工業化』岩波書店。
- 宮本又次［1981］『五代友厚伝』有斐閣。
- 森川英正［1980］『財閥の経営史的研究』東洋経済新報社。
- 安岡重明編［1982］『三井財閥』日本経済新聞社。
- 安岡重明［1998］『財閥形成史の研究 増補版』ミネルヴァ書房（初版 1970 年刊）。
- 由井常彦編［1986］『安田財閥』日本経済新聞社。

第 3 章

- 阿部武司［1989］『日本における産地綿織物業の展開』東京大学出版会。
- 石井寛治・原朗・武田晴人編［2002］『日本経済史 3　両大戦間期』東京大学出版会。
- 宇田川勝［1984］『新興財閥』日本経済新聞社。
- 宇田川勝・佐々木聡・四宮正親編［2005］『失敗と再生の経営史』有斐閣。
- 岡崎哲二［1999］『持株会社の歴史──財閥と企業統治』筑摩書房。
- 橘川武郎［1996］『日本の企業集団──財閥との連続と断絶』有斐閣。
- 桑原哲也［1990］『企業国際化の史的分析──戦前期日本紡績企業の中国投資』森山書店。
- 小原博［1994］『日本マーケティング史──現代流通の史的構図』中央経済社。
- 鈴木良隆・大東英祐・武田晴人［2004］『ビジネスの歴史』有斐閣。
- 高橋衛［1994］『「科学的管理法」と日本企業──導入過程の軌跡』御茶の水書房。
- 中村隆英［1971］『戦前期日本経済成長の分析』岩波書店。
- 奈倉文二・横井勝彦・小野塚知二［2003］『日英兵器産業とジーメンス事件──武器移転の国際経済史』日本経済評論社。

- 間宏［1989］『日本的経営の系譜』文眞堂（初版日本能率協会 1963 年刊）．
- 橋本寿朗・武田晴人編著［1985］『両大戦間期日本のカルテル』御茶の水書房．
- 宮本又郎［1999］『日本の近代 11　企業家たちの挑戦』中央公論新社．
- 森川英正［1980］『財閥の経営史的研究』東洋経済新報社．
- 森川英正編［1991］『経営者企業の時代』有斐閣．
- 由井常彦・大東英祐編［1995］『日本経営史 3　大企業時代の到来』岩波書店．

第 4 章
- 浅井良夫［2001］『戦後改革と民主主義――経済復興から高度成長へ』吉川弘文館．
- 麻島昭一編著［1987］『財閥金融構造の比較研究』御茶の水書房．
- 麻島昭一・大塩武［1997］『昭和電工成立史の研究』日本経済評論社．
- 伊藤修［1995］『日本型金融の歴史的構造』東京大学出版会．
- 植田浩史［2004］『戦時期日本の下請工業――中小企業と「下請＝協力工業政策」』ミネルヴァ書房．
- 大塩武［1989］『日窒コンツェルンの研究』日本経済評論社．
- 岡崎哲二・奥野正寛編［1993］『現代日本経済システムの源流』日本経済新聞社．
- 橘川武郎［2004］『日本電力業発展のダイナミズム』名古屋大学出版会．
- 近代日本研究会編［1987］『年報・近代日本研究 9　戦時経済』山川出版社．
- 斎藤憲［1987］『新興コンツェルン理研の研究――大河内正敏と理研産業団』時潮社．
- 佐口和郎［1991］『日本における産業民主主義の前提――労使懇談制度から産業報国会へ』東京大学出版会．
- 佐々木聡［1998］『科学的管理法の日本的展開』有斐閣．
- 沢井実［1998］『日本鉄道車輌工業史』日本経済評論社．
- 下谷政弘編［1990］『戦時経済と日本企業』昭和堂．
- スクラントン，フィリップ（廣田義人・森杲・沢井実・植田浩史訳）［2004］『エンドレス・ノヴェルティ――アメリカの第二次産業革命と専門生産』有斐閣．
- 千葉準一［1998］『日本近代会計制度――企業会計体制の変遷』中央経済社．
- 中岡哲郎編著［2002］『戦後日本の技術形成――模倣か創造か』日本経済評論社．
- 法政大学産業情報センター・橋本寿朗・武田晴人編［1992］『日本経済の発展と企業集団』東京大学出版会．
- 松浦正孝［2002］『財界の政治経済史――井上準之助・郷誠之助・池田成彬の時代』東京大学出版会．
- 山本潔［1994］『日本における職場の技術・労働史――1854～1990 年』東京大学出版会．
- 米川伸一・下川浩一・山崎広明編［1990-91］『戦後日本経営史』全 3 巻，東洋経済新

報社。

第5章
- 伊丹敬之・藤本隆宏・岡崎哲二・伊藤秀史・沼上幹編［2005-06］『リーディングス日本の企業システム第2期』全5巻，有斐閣。
- 伊丹敬之・松島茂・橘川武郎編［1998］『産業集積の本質——柔軟な分業・集積の条件』有斐閣。
- 宇田川勝・橘川武郎・新宅純二郎編［2000］『日本の企業間競争』有斐閣。
- 橘川武郎［1996］『日本の企業集団——財閥との連続と断絶』有斐閣。
- 橘川武郎［2004］『日本電力業発展のダイナミズム』名古屋大学出版会。
- 工藤章＝橘川武郎＝グレン・D. フック編［2005-06］『現代日本企業』全3巻，有斐閣。
- 東京大学社会科学研究所編［1991］『現代日本社会 第5巻 構造』東京大学出版会。
- 東京大学社会科学研究所編［2005］『「失われた10年」を超えて 1 経済危機の教訓』東京大学出版会。
- 宮本又郎・杉原薫・服部民夫・近藤光男・加護野忠男・猪木武徳・竹内洋［2003］『日本型資本主義——どうなるどうする戦略と組織と人材』有斐閣。
- 米川伸一・下川浩一・山崎広明編［1990-91］『戦後日本経営史』全3巻，東洋経済新報社。

事項索引

▷ アルファベット

IE　　285, 365
IMF 体制　　301
IT 革命　　357
MRP　　365
Off-JT　　71
OJT　　68, 70, 214, 216
PERT　　365
PM　→生産保全
PPM　　364
QC サークル　　330, 366
ROA　　370
ROE　　371
SLP　　365
SQC　→統計的品質管理
TQC　→全社的品質管理
WF 法　　284
ZD　　365

▷ あ 行

相対売買　　74
尼鋼争議　　265
アーリー・モダーン　　2
安定株主　→株主安定化
安定成長　　300
アンモニア合成　　192
イ エ　　56
維新変革　　86
一人一色の役目　　29
インフラストラクチュア　　169
インフレ　　10, 14, 53, 86, 87, 234
インフレ的成長　　14
失われた 10 年　　305, 369, 385
エクイティ・ファイナンス　　349, 388
江 戸　　8

江戸時代　　1
江戸地廻り経済圏　　9, 12
江戸店持京商人　　7
エネルギー産業　　238
遠隔地輸送　　7
円 高　　302
近江商人　　35, 124
応用技術開発　　358
大型合併　　239
大株主兼任重役　　122
大隈財政　　87, 139
大 坂　　7
大阪府泉南郡　　100
大 店　　12
大元方　　31, 36, 39, 43, 57, 115
大元方勘定目録　　59, 64
送り込み　　75
送り荷　　75
オートメーション化　　355
親方内部請負制　　133, 215
　　──の廃止　　132
御屋敷為替　　22
卸売商　　352

▷ か 行

海運業　　109, 113, 144, 237
海外生産比率　　368
外貨獲得産業　　198
開業率　　345
会計制度　　282
開 港　　14, 85
開港場　　15
外国為替及び外国貿易管理法　　236
外国企業　　209
　　──の日本進出　　206
外国人技術者　　127
外資提携企業　　209
外資に関する法律〔外資法〕

236, 273
会社企業の類型　　104
会社制度　　102
会社法　　103, 117
外 商　　152
改正商法　→商法
廻船加入証文　　34
階層的管理機構　　211
買い出し　　75
回転差資金　　353
開放経済体制への移行　　299
改良座繰　　96
科学技術新体制運動　　268
価格差補給金　　235
科学的管理法　　217, 277
革新的企業者活動　　337
学卒者の採用　　118
掛売り　　76
掛 屋　　25
過度経済力集中排除法　　251
加 入　　38
加入賃　　34
株式会社　　58, 92, 93, 103, 120, 174, 185
株式公開　　187
株式相互持合い　　252, 313, 335
株式投資　　125
株仲間　　13, 15, 49
　　──公認　　50
　　──の解散　　87
　　──の機能　　52, 55
株仲間停止令　　53
株仲間・問屋組合再興令　　54
株主安定化〔安定株主〕
121, 214, 313, 335
株主重視の経営　　370
株主の封じ込め　　333
株主反革命　　334

399

貨幣改鋳　　10, 13
貨幣供給　　5
カメラ産業　　273
ガラ紡　　141
借入金依存度　　345, 347
カルテル　　151, 172, 179, 228, 238, 315
為替取組　　22, 77
官営製鉄所　　145
官業払下げ　　108, 112, 139
官金取扱い　　106
官公労　　331
管理会計　　135, 283
管理組織　　→経営管理組織
管理通貨制　　228
生糸輸出国　　199
器械製糸　　95
企業家　　97, 111, 117
　──の出自　　100
企業会計原則　　277, 282
企業間格差　　307
企業間関係〔企業間システム〕　　310, 363
企業金融　　347, 387
企業系列　　312
企業合理化促進法　　236, 275
企業集団　　252, 313, 315
企業集中　　178
企業城下町型集積　　342
企業統合　　310
企業統治　　120
　アングロサクソン型の──　　123
企業内教育　　255
企業内教育訓練機関　　216
企業内システム　　362
企業内熟練形成　　216
企業内昇進制　　259
企業別（労働）組合　　265, 332
企業勃興　　88, 171
技術温存　　272

技術開発　　269, 362
技術革新　　355
技術キャッチアップ政策　　268
技術者　　213, 216
　──の形成　　127
　軍関係──　　273
　大学卒──　　194
技術者集団的企業　　194, 210
技術導入　　126, 209, 273, 357
技術貿易　　358
規制改革　　326
規制産業　　324, 326
既製服　　353
基礎研究〔基礎技術開発〕　　193, 358
キャッシュフロー経営　　372
業界団体　　315
競争制限　　315
競争売買　　74
競争抑制　　323
協調的安定　　332
京都　　7
共同企業　　34, 38, 47
共同研究　　269
共有　　37, 114
銀行業　　178
銀行集会所　　187
近代産業　　96
　──の定着　　90
　──への資金供給　　97
金本位制　　88, 228
銀目の廃止　　87
金融危機　　304, 346, 369, 387
金融システム　　387
勤労　　259
勤労動員　　258
国問屋　　18
組合企業　　38
組立加工産業　　306
蔵元　　25
グループ・テクノロジー

365
軍工廠　　143
軍需会社法　　232
経営家族主義　　216, 219
経営管理　　276
経営管理技法の移入　　363
経営管理組織〔管理組織，経営組織〕　　13, 39, 40, 114, 364
経営協議会　　262
経営権回復　　263
経営合理化　　217, 277
経営資源の補完　　315
経営執行委員会　　283
経営者企業　　211, 218, 327, 334, 370, 392
経営者団体　　314
経営戦略　　364
経営組織　　→経営管理組織
経営理念　　210
計画造船　　237
経済成長率　　385
経済パージ　　250
経済復興　　234
傾斜生産方式　　234
系列　　310
系列融資　　247, 252
原価計算　　280
原価計算規則　　280
減価償却制度　　135
研究開発　　265, 275
研究隣組　　269
現業部門　　211
現銀掛値なし　　29
現代企業　　210
航海奨励法　　144
合議制による意思決定　　61
工業化　　88
工業会　　232
工業試験場　　147
工業所有権　　141, 269
工業標準化　　282

航空機（工業）　266, 278
鉱工業技術試験研究補助金制度
　　275
工作管理　285
工作機械工業　268
鉱山（業）　74, 137
合資会社　48
　　──的資本結合　38
工　場　130
工場委員会　257
工場払下概則　139
公職追放　250
工程管理　278
高度経済成長　297
鴻池新田　28
高付加価値化　389
合本結合　34
合名会社　103, 116
　　──的資本結合　37
御金蔵為替　23, 30
国際収支の天井　298
国際分業　343, 370, 389
国際労働会議〔ILO 総会〕
　　219
国策会社　204
国産技術　193, 210
国民経済の形成　2
国民徴用　258
穀物供給の安定化　3
国立銀行　135
国立銀行条例　102, 141
個人消費支出　299
古代勢力の後退　2
国家総動員法　231
コーポレート・ガバナンス
　　185
ゴム関連産業　207
米切手　75
雇用経営者　58
コンツェルン　174, 185
コントローラー制　283
コンビニエンス・ストア
　　353
コンメンダ　34

▷ さ　行

財　界　148, 187
財界3団体　314
財界世話役　151
財界団体　263
西海路　8
在華紡　203, 230
財　閥　97, 105, 111, 239
　　──組織における分権化
　　241
　　──による産業支配　172
　　──の多角化　180
　　──の本社改組　248
　　──の優劣　183
　　戦時下の──　243
財閥家族　250
財閥系企業　174, 206, 214,
　　230
　　──の株式公開　246
財閥商社　202
財務管理　65
財務諸表　282
在来産業　15, 89, 96, 123, 198
在来的技術　126
材料革命　356
作業管理　284
座繰法　95
鎖　国　4
サービス業　390
サービス経済化　370
産業間格差　307
産業構造　299
　　──の変化〔高度化〕　89,
　　171, 173
産業合理化運動　276
産業合理化政策　236
産業集積〔製造業集積〕
　　342, 361
産業政策　318, 321

産業組織　209
産業の寡占化　178
産業の空洞化　343, 370
産業の脆弱性　323
産業別労働組合　265
産業報国運動　258
産地型集積　342
産地綿織物業　200
三都の発達　7
算用帳　59, 63
仕入荷　75
仕入方法　75
直傭制　216
直輸出　153, 200
直輸入　155
事業所管理方式　211
事業部制　364
仕切り　75
試験研究機関　193
自己資本比率　347, 349
仕込問屋　76
資産家の類型　101
市場経済　51
下請管理　279, 285
下請系列　312
下請工場指定制度　280
失業率　305, 369
自働化　359
自動車産業　208, 273, 275
自動車部品事業　191
資本家企業　327, 336, 371,
　　392
資本家経営者　336
資本結合　35
資本輸出　230
ジャスト・イン・タイム
　　359
社長会　253, 314
重化学工業　174, 187, 190,
　　229, 300, 306
従業員　257
重電機産業　207

事項索引　401

十人両替　23
重役組織　120
重要産業統制法　228
重要物産同業組合法　146
重要輸出品同業組合法　146
酒造業　74
需要変動への柔軟な対応
　　362
春　闘　332
商家の当主　57
城下町　5
商業会議所　148, 187
商業金融　25
少子高齢化　370
商　社　201
小集団活動　366
消費構造　351
消費財　337
商品貨幣経済　3
商品の標準化　75
商　法　103, 116, 117, 283
情報化　356
情報の非対称性　347
常務会　283
昭和恐慌　227
初期豪商　16
殖産興業政策　136
職　制　41
職能部門別組織　211
食品スーパー　354
植民地　204
女工の移動　132
諸国商人売り　29
職階・職務給制度　263
所有と経営の分離　56
私立銀行　142
新官僚　189
新旧富豪の交替　100
人絹工業〔レーヨン工業〕
　　192
新興企業家　260
新興コンツェルン〔新興財閥〕

190, 241, 245, 246
人口爆発　5
新在来産業　101
人事考課制度　264
新商品　356
人事労務管理　216
　日本型——　215, 219
新体制運動　231
信用取引　52, 76
信用力の後退　345
推進区管理法　279
スーパーマーケット　352
3D-CAD　373
制限会社　282
生産管理　278, 284, 365
生産管理闘争　261
生産システム　387
　日本型——　330
生産設計　285
生産設備の大型化　355
生産保全〔PM〕　365, 366
生産力拡充計画　230
製糸業　95, 199
製紙業　178
政　商　105, 110
生鮮食料品　352
　——のプリ・パッケージ・シ
　ステム　354
製造業集積　→産業集積
製造工業原価計算要綱　281
成長志向型意思決定　335,
　337
政府・企業間関係　310, 318
政府系金融機関　237
政府の介入〔政府の出番〕
　　319, 324
政令201号　262
石炭（産）業　237, 239
石油化学工業　273, 316, 321
石油危機　300
石油業法　319, 325
石油産業　206, 319, 323, 326

設計・製造技術　271
セル生産方式　362, 372
1985年ショック　355
専業問屋　18
戦後経済改革　233
戦時経済統制　230
戦時補償の打切り　234
全社的生産保全〔CWPM,
　TPM〕　366
全社的品質管理〔CWQC,
　TQC〕　284, 330, 366
戦時労働統制　258
専門経営者　117, 122, 211,
　213, 218, 283, 327, 334
　——の支配権　123
専門商社　155, 202
戦略的基軸産業　237
造艦技術　266
総合財閥　181
総合商社　155, 201, 253
造船（業）　113, 144, 237,
　266, 273, 285
造船奨励法　144
総有（制）　37, 57, 114, 117,
　214
素材産業　307
組織化された企業者活動
　　153

▷た　行

大開墾　5
大企業　327, 341, 370, 371,
　389, 392
　——による寡占化　209
耐久消費財　299
大戦ブーム　171
対日占領政策　233
大名貸　8, 23
大量生産システム　267, 278
多角化　111
高橋財政　228
兌換制度　142

多国籍企業　206
店卸目録　65
多品種少量生産　358
樽廻船　8
短期的利益の追求　370
タングステン電球　197
炭労・電産争議　264
チェーン・オペレーション　353
地方経済の成長　11
地方版メインバンク・システム　347
地方名望家　102
中間財　313
中間組織　310, 318
中国市場　203
中小企業　327, 339, 370, 389
中小企業ネットワーク　346
帳合法　62
長期相対取引　313
長期金融制度　237
長期計画　364
長期不況　303
朝鮮戦争ブーム　235
賃金格差　216, 254, 340
賃金統制令　258
通貨統一　4
定期市　6
定期昇給（制）　256, 259
手　形　76
テクノクラート的人材　213
鉄鋼業　237
鉄道（業）　92, 137
鉄道国有化　93
鉄道車輌　267
手挽法　95
デフレーション　305
電気機械産業　239
電気事業法　319
電子通信産業　273
電力業　172, 237, 319
電力管理法　231

問屋（といや）→問屋（とんや）
糖　業　146
同業組合　147, 150
同業組合準則　141
同業者団体〔同業組織〕　49, 151, 179
統計的品質管理〔SQC〕　281, 284, 366
杜　氏　74
投資家　101
堂島米市場　75
投資抑制メカニズム　371, 391
統制会　232
同族会社　105
同族資本結合システム　45
同族的結合　36
銅吹き　31
特殊銀行　143
都市化　172, 194
都市型産業　195
都市型集積　342
都市の成長　5
独禁法　251
ドッジ・ライン　235
トップ・マネジメント　283
　——の高学歴化　213
ドミナント戦略　354
友子同盟　134
トヨタ生産方式　359, 361
取締役会　211, 283
取引仕法　74
取引ルール　51
問　屋　18
問屋制家内工業　124

▷ な　行

内部請負制　74
仲　買　18
抛銀証文　34
納屋制度　133

南海路　8
2.1ゼネスト　262
荷受問屋　76
ニクソン・ショック　301
西廻り海運　8
二重構造　254, 339
2千錘紡績　93
日露戦後経営　169
日鋼室蘭争議　265
日産争議　265
日清戦後経営　143
日中貿易　343
日本株式会社　189
日本企業の海外事業活動〔海外進出〕　201, 302
日本工業規格〔JIS〕　282
日本的経営　328, 341, 363, 373, 392
　——の移転　368
日本的雇用慣行　333
日本の対外直接投資　367
認可基準　321
年功的内部昇進システム　214
登　り　68
暖簾分け　73

▷ は　行

賠償指定工場　272
博覧会　141
発明家　194
発明の法人化　266
バブル景気　303
バブル崩壊　303
藩債切捨て　87
藩際交易　12
販売管理　74
販売組織の強化　197
販売方法　76
飯場制度　133
菱垣廻船　8
非農業化　15

事項索引　403

百貨店　351
品質管理　281, 284, 330
フォード・システム　359
付加価値率　343
不換紙幣銷却　87
複式簿記　65, 134
複数事業単位　210
複数職能　210
プラザ合意　302
フランチャイズ制　354
プリ・モダーン　2
不良債権　350, 369, 387
プロジェクト・チーム　364
プロト工業〔プロト・インダストリー〕　11, 15
分業関係の成立　3
紛争的安定　331
米価の下落　10
別家制度　72
ベルトコンベア　361
変動為替相場制　301
貿易摩擦　302
冒険貸借　34
奉公人教育　70
奉公人制度　66
奉公人積立制度　73
奉公人の職階　68
法人　104
法人的事業体　35
紡績業　93, 132, 178
保険業　90
本社機構　211
本代割制度　45

▷ ま 行

マイクロエレクトロニクス

〔ME〕化　356
マーケット・バスケット方式　264
マーケティング　196
松方財政　87
松方デフレ　88
マトリクス組織　364
三ツ割制度　66
民間設備投資　299
民需からのイノベーション　391
民需転換　271
メインバンク　312, 347
　——の合併　346
　——の破綻　346
メガバンク　350
メジャーズ　324
綿織物業　123
棉花商社　155
綿工業　229
持株会社　185
　——解体　248
元方制度　42
元方役制度　46
元手銀　72

▷ や 行

山師　74
融資系列　312
優良地方銀行　389
輸出産業　229
ユニヴァーサル・バンク　389
洋菓子製造　197

▷ ら 行

力織機　101, 124
離職率　255
リストラ　369
硫化染料　147
流通革命　352
流通業　350
流通系列　312
流通構造　351
流通ネットワークの生成　12
領国間市場の成立　2
領国市場の成立　2
臨時工　255
零細小売店　351, 352, 355
レッド・パージ　262
労使関係　328
　戦時下の——　259
　日本型——　329
労使協調　217, 330
労働運動　257, 260
労働組合組織率　331
労働組合法　260
労働者と職員の格差　256
労働者の企業内定着志向　255
労働争議　255, 330
労働損失日数　330
労務管理　66, 134, 263
6大企業集団　313

▷ わ 行

ワーク・デザイン法　365
渡り職工　133

企業・組織名索引

▷ アルファベット

CCS〔GHQ民間通信局〕 281
ESS〔GHQ経済科学局〕 249, 282
F. B. グッドリッチ 207
GE 197, 208
GHQ〔連合国軍最高司令官総司令部〕 233
GHQ経済科学局 →ESS
GM 191, 209, 210, 268
IMF 299
NBC 285
OECD 299
P&O 110
WF日本支部 284

▷ あ 行

愛知紡績所 93
浅野昼夜銀行 183
浅野物産 202
旭ベンベルグ絹糸 192
安宅商会 202
尼崎紡 94, 118, 155
池貝鉄工所 277
井桁商会 156
いすゞ自動車 275
市田清兵衛家 62
出光興産 320, 327
イトーヨーカ堂 354
稲西商店〔稲西庄兵衛〕 35
イラン石油化学開発 316
岩井商店 155, 202
ウェスタン・エレクトリック 208
ウェスチングハウス 208, 219
越後屋 →三井越後屋

王子製紙 108, 178, 217
近江屋惣兵衛 35
大隈鉄工所 279, 280
大蔵省 102
　　──造幣寮 138
大倉商事 155, 202
大河内記念会 245
大阪工業学校〔大阪大学工学部〕 130
大阪合同紡績 178
大阪商船 89, 144
大阪紡績会社 93, 120, 155
大阪砲兵工廠 137
大嶋製糸所 108
大林組 307
オースチン社 275
小野組 38, 95, 106
帯谷商店 200
オリエンタル・バンク 107, 152

▷ か 行

開成館 108
懐徳堂 70
外務省 147
鹿児島紡績所 93
樫山〔オンワード樫山〕 353
柏原家 59, 76
片倉組 194, 199
金巾製織 121
鐘淵紡績〔鐘紡〕 94, 108, 130, 155, 178, 217, 218, 306
釜石鉱山田中製鉄所 145
神岡鉱山 116
川崎製鉄 237, 253
川崎造船所 144
為替会社 102, 141
為替座三井組 106
河内屋孫左衛門家 60, 77

関西スーパーマーケット 354
関西電力 237
含翠堂 71
企画院 230, 280
技術院 268
北浜銀行 195
キヤノン 362, 372
九州電力 237
共同運輸会社 110
久原商事 183, 202
クライスラー 209
グランツシュトップ社 192
郡是製糸 199
経済団体連合会〔経団連〕 263, 314
経済同友会 263, 314
江商 202
鴻池〔善右衛門〕家 8, 21, 37, 56, 58, 63, 70, 72, 73, 118
工部省 131, 137
工部大学校 130
神戸川崎銀行 184
神戸製鋼所 366
国際商業会議所 188
国際石油開発 327
国鉄 217, 272
コスモ石油 327
小松製作所 366

▷ さ 行

財務管理委員会 277
サウジ石油化学 316
サウスランド社 354
堺紡績所 138
サミット 354
産業合理化審議会管理部会 283
産業別組合電産 264

405

産　別　→全日本産業別労働組合会議
産別民主化同盟　262
三和銀行　314
芝浦製作所　108, 131, 207
ジーメンス　208
下村呉服店　→大丸
ジャーディン・マセソン商会　114, 152
ジャパンエナジー　310, 327
集成館　137
昭和シェル石油　327
昭和肥料　193
新日本製鐵　307, 313
新日本石油　327
新町紡績所　108
鈴木商店　155, 183, 202
スタンダード　→ニューヨーク・スタンダード・オイル
住　友　182, 185, 248, 314
住友化学　316
住友銀行　179
住友金属工業　244
住友家　31, 42
住友商事　253
住友鋳鋼場　146
諏訪製糸同盟　97
生産管理委員会　276
製紙所連合会　151
石油公団　325
摂津紡　94, 118
セブン–イレブン・ジャパン　354
千切屋吉右衛門家　61
全国産業別労働組合連合〔新産別〕　262
戦時金融金庫　247
全日本産業別労働組合会議〔産別〕　261, 264
全日本自動車産業労働組合〔全自〕　265
全日本民間労働組合協議会〔全民労協〕　332
全日本労働組合会議〔全労会議〕　265
総同盟　→日本労働組合総同盟
総　評　→日本労働組合総評議会

▷ た 行

第一勧銀　314
第一銀行　179
第一国立銀行　90, 94
ダイエー　352
大成建設　307
大日本産業報国会　259
大日本紡績　178, 306
大日本綿糸紡績同業連合会　151
第百十九国立銀行　114
大丸〔下村呉服店〕　42, 77
台湾銀行　204
台湾製糖　146, 204
高島炭鉱　113, 152
高田商会　202
宝田石油　207
竹之内商店　135
ダット自動車製造　191
炭　労　→日本炭鉱労働組合
ダンロップ　207, 209
中央労働委員会　264
中山社　95
中部電力　237
丁吟〔丁字屋吟右衛門家, 小林吟右衛門家〕　78, 124
朝鮮銀行　205
通産省　274, 322
通商会社　102, 141
通商司　141
帝国大学工科大学〔東京大学工学部〕　130
鉄道技術研究所　273
電気化学工業　217
天王寺屋五兵衛家　15, 22

東京海上保険会社　92
東京芝浦電気〔東芝〕　244, 269, 271, 279, 338
東京商法会議所〔東京商工会, 東京商業会議所〕　148, 154
東京職工学校〔東京工業大学〕　130
東京大学理学部工科　130
東京電気　197
東京砲兵工廠　137
東燃ゼネラル石油　327
東邦電力　320
東洋拓殖　205
東洋紡績　178, 218, 277, 306
東洋棉花　202
戸畑鋳物　190
富岡製糸場　95, 108, 138
冨山家〔大黒屋〕　44, 60
トヨタ自動車　209, 210, 275, 285, 307, 313, 359, 366
豊田自動織機製作所　194

▷ な 行

内外綿　121, 155
内藤家　101
内務省　138
中井〔源左衛門〕家　35, 46, 60, 62, 65, 66
長崎商会　109
長崎造船所〔長崎製鉄所, 三菱長崎造船所〕　114, 137, 144, 215
中島飛行機　271
　──太田製作所　278
　──小泉製作所　278
新潟鉄工所　101
日産（コンツェルン）　191, 246
日産自動車　191, 210, 275, 305, 307
日石三菱　310

406

日　窒　246
日本開発銀行　237
日本科学技術連盟〔日科技連〕
　　281, 284, 366
日本勧業銀行　136
日本規格協会　282, 284
日本銀行　88, 97, 143
日本経営者団体連盟〔日経連〕
　　263, 264, 314
日本経済団体連合会〔日本経団連〕　314
日本経済連盟会　188
日本工業協会　277
日本興業銀行　245, 247
日本工業倶楽部　187
日本債券信用銀行　304, 369
日本産業　191, 241
日本商工会議所〔日商〕
　　263, 314
日本生産性本部　285
日本精製糖株式会社　146
日本精糖株式会社　146
日本生命保険　120
日本ゼオン　275
日本石油　101, 207
日本曹達　193
日本炭鉱労働組合〔炭労〕
　　264
日本窒素肥料　191, 217, 241
日本長期信用銀行　304, 369
日本鉄道　89, 92
日本電気　208, 281, 365
日本電信電話公社　366
日本能率協会　277, 279, 282, 284
日本能率連合会　277
日本発送電　231, 265
日本綿花　155, 192, 202
日本郵船会社　89, 110, 114, 135, 144
日本レイヨン　366
日本労働組合会議　257

日本労働組合総同盟〔総同盟〕
　　261
日本労働組合総評議会〔総評〕
　　262, 264, 265, 332
日本労働組合総連合会〔連合〕
　　332
ニューヨーク・スタンダード・オイル〔スタンダード〕
　　206
農商務省　139, 140

▷ は 行

パインミシン製造　275
パシフィック・メイル　110
長谷川（次郎兵衛）家　59, 67
八田家　61
阪神急行電鉄〔阪急〕　195
日立精機　272
日立製作所　207, 210, 257
日野ヂーゼル工業　275
百三十銀行　122
兵庫造船所　139
平野紡　118
フィリップス社　254
フォード　191, 208, 210, 268
深沢家　78
富士瓦斯紡績　178
富士銀行　314
富士電機　208
復興金融金庫〔復金〕　235
ブリヂストン　207, 209, 210
古河銀行　183
古河商事　183, 202
古河電工　207, 208
別子銅山　32, 74
ベンベルグ社　192
北海道拓殖銀行　304, 369
北海道炭礦汽船　108

▷ ま 行

前橋紡績所　108

升屋両替店　70
松下電器　254, 312, 362, 366
松前屋　77
満州重工業開発　246
満　鉄　→南満州鉄道
三池炭鉱　112, 116, 118
三重紡績会社　94, 103, 118
三　井　114, 152, 182, 185, 248, 314
三井越後屋〔越後屋〕　23, 28, 78
　──京本店　69, 72
三井小野組合銀行　106
三井化学　316
三井銀行　31, 107, 112, 115, 116, 142, 179, 218
三井家　28, 36, 39, 45, 57, 59, 64, 65, 67, 73, 106, 112
三井工業部　108, 112
三井鉱山合資会社　116
三井合名会社　185
三井呉服店　218
三井財閥　239
三井石油化学　316, 317
三井東圧化学　316, 317
三井物産　112, 116, 118, 131, 155, 201, 202, 250, 253
三井不動産　335
三井報恩会　239
三　越　351, 352
三越呉服店　112, 116
三　菱　108, 113, 135, 182, 185, 248, 314
三菱化学　316
三菱化成　316
三菱為替店　113, 114
三菱銀行　179
三菱工業予備学校　215
三菱合資会社　117
三菱重工業　244, 272
　──名古屋航空機製作所　278

企業・組織名索引　407

三菱商会〔大阪商会〕　109
三菱商事　155, 202, 250, 253
三菱製紙付属徒弟学校　215
三菱電機　208, 219
三菱長崎造船所　→長崎造船所
三菱油化　316
水口屋　62, 77
南満州鉄道〔満鉄〕　205, 230
箕面有馬電気軌道　195
明治生命保険会社　90
茂木商店　202
持株会社整理委員会　249
森永製菓　197
紋鼈製糖所　146

▷ や　行

安川電機　278

安田　183, 185, 248
安田銀行　179
八幡製鉄所　145, 215
山一證券　304, 369
ヤマサ醬油　102
郵便汽船三菱会社　117
郵便蒸気船会社　109
幼年職工養成所　215
横須賀製鉄所　137
横浜護謨製造　207
横浜正金銀行　97, 154
横浜製鉄所　137
横浜造船機械所〔三菱製鉄所〕
　　113
吉岡銅山　32, 113
淀屋　16

▷ ら　行

ライジング・サン　206
理化学研究所　193, 245
理化学興業　193, 245
理研コンツェルン〔理研産業
　　団〕　245
臨時産業合理局　276
ルーツ・モータース社　275
ルノー（公団）　275, 305
連合　→日本労働組合総連合
　　会
連合生糸荷預所　153
連合国軍最高司令官総司令部
　　→GHQ

人名索引

▷ あ 行

鮎川義介　190, 241, 246
朝吹英二　130
阿部武司　120
荒井伸也　354
新井白石　10
石川健次郎　100
石橋正二郎　210
泉屋理兵衛友以　31
伊藤伝七　103
伊藤博文　106, 148
稲本利右衛門　35
井上馨　87, 106, 107, 110, 112, 114, 115, 119
井原西鶴　17
今井五介　194
伊牟田敏充　104
岩崎小弥太　249
岩崎俊弥　182
岩崎弥太郎　108, 111, 113, 117
岩崎弥之助　110, 111, 114, 117
岩下清周　195
梅渓昇　127
梅村又次　14, 15
江頭恒治　36
江川太郎左衛門　137
江戸英雄　335
大久保利通　109, 110, 138
大隈重信　87, 109, 110, 142, 148
大倉喜八郎　148, 205
大河内正敏　193, 245
大島高任　127
大島道太郎　145
大田黒重五郎　131
大野耐一　359

岡崎哲二　55, 120
岡田令高　151
岡田半兵衛　35
奥田正香　151
小倉栄一郎　63, 65
小平浪平　210

▷ か 行

海保青陵　26
臥雲辰致　141
各務鎌吉　92
カザレー, L.　192
ガーシェンクロン, A.　153
樫山純三　353
片岡直温　121
川崎幾三郎　151
川崎正蔵　139
川田小一郎　113, 117
河村瑞賢　8
菅野和太郎　36
菊池恭三　118
岸啓二郎　131
喜多又蔵　192
北野祐次　354
紀伊国屋文左衛門　17, 21
紀伊国屋利八　→三野村利左衛門
クレーマー, R. C.　249
鴻池善右衛門正成　22
鴻池善右衛門宗利　23, 28
鴻池又四郎　70
五代友厚　87, 150
後藤象二郎　113
後藤新平　217
小林一三　195
小林吟右衛門　124
小林作太郎　131

▷ さ 行

斎藤修　12
斉藤恒三　118
品川弥二郎　110
渋沢栄一　90, 93, 102, 103, 115, 121, 122, 146, 148, 150, 154
島井宗室　34
島村久　118
下村彦右衛門正啓　42
シャンド, A. A.　134
ジュラン, J. M.　284
新保博　14
鈴木久五郎　219
鈴木藤三郎　146
鈴木敏文　354
住友吉左衛門友信　32
住友吉左衛門友芳　32
住友政友〔富士屋嘉休〕　31
住友理兵衛友俊〔入江友俊〕　70
セーブル, C. F.　342
蘇我理右衛門　31

▷ た 行

高野実　265
高橋是清　141, 228
竹之内源助　135
田中長兵衛　145
田中久重　131
谷本雅之　124
田向十右衛門　32
団琢磨　112, 118, 188
チャンドラー, A. D., Jr.　210, 334
塚田孝　20
土屋喬雄　100
テイラー, F. W.　217

409

デミング，W. E.　284
土居通夫　118
道明寺屋吉左衛門　70
遠山景元　54
ドッジ，J.　235
富永仲基　70
豊田佐吉　156, 194
ドラッカー，P. F.　364

▷ な 行

内藤久寛　101
中井源左衛門光武　46
中内㓛　352
中川敬一郎　153, 155, 156
中野友礼　193
中林真幸　96
中上川彦次郎　107, 111, 112, 118, 131, 218
奈良屋茂左衛門　17
西川俊作　15
西川准兵衛　35
西川伝治　35
西坂靖　69
西堀栄三郎　282
西村重郎兵衛　35
西山弥太郎　254
野口遵　191, 194, 241
延岡吉松　147
野呂景義　145

▷ は 行

バーナード，C. I.　364
花房端連　151
浜岡光哲　151
浜口儀兵衛〔浜口梧陵〕　102

原田二郎　119
伴蒿蹊　58
ピオリ，M. J.　342
備前屋吉兵衛　70
ヒューゲニン，U.　126, 137
ヒルシュマイヤー，J.　100
広瀬宰平　33, 113
福沢諭吉　90, 102, 114, 134
藤正純　131
藤尾録郎　134
藤田伝三郎　122
藤野喜兵衛　35
藤原銀次郎　217
プチャーチン，E. V.　126
舟橋屋四郎右衛門　70
ブリューナ，P.　138
ペリー，M. C.　85
ホイットニー，W. C.　134

▷ ま 行

益田孝　112, 115, 118, 131, 148
松江重頼〔大文字屋吉右衛門〕　7
松岡重助　147
マッカーサー，D.　233, 235, 262
松方正義　87, 89
松下幸之助　254
松永安左エ門　320
松本重太郎　93, 122
萬成博　100
水野忠邦　54
御手洗冨士夫　372
三井高平　37

三井高房　17, 26, 71
三井八郎兵衛高利　28, 36
三星屋武右衛門　70
三野村利左衛門〔紀伊国屋利八〕　57, 106, 111, 114
三野村利助　115, 148
御法川直三郎　194
三宅石庵　70
宮崎義一　315
宮島英昭　120
宮本又郎　120
武藤山治　130, 217, 218
森有礼　134
森鷗昶　193
森川英正　105, 119, 336

▷ や 行

安岡重明　36, 37, 105
安田善次郎　122
山片蟠桃　70
山崎広明　105, 155
山路愛山　105
山中新六　21
山辺丈夫　94, 121
由井常彦　36
吉田茂　235
淀屋言当　16
淀屋常安　16
淀屋辰五郎　17

▷ わ 行

ワグネル，G.　141
和田豊治　130

日本経営史〔新版〕——江戸時代から21世紀へ
Japanese Business History, 2nd ed.

1995年 3 月25日　初版第 1 刷発行
2007年10月10日　新版第 1 刷発行
2011年 2 月25日　新版第 4 刷発行

|著　者|宮　本　又　郎|
|阿　部　武　司|
|宇田川　　　勝|
|沢　井　　　実|
|橘　川　武　郎|

発行者　　江　草　貞　治

発行所　　東京都千代田区神田神保町 2-17
　　　　　株式会社　有　斐　閣
　　　　　電話 (03) 3264-1315〔編集〕
　　　　　　　 (03) 3265-6811〔営業〕
　　　　　郵便番号 101-0051
　　　　　http://www.yuhikaku.co.jp/

印刷　株式会社理想社／製本　大口製本印刷株式会社
©2007, M. Miyamoto, T. Abe, M. Udagawa, M. Sawai, T. Kikkawa
Printed in Japan
落丁・乱丁本はお取替えいたします。

★定価はカバーに表示してあります。

ISBN978-4-641-16300-3

R　本書の全部または一部を無断で複写複製（コピー）することは、著作権法上での例外を除き、禁じられています。本書からの複写を希望される場合は、日本複写権センター（03-3401-2382）にご連絡ください。